알기 쉬운

정보통신공사업과 법

홍만표 저

진원사

〈일러두기〉

1. 이 책에서 "법"은 정보통신공사업법을, "영"은 정보통신공사업법시행령을, "규칙"은 정보통신공사업법시행규칙을 말합니다.

2. 권한 있는 기관이 업무를 위탁한 경우에는 그 권한 있는 기관명 다음에 괄호를 하고 그 괄호 안에 수탁기관명을 표기하였습니다.

3. "협회"는 한국정보통신공사협회를 말합니다.

4. 수수료와 과태료 및 처벌은 해당 행위 다음에 표 안에 표기하였고, 수수료와 과태료 총괄표는 붙임에 다시 게재해 두었습니다.

추천사

이 땅에 전신(電信)과 전화(電話)로 시작된 근대적 정보통신의 역사가 130년이 넘었습니다. 그 동안 넓은 의미의 전화인 정보통신은 눈이 부시게 발전하였습니다. 휴대폰 가입자 수는 6,400만 명을 넘었고, 음성통화와 문자는 거의 무료이며, 영화 한 편을 업로드 하는데 10 ~ 20분밖에 걸리지 않는 초고속 정보통신시대에 살고 있습니다.

그러나 전화를 바탕으로 하는 정보화가 이렇게 진전된 것은 그리 오래된 것이 아닙니다. 1970년대까지도 시골에 있는 부모님께 장거리 전화를 하려면 버스를 타고 전화국에 가서 통화를 신청하고 순서를 기다려 전화부스에 들어가 전화를 해야 했고, 부모님이 그 전화를 받으려면 이장 집에 설치되어 있던 마을 공동전화기를 이용해야 했습니다.

1970년대 후반에야 시골에도 가정집에 전화가 보급되기 시작했으나 통화품질이 좋지 않아 장거리 전화인 경우에는 워낙 큰소리로 말해야 했으므로 통화소리에 동네가 시끄러웠습니다. 90년대 초반까지도 아주 잘 사는 집에만 있던 휴대전화기도 군대 무전기를 연상할 만큼 크고 무거웠습니다.

그러던 것이 90년대 중반 정보통신부의 출범과 초고속정보통신망 구축 등 정부 주도의 정보화와 정보통신산업 육성 정책에 힘입어 정보통신은 비약적인 발전을 하게 되었습니다. 삐삐와 시티폰, PCS를 거쳐 인터넷도 가능한 스마트폰 서비스로 발전하였습니다. 그리고 집집마다 인터넷이 보급되었고, 지하철 터널에 들어가도 통화가 끊어지지 않게 되었으며, 공공장소에서는 와이파이로 인터넷을 무료로 이용하는 시대가 되었습니다.

그러나 이러한 정보통신의 발달은 정책과 연구만으로 이루어 진 것은 결코 아닙니다. 그 이면에는 정보통신공사업에 종사하는 사람들의 보이지 않는 피와 땀이 있었습니다. 선로를 가설하기 위해 전봇대와 철탑을 세우고, 위험을 무릅쓰고 그 꼭대기에 올라가 작업을 하고, 땅을 파서 관을 묻고 케이블을 깔았습니다. 지하철의 어둡고 긴 터널에서 밤을 세워가며 통신설비를 가설했습니다. 이렇게 설치된 정보통신설비가 없었다면 초고속정보통신 시대는 열릴 수 없었습니다.

이처럼, 정보통신공사업은 정보통신설비를 설치하고 유지 · 보수하는 정보통신산업의 뿌리에 해당하는 산업입니다. 뿌리 깊은 나무는 바람에 흔들리지 않는다고 했습니다. 정보통신공사업이 튼튼하게 뿌리를 내리고 건전하게 발전해야 이를 통해 AI와 메타버스 등 첨단 정보통신산업도 화려한 꽃을 피우고 알찬 열매를 맺을 수 있을 것입니다.

이러한 정보통신공사업은 1971년에 「전신전화설비공사업법」이 제정됨으로써 발전의 기반을 닦게 되었습니다. 처음에 53개에 불과하였던 정보통신공사업자가 지금은 1만 1,000개가 넘는 큰 산업으로 발전하였습니다. 이에는 법의 제정과 운영이 중요한 역할을 한 것이 사실입니다. 이러한 공사업법을 알기 쉽게 풀이하고 공사업 현황도 상세히 설명한 이 책이 공사업을 시작하거나 운영하고 있는 사람 또는 공사업을 연구하거나 실무를 하는 사람들에게 큰 도움이 될 것으로 생각합니다.

소중한 책이 출간되게 된 것을 대단히 기쁘게 생각하며, 그간 바쁜 가운데에도 이 책을 집필하기 위해 애쓴 홍만표 상임부회장님에게 축하와 감사를 드립니다.

2022. 6.

한국정보통신공사협회
중앙회장 **강 창 선**

책을 내면서

정보통신공사는 전화, 인터넷, CCTV, 방송시설 등의 운영에 필요한 기계기구 및 선로 등의 설비를 설치하고 유지 · 보수하는 공사를 말합니다.

현재 우리나라에는 11,000여개의 정보통신공사업체가 있고 이들 업체들이 2021년에 수주한 정보통신공사 금액은 17조 원이 넘습니다. 이는 업체는 10년 전에 비해 50% 이상 증가한 규모입니다. 최근 5년간 매년 500 ~ 600개의 공사업체가 늘어나고 있을 만큼 이 업종에 대한 관심도 크고 시장의 잠재적 성장 가능성도 큰 업종이라 하겠습니다.

그러나 이들 공사업체들과 신규 진입을 희망하는 분들이 쉽게 이해할 수 있게 정보통신공사업과 법을 일목요연하게 정리한 책이 없습니다. 정보통신공사업법과 시행령 등 법령을 보면 되기는 하겠으나 법은 우선 딱딱하고 어렵다는 선입견 때문에 쉽게 접근하기가 어려운 것이 사실입니다.

그리고 법령은 법과 시행령 및 시행규칙으로 나뉘어져 있고 그러면서도 서로 얽히고 설켜 있어 초보자가 한 눈에 그 실체를 정확하게 파악하는 데는 애로가 많습니다. 또한 관련 현황은 일반인이 입수하기도 어렵거니와 입수한다 해도 여러 곳에 흩어져 있어 찾기도 쉽지 않고 한 눈에 알아보기도 힘든 것이 현실입니다. 그래서 공사업과 법을 한 눈에 알고 싶어 하는 분들을 위해 공사업의 현황과 법령 규정을 쉽게 이해할 수 있는 책의 필요성을 느끼게 되어 책을 편찬하게 되었습니다.

공사업을 설명함에 있어 정보통신공사업에 관한 법령이 중심이 될 수밖에 없겠으나 법령의 체계와 자구에 얽매이지 않고 보는 사람의 관점에서 공사업법의 실체를 쉽게 파악하고 그 절차를 이해하기 쉽도록 설명하기 위해 노력하였습니다.

그리고 해당 부분에서 공사업의 역사와 현황을 추가하여 과거와 현재를 파악할 수 있도록 하였고, 입법적 보완이 필요한 입법과제에 대한 의견도 추가하였으며, 정보통시공사의 안전문제와 중대재해법에 대한 최소한의 이해를 위한 내용도 포함하고 한국정보통신공사협회 등 공사업과 관련된 협·단체들의 역할과 기능도 쉽게 파악할 수 있도록 하였습니다.

그러나 이 책에 공사업을 영위하는데 필요한 모든 내용을 충분히 담지는 못했음을 인정합니다. 공사업에 대한 공부나 연구를 하는 분들과 새롭게 공사업을 영위하고자 하시는 분들이 공사업의 대체를 파악하는데 필요한 내용만을 우선적으로 담았습니다. 충분하지는 않더라고 이 책이 공사업과 법을 파악하고 새로이 공사업을 영위하고자 하는 분들에게 사업의 대강을 이해하는데 실질적인 도움이 될 것으로 기대합니다.

마지막으로 이 책이 나오기까지 격려를 아끼지 않으신 한국정보통신공사협회 강창선 중앙회장님께 감사드립니다. 그리고 자료 수집에 적극 협조해 준 공대진, 김창현, 이정태, 장경욱 처장과 한승수 실장, 김태균, 김영삼 실장, 구승호 처장 등 협회 내외의 직원들과 특히, 힘든 교정 작업을 맡아준 김순호 처장에게 지면을 빌어 감사의 뜻을 전합니다. 감사합니다.

2022. 6.

한국정보통신공사협회
상임부회장 **홍 만 표**

목 차

제 1 장 정보통신공사

제 2 장 정보통신공사업자와 용역업자 등

제 3 장 공사의 설계 및 감리

제4장 공사의 도급 및 시공

제 5 장 착공전확인과 사용전검사

제6장 정보통신공사와 안전

제7장 공사 관련 단체

제1장 정보통신공사

제1절 정보통신공사

1. 정보통신공사란

(1) 통상적 정의

정보통신공사는 간단히 말해 전화, 인터넷, CCTV, 방송시설 등의 설비를 설치하고 유지·보수하는 공사를 말한다.

(2) 법령상의 정의

정보통신공사란 정보통신설비의 설치 및 유지·보수에 관한 공사와 이에 따르는 부대공사로서 다음의 공사를 말한다.

① 전기통신관계법령 및 전파관계법령에 따른 **통신설비공사**

② 「방송법」 등 방송관계법령에 따른 **방송설비공사**

③ 정보통신관계법령에 따라 정보통신설비를 이용하여 정보를 제어·저장 및 처리하는 **정보설비공사**

④ 수전설비를 제외한 **정보통신 전용 전기시설설비공사** 등 그 밖의 설비공사

⑤ 위의 규정에 따른 공사의 **부대공사와 유지·보수공사**

※ 정보통신설비
유선, 무선, 광선, 그 밖의 전자적 방식으로 부호·문사·음향 또는 영상 등의 정보를 저장·제어·처리하거나 송수신하기 위한 기계·기구(器具)·선로(線路) 및 그 밖에 필요한 설비를 말한다(법 제2조제1호).

(3) 확장된 정보통신공사의 영역

정보통신기술의 발달과 정보화의 진전에 따라 종전에 없던 공사가 새롭게 등장함으로써 정보통신공사의 범위도 상당히 광범위하게 확장되고 있다. 현재 다음의 공사들도 정보통신공사의 영역으로 들어와 있다.

① 민방공경보설비

② 교통신호등

③ 종합유선방송

④ 동시통역시스템 및 화상회의시스템

⑤ 원격자동검침시스템

⑥ 원격의료시스템

⑦ 원격교육시스템

⑧ 홈뱅킹시스템

⑨ 셀프이용설비(키오스크)

⑩ 소음측정장치

⑪ 어군탐지장치

⑫ 수온측정장치

⑬ 낙뢰방지장치

⑭ 홍수예보설비

⑮ 전자시계설비

⑯ 버스도착안내판(행선안내게시기) 등

(4) 유사 개념들[1)]

① "전기통신"

유선 · 무선 · 광선 및 기타의 전자적 방식에 의하여 부호 · 문언 · 음향

---

1) **정보통신 개념의 모호성과 다양성**

1. 일반인들이 "정보통신공사"라고 하면 무슨 공사를 말하는 것이냐고 되물을 정도로 "정보통신"이라는 용어를 생소하게 생각하는 사람들이 많다. 그 이유는 "정보통신"이라는 말을 일반인들은 실생활에서 거의 사용하지 않기도 하거니와 정보통신이라는 말의 개념이 상당히 광범위하고 다의적 개념으로 사용되고 있기 때문일 것이다.
2. 정보통신과 이를 기반으로 하는 확장적 개념의 용어들은 법률에 따라 유사하면서도 조금씩 다르게 정의되고 있다. 이것은 그 용어의 본질적 구분이라기보다는 법률을 제정한 정책적 목적에 따라 그 범위를 설정하고 확장할 필요에서 비롯되었다고 보아야 할 것이다.
3. 주로 전화를 뜻하는 말로는 전기통신기본법 등 에서 '전기통신'이라는 용어가 일반적으로 쓰이고 그에 따라 공사의 명칭도 '전기통신공사'라는 말로 쓰였으나 전화를 넘어 인터넷, CCTV, 화상회의시스템 등 각종 정보통신 기기가 등장하고 정보화가 확산되는 시대적 흐름에 맞추어 개념이 확대되어 1980년대 후반 이후 '정보통신'이라는 용어가 등장하게 되었다.
4. 그래서 전기통신공사업법에서도 '전기통신'의 용어를 '정보통신'으로 바꾸어 사용하게 되었다.

또는 영상을 송신하거나 수신하는 것(전기통신기본법 및 전기통신사업법)

② **"전기통신설비"**

전기통신을 하기 위한 기계 · 기구 · 선로 기타 전기통신에 필요한 설비 (전기통신기본법 및 전기통신사업법)

③ **"정보통신"**

정보의 수집 · 가공 · 저장 · 검색 · 송신 · 수신 및 그 활용과 관련되는 기기(器機) · 기술 · 서비스 등 정보화를 촉진하기 위한 일련의 활동과 수단 (정보통신산업진흥법)

④ **"정보통신산업"**

정보통신과 관련한 제품을 개발 · 제조 · 생산 또는 유통하거나 이에 관련한 서비스를 제공하는 산업. 다만, 「정보통신망 이용촉진 및 정보보호 등에 관한 법률」 제2조제1항제2호에 따른 정보통신서비스를 제공하는 산업은 제외한다(정보통신산업진흥법).

⑤ **"정보통신"**

「전기통신사업법」 제2조제2호에 따른 전기통신설비 또는 컴퓨터 등을 이용하거나 활용한 정보의 수집 · 가공 · 저장 · 처리 · 검색 · 송신 · 수신 및 서비스 제공 등과 관련되는 기기 · 기술 · 서비스 및 산업 등 일련의 활동과 수단(정보통신 진흥 및 융합 활성화 등에 관한 특별법)

⑥ **"정보통신망"**

「전기통신사업법」 제2조제2호에 따른 전기통신설비를 이용하거나 전기통신설비와 컴퓨터 및 컴퓨터의 이용기술을 활용하여 정보를 수집 · 가공 · 저장 · 검색 · 송신 또는 수신하는 정보통신체제(정보통신망 이용촉진 및 정보보호 등에 관한 법률)

⑦ **"정보통신기반시설"**

국가안전보장 · 행정 · 국방 · 치안 · 금융 · 통신 · 운송 · 에너지 등의 업무와 관련된 전자적 제어 · 관리시스템 및 「정보통신망 이용촉진 및 정보보호 등에 관한 법률」 제2조제1항제1호에 따른 정보통신망(정보통신기반 보호법)

우리나라 정보통신의 역사

○ 전보의 도입

1876년 일본과의 병자수호조약으로 전기통신시설과 제도의 길을 텄으나 1884년 갑신정병의 실패로 무산되고 그러자 청국은 우리나라를 자신들의 영향권아래에 두기 위해 전신선로 개설을 서둘렀다.

서로전신선 가설을 추진하여 1885년 9월 28일에 서울과 제물포간에 우리나라 최초의 전신선이 개통되었고 동시에 이를 관리하는 행정관청인 한성전보총국이 문을 열었다. 한성전보총국은 전신시설을 설치·운영함으로써 이 땅에 전기통신의 여명을 밝혔다.

이후 1888년에 서울과 부산을 잇는 남로전신선이 개통되었고, 1891년에는 서울에서 춘천을 경유하여 원산에 이르는 북로전신선이 개통됨으로써 전국적인 전신망을 구축하게 되었다.

○ 전화의 도입

우리나라에 전화기가 처음 소개된 것은 1882년 3월경, 영선사의 일원으로 청국에 유학했던 상운(尙澐)에 의해서였다. 상운이 갖고 온 전화기가 같은 해 7월 발생한 임오군란 때 파괴되자 영선사 김윤식은 다시 청국에 가는 기회에 전화기 10좌 및 동선 등을 베이징에서 구입해 귀국했다.

(우리나라에 처음 들어온 초창기 전화기의 모습)

이후 전화시설에 많은 관심을 갖게 된 조정에서 도입을 추진하였으나 청일정쟁 등 불안한 정세로 지연되다가 1896년 10월에 이르러서야 궁중에 전화가 설치되었다. 각 아문 및 인천감리 간에 전화연락을 함으로써 처음으로 전화의개통이 이루어 졌다. 이처럼 전화는 전신보다 10여년 늦게 도입되어 궁내부에 최초로 자석식 전화를 개통했다. 이때 전화는 텔레폰을 음역해 '덕진풍' '득률풍'이라고 했으며 말 전하는 기계라는 뜻으로 '전어기'라고도 불리었다. 후에 대신들의 집에도 전화기

> 를 설치했는데, 궁에서 전화가 오면 대신들이 옷을 갖춰 입고 전화기 앞에 절을 하고 두 손으로 공손하게 전화를 받았다고 한다.
>
> 그로부터 6년이 지난 1902년 3월 일반인도 사용할 수 있는 전화가 서울과 인천 간에 개통됨으로써 최초의 공중통신용 전화업무가 개시되었다. 그해 6월 한성전화소에서 13명의 가입자로 전화업무를 시작했고, 1903년에는 인천에도 12명의 가입자가 생기게 되었다.
>
> 〈「정보통신공사협회 50년사」 중〉

2. 정보통신공사의 종류

(1) 정보통신공사의 종류

정보통신공사는 앞에서 법령상의 정의에서 언급한 바와 같이 크게 통신설비공사, 방송설비공사, 정보설비공사 및 기타 설비공사 등 4개 분야로 구분되고, 총 16종으로 세분되고 있다.

① 통신설비공사(7종)

ⓐ 통신선로설비공사
ⓑ 교환설비공사
ⓒ 전송실비공사
ⓓ 구내통신설비공사
ⓔ 이동통신설비공사
ⓕ 위성통신설비공사
ⓖ 고정무선통신설비공사

② 방송설비공사(2종)

ⓐ 방송국설비공사
ⓑ 방송전송 · 선로설비공사

③ 정보설비공사(6종)

ⓐ 정보제어보안설비공사

ⓑ 정보망설비공사

ⓒ 정보매체설비공사

ⓓ 항공 · 항만통신설비공사

ⓔ 선박의 통신 · 항해 · 어로설비공사

ⓕ 철도 · 통신신호설비공사

④ 기타 설비공사(1종)

ⓐ 정보통신 전용 전기시설 설비공사

(2) 정보통신공사 종류별 예시

정보통신공사의 종류별로 공사의 예시는 아래 표와 같다.

〈 공사의 종류 〉(영 제2조제2항 관련)

구 분	공사의 종류	공사의 예시
① 통신설비공사	통신선로설비공사	○ 통신구설비 ○ 통신관로설비 ○ 통신케이블(광섬유 및 동축케이블 · 전봇대 · 지지철물 · 케이블 방재 · 철탑 · 배관 · 단자함 등을 포함한다)설비 등의 공사
	교환설비공사	○ 전자식교환(ISDN 및 전전자를 포함한다)설비 ○ 자동식교환설비 ○ 비동기식교환(ATM)설비 ○ 가입자선로집중운용보전시스템설비 ○ 집단전화교환설비 ○ 자동호분배장치설비 ○ 중앙과금장치설비 ○ 신호망설비 ○ 지능망설비 ○ 통신처리장치설비 ○ 사설교환(PBX · CBX)설비 등의 공사
	전송설비공사	○ 전송단국(FLC · PCM · PDH · SDH · DACS · SONET · WDM)설비 ○ 송 · 수신설비 ○ 중계설비 ○ 다중화설비

		○ 분배설비 ○ 전력선반송설비 ○ 종합유선방송(CATV)전송설비 등의 공사
	구내통신 설비공사	○ 구내통신선로 · 이동통신구내선로 · 방송공동수신설비 ○ 전화설비 ○ 방범설비 ○ 방송설비 ○ 방재설비중 정보통신설비 ○ 수직 · 수평배관 및 배선설비 ○ 주장비실설비 및 층장비실설비 ○ 장애자용 음향통신설비 ○ 키폰전화설비 등의 공사
	이동통신 설비공사	○ 개인이동통신(PCS)설비 ○ 휴대용이동전화(셀룰라)설비 ○ 주파수공용통신(TRS)설비 ○ 무선데이터통신설비 ○ 무선호출설비 ○ 아이엠티2000(IMT-2000)설비 ○ 위성이동휴대전화(GMPCS)설비 ○ 시티폰설비 등의 공사
	위성통신 설비공사	○ 위성송 · 수신국설비 ○ 위성체설비 ○ 지상관제소설비 ○ 발사체설비 ○ 위성측위시스템(GPS)설비 ○ 소형위성지구국(VSAT)설비 ○ 위성뉴스중계(SNG)설비 등의 공사
	고정무선 통신설비 공사	○ 무선CATV(MMDS · LMDS)설비 ○ 방송통신융합시스템(LMCS)설비 ○ 무선가입자망(WLL)설비 ○ 마이크로웨이브(M/W)설비 ○ 무선적외선설비 등의 공사
② 방송설비공사	방송국 설비공사	○ 영상 · 음향설비 ○ 송출설비 ○ 방송관리시스템설비 등의 공사
		○ 방송관로설비

	방송전송 · 선로 설비공사	○ 방송케이블(전봇대 · 철탑 · 배관 · 단자함 등을 포함)설비 ○ 전송단국설비 ○ 송 · 수신설비 ○ 중계설비 ○ 다중화설비 ○ 분배설비 ○ 구내전송선로설비 ○ 위성방송수신설비 등의 공사
③ 정보 설비 공사	정보제어 · 보안설비 공사	○ 인공지능빌딩시스템(IBS)설비 ○ 관제(항공 · 교통 · 기상 · 주차)설비 ○ 원격조정 · 자동제어(SCADA, TM/TC, 공장자동화 등의 정보통신설비를 포함한다)설비 ○ 정보시스템관리설비 ○ 방향탐지설비 ○ 위치측정설비 ○ 전자신호제어설비 ○ 폐쇄회로텔레비전(CCTV)설비 ○ 경비보안설비 ○ 터널군관리(TGMS)설비 ○ 수계통합자동제어설비 ○ 수문제어설비 ○ 홍수예경보설비 ○ 민방공경보설비 ○ 수도시설제어설비 ○ 재해방지설비 ○ 수처리(상수 · 하수 및 폐수 등을 포함한다)계측제어설비 ○ 긴급구조시스템설비 ○ 텔레메틱스(Telematics)설비 등의 공사
	정보망설비 공사	○ 근거리통신망(이더넷LAN · ATM-LAN · 기가비트LAN 등을 포함)설비 ○ 부가가치통신망(VAN)설비 ○ 광역통신망(WAN)설비 ○ 정보시스템망관리(TMN)설비 ○ 무선통신망설비 ○ 전산시스템(CPU · C/S · 제어장치 등을 포함한다)설비 ○ 인터넷(인트라넷 · 엑스트라넷 · 방화벽 등을 포함)설비 ○ 멀티미디어설비 ○ 컴퓨터 · 통신통합(CTI)설비 ○ 종합정보통신망(ISDN)설비

	○ 초고속정보망(xDSL · 케이블모뎀 등을 포함)설비 ○ 판매시점관리시스템(POS) ○ 유비쿼터스설비 등의 공사
정보매체 설비공사	○ 화상(영상)회의시스템설비 ○ 홈뱅킹시스템설비 ○ 원격의료시스템설비 ○ 원격교육시스템설비 ○ 주문대응형비디오시스템(VOD)설비 ○ 홈오토메이션시스템설비 ○ 전자식전광판설비 ○ 지리정보시스템(GIS)설비 ○ 원격자동검침(AMR)설비 ○ 홈네트워크(디지털홈)시스템설비 ○ 동시통역시스템설비 ○ 도시정보체계(UIS)설비 ○ 공간영상정보시스템(SIIS)설비 ○ 객실관리시스템설비 등의 공사
항공· 항만통신 설비공사	○ 무지향표식(NDB)설비 ○ 전방향표식(VOR)설비 ○ 거리측정(DME)설비 ○ 계기착륙(ILS)설비 ○ 로란 및 레이디(ASDE · ASR · MSR)설비 ○ 전술항행(TACAN)설비 ○ 위성항행(CNS/ATM)설비 ○ 위성항법시스템(GNSS)설비 ○ 위성항법보정시스템(DGPS)설비 ○ 항공운항정보(FIS)설비 ○ 저고도돌풍경보장치(LLWAS) ○ 소음측정시스템 ○ 셀프이용안내(KIOSK)설비 ○ 이동지역관리시스템(MAMS)설비 ○ 종합정보통신시스템설비 ○ 일반공중통신시스템설비 ○ 통신자동화시스템설비 ○ 통합경비보안시스템설비 ○ 해안무선(VTS 및 해안지역 각종 통신시설)설비 등의 공사

	선박의 통신 · 항해 · 어로설비 공사	○ 선박통신설비 – GMDSS, 조난구조장치, MF · HF · VHF · SSB의 송수신기, 전파수신기, 위성통신기, SSAS, 선내지령장치 등 ○ 선박항해설비 – RADAR, 기상수신기, GPS, 전자해도장치, RDF, 측심기, NAVTEX, AIS, VDR, 풍속계, 선속계, 콤파스, 자동조타장치 등 ○ 선박어로설비 – 어군탐지장치, 어망감시장치, 수온측정장치, 조류계 등의 공사
	철도통신 · 신호설비 공사	○ 역무자동화(AFC)설비 ○ 토크백설비 ○ 연선전화설비 ○ 열차무선설비 ○ 사령전화설비 ○ 자동안내방송설비 ○ 전자시계설비 ○ 복합통신설비 ○ 행선안내게시기설비 ○ 도관전선관(HP)설비 ○ 통신 및 신호용트로프설비 ○ 자동열차정지장치설비 ○ 열차집중제어장치설비 ○ 전자식신호제어설비 ○ 열차내이동무선공중전화설비 ○ 여객자동안내장치설비 등의 공사
④ 기타 설비 공사	정보통신 전용 전기시설 설비공사	○ 정보통신전기공급설비 ○ 전기부식방지설비 ○ 전력 · 전철유도방지설비 ○ 무정전전원장치(UPS)설비 ○ 충방전 · 전압조정설비 ○ 전동발전기설비 ○ 접지설비 ○ 서지설비(전류 · 전압 등이 순간적으로 크게 증가할 때 증가한 전류 · 전압으로부터 시설 등을 보호하는 설비를 말한다) ○ 낙뢰방지설비 ○ 잡음 · 전자파(EMI · EMC · EMS 등을 포함한다)방지설비 등의 공사

제2절 정보통신공사업

1. 정보통신공사업이란

(1) 정 의

① 통상적 정의

"정보통신공사업"이란 전화, 인터넷, CCTV, 방송시설 등의 설비를 설치하고 유지 · 보수하는 공사를 업(業)으로 하는 것을 말한다.

② 법령상의 정의

"정보통신공사업"이란 도급이나 그 밖에 명칭이 무엇이든 이 법을 적용받는 정보통신공사를 업(業)으로 하는 것을 말한다.

(2) 정보통신공사업의 위상

① 한국표준산업분류 상의 위상

ⓐ 정보통신공사업은 산업분류상 '건설업'에 해당한다.
ⓑ 건설업은 크게 '종합건설업'과 '전문직별 공사업'으로 나뉘고,
ⓒ '전문직별 공사업'은 다시 '기반조성 및 시설물 축조관련 전문공사업', '건물설비 및 설치공사업', '전기 및 통신 공사업' 등으로 나뉘며,
ⓓ '정보통신공사업'은 이 '전기 및 통신공사업'에 속한다.

〈 한국표준산업분류 상의 통신공사업의 위상 〉

F. 건설업			
	41. 종합건설업		
	42. 전문직별 공사업	421. 기반조성 및 시설물 축조관련 전문공사업	
		422. 건물설비 및 설치공사업	
		423. 전기 및 통신공사업	4231. 전기공사업
			4232. 통신공사업

		424. 실내건축 및 건축마무리 공사업	
		425. 시설물 유지관리 공사업	
		426. 건설장비 운영업	

② **법령상의 위상**

ⓐ 법령을 기준으로 하는 건설의 분류는 먼저 크게 건설업과 용역업으로 나뉜다.

ⓑ 건설업은 다시 관장하고 있는 법에 따라 종합건설업, 전문건설업, 특별법상의 건설업, 개별공사업으로 나뉜다. 정보통신공사는 개별공사업법 중 정보통신공사업법의 규율을 받는다.

ⓒ 용역업은 조사, 설계, 감리, 사업관리 및 유지관리 분야로, 엔지니어링 활동, 설계, 감리, 안전진단에 따라 그 규제 법률을 달리하고 있다. 정보통신의 설계 및 감리는 정보통신공사업법 상의 용역업 규정에 의해 규제받고 있다.

〈 법령상의 정보통신공사업의 위상 〉

건설업	종합건설업	토목, 건축, 조경 등 5종	건설산업기본법
	전문건설업	의장, 도장 등 29종	
	특별법상의 건설업	환경오염방지 주택건설 해외건설 등	환경관리공단법 주택법 해외건설촉진법 등
	개별공사업	전기	전기공사업법
		정보통신	정보통신공사업법
		소방설비	소방시설공사업법
		문화재 수리	문화재수리 등에 관한 법률
용역업	조사,설계,감시, 사업관리,유지관리	엔지니어링활동	엔지니어링산업진흥법

		설계	건축사법
			전력기술관리법
			정보통신공사업법
		감리	건설기술진흥법
			전력기술관리법
			정보통신공사업법
		안전진단	시설물의 안전진단에 관한 특별법

③ 건설업종간의 비교

건설업종별 규제 법령, 소관 부처, 시장 규모, 법정단체명, 공사업체 수, 업종 수 등은 다음과 같다. 정보통신공사업은 종합건설업, 전문건설업, 전기공사업과 함께 4대 건설업의 하나이다.

구 분		종합건설업 전문건설업	전기공사업	정보통신공사업	소방시설공사업
법령	시공법령	건설산업기본법	전기공사업법	정보통신공사업법	소방시설공사업법
	용역법령	건설기술진흥법 / 건축사법 / 주택법	전력기술관리법		
소관 부처		국토교통부	산업통상자원부	과학기술정보통신부	행정안전부(소방청)
시장규모 (2019)		종합(180조 원) 전문(108조 원) 기계설비(20조 원)	31.5조 원	15.3조 원	6.4조 원
법정단체	시공 분야	대한건설협회 대한전문건설협회 대한기계설비건설협회 대한시설물유지관리협회	한국전기 공사협회	한국정보통신공사협회	한국소방시설협회
	용역 분야	건설기술인협회 건설기술관리협회	한국전기 기술인협회	–	–

공사 업체 수 (2020.10)	종합건설업 : 13,539개 전문건설업 : 46,938개 기계설비업 : 8,717개	17,947개	10,744개	6,657개
ネ업종 수	종합 5개, 전문 29개	단일	단일	단일

2. 정보통신공사업 약사

(1) 「전신전화설비공사업법」 이전의 공사업

해방 후, 일제강점기 때부터 전기통신업무에 종사해온 기술자들이 해방 후 1945. 9.9. 임의단체인 '대한전신전화기술자협회'를 설립했는데 이 협회가 현 공사협회의 전신이며, 그 회원인 기술자들이 법상의 공사업자는 아니었지만 "사실상의 정보통신공사업자"였다.

1948년 정부 수립 후, 협회 명칭을 '대한전화공사자협회'로 변경하고 통신기술의 발전을 도모했으나 전기통신 본래의 기능과 역할을 감당하기에는 한계가 있었고, 6·25전쟁 중에는 피난지인 대구에서 전기통신건설단을 조직하여 통신시설의 복구에 참여하기도 하였으나 인력 및 자재의 부족으로 큰 역할은 하지 못하였다.

휴전 후 신형교환기가 도입됨에 따라 신형교환기와 구형교환기가 공존하여 자재확보도 쉽지 않고 시설공사와 유지·보수가 까다로워지기 시작했다. 따라서 공사업에 종사하던 업체들 사이에서는 이러한 어려운 여건을 이겨내기 위해 공사업체의 운영과 권익보호에 새로운 전기를 마련할 실질적인 단체의 필요성을 절감하고, 1945.9.9. 설립된 바 있는 통신기술자들의 임의단체인 '대한전신전화기술자협회'를 모태로, 1963.3월에 사단법인 '한국전신전화공사협회'를 창립하였다.

1967년 전화가입자가 50만 명을 돌파하는 등 통신수요가 폭증하자 동 협회에서는 체신부에 전신·전화와 관련한 공사업법의 제정을 지속적으로 건의하였고 우여곡절 끝에 1971년 「전신전화설비공사업법」이 제정됨으로써 비로소 '법상의 지위를 갖는 정보통신공사업' 탄생하게 되었다.

(한국정보통신공사협회 50년사 중)

(2) 「전신전화설비공사업법」에 의한 공사업

법상의 지위를 가진 공사업은, 1971.1.22. 공포되고 같은 해 4.23.자로 시행된 본문 32개 조, 부칙 3개 항의 「전신전화설비공사업법」에 의해 비로소 '전신전화설비공사업'이라는 이름으로 탄생하였다.

동법 제2조에서 공사업이라 함은 "도급 기타 명칭 여하를 불문하고 전신전화설비의 설치 또는 유지·보수에 관한 공사를 영업으로 하는 사업"이라 정의하고, "「전기통신법」 및 「전파관리법」에 의하여 체신부장관 이외의 자가 행하는 전신전화설비의 설치 및 유지·보수에 관한 공사는 체신부장관의 허가를 받은 자(공사업자)가 아니면 할 수 없다"고 규정함으로써 허가받은 공사업자의 배타적 지위를 인정하였다.

이로써 공사업을 하려면 지금은 등록을 하면 되지만 처음에는 허가를 받았음을 알 수 있다. 유선설비공사업자와 무선설비공사업자로 구분하고 등급별로 허가하였고, 허가의 유효기간은 5년이었으며 5년마다 허가의 갱신을 받아야 했다. 그리고 "이 법 시행 당시 공사업을 영위하고 있던 자는 이 법 시행일로부터 3월 이내에 이 법에 의한 공사업의 허가를 받아야 한다."고 부칙 제2항에 규정하여 종전 사업자의 지위를 인정하지 않고 새 법에 의한 허가를 받아야 함을 분명히 하였다.

또한, "공사업자는 전신전화공사협회를 설립하여야 한다."고 규정하여 공사업협회 설립을 의무화하였고, "공사업자는 허가를 받은 날부터 회원이 된다."고 규정하여 공사업자의 회원가입도 의무화하였다. 이에 따라 체신부장관의 허가를 받은 53개 업체가 기존의 사단법인 한국전신전화공사협회를 계승, 1971. 12. 3.창립총회를 개최하여 정관을 제정하고 정운오를 초대 이사장으로 선출한 후 체신부장관의 인가 및 정관승인과 설립등기를 마침으로써 마침내 한국전신전화공사협회(현 한국정보통신공사협회)가 창립되게 되었다.

정운오 초대 정보통신공사협회 이사장(1920 ? ~ 1978 ?)

대한전신전화기술자협회의 회장을 지냈고, 사단법인 한국전신전화공사협회의 출범을 이끌고 초대회장을 지냈으며, 이후 법정단체인 한국전신전화공사협회 창립을 주도하고 초대 및 2대 이사장을 지냈다.

서울 청계천3가에서 "금성전기통신공사"라는 상호로 전화기 도매상과 공사업을 겸영하였으며, 풍채가 좋고 리더십도 있어 협회의 창립을 이끌었고 정보통신공사업법의 제정 필요성을 당시 체신부에 강력하게 요청하여 성사시키는 등 현 공사업제도의 기틀을 마련하는데 혁혁한 기여를 한 것으로 업계의 평가를 받고 있다. 가히 "우리나라 정보통신공사업의 아버지"라 일컬을 만하다.

> 협회 창립을 전후한 시기에 지역업체들은 통신공사에 대한 개념도 없었고, 전기업자와 통신업자의 구분도 없이 대부분의 업체가 "00전기"라는 상호를 사용했다. 따라서 일부에서는 면허가 없는 사설업체가 공사를 수행하는 경우도 가능했다. 그러나 무허가 업체가 시공을 하다가 제재를 받는 경우가 잦게 되자 무허가로는 공사 수주가 어렵다는 인식과 함께 서서히 허가제도가 자리 잡게 되었고 회원 수도 증가하기 시작했다.
>
> **(한국정보통신공사협회 50년사 중)**

(3) 「전기통신공사업법」 및 「정보통신공사업법」 이후의 공사업

> 1976.4.6. 법률의 명칭이 「전신전화설비공사업법」에서 「전기통신공사업법」으로 변경되었고 이에 따라 공사업의 명칭도 '전기통신공사업'으로 불리게 되었으며, 협회의 명칭도 '전기통신공사협회'로 개칭되었다.
>
> 이어서 체신부가 정보통신부로 개편됨에 따라 1998.1.1.자로 법률명을 「정보통신공사업법」으로 개정하고 공사업도 '정보통신공사업'으로 불리게 되었으며, 협회의 설립도 강제가 아닌 임의규정으로 변경되었고, 회원 가입도 강제사항에서 자율사항으로 변경되었다. 협회명칭도 '한국정보통신공사협회'로 개칭되었다.
>
> 그리고 1999.2.5.자로, 민간영역에 대한 규제 완화와 휴대폰 및 인터넷 등 폭증하는 정보통신공사 수요에 대처하기 위한 법률 개정으로, 공사업의 '허가제도'가 '등록제도'로 변경되어 오늘에 이르고 있다.

3. 정보통신공사업 연혁

(1) 유선설비공사업 및 무선설비공사업 시기

① 기 간 : 1971.4.부터 1976.9.까지

② 공사업의 명칭 : 전신전화설비공사업

③ 분 류

ⓐ 유선설비공사업(1등급, 2등급, 3등급)

ⓑ 무선설비공사업(1등급, 2등급, 3등급)

④ 공사 수급범위 제한 : 있음

⑤ 공사용 기기 보유기준 : 있음

⑥ 면허제도 : 허가(유효기간 5년, 갱신)

ⓐ 유선설비공사업 등급별 허가 기준표

구분 공사등급	수급한도액	① 통신 기술사 보유	② 공사용 기기 및 공구	③ 자본금	④ 공사실적 및 경력	⑤ 연평균 영업 세액	⑥ 기 타
1등급		유선기술사 3인 이상 (법인인 경우에는 그 중 1인 이상이 상근 임원일 것)	별표3에 의한다.	6백만원 이상	2년 이상	10만원 이상	66㎡ 이상의 사무실(공작실 포함)과 전화 시설을 갖출 것.
2등급	5백만원 이하	유선기술자 2인 이상 (법인인 경우에는 그 중 1인 이상이 상근 임원일 것)	별표3에 의한다.	3백만원 이상	1년 이상	5만원 이상	33㎡ 이상의 사무실(공작실 포함)과 전화 시설을 갖출 것.
3등급	2백만원 이하	유선기술사 1인 이상	별표3에 의한다.	2백만원 이상			16㎡ 이상의 사무실(공작실 포함)과 전화 시설을 갖출 것.

비고 : 1. 공사수급한도액은 1공사 수급한도액을 말한다.
2. 영업세액은 최근 2년간 통신공사에 대한 영업세의 연평균 액으로 한다.

ⓑ 무선설비공사업 등급별 허가 기준표

구분 공사등급	수급한도액	① 통신 기술사 보유	② 공사용 기기 및 공구	③ 자본금	④ 공사실적 및 경력	⑤ 연평균 영업 세액	⑥ 기 타
1등급	아래의 비고와 같다	제1급 무선기술사 2인을 포함한 무선기술사 6인 이상(법인인 경우에는 그중 1인 이상이 상근 임원일 것)	별표3에 의한다.	1천만원 이상	2년 이상	5만원 이상	66㎡ 이상의 사무실(공작실 포함)과 전화 시설을 갖출 것.

2등급	〃	제2급 무선기술사 1인을 포함한 무선기술사 4인 이상(법인인 경우에는 그중 1인 이상이 상근 임원인 것)	별표3에 의한다.	5백만원 이상	1년 이상	2만원 이상	33㎡ 이상의 사무실(공작실 포함)과 전화 시설을 갖출 것.
3등급	〃	제3급 무선기술사 2인 이상	별표3에 의한다.	2백만원 이상			16㎡이상의 사무실(공작실 포함)과 전화 시설을 갖출 것.

비고 : 무선설비공사업의 등급별 공사수급 범위는 다음과 같다

가. 1등급

모든 무선설비(고주파 이용 설비를 포함한다)

나. 2등급

(1) 공중선전력 3킬로왓트 이하의 무선전신 설비 및 핵시밀리 설비
(2) 공중선전력 1킬로왓트 이하의 무선전화 설비
(3) 레이다 및 고주파 이용 설비
(4) 전 각호에 게재한 무선설비 이외의 무선설비로서 공중선전력 1킬로왓트 이하의 것(전 각호에 관한 다중설비 및 텔레비전 방송 에프엠 방송은 제외한다)
(5) 전 각호의 부대공사

다. 3등급

(1) 공중선전력 250왓트 이하의 무선전신설비 및 핵시밀리 설비
(2) 공중선전력 100왓트 이하의 무선전화 설비
(3) 고주파 이용설비
(4) 전 각호의 부대공사(다중 설비 및 방송설비는 제외한다)

ⓒ 유무선별 공사용 기기 및 공구류 기준표(별표3)

1등급				2등급				3등급			
유선설비		무선설비		유선설비		무선설비		유선설비		무선설비	
기기 및 공구명	수량	기기 및 공구명	수량	기기 및 공구명	수량	기기 및 공구명	수량	기기 및 공구명	수량	기기 및 공구명	수량
1. 메가(250)	1	1. 초단파 신호발생기	1	1. 메가(250)	1	1. 고주파 신호발생기	1	1. 메가(250)	1	1. 고주파 신호발생기	1
2. 접지저항 측정기	1	2. 가정주파 발진기	1	2. 테 스 타	1	2. 가정주파 발진기	1	2. 테 스 타	1	2. 가정주파 발진기	1
3. 테 스 타	2	3. 초단파용	1	3.기계조정기구	1식	3. 오시로스코	1	3. 기계조정	1식	※ 3. 오시로스코	1

		신조로스코오프				오프		기구		오프	
4. 기계조정 기구(1식)	1식	※ 4. 초단파대 스위프마카 발생기	1	4. 밧덴스키	3	※ 4. 의율분석기	1	4. 밧뎀스키	2	4. 고주파출력	1
5. 밧덴스키	3	※ 5. 구형파 발생기	1	5. 스프링 케이지	1	※ 5. 주파수 편이계	1	5. 스프링 케이지	1	5. 주파수계	1
6. 다이얼 시험기	1	※ 6. 의율분석기	1	6. 레벨메타	1	6. 전계강도 측정기	1	6. 파이프벤다	1	※ 6. 진공관 전압계	1
7. 레벨메타	1	※ 7. 주파수 편이계	1	7. 접지저항 측정기	1	7. 주파수계	1	7. 전기인두	1	7. 메가	1
8. 스프링 케이지	1	※ 8. 전계강도 측정기	1	8. 케이블 절단기	1	8. 고주파 출력계	2	8. 도 리 루 ($\frac{1}{4}$ HP)	1	8. 멀티테스타	3
9. 파이프벤다	1	※ 9. 페턴발생기	1	9. 도리루 ($\frac{1}{4}$ HP)	1	9. 진공관 전압계	1	9. 바이스	3	9. 고주파 감쇠기(가변식)	1
10. 케이블 절단기	1	10. 주파수계	1	10. 바이스	5	10. 메가	2	10. 비중계 ⋮	1	10. 의사부하 (가변식)	1
11. 도리루 ($\frac{1}{4}$ HP)	1	11. 고주파 출력계	2	11. 권척	1	11. 멜티테스타	4			⋮	
12. 바이스 ⋮	5	12. 진공관 전압계 ⋮	1	12. 비중계 ⋮	2	※ 12. 진공관 시험기 ⋮	1				

비고: 1. 무선설비의 기기는 전파관리국장이 지정고시한 성능을 유지하여야 하며 동등이상의 성능을 가진 기기로써 대체할 수 있다.

2. ※로 표시된 기기는 1972년 5월 31일까지 구비하게 할 수 있다.

(2) 유선설비기계공사업 등 4개 공사업 시기

① 기 간 : 1976.9.부터 1979.5.까지

② 공사업의 명칭 : '전기통신공사업'으로 변경

③ 구 분

ⓐ 유선설비기계공사업(1등급, 2등급, 3등급)

ⓑ 유선설비선로공사업(1등급, 2등급, 3등급)

ⓒ 유선설비반송공사업(1등급, 2등급, 3등급)

ⓓ 무선설비공사업(1등급, 2등급, 3등급)

④ 공사 수급범위 제한 : 있음

⑤ 공사용 기기 보유기준 : 있음

⑥ 면허제도 : 허가(유효기간 5년, 갱신)

ⓐ 전기통신공사업 허가기준

종별	등급	통신기술자격자보유	공사용 기기 보유	자본금 (재산)	공사 실적 (연간)	공사 경력	기타
유선 설비 기계 공사업,	1 등 급	1. 유선설비기사 1급 이상 1인을 포함한 유선설비기사 6인 이상(법인인 경우에는 1인 이상이 상근임원일 것) 2. 반송공사업의 경우에는 유선설비기사 2급 2인까지는 무선설비기사 2급으로 갈음할 수 있다.	부표와 같다	기계:2,500만원 이상 선로:3,000만원 이상 반송:3,000만원 이상	30만원 이상의 영업세	2년 이상	66제곱미터 이상의 사무실(공작실을 포함한다)
유선 설비 선로 공사업,	2 등 급	1. 유선설비기사 2급 이상 4인 이상(법인인 경우에는 1인 이상이 상근임원일 것) 2. 반송공사업의 경우에는 유선설비기사 2급 1인까지는 무선설비기사 2급으로 갈음할 수 있다.	부표와 같다	기계:600만원 이상 선로:1,400만원 이상 반송:600만원 이상	20만원 이상의 영업세	1년 이상	33제곱미터 이상의 사무실(공작실을 포함한다)
		유선설비기사 2급 이상 1인 및 당	부표	기계:300만	10만원		16제곱

유선설비반송공사업	3등급	해분야의 기능사2급 이상 1인	와 같다	원 이상 선로:400만원 이상 반송:500만원 이상	이상의 영업세		미터 이상의 사무실(공작실을 포함한다)
무선설비공사업	1등급	무선설비기사 1급 이상 1인을 포함한 무선설비기사 6인 이상(법인인 경우에는 1인 이상이 상근임원일 것)	부표와 같다	2,500만원 이상	30만원 이상의 영업세	2년 이상	66제곱미터 이상의 사무실(공작실을 포함한다)
	2등급	무선설비기사 2급 이상 4인 이상(법인인 경우에는 1인 이상이 상근임원일 것)	부표와 같다	1,400만원 이상	20만원 이상의 영업세	1년 이상	33제곱미터 이상의 사무실(공작실을 포함한다)
	3등급	무선설비기사 2급 이상 1인 및 무선설비 기능사 2급 1인	부표와 같다	600만원 이상	10만원 이상의 영업세		16제곱미터 이상의 사무실(공작실을 포함한다)

비고: 1. 자본금은 자기자본(총자산액에서 총부채를 감한 것)을 말한다.
2. 자기자본(부실자산과 부채 및 겸업자산과 부채를 감한 것)은 전기통신공사업을 위한 실질 자본금을 말한다.
3. 공사실적에는 시공공사와 관계없는 납품 및 자재판매 실적을 제외한다.
4. 공사실적은 당해 업종·등급의 허가 이후 전기간의 월평균 영업세액의 12배로 한다.
5. 공사경력은 당해 업종의 공사경력으로 한다.
6. 공사용 기기는 체신부장관이 지정·고시한 성능을 유시하여야 하며, 동등 이상의 성능을 가진 기기로 갈음할 수 있다. 다만, 무선설비 공사용기기는 전파관리국장이 고시할 수 있다.

※ **공사용 기기보유 부표 : 생략**

ⓑ 수급공사의 범위

가. 업종별·등급별 수급공사의 범위		
업종별	등급별	범 위
유선설비기계	1등급	1. 유선통신설비 중 모든 기계시설의 설치공사와 동 유지보수공사 2. 위 부대공사

공사업	2등급	1. 유선통신설비 중 아래 기계시설의 설치공사와 동 유지보수공사 가. 사설통신용 및 구내용 자동전화 교환시설 나. 수동식 전화교환시설 다. 신호집중제어 및 특수제어장치 시설 2. 위 부대공사 3. 3등급의 수급공사
	3등급	1. 유선통신설비 중 아래 기계시설의 설치공사와 동 유지보수공사 가. 사설통신용과 구내용 공전식 및 자석식전화교환시설 나. 전신 단말기시설 다. 각종 전화기시설 라. 유선방송장치 및 확성기장치(100왓트 이상)시설 마. 전자적 방식에 의한 전기시계 및 싸이렌 시설 2. 위 부대공사
유선 설비 선로 공사업	1등급	1. 유선통신설비 중 모든 선로시설의 설치공사와 동 유지보수공사 2. 위 부대공사
	2등급	1. 유선통신설비 중 아래 선로시설의 설치공사와 동 유지보수공사 가. 휘다 1,200회선 이하의 자동전화선로시설 나. 시내 및 시외국간 중계케이블(단, 동축 케이블 제외)시설 다. 공전식전화 케이블선로시설 라. 시외케이블 및 반송교차시설 마. 8공이하의 지하관로시설 바. 전식 및 유도방지공사 사. 신호집중제어 및 특수제어장치 2. 위 부대공사 3. 3등급의 수급공사
	3등급	1. 유선통신설비 중 아래 선로시설의 설치공사와 동 유지보수공사 가. 자석식전화 케이블 선로시설 나. 나선로시설 다. 사설통신용 및 구내용 전화선로시설 라. 각종 전화기시설 마. 유선방송장치 및 확성기장치(100왓트 이상)시설 2. 위 부대공사
유선 설비 반송 공사업	1등급	1. 유선통신설비 중 모든 반송시설의 설치공사와 동 유지보수공사 2. 위 부대공사
	2등급	1. 유선통신설비 중 아래 반송시설의 설치공사와 동 유지보수공사 가. 12통화로 이하의 케이블반송 및 전력선반송시설 나. 신호집중제어 및 특수제어장치시설

		2. 위 부대공사 3. 3등급의 수급공사
	3등급	1. 유선통신설비 중 아래 반송시설의 설치공사와 동 유지보수공사 가. 12통화로 이하의 나선반송시설 나. 24통화로 이하의 반송전신시설 2. 위 부대공사
무선 설비 공사업	1등급	1. 모든 무선설비(고주파 이용설비를 포함한다)의 설치공사와 동 유지보수공사 2. 위 부대공사
	2등급	1. 무선설비 중 아래 설비의 설치공사와 동 유지보수공사 가. 공중선전력 3킬로왓트 이하의 무선전신설비와 훽시밀리설비 나. 공중선전력 1.5킬로왓트 이하의 무선전화설비(에프엠,방송 및 테레비전 방송시설은 제외한다) 다. 12통화로이하의 다중설비 라. 고주파이용설비(100킬로왓트 이하에 한한다) 마. 레이다 설비 2. 위 부대공사
	3등급	1. 무선설비 중 아래 설비의 설치공사와 동 유지보수공사 가. 공중선전력 500왓트 이하의 무선설비(다중 설비와 방송설비를 제외한다) 나. 레이다 설비 다. 고주파이용 설비(3킬로왓트 이하에 한한다) 2. 위 부대공사

나. 유지보수공사의 한계

업종별	공 사 의 한 계
유선 설비 공사업 1등급 2등급 3등급	보유 통신기술자격자 또는 기능자 1인당 유지보수공사의 한계는 다음 각 호의 1에 의한다. 이 경우에 통신기술자격자 1인의 지도 · 감독하에 유지보수하는 기능자의 수는 5인까지로 한다. (가) 자동교환기 500회선 및 부대설비 (나) 수동교환기 6석 및 부대설비 (다) 전화기 500대 및 부대설비의 옥내 배선 (라) 갑종증설전화 100대 및 구내 교환기 2석 (마) 시내선로 휘다 200회선 및 부대설비 (바) 동축케이블 60킬로미터(긍장) (사) 시외케이블 90킬로미터(긍장) (아) 나선로 50킬로미터 (루트) (자) 전신단말기 15대 (차) 반송시설 10가 (카) 전원시설 100킬로볼트 암페아

(3) 일반공사업 6종과 별종공사업 2종의 시기

① 기 간 : 1979.5.부터 1994.12.까지

② 공사업의 명칭 : 전기통신공사업

③ 구 분

ⓐ 일반공사업

㉠ 유선통신기계공사업(1등급, 2등급)

㉡ 유선통신선로공사업(1등급, 2등급)

㉢ 전송통신공사업(1등급, 2등급)

ⓑ 별종공사업

㉠ 별종유선통신공사업

㉡ 별종전송통신공사업

④ 공사 수급범위 제한 : 있음

⑤ 공사용 기기보유 기준 : 있음

⑥ 면허제도 : 허가

ⓐ 전기통신공사업 허가기준

업 종	등급	자본금	공사용 기기	통 신 기 술 자 격 자	사무실 및 공작실	공사 경력	연간공 사실적
유선통신기계공사업	1등급	5,000만원 이상	[부표]와 같다.	유선설비기사 5인(2인은 전자기사로 대체할 수 있다) 및 유선통신기계기능사 3인(1인은 전자 기기기능사 또는 데이터통신설비 기능사로 대체할 수 있다) 이상	66평방미터 이상	6월 이상	2,000만원 이상
	2등급	1,500만원 이상	[부표]와 같다.	유선설비기사 3인(1인은 전자기사로 대체할 수 있다) 및 유선통신기계기능사 2인(1인은 전자기기기능사 또는 데이터통신설비 기능사로 대체할 수 있다) 이상	33평방미터 이상		
유선통신선로공사업	1등급	6,000만원 이상	[부표]와 같다.	유선설비기사 3인과 토목기사 2인 및 유선통신선로기능사 3인	66평방미터 이상	6월 이상	2,000만원 이상

	2등급	2,000만원 이상	[부표]와 같다.	유선설비기사 3인 및 유선통신 선로기능사 2인 이상	33평방미터 이상		
전송통신공사업	1등급	5,000만원 이상	[부표]와 같다.	무선설비기사 5인(3인은 유선설비기사로 대체할 수 있다) 및 무선비기능사 3인(2인은 반송기기기능사로 대체할 수 있다) 이상	66평방미터 이상	6월 이상	2,000만원 이상
	2등급	1,500만원 이상	[부표]와 같다.	무선설비기사 3인(2인은 유선설비기사로 대체할 수 있다) 및 무선설비기능사 2인(1인은 반송기기기능사로 대체할 수 있다) 이상	33평방미터 이상		
별종유선통신공사업	–	600만원 이상	[부표]와 같다.	선설비기사 1인 및 유선통신기계기능사 또는 유선통신선로기능사 1인 이상	16평방미터 이상		
별종전송통신공사업	–	600만원 이상	[부표]와 같다.	무선설비기사 1인 및 무선설비기능사 또는 반송기기기능사 1인 이상	16평방미터 이상		
겸업시의 허가기준	–	전액합산	종류가 다른 기기 및 성능이 부족한 기기만을 별도로 보유할 것.	격종목이 다른 기사만을 별도로 보유할 것.	가장 넓은 기준으로 보유할 것		

비 고

1. 자본금은 자기자본을 말하며, 개인의 경우에는 위 자본금의 1.5배(별종공사업을 제외한다)로 한다.
2. 자기자본(불실자산 및 전기통신공사업 이외의 겸업자본을 감한 것을 말한다)은 전기통신공사업을 위한 실질자본금을 말한다.
3. 연간 공사실적은 당해 업종 · 등급의 허가 이후 전기간의 연평균 공사금액으로 하며, 등급변경의 경우에 한하여 적용한다.
4. 공사경력은 당해 업종의 공사경력으로 하며, 등급변경의 경우에 한하여 적용한다.
5. 공사용기기는 체신부장관이 지정 · 고시한 성능을 유지하여야 하며, 동등이상의 성능을 가진 기기로 이에 갈음할 수 있다.
6. 1등급공사업의 기술자격자 중에는 기사1급 1인 이상이 포함되어야 한다.
7. 통신기술자격자중 기능사는 체신부장관이 지정하는 직업훈련기본법에 의한 인정직업훈련기관에서 해

당분야의 과정을 이수한 자로 대체할 수 있다.

8. 유선통신기계 · 유선통신선로 및 전송통신의 공사업자가 법인인 경우에는 통신기술자격자 1인 이상이 상근이사이어야 한다. 다만, 전자 분야 또는 통신 분야의 공학박사가 상근이사인 경우에는 그러하지 아니한다.

※ 공사용 기기보유 부표 : 생략

ⓑ 수급공사의 범위

가. 업종별 · 등급별 수급공사의 범위

업종별	등급별	수 급 범 위
유선통신 기계 공사업	1등급	1. 유선전기통신기계설비의 설치 · 유지 및 보수의 공사 2. 1의 부대공사
	2등급	1. 유선전기통신기계설비 중 다음의 기계시설 등의 설치 · 유지 및 보수의 공사 가. 자가통신 또는 구내교환전화의 자동교환시설 나. 공중통신용 수동식전신전화교환시설 다. 신호집중제어 및 특수제어장치 라. 간이교환설비 및 각종 단말기 마. 자동교환시설(전원공사에 한한다) 바. 유선방송수신시설 사. 별종유선통신공사업의 수급범위의 공사 2. 1의 부대공사
유선통신 선로 공사업	1등급	1. 유선통신선로설비 및 지하관로의 설치 · 유지 및 보수의 공사 2. 1의 부대공사
	2등급	1. 유선통신선로설비 중 다음의 선로시설 등의 설치 · 유지 및 보수의 공사 가. 단위휘다가 2,400회선 이하인 자동전화선로(동축케이블공사를 제외한다) 나. 시내 및 시외국간중계케이블(동축케이블을 제외한다) 다. 공중통신용 나선로 및 수동식전화선로 라. 자가통신 또는 구내교환전화의 자동교환시설의 구내선로 및 구내관로 마. 신호집중제어 및 특수제어장치 바. 각종 전화기 사. 시외케이블 및 반송교차시설 아. 10공 이하의 지하관로 자. 건축법시행령에 의한 배관배선 및 단자함 차. 자가통신선로 또는 가입구역 외의 선로

		카. 전식 및 유도방지시설 타. 유선방송수신시설 파. 별종유선통신공사업의 수급범위의 공사 2. 1의 부대공사
전송통신 공사업	1등급	1. 전기통신설비 중 모든 반송설비 및 무선설비(고주파이용설비를 포함한다)의 설치 · 유지 및 보수의 공사 2. 1의 부대공사
	2등급	1. 반송설비 및 무선설비 중 다음 설비의 설치 · 유지 및 보수 공사 가. 시스템당 24회선 이하의 케이블반송, 나선반송, 전력선반송, 피시엠반송 및 반송전신시설 나. 공중선전력 3킬로왓트 이하의 무선전신설비와 훽시밀리설비 다. 공중선전력1.5킬로왓트 이하의 무선전화(에프 · 엠방송 및 텔레비젼방송시설은 제외한다) 라. 60통화로 이하의 다중설비 마. 100킬로왓트 이하의 고주파 이용설비 바. 레이다설비 사. 별종전송통신공사업의 수급범위의 공사 2. 1의부대공사
별종유선 통신 공사업		1. 유선전기통신설비 중 다음의 기계 및 선로시설의 설치 · 유지 및 보수의 공사 가. 자가통신 또는 구내교환전화의 수동식교환시설과 그 단말기 나. 자가통신 또는 구내교환전화의 수동식교환시설의 구내선로 및 구내관로시설 다. 건축법시행령의 규정에 의한 통신선로의 배관 · 배선 및 단자함 (허가기준자본금 이하의 금액에 해당하는 공사에 한한다) 라. 자가통신선로 또는 가입구역 외 및 이동단위의 선로(허가기준 자본금 이하의 금액에 해당하는 공사에 한한다) 마. 간이교환설비 및 각종전화기 2. 1의 부대공사
별종전송 통신 공사업		1. 전기통신설비 중 다음의 무선시설의 설치 · 유지 및 보수의 공사 가. 공중선전력 250왓트 이하의 무선전신설비(다중설비와 방송설비를 제외한다) 나. 공중선전력 250왓트 이하의 무선전화설비 다. 3킬로 이하의 고주파 이용설비 라. 방향탐지기 마. 선박의 레이다설비 2. 1의 부대공사

나. 유지 · 보수공사의 한계	
업 종 별	공사의 한계
유선통신기계 공사업, 유선통신선로 공사업, 전송통신공사업, 별종유선통신 공사업, 별종전송통신 공사업	보유 통신기술자격자 1인이 할 수 있는 유지 · 보수의 공사는 다음 각호의 1과 같다. 이 경우 통신기술자격자 1인의 지도 · 감독 하에 유지 · 보수하는 기능자의 수는 5인까지로 한다. 1. 자동교환기 500회선 및 부대설비 2. 수동교환기 6선 및 부대설비 3. 전화기 500대 및 부대설비의 옥내배선 4. 구내선전화기 100대 및 구내교환기 2선 5. 시내선로 휘다 200회선 및 부대설비 6. 동축케이블 60킬로미터(긍장) 7. 시외케이블 90킬로미터(긍장) 8. 나선로 50킬로미터(루트) 9. 전신단말기 15대 10. 반송시설 10가 11. 전원시설 100킬로볼트 암페아

(4) 일반공사업 2종과 별종공사업 1종의 시기

① 기 간 : 1995.1부터 1997.12년까지

② 공사업의 명칭 : 전기통신공사업

③ 구 분

ⓐ 일반공사업(1등급, 2등급)

ⓑ 별종공사업

④ 공사 수급범위 제한 : 있음

⑤ 공사용 기기 보유기준 : 폐지

⑥ 면허제도 : 일반공사업은 허가, 별종공사업은 등록(유효기간 5년, 갱신)

ⓐ 일반공사업 허가기준

업종	자 본 금	통 신 기 술 자 격 자	사무실 및 작업실	공사경력 (신규허가의 경우는 제외)	공사실적 (신규허가의 경우는 제외)
일반	[법인] 5억원(전기통신공제조합출자	1. 국가기술자격법령에 의한 기술계 통신기술분야의 국가기술자격 취	100 제곱	1년 이상	5억원 이상

공사업 1등급	증권 250좌 이상을 포함한다) 이상	득자 5인(5인중 1인은 토목 기사로 대체할 수 있다)이상	미터 이상		
	[개인] 7억5천만원(전기통신공제조합출자증권 250좌 이상을 포함한다) 이상	2. 국가기술자격법령에 의한 기능계 통신기술분야의 국가기술자격 취득자 3인 (국가기술자격 법령에 의한 기술계 통신기술분야의 국가 기술자격자로 갈음할 수 있다) 이상			
일반공사업 2등급	[법인] 2억원(전기통신공제조합출자증권 100좌 이상을 포함한다) 이상	1. 국가기술자격법령에 의한 기술계 통신기술분야의 국가기술자격 취득자 2인(2인중 1인은 토목기사로 대체 할 수 있다) 이상			
	[개인] 3억원(전기통신공제조합출자증권 100좌 이상을 포함한다) 이상	2. 국가기술자격법령에 의한 기능계 통신기술분야의 국가기술자격 취득자 2인 (국가기술자격법령에 의한 기술계 통신기술분야의 국가기술 자격자로 갈음할 수 있다) 이상			

ⓑ 별종공사업 등록기준

자본금	통 신 기 술 자 격 자	사무실 및 공작실
5천만원 이상	1. 국가기술자격법령에 의한 기술계 통신기술분야의 국가기술자격 취득자 1인 이상 2. 국가기술자격법령에 의한 기능계 통신기술분야의 국가기술자격 취득자 1인(국가기술자격 법령에 의한 기술계 통신기술분야의 국가기술자격자로 갈음할 수 있다) 이상	15제곱미터 이상

[비 고]

1. 자본금(개인의 경우에는 재산평가액)
   가. 자본금은 전기통신공사업을 위한 자본금으로 전기통신공사업외의 자본금은 제외하며, 주식회사외의 법인인 경우 "자본금"은 "출자금"으로 한다.
   나. 법인의 경우 납입자본금과 실질자본금이 각각 허가기준 또는 등록기준의 자본금 이상이어야 한다.
2. 통신기술자격자는 상근임원이나 직원의 신분으로 소속되어 있어야 한다.
3. 국가기술자격법령에 의한 기술계 통신기술분야의 국가기술자격취득자라 함은 국가기술자격법시행령 제2조의 규정에 의한 기술계의 전자 · 통신 및 정보처리기술분야의 자격취득자중 정보통신부장관이 고시하는 자를 말한다.
4. 국가기술자격법령에 의한 기능계 통신기술분야의 국가기술자격취득자라 함은 국가기술자격법시행령 제2조의 규정에 의한 기능계의 전자 · 통신 및 정보처리기술분야의 자격취득자중 정보통신부장관이

고시하는 자 또는 정보통신부장관이 지정하는 직업훈련기본법에 의한 인정직업훈련기관에서 관련분야의 과정을 이수한 자를 말한다.

5. 공사경력이라 함은 일반공사업 1등급 허가신청의 경우에는 일반공사업 2등급의 공사경력을, 일반공사업 2등급 허가신청의 경우에는 별종공사업의 공사경력으로서 허가신청일을 기준으로 하는 공사경력을 말한다.
6. 공사실적이라 함은 일반공사업 1등급 허가신청의 경우에는 일반공사업 2등급의 공사실적을, 일반공사업 2등급 허가신청의 경우에는 별종공사업의 공사실적으로서 허가신청일이 속하는 해의 전년도 말일을 기준으로 최근 1년간의 공사금액을 말한다.

ⓒ 수급공사의 범위

업종별	수급범위
일반공사업 1등급	1. 모든 전기통신설비의 설치 및 유지 · 보수 공사 2. 위 1의 부대공사
일반공사업 2등급	1. 전기통신설비중 다음 시설의 설치 및 유지 · 보수공사 (구내 이외의 동축케이블 및 구내 이외의 광섬유케이블은 제외한다) 가. 시내선로 · 시외선로 · 국간중계선로 · 자가통신선로 및 인입선 설비 나. 10공 이하의 지하관로 다. 자가통신 또는 구내교환전화의 자동교환시설 라. 전기통신사업용 수동전화 교환시설 마. 시스템 24회선 이하의 전신전화 반송시설 바. 공중선전력 3킬로와트 이하의 무선설비 (에프 엠 방송 및 텔레비전 방송시설은 제외한다) 사. 60통화로 이하의 무선다중설비 아. 중앙집중제어장치 및 그 단말기 자. 종합유선방송국설비 및 종합유선방송청취설비 차. 유선방송국설비 및 유선방송청취설비 카. 위성 및 영상통신설비 타. 레이다 및 로란설비 파. 전력선 반송설비 하. 전식 및 유도방지시설 거. 정보통신기기 너. 별종공사업 수급범위의 공사 2. 위 1의 부대공사
별종공사업	1. 전기통신설비 중 다음 시설의 설치 및 유지 · 보수공사(광섬유케이블 및 구내이 외의 동축케이블은 제외한다) 가. 구내통신선로설비, 이동통신구내선로설비 나. 자가통신 또는 구내교환전화의 수동식 교환설비

	다. 간이교환설비 및 인터폰 설비 라. 공중선전력 250와트 이하의 무선전신 및 전화설비(다중설비, 방송설비 및 위성통신설비를 제외한다) 마. 고주파이용설비 중 통신설비(전력선반송설비를 제외한다) 바. 종합유선방송전송선로설비의 인입 또는 접속 설비(구내의 전송선로설비를 포함한다) 사. 유선방송전송선로설비의 인입 또는 접속 설비(구내의 전송선로설비를 포함한다) 아. 자가유선방송설비(방송국설비는 제외한다) 자. 구내방송설비 차. 정보통신기기(전송속도가 64kbps이하 급에 한한다) 카. 방향탐지기 및 선박의 레이다 설비 타. 텔레비젼 · 방송위성 및 종합유선방송 공동시청안테나시설 파. 폐쇄회로텔레비젼 설비 하. 전기통신회선을 이용하는 기계경비시설의 설비 거. 전기통신용 전기설비
	2. 위 1의 공사의 부대공사

(5) 정보통신공사업 2종의 시기

① 기 간 : 1998.1부터 1999.2.까지

② 공사업의 명칭 : '정보통신공사업'으로 변경

③ 구 분 : 정보통신공사업(1등급, 2등급)

※ 별종공사업은 폐지

④ 공사 수급범위 제한 : 수급범위 제한 있음

⑤ 공사용 기기 보유기준 : 없음

⑥ 면허제도 : 허가(유효기간 폐지)

ⓐ 정보통신공사업의 허가기준

<table>
<tr><th>업 종</th><th colspan="2">자 본 금</th><th>기 술 능 력</th><th>사무실</th></tr>
<tr><td rowspan="2">정보통신
공사업
1등급</td><td>법인</td><td>4억원 이상</td><td rowspan="2">1. 기술계 정보통신기술자 5인 이상(5인중 2인은 국가기술자격자이어야 하며, 5인중 1인은 토목분야의 초급기술자 이상인 자로 대체할 수 있다)
2. 기능계 정보통신기술자 3인 이상(3인중 1인은 국가기술자격자이어야 하며, 기능계정보통신기술자는 기술계 정보통신기술자로 대체할 수 있다)</td><td rowspan="2">80제곱미터 이상</td></tr>
<tr><td>개인</td><td>6억원 이상</td></tr>
</table>

정보통신 공사업 2등급	법인	4억원 이상	1. 기술계 정보통신기술자 2인 이상(2인중 1인은 국가기술자격자이어야 하며, 2인중 1인은 토목분야의 초급기술자 이상인 자로 대체할 수 있다) 2. 기능계 정보통신기술자 1인 이상(기술계 정보통신기술자로 대체할 수 있다)	33제곱미터 이상
	개인	1억5천만원 이상		

비고

1. 자본금

   가. 위 표의 자본금에는 조합출자증권이 포함되어야 하며, 정보통신공사업 1등급의 경우에는 1998년 12월31일까지는 조합출자증권 250좌 이상, 1999년 1월 1일부터 2000년 12월 31일까지는 조합출자증권 150좌 이상, 2001년 1월 1일부터 2002년 6월 30일까지는 조합출자증권 100좌이상이 포함되어야 하고, 정보통신공사업 2등급의 경우에는 1998년 12월 31일까지는 조합출자증권 100좌 이상, 1999년 1월 1일부터 2000년 12월 31일까지는 조합출자증권 70좌 이상, 2001년 1월 1일부터 2002년 6월 30일까지는 조합출자증권 40좌 이상이 포함되어야 한다.

   나. 자본금은 공사업을 위한 자본금으로 공사업 외의 자본금은 제외하며, 주식회사외의 법인의 경우 "자본금"은 "출자금"으로 한다.

   다. 법인의 경우 납입자본금과 실질자본금이 각각 허가기준의 자본금 이상 이어야한다. 다만, 외국법인(외국의 법령에 의하여 설립된 법인 또는 외국법인이 자본금의 100분의 50 이상을 출자하였거나 임원수의 2분의 1 이상이 외국인인 법인을 말한다)이 지사를 설치하여 공사업을 신청한 때의 자본금은 국내지사 설립 자본금(주된 영업소의 자본금을 말한다)을 기준으로 한다.

2. 정보통신기술자는 상근임원이나 직원의 신분으로 소속되어 있어야 하며, 기술계정보통신기술자는 국가기술자격법에 의한 기술계 국가기술자격자 또는 별표 2의기술계 정보통신기술자로 인정된 자를 말하고, 기능계 정보통신기술자는 국가기술자격법에 의한 기능계 국가기술자격자 또는 별표 2의 기능계 정보통신기술자로 인정된 자를 말한다.

ⓑ 수급공사의 범위

업종별	수 급 범 위
정보통신공사업 1등급	1. 모든 정보통신설비의 설치 및 유지 · 보수공사 2. 제1호의 부대공사
정보통신공사업 2등급	1. 정보통신설비중 다음 설비의 설치 및 유지 · 보수공사(구내 및 인입선 외의 광섬유케이블을 제외한다) 가. 선로설비공사 (1) 10공 이하의 관로설비 (2) 국간중계선로설비 (3) 시외선로설비 (4) 시내선로설비 (5) 구내선로설비 나. 교환설비공사

(1) 전자식교환설비(전전자교환설비는 제외한다)
(2) 기계식교환설비
(3) 수동식교환설비
(4) 간이교환설비 및 인터폰설비

다. 전송설비공사
(1) 위성통신 송 · 수신설비(주거용건축물 외의 위성통신 송 · 수신설비를 제외한다)
(2) 무선가입자망(WLL)설비
(3) 시스템 32회선 이하의 전신전화반송시설
(4) 96회선이하의 무선다중설비
(5) 공중선전력 3킬로와트 이하의 무선설비
(6) 무선통신용기지국설비
(7) 고주파이용설비 중 통신설비

라. 방송국설비공사
(1) 종합유선방송국설비
(2) 유선방송국설비
(3) 자가유선방송국설비

마. 방송전송 · 선로설비공사
(1) 위성방송 송 · 수신설비(주거용건축물 외의 위성방송 송 · 수신설비를 제외한다)
(2) 종합유선방송 전송 · 선로설비
(3) 유선방송 전송 · 선로설비
(4) 자가유선 전송 · 선로설비
(5) 구내방송설비
(6) 공동시청안테나설비

바. 정보제어 · 보안설비공사
(1) 관제설비
(2) 원격조정 · 제어설비
(3) 로란 및 레이다설비
(4) 위치측정설비
(5) 폐쇄회로텔레비전설비
(6) 경비보안설비
(7) 안전 · 재해방지 시스템설비
(8) 자동개표기 · 집표기 및 발매기설비

사. 정보망설비공사
(1) 종합정보통신망(ISDN)설비(광대역종합정보통신망 B-ISDN 설비를 제외한다)
(2) 근거리통신망(LAN) 설비
(3) 부가가치통신망(VAN) 설비

	(4) 정보통신망관리시스템설비 아. 정보매체설비공사 (1) 주문대응형비디오시스템(VOD)설비 (2) 홈오토메이션시스템설비 자. 정보통신전용 전기시설설비공사(수급범위외의 정보통신전용 전기시설설비공사를 제외한다) (1) 정보통신전기공급설비 (2) 전기부식방지설비 (3) 전력유도방지설비 (4) 무정전전원장치(UPS) (5) 충전 및 전압조정장치 (6) 전동발전기설비
	2. 제1호의 부대공사

※ 제도변경에 따른 경과조치(개정 법 부칙)

제2조 (기존 공사업자에 대한 경과조치) ① 이 법 시행당시 종전의 규정에 의하여 일반공사업 1등급 및 일반공사업 2등급의 허가를 받은 자는 이 법에 의한 정보통신공사업 1등급 및 정보통신공사업 2등급 허가를 받은 것으로 본다. 다만, 이 법 시행일부터 6월 이내에 이 법에 의한 허가증 및 허가수첩을 교부받아야 한다.

② 이 법 시행당시 종전의 규정에 의하여 별종공사업을 등록한 자는 그 등록의 유효기간까지는 이 법에 의한 정보통신공사업 2등급의 허가를 받은 것으로 본다. 다만, 이 법 시행일 현재 그 등록의 유효기간이 1년 이내에 있는 자는 그 등록의 유효기간에 불구하고 이 법 시행일부터 1년이 되는 날까지는 이 법에 의한 정보통신공사업 2등급의 허가를 받은 것으로 본다.

③ 제2항의 규정에 의한 별종공사업자는 그 등록의 유효기간 또는 이 법 시행일부터 1년 이내에 이 법에 의한 정보통신공사업 2등급의 허가기준을 갖추어 정보통신부장관에게 허가를 받아야 한다.

(6) 정보통신공사업의 시기

① 기 간 : 1999.2부터 현재까지

② 공사업의 명칭 : 정보통신공사업

③ 구 분 : 정보통신공사업으로 단일화

④ 공사 수급범위 제한 : 폐지

⑤ 공사용 기기 보유기준 : 없음

⑥ 면허제도 : 등록(유효기간 없음)

○ 정보통신공사업의 등록기준

자본금		기 술 능 력	사무실
법인	1억5천만원 이상	1. 기술계 정보통신기술자 3인 이상(3인중 1인은 통신ㆍ전자ㆍ정보처리기술분야의 중급기술자 이상이어야 한다) 2. 기능계 정보통신기술자 1인 이상(기능계 정보통신기술자는 기술계 정보통신기술자로 대체할 수 있다)	20제곱 미터 이상
개인	2억원 이상		

비 고

1. 자 본 금

가. 위 표의 자본금에는 2001년 12월 31일까지 조합출자증권 70좌 이상이 포함되어야 한다.

나. 자본금은 공사업을 위한 자본금으로 공사업 외의 자본금을 제외하며, 주식회사 외의 법인의 경우 "자본금"은 "출자금"으로 한다.

다. 법인의 경우 납입자본금과 실질자본금이 각각 등록기준의 자본금 이상이어야 한다. 다만, 외국법인(외국의 법령에 의하여 설립된 법인 또는 외국법인이 자본금의 100분의 50이상을 출자하였거나 임원수의 2분의 1 이상이 외국인인 법인을 말한다)이 지사를 설치하여 공사업을 신청한 때의 자본금은 국내지사 설립 자본금(주된 영업소의 자본금을 말한다)을 기준으로 한다.

2. 정보통신기술자는 별표 2의 규정에 의한 정보통신기술자를 말하며, 정보통신기술자는 상근임원이나 직원의 신분으로 소속되어 있어야 한다.

※ 제도변경에 따른 경과조치(시행령 부칙)

③ (기존공사업자에 관한 경과조치) 이 영 시행당시 종전의 규정에 의하여 정보통신공사업 2등급의 허가를 받은 자는 이 영 시행일부터 1년 이내에 별표 5의 개정규정에 의한 등록기준을 갖추어 신고하여야 한다.

※ 현행 자본금 및 사무실 규정은 2015.12.31. 개정된 것으로 법인과 개인의 자본금을 동일하게 하고, 사무실의 구체적 면적기준을 삭제함.

※ 정보통신공사업 제도의 변천과정 요약

구분 시기 (업종수)	기간	공사 업명	구 분	공사수급 범위 제한	공사용 기기보유 기준	면허 제도
유선설비공사업 3종 및 무선설비공사업 3종 시기 (6종)	1971.4.부터 1976.9.까지	전신 전화 설비 공사업	ⓐ 유선설비공사업 (1등급, 2등급, 3등급) ⓑ 무선설비공사업 (1등급, 2등급, 3등급)	있음	있음	허가 (유효기간 5년, 갱신)
유선설비 기계공사업 등 4개 공사업 시기 (12종)	1976.9.부터 1979.5.까지	전기 통신 공사업	ⓐ 유선설비기계공사업 (1등급, 2등급, 3등급) ⓑ 유선설비선로공사업 (1등급, 2등급, 3등급) ⓒ 유선설비반송공사업 (1등급, 2등급, 3등급) ⓓ 무선설비공사업 (1등급, 2등급, 3등급)	〃	〃	〃
일반공사업 6종과 별종공사업 2종의 시기 (8종)	1979.5.부터 1994.12.까지	〃	ⓐ 일반공사업 ㉠ 유선통신기계공사업 (1등급, 2등급) ㉡ 유선통신선로공사업 (1등급, 2등급) ㉢ 전송통신공사업 (1등급, 2등급) ⓑ 별종공사업 ㉠ 별종유선통신공사업 ㉡ 별종전송통신공사업	〃	〃	〃
일반공사업 2종과 별종 공사업 1종의 시기 (3종)	1995.1.부터 1997.12.까지	〃	ⓐ 일반공사업 (1등급, 2등급) ⓑ 별종공사업	〃	폐지	일반은 허가, 별종은 등록(유효기간5년, 갱신)
정보통신공사업 2종의 시기 (2종)	1998.1.부터 1999.2.까지	정보 통신 공사업	정보통신공사업 (1등급, 2등급) ※ 별종공사업 폐지	〃	〃	허가(유효기간 폐지)
정보통신공사업 시기 (1종)	1999.2.부터 현재까지	〃	정보통신공사업 ※ 등급폐지하고 단일화	폐지	〃	등록(유효기간없음)

〈변천의 흐름〉

- ㅇ 공사업의 종류가 점점 줄어들고 단순화 됨.
- ㅇ 면허는 허가에서 등록으로 진입장벽이 점점 낮아져 왔고 허가나 등록의 유효기간도 있던 것이 폐지됨.
- ㅇ 공사수급범위 및 공사용 기기의 보유 등에 있어서 광범위한 제한이 있던 것이 점점 줄어들다가 폐지되는 등 규제가 완화됨.

4. 정보통신공사업 현황

(1) 연도별 등록업체 현황

① 전신전화설비공사업법이 제정되고 한국정보통신공사협회가 창립되었던 1971년에는 최초로 허가받은 업체가 53개에 불과하였다.

② 이후 무허가업체에 대한 제재가 강화되자 허가를 받는 업체가 증가하기 시작하여 1990년에 691개 업체에 이르렀다.

③ 1996년에는 일반공사업이 1,398개(1등급 645개, 2등급 753개) 업체이고, 별종공사업이 1,395개 업체였다.

④ 일반공사업 1등급과 2등급이 정보통신공사업으로 통합된 2000년에는 정보통신공사업이 3,452개 업체, 별종공사업이 651개 업체였다.

⑤ 이후 별종공사업이 정보통신공사업으로 전환하기나 면허유효기간 만료로 완전히 없어진 2002년도의 업체 수는 5,043개였다.

⑥ 1999년 허가제가 등록제로 완전 전환된 이후 등록업체는 꾸준히 증가하여 2010년에는 7,000개를 넘어 섰고, 2019년에는 1만개를 넘어섰나.

⑦ 등록제로의 진입규제 완화와 국가사회 전반의 정보화의 가속화로 공사발주 물량이 지속적으로 증가한 영향으로 최근에는 매년 약 600 ~ 800개 업체가 신규 등록하고 약 200개 업체가 폐업하여 약 400 ~ 600개 업체가 매년 순증하고 있다.

연 도	등록업체 수	일 반 공 사 업			별종공사업
		1등급	2등급	소계	
1996	2,793	645	753	1,398	1,395
1997	3,380	903	634	1,537	1,843

연 도	등록업체 수	정보통신공사업			별종공사업
		1등급	2등급	정보통신	
1998	3,635	1,353	724	–	1,558
1999	4,040	1,511	791	386	1,352
2000	4,103	3,452			651
2001	4,477	4,212			265

연 도	등록업체 수(정보통신공사업)
2002	5,043
2003	5,240
2004	5,562
2005	5,783
2006	6,073
2007	6,329
2008	6,546
2009	6,834
2010	7,123
2011	7,361
2012	7,623
2013	7,948
2014	8,295
2015	8,733
2016	9,151
2017	9,588
2018	9,947
2019	10,316
2020	10,834
2021	11,454

(2) 지역별 정보통신공사업체 현황

① 2021년 말 현재 서울이 2,775개, 인천 · 경기가 3,274개로 52.81% 차지하고 있다.

② 충북이 336개이고, 제주가 가장 적은 208개이다.

구 분		등록업체 수			
시 · 도회	지 역	2019	2020	2021	점유율(%)
서 울	서 울	2,586	2,666	2,775	24.23
인천 · 경기	인 천	404	446	476	
	경 기	2,391	2,576	2,797	
	소 계	2,795	3,022	3,274	28.58
부산 · 울산 · 경남	부 산	603	617	639	
	울 산	159	174	183	
	경 남	437	453	475	
	소 계	1,199	1,244	1,297	11.32
대구 · 경북	대 구	373	374	383	
	경 북	493	518	555	
	소 계	866	892	938	8.19
대전 · 세종 · 충남	대 전	385	401	425	
	세 종	106	98	107	
	충 남	358	378	404	
	소 계	849	877	936	8.17
광주 · 전남	광 주	293	306	329	
	전 남	478	518	527	
	소 계	771	824	856	7.47
강 원	강 원	400	415	438	3.82
전 북	전 북	343	372	396	3.46
충 북	충 북	312	323	336	2.93
제 주	제 주	191	199	208	1.82
합 계		10,316	10,834	11,454	100

(3) 연도별 공사실적 현황

① 총 공사실적은 1996년에 2조 6,500억 원, 2010년에 11조 3,800억 원, 2020년에 약 16조 7,000억 원으로 지속적으로 증가하고 있다.

② 1업체당 평균 실적은 1996년에 9억 5,000만 원에 불과하였으나 점차 증가하여 2012년에 18억 1,500만 원으로 최고액을 기록하였다.

③ 그 후 실적증가가 업체 수 증가를 따라가지 못하여 감소추세에 있으며, 2021년에는 17억 1,200만 원을 기록하였다.

(단위: 백만원)

구 분	계		일반공사업		별종공사업		1업체당 평균실적
	공사실적	구성비	공사실적	구성비	공사실적	구성비	
1996	2,653,095	100.0	2,454,513	92.5	198,581	7.5	949.9
1997	3,350,451	100.0	3,107,554	92.8	242,897	7.2	991.3
구 분	계		정보통신공사업		별종공사업		1업체당 평균실적
	공사실적	구성비	공사실적	구성비	공사실적	구성비	
1998	2,979,625	100.0	2,736,107	91.8	243,517	8.2	819.7
1999	3,706,804	100.0	3,451,891	93.1	254,913	6.9	1,191.1
2000	5,202,424	100.0	5,070,895	97.5	131,528	2.5	1,535.1
2001	5,058,086	100.0	5,013,593	99.1	44,492	0.9	1,343.4

구 분	정보통신공사업		1업체당 평균실적
	공 사 실 적	구성비	
2002	5,746,718	100.0	1,139.5
2003	5,985,365	100.0	1,142.2
2004	6,611,449	100.0	1,188.6
2005	7,200,451	100.0	1,245.1
2006	7,848,628	100.0	1,292.4
2007	8,718,898	100.0	1,377.6
2008	9,623,029	100.0	1,470.1
2009	10,747,590	100.0	1,572.7
2010	11,386,454	100.0	1,755.2

2011	11,559,029	100.0	1,730.4
2012	12,618,388	100.0	1,815.1
2013	12,958,449	100.0	1,780.5
2014	13,611,711	100.0	1,776.0
2015	13,476,848	100.0	1,671.6
2016	13,050,760	100.0	1,579.0
2017	14,325,551	100.0	1,668.8
2018	14,196,202	100.0	1,599.5
2019	15,306,881	100.0	1,658.7
2020	16,708,484	100.0	1,712.8

(4) 연도별 발주기관별 발주금액 현황

① 2020년도의 경우 국가기관 및 지자체, 공공기관, 공기업 및 공공단체가 약 6조 8,000억 원으로 40.75%를 차지하고 있다.

② 통신사업자 및 방송사는 약 4조 원으로 24.22%를 차지하고 있다.

③ 나머지 민간분야 등은 약 5조 8,000억 원으로 35.03%를 차지하고 있다.

(단위 : 백만원)

구 분	국가 및 지방자치 단체	공공기관	공기업 및 공공단체	KT	통신사업자 및 방송사	해외 및 주한 외국기관	민간	계
1996	243,206	236,241	112,287	880,338	–	35,894	969,122	2,477,080
1997	247,938	103,225	90,687	836,380	1,159,881	49,380	862,951	3,350,442
1998	331,469	194,309	111,453	576,401	576,446	60,098	1,129,449	2,979,625
1999	471,644	287,953	121,740	507,976	1,031,202	44,508	1,241,773	3,706,804
2000	630,434	211,233	136,267	660,930	1,944,336	69,615	1,549,598	5,202,424
2001	793,141	245,411	158,236	712,320	1,584,496	64,456	1,500,014	5,058,086
2002	816,522	178,379	162,049	860,075	1,973,017	92,171	1,664,505	5,746,718
2003	921,622	217,115	153,958	956,918	1,851,859	149,431	1,734,462	5,985,365
2004	978,216	312,470	282,195	924,838	1,983,116	129,486	2,001,128	6,611,449

2005	978,043	361,585	273,087	954,942	2,143,363	48,686	2,440,741	7,200,451
2006	1,080,366	427,027	299,558	1,094,502	2,259,242	99,610	2,588,321	7,848,628
2007	1,082,906	580,950	461,923	1,038,047	2,714,635	58,154	2,782,278	8,718,898
2008	1,276,430	571,719	589,409	943,710	2,849,138	103,930	3,288,682	9,623,029
2009	2,166,064	818,401	453,200	1,207,282	2,601,893	62,616	3,438,130	10,747,590
2010	2,142,482	793,638	407,500	1,378,812	2,714,791	72,004	3,877,206	11,386,433
2011	2,175,645	835,388	328,155	1,378,795	2,794,162	90,889	3,955,995	11,559,029
2012	2,482,701	825,337	269,633	1,595,930	3,337,229	101,008	4,006,550	12,618,388
2013	2,790,103	1,014,667	284,216	1,469,908	3,122,368	176,914	4,100,273	12,958,449
2014	2,884,352	1,316,554	325,575	1,479,300	3,237,410	142,873	4,225,645	13,611,711
2015	2,964,323	1,487,732	370,721	1,375,972	2,831,719	127,222	4,319,151	13,476,848
2016	2,927,341	1,458,486	364,641	1,191,312	2,683,506	99,982	4,325,482	13,050,760
2017	3,171,260	1,532,510	358,836	1,246,222	2,799,109	95,194	5,122,410	14,325,551
2018	3,283,746	1,443,817	314,549	1,147,274	2,627,925	117,987	5,260,896	14,196,202
2019	3,718,573	1,670,338	381,981	1,298,259	2,849,835	91,227	5,296,668	15,306,881
2020	4,354,502	2,022,274	432,701	1,356,478	2,690,114	140,085	5,712,332	16,708,484
	6,809,477 (40.75%)			4,046,592 (24.22%)		5,852,417 (35.03%)		100%

(5) 업체 소재지별 실적 현황

① 2020년도 총 공사 건수 : 41만 9,865건

서울이 8만 9,884건으로 21.4%, 인천 · 경기가 12만 1,372건으로 28.1%로 합하면 수도권이 49.5%를 차지하고 있다.

② 총 공사금액 : 16조 7,084억 원

서울이 약 5조 6,000억 원으로 33.8%, 인천 · 경기가 약 5조 4,700억 원으로 32.8%를 차지하여 수도권이 66.6%를 차지하고 있다.

③ 건당 평균 금액 : 3,980만 원

수도권이 건수는 49.5%이나 금액은 66.6%를 차지하여 건당 금액이 5,260만원으로 비수도권의 2,680만원의 약 두 배이다.

(2020년도, 건, 백만 원, %)

구분 시도별	건수별			금액별		
	건 수	점유율	시 · 도회별 점유율	금 액	점유율	시 · 도회별 점유율
서 울	89,884	21.4	21.4	5,643,016	33.8	33.8
인 천	17,443	4.2	28.1	727,597	4.4	32.8
경 기	103,929	29.0		4,746,861	28.4	
부 산	34,845	8.3	14.9	814,659	4.9	8.5
울 산	7,313	1.7		150,649	0.9	
경 남	20,735	4.9		453,165	2.7	
대 구	19,390	4.6	5.7	516,817	3.1	5.7
경 북	14,600	3.5		442,653	2.6	
대 전	17,102	4.1	9.0	558,784	3.3	6.1
세 종	3,494	0.8		100,048	0.6	
충 남	17,164	4.1		375,687	2.2	
광 주	9,480	2.3	6.2	436,883	2.6	6.2
전 남	16,390	3.9		600,774	3.6	
강 원	13,143	3.1	3.1	418,688	2.5	2.5
전 북	12,803	3.0	3.0	333,981	2.0	2.0
충 북	15,570	3.7	3.7	246,749	1.5	1.5
제 주	6,580	1.6	1.6	141,474	0.8	0.8
계	419,865	100.0	100.0	16,708,484	100.0	100.0

(6) 주요 공종별 실적 현황

① 건수 면에서는 정보제어 · 보안설비공사가 약 12만 6,000건으로 30.0%를 차지하여 가장 많고, 그 다음은 구내통신설비공사로 약 10만 5,000건으로 25.1%를 차지하고 있다.

② 금액 면에서는 구내통신설비공사가 약 3조 7,000억 원으로 22.1%를 차지하여 가장 많고, 그 다음은 정보제어 · 보안설비공사로 약 3조 4,000억 원으로 20.3%를 차지하고 있다.

③ 건당 금액은 평균은 약 4,000만원이고, 공종별로는 철도통신신호설비공사가 5억 700만원, 이동통신설비공사 2억 1,800만 원 순이다.

(2020년도, 금액 백만 원, %)

공종 \ 건수 및 금액	건수	구성비	금액	구성비	건당 금액
통신선로설비공사	29,483	7.0	2,574,141	15.4	87.3
교환설비공사	6,827	1.6	188,546	1.1	27.6
전송설비공사	3,459	0.8	245,741	1.5	71.0
구내통신설비공사	105,214	25.1	3,698,690	22.1	35.2
이동통신설비공사	6,518	1.6	1,419,334	8.5	217.7
위성통신설비공사	541	0.1	99,460	0.6	183.8
고정무선통신설비공사	880	0.2	54,800	0.3	62.3
방송국설비공사	19,587	4.7	333,275	2.0	17.0
방송전송 · 선로설비공사	2,293	0.5	125,199	0.7	54.6
정보제어 · 보안설비공사	125,880	30.0	3,399,615	20.3	27.0
정보망설비공사	45,784	10.9	1,738,603	10.4	38.0
정보매체설비공사	11,977	2.9	530,603	3.2	44.3
항공 · 항만통신설비공사	4,038	1.0	139,262	0.8	34.5
선박의 통신 · 항해 · 어로설비공사	6,641	1.6	71,508	0.4	10.8
철도통신신호설비공사	516	0.1	261,683	1.6	507.1
정보통신전용전기시설설비공사	4,059	1.0	336,442	2.0	82.9
정보통신설비유지보수공사	46,168	11.0	1,491,581	8.9	32.3
계	419,865	100.0	16,708,484	100.0	39.8

(7) 공사규모별 실적 현황

① 500만원 미만이 약 27만 7,000건으로 약 66%를 차지하고 있고, 누적으로는 3,000만원 미만이 약 86%, 1억 원 미만이 약 94%를 차지하고 있어 정보통신공사의 규모가 소규모임을 나타내고 있다.

– 1억 원 이상은 약 26만 건으로 6.1%이고, 10억 원 이상은 2,566건으로

0.61%이며, 50억 원 이상은 235건으로 0.032%에 불과하다.

② 1업체당 평균 공사 건수는 36.7건, 1건당 금액은 3,980만원, 업체당 수주액은 17.2억 원이다.

– 5억 원 이상의 중대형 공사 5,603건을 제외하면 건당 금액은 1,870만 원, 업체의 과반이 넘는 5,800여 업체의 평균 수주액은 6.7억 원에 불과하다.

(2020년도, 건, 백만원, %)

공사규모 \ 건수 및 금액	건수	구성비	누적 구성비	금액	구성비
500만원 미만	277,015	65.9	65.9	464,289	2.8
500만원 ~ 1,000만원 미만	34,808	8.3	74.2	253,132	1.5
1,000만원 ~ 2,000만원 미만	33,186	7.9	82.1	484,914	2.9
2,000만원 ~ 3,000만원 미만	14,497	3.5	85.6	353,684	2.1
3,000만원 ~ 4,000만원 미만	9,487	2.3	87.9	328,728	2.0
4,000만원 ~ 5,000만원 미만	7,360	1.8	89.7	330,292	2.0
5,000만원 ~ 1억원 미만	17,771	4.2	93.9	1,265,802	7.6
1억원 ~ 3억원 미만	16,255	3.9	97.8	2,780,100	16.6
3억원 ~ 5억원 미만	3,883	0.9	98.7	1,486,423	8.9
5억원 ~ 7억원 미만	1,759	0.4	99.1	1,033,747	6.2
7억원 ~ 10억원 미만	1,278	0.3	99.4	1,064,555	6.4
10억원 ~ 15억원 미반	981	0.2	99.6	1,188,084	7.1
15억원 ~ 20억원 미만	547	0.1	99.7	941,651	5.6
20억원 ~ 30억원 미만	470	0.1	99.8	1,140,798	6.8
30억원 ~ 40억원 미만	227	0.1	99.9	781,027	4.7
40억원 ~ 50억원 미만	106	0.0	–	474,845	2.8
50억원 ~ 60억원 미만	73	0.0	–	401,449	2.4
60억원 이상	162	0.0	–	1,934,964	11.6
계	419,865	100.0	100.0	16,708,484	100.0

(8) 수주액별 업체 수 현황

① 2020년 실적신고를 한 업체 9,755개(등록업체는10,804개)이다. 나머지 1,049개 업체는 제조업 등을 하면서 등록만 한 업체로 보인다.

② 1,000만원 미만 업체가 무실적 업체 포함하여 944개 등 1억 원 미만 업체가 1,872개 업체로 19.2%를 차지하고 있다.

③ 100억 원 이상인 업체가 264개 등 20억 원 이상인 업체가 1,914개 업체로 19.6%를 차지하고 있다.

(2020년도)

업체 수 / 수주액	업체 수	비율	비율(누계)
~ 1천만원 미만 (무실적 신고업체 864개사 포함)	944	9.7%	9.7%
1천만원 이상 ~ 3천만원 미만	217	2.2%	11.9%
3천만원 이상 ~ 5천만원 미만	210	2.2%	14.1%
5천만원 이상 ~ 1억원 미만	501	5.1%	19.2%
1억원 이상 ~ 2억원 미만	826	8.5%	27.7%
2억원 이상 ~ 3억원 미만	734	7.5%	35.2%
3억원 이상 ~ 4억원 미만	684	7.0%	42.2%
4억원 이상 ~ 5억원 미만	516	5.3%	47.5%
5억원 이상 ~ 7억원 미만	790	8.1%	55.6%
7억원 이상 ~ 10억원 미만	929	9.5%	65.1%
10억원 이상 ~ 15억원 미만	941	9.6%	74.8%
15억원 이상 ~ 20억원 미만	549	5.6%	80.4%
20억원 이상 ~ 30억원 미만	648	6.6%	87.0%
30억원 이상 ~ 40억원 미만	345	3.5%	90.6%
40억원 이상 ~ 50억원 미만	237	2.4%	93.0%
50억원 이상 ~ 70억원 미만	252	2.6%	95.6%
70억원 이상 ~ 100억원 미만	168	1.7%	97.3%
100억원 이상	264	2.7%	100.0%
합 계	9,755	100.0%	100.0%

5. 건설공사 등 다른 공사업 현황

(1) 건설공사 현황

① 2020년도의 경우 토목공사 약 32조 원, 건축공사 약 130조 원, 산업설비·조경공사 약 16조 원, 총 금액은 약 178조원이었다.

② 과거에 비해 토목공사의 비중이 점점 줄어들고 있고 건축공사의 비중이 늘어나고 있는 것을 알 수 있다.

(단위 : 십억 원, %)

구분 연도	토목공사		건축공사		산업설비·조경공사		합 계	
	금 액	구성비	금 액	구성비	금 액	구성비	금 액	구성비
2000	25,077.9	37.9	37,990.9	57.4	3,105.7	4.7	66,174.6	100
2001	21,487.3	35.6	36,317.0	60.2	2,524.6	4.2	60,328.9	100
2002	22,122.2	25.9	59,500.4	69.9	3,496.4	4.2	85,119.1	100
2003	28,722.2	30.7	60,371.4	64.5	4,376.7	4.6	93,470.3	100
2004	32,490.9	29.3	73,001.3	65.8	5,423.5	4.9	110,915.7	100
2005	32,130.2	27.6	74,100.1	65.8	6,366.3	5.6	112,596.7	100
2006	32,384.3	28.5	74,148.5	65.2	7,196.3	6.3	113,729.4	100
2007	34,326.9	27.4	81,226.6	64.7	9,870.7	7.9	125,424.2	100
2008	37,356.1	27.8	86,379.8	64.3	10,601.6	7.8	134,337.7	100
2009	43,668.5	32.0	79,908.0	58.5	13,038.1	9.5	136,614.7	100
2010	43,761.4	32.5	78,251.7	58.1	12,686.3	9.4	134,699.6	100
2011	40,981.2	30.8	79,753.7	60.0	12,263.6	9.2	132,998.7	100
2012	38,820.8	28.9	79,973.7	59.5	15,525.7	11.6	134,320.3	100
2013	32,771.0	23.5	87,388.9	62.5	19,616.5	14.0	139,776.6	100
2014	26,170.9	18.9	94,313.5	68.2	17,738.1	12.8	138,222.7	100
2015	34,728.8	23.2	100,039.7	66.8	14,895.4	10.0	149,663.9	100
2016	29,498.5	19.2	123,292.0	80.2	924.9	0.6	153,715.4	100
2017	32,762.2	19.0	135,338.3	78.4	45,057	2.6	172,606.2	100
2018	31,408.9	17.4	134,381.1	74.6	14,317.4	7.9	180,108.0	100

2019	32,468.0	18.2	131,134.0	73.7	14,402.0	8.1	178,004.0	100
2020	32,068.3	18.0	130,102.3	73.1	15,815.0	8.9	177,985.7	100

(2) 전문건설공사 현황

① 2020년도의 업체 수는 6만 3,598개, 공사실적은 110조 4,800여 억 원, 업체당 평균 실적은 17억 3,700여 만 원이다.

– 2002년도에는 업체 수는 3만 1,388개기이고, 공사실적은 48조 2,000여 억 원이었으며, 업체당 평균 실적은 약 15조 3,500여 만 원이었다.

② 업체당 평균 실적이 가장 많았던 해는 2004년으로 19억 3,600여 만 원이었으나 그 후 감소하다가 다시 증가 추세를 보이고 있다.

③ 정보통신공사업과 비교하여 보면 업체 수는 약 6배이고, 공사실적은 약 7배이며, 업체당 평균 실적은 정보통신공사업에 비해 다소 많았으나 2020년도의 경우는 비슷함을 알 수 있다.

(단위 : 백만원)

연 도	업 체 수	공사실적	업체당 평균 실적
2002	31,388	48,205,900	1,535.8
2003	31,843	58,003,661	1,821.5
2004	32,990	63,900,526	1,936.9
2005	35,560	64,225,291	1,806.1
2006	42,106	66,491,993	1,579.2
2007	44,036	71,363,539	1,620.5
2008	46,072	76,566,329	1,661.9
2009	47,253	80,489,896	1,703.4
2010	48,539	78,761,463	1,622.6
2011	48,749	79,778,924	1,636.5
2012	47,739	78,178,044	1,637.6
2013	47,388	81,928,901	1,728.8
2014	47,948	81,665,005	1,703.1

2015	49,227	87,623,616	1,779.9
2016	50,646	95,962,388	1,894.7
2017	59,706	108,268,544	1,813.3
2018	62,008	110,551,785	1,782.8
2019	59,164	113,324,850	1,915.4
2020	63,598	110,484,414	1,737.2

(3) 전기공사 현황

① 2020년도의 업체 수는 1만 8,085개, 공사실적은 32조 2,800여 억 원, 업체당 평균 실적은 17억 8,500여 만 원이다.

– 1997년도에는 업체 수는 1만 115개, 공사실적은 약 9조 9,300억 원으로 업체당 평균 실적은 9억 8,000여 만 원이었다.

② 업체당 평균 실적이 가장 많았던 해는 2018년으로 18억 원이다.

(단위 : 백만원)

연 도	업 체 수	공사실적	업체당 평균실적
1997	10,115	9,929,202	981.6
1998	9,962	8,083,899	811.5
1999	9,724	8,580,248	882.4
2000	9,331	9,356,259	1,002.7
2001	10,321	9,981,490	967.1
2002	11,288	10,780,312	955.0
2003	10,234	11,579,934	1,131.5
2004	9,911	12,500,358	1,261.3
2005	10,227	13,531,633	1,323.1
2006	10,289	14,064,325	1,366.9
2007	10,885	16,787,138	1,542.2
2008	11,193	19,103,628	1,706.7
2009	11,850	20,219,705	1,706.3

2010	12,062	18,909,905	1,567.7
2011	12,943	19,667,927	1,519.6
2012	13,109	19,145,205	1,460.4
2013	13,596	20,306,360	1,493.5
2014	14,749	21,665,351	1,468.9
2015	14,946	23,680,487	1,584.4
2016	15,078	23,950,048	1,588.4
2017	15,492	27,653,882	1,785.0
2018	16,139	29,060,701	1,800.0
2019	17,619	31,291,707	1,776.0
2020	18,085	32,285,612	1,785.2

(4) 설비공사 현황

① 2020년도의 업체 수는 8,797개, 공사실적은 약 21조 4,700 억 원, 업체당 평균 실적은 약 24억 4,000만 원이다.

– 2002년도에는 업체 수는 5,944개이고, 공사실적은 약 6조 8,000여 억 원이었으며, 업체당 평균 실적은 약 11억 4,600여 만 원이었다.

② 정보통신공사업과 비교해 보면 업체 수는 약 81%에 불과하나 공사실적은 약 128%이며, 따라서 업체당 평균 실적도 1.46배에 달한다.

③ 공사별 업체당 평균 실적을 비교해 보면, 소방이 10.5억 원, 정보통신이 17.1억 원, 전기가 17.8억 원, 설비가 24.4억 원으로 설비공사가 가장 높다.

(단위 : 백만원)

연 도	업 체 수	공사실적	업체당 평균 실적
2002	5,944	6,817,312	1,146.9
2003	5,887	7,798,531	1,324.7
2004	5,887	8,707,757	1,631.2
2005	6,006	9,406,509	1,708.7
2006	5,840	10,012,655	1,714.5

2007	5,924	10,851,996	1,831.8
2008	6,201	11,830,520	1,907.8
2009	6,428	12,296,120	1,912.9
2010	6,564	13,723,430	2,090.7
2011	6,477	14,354,827	2,216.3
2012	6,618	14,856,568	2,244.9
2013	6,599	15,439,144	2,339.6
2014	6,788	16,425,098	2,419.7
2015	7,062	17,202,158	2,435.8
2016	7,360	17,780,099	2,415.8
2017	7,894	20,829,363	2,638.6
2018	7,887	20,793,990	2,636.4
2019	8,272	21,324,945	2,577.9
2020	8,797	21,467,288	2,440.2

(5) 소방공사업 현황

① 2020년도의 업체 수는 6,404개이고, 공사실적은 6조 7,200여 억 원이다.

- 2008년도에는 업체 수는 4,266개이고, 공사실적은 약 2조 6,000여 억 원이며, 업체당 평균 실적은 약 6억 1,800여 만 원이었다.

② 2010년도에는 업체 수는 4,530개, 공사실적은 2조 9,000여억 원이었으나 10년 만에 업체 수는 41%, 공사실적은 132% 증가하였다.

③ 같은 기간 업체당 평균 실적은 약 6억 4,300만 원에서 약 10억 5,000만 원으로 증가하여 63% 상승하였다.

④ 업체당 평균 실적이 가장 많았던 해는 2018년으로 11억 1,000여 만 원이었고 그 후 다소 감소하는 추세를 보이고 있다.

(단위 : 백만원)

연 도	업 체 수	공사실적	업체당 평균 실적
2008	4,266	2,638,209	618.4
2009	4,520	2,974,762	658.1

2010	4,530	2,911,367	642.7
2011	4,629	3,070,605	663.3
2012	4,733	3,096,514	654.2
2013	4,843	3,556,859	734.4
2014	5,028	4,062,646	808.0
2015	5,313	4,232,809	796.7
2016	5,502	4,852,905	882.0
2017	5,666	6,092,843	1,075.3
2018	5,804	6,445,453	1,110.5
2019	6,070	6,431,340	1,059.5
2020	6,404	6,729,590	1,050.8

6. 주요국의 정보통신공사업 제도[2)]

〈 국가별 정보통신공사업 현황 〉

구 분	한 국	미 국	일 본	싱가포르
공사업여부	「정보통신공사업법」에 규정	건설업의 도급공사	전기공사업에 포함 (통지전기공사업)	건설업의 도급공사 ('기계&전기'에 해당)
면허여부	면허제(등록)	주(州)마다 독자적으로 운용 ① 면허제(등록) ② 면허제 + 자격시험 ③ 사전등록제 등	면허제(허가)	면허제(등록)
등록기준	자본금 기술능력 사무실	자본금 기술능력 보험 · 보증	관리책임자 기술자 성실성 재산적 기초	기술자 시공영역 재정등급

2) 정보통신공사업 분리발주제도 발전방안(한국생산성본부, 2009)

(1) 한 국

① 법 체 계

건설, 전기, 소방 및 정보통신의 면허제도를 각각 개별 법령에 규정하고 있다.

〈 분야별 관련 법 및 담당부처 〉

구 분	관련 법	담당부처
건 설	「건설산업기본법」	국토교통부
전 기	「전기공사업법」	산업통상자원부
소 방	「소방시설공사업법」	소방청
정보통신	「정보통신공사업법」	과학기술정보통신부

② 정보통신공사업 법령

정보통신공사업 면허제도(등록)는 「정보통신공사업법」 제14조(공사업의 등록 등)에 규정하고 있다.

〈 정보통신공사업 관련 법령 〉

구 분	관련 규정
「정보통신공사업법」	제14조(공사업의 등록 등), 제15조(등록기준), 제16조(등록의 결격사유), 제66조(영업정지와 등록취소 등)
「정보통신공사업법시행령」	제21조(등록기준), 제50조(영업정지 등)

※ 제도변경(허가제→등록제) : 정보통신공사업 면허제도는 「정보통신공업법」 개정('1999.2.5.)에 따라 허가제에서 현재의 등록제로 변경되었다.

③ 등록기준

ⓐ 자본금 : 1억 5,000만 원 이상

ⓑ 기술자 보유 : 최소 4인 이상

ⓒ 사무실 : 공간이 확보된 사무실

④ 등록신청

공사업 등록을 하려는 자는 주된 영업소의 소재지를 관할하는 시 · 도지사(등록 접수는 협회에 위탁)에게 등록 신청하여야 한다.

(2) 미 국

① 분 류

미국은 정보통신공사, 전기공사, 소방시설공사 등을 건설업의 도급공사로 취급하여 분류하고 있으며, 각 주(州)마다 독자적인 법 · 제도로 관할 · 운영하고 있다.

② 면 허 제

ⓐ 대부분의 주에서 건설면허제를 상업용과 비상업용으로 나누어 시행하고 있으며, 우리나라와 같은 종합건설업 및 전문건설업의 구분은 없다.

ⓑ 주 차원의 면허위원회(Contractors State License Board)가 설립되어 면허가 요구되는 건설업에 따른 도급업 공종을 분류하고 공사업체 등록에 대한 가이드라인을 제시하고 있다.

〈 주(州)별 면허 보유 유무 및 종류 〉

주	건설업 면허체계 유무	종류 및 비고
캘리포니아	○	비지니스 라이센스 발급 의무
미조리, 펜실베니아	×	석면 관련 작업에만 등록/면허/자격 요구
일리노이, 인디애나	×	지붕공사, 배관 작업에 따른 면허 소지 의무
네바다, 루이지애나	○	건설업외 모든 업종 등록
텍사스	○	일부 업종

자료: 한국건설관리학회(2009)

③ 보증 또는 현금예치

미국 대부분의 주에서는 공사업자 면허 취득을 위한 보증 또는 현금예치에 의한 공사업자 면허채권(License Bonds) 발급 의무를 통하여 공사업체를 규제하고 있다.

ⓐ 건설업에 등록하기 위한 등록기준으로는 자본금, 기술능력, 보험 · 보증 등을 요구하고 있으며, 캘리포니아 주와 같은 경우에는 California Department of Insurance와 같은 정부기관을 통해 보증을 받거나 보험증을 발급받을 것을 요구하고 있다.

ⓑ 보증 또는 현금예치를 통한 공사업자 면허채권(License Bonds) 발급을 의무화하고 있으며, 면허 유형과 공사규모에 따라 채권의 금액 및 채권의 한도 및 규정을 달리 적용하고 있다.

ⓒ 국가나 지정된 민간기관을 통해 보험이나 보증을 필수적으로 요구하고 있으며, 자본금 규모나 기술 능력에 대한 통일된 기준이 없어, 공사보증 보험회사(Surety Company 또는 Bond Company)에서 정하는 최대 단일 공사 금액과 최대 연공사 금액(Bond Capacity)이 건설회사의 규모나 능력을 분류하는 기준으로 이용되고 있다.

④ 캘리포니아 사례

ⓐ 면허체계

캘리포니아 주의 건설업 및 세부공종(정보통신공사업, 전기공사업, 소방시설공사업 등) 면허 제계는, 주정부 면허위원회(CSLB : Contractors State License Board)가 건설 시 내부작업에 속하는 정보통신공사업, 전기공사업, 소방시설공사업 등에 대한 면허부여 뿐 아니라 체계적인 관리 · 감독 기능을 수행하고 있다.

ⓑ 건설업 분류

㉠ Class A는 일반적인 엔지니어링 시공으로써, 특수 지식과 기술을 요하는 고정작업을 말한다.

㉡ Class B는 일반적인 건축 시공으로써, 최소한 두 가지 이상의 관련 없는 건축공종이나 기술이 사용되는, 기존에 증축된 건물이나 건축 중이거나 시공이 예상되는 구조물과 관련된 작업을 말한다.

㉢ Class C는 특수시공으로써, C면허는 41개의 분류로 구성되어 있으며 특수 기술 보유자와 특수 건축공종이나 기술을 사용하는 일반 시공

업 및 관련 작업들을 말한다.

〈미국 캘리포니아주의 건설업 등급 분류〉

분 류	정 의
Class A	일반적인 엔지니어링 시공, 특수 지식과 기술을 요하는 고정작업(fixed work)
Class B	일반적인 건축 시공, 최소한 두 가지 이상 관련 없는 건축공종이나 기술의 사용되는 기존에 증축된 건물이나 건축중 또는 시공이 예상디는 구조물과 관련 작업
Class C	특수도급, C면허는 41개의 분류체계를 보유하는데 특수 기술 보유자와 특수 건축공종이나 기술을 사용하는 일반 시공업 및 관련 작업

자료: Contractors State License Board

ⓒ Class C의 상세 분류

우리나라의 정보통신공사업, 전기공사업, 소방시설공사업과 유사 사업들은 Class C 분류체계에 포함되어 있으며, 사업의 유사성에 따라 정보통신공사업은 C-7(Low Voltage System), 전기공사업은 C-10 (Electrical), 소방시설공사업은 C-16(Fire Protection)으로 분류한다.

〈미국 캘리포니아주의 Class C 의 등급 분류〉

Class C: Specialty Contractor	
C-2	Insulation and Acoustical
C-4	Boiler, Hot-Water Heating and Steam Fitting
C-5	Framing and Rough Carpentry
C-6	Cabinet, Millwork and Finish Carpentry
C-7	Low Voltage Systems
C-8	Concrete
C-9	Drywall
C-10	Electrical
C-11	Elevator
C-12	Earthwork and Paving
C-13	Fencing
C-15	Flooring and Floor Covering

C-16	Fire Protection
C-17	Glazing
C-20	Warm-Air Heating, Ventilating and Air-Conditioning
......	......

자료: Contractors State License Board

ⓓ 정보통신공사업의 범위

우리나라의 정보통신공사업과 유사한 사업인 C-7(Low Voltage Systems)은 통신 및 저전압시스템 시공업자로 하여금 91볼트를 초과하지 않는 모든 통신과 저전압시스템을 설치하고 유지 · 보수하는 사업이다. 전화시스템, 음향시스템, 케이블TV시스템, CCTV, 위성안테나 등의 분야를 담당하도록 하고 있다.

(3) 일 본

① 법과 분류 체계

일본은 정보통신공사업법이 분리되어 있지 않고, 전기공사업법에 의해 공사에 사용하는 전기의 전압에 따라 등록전기공사업과 통지전기공사업 및 인정전기공사업으로 구분하고 있다. 이 중 통지전기공사업이 우리나라의 정보통신공사업과 공사의 범위가 유사하다.

〈 일본 전기공사업의 구분 〉

구 분	공사범위	영업기준
등록전기공사업	일반가정, 소형상점 등 전압 600V 이하(용량 50KW 미만은 700V 이하) 를 수전하여 사용하는 전기공 작물의 시공	영업에 따른 별다른 조건은 없으며, 다만 제1종 또는 제2종전기공사사를 영업소마다 주임전기 공사사로 선임(유효기간 5년)
통지전기공사업	500KW 미만의 자가용전기 공작물의 시공	영업개시 10일전에 해당 관청에 영업 통지를 하는 것으로 영업을 할 수 있으나, 기술자격자는 반드시 제1종 전기공사사이거나, 네온, 비상용발전, 간이전기공사는 특종전기공사자격자이어야 함
인정(간주)	건설업법에 의한 특정건설 업자가 전기공	건설업법에 의한 전기공사업자가 전기공사

전기공사업	사업법에 의한 전기공사범위내의 전기공작물을 시공	업법에 의한 전기공사 범위내 전기공사를 시공할 경우에는 해당 도부현지사 또는 통산부대신에게 계출서를 제출하는 것으로 영업 가능

ⓐ 등록전기공사업

1종 또는 2종 전기공사를 주임전기공사사로 선임 후 신고하면 된다.

ⓑ 통지전기공사업

1종 또는 특종 전기공사자격자 보유 후, 영업개시 10일전에 관청에 통보하면 된다.

ⓒ 인정전기공사업

건설업법에 의한 전기공사업 면허 보유 시, 통보의 형식을 띄고 있어 건설업법에 의한 전기공사업과 큰 차이가 없다.

② 등록기준

전기공사업의 등록기준은 경영업무의 관리책임자 설치, 기술자, 성실성, 재산적 기초 등 4개 항목으로 나누어 규정하고 있다.

〈 일본 전기공사업(특정건설업)의 등록기준 〉

항 목	등록 기준
① 경영업무의 관리책임자 설치	○ 법인 경우 그 임원 중 상근하고 있는 1인을, 개인의 경우 그 자 또는 그 지배인중 1인이 5년 이상 전기공사업에 관한 5년 이상 경험업무의 관리책임자로서의 경험을 가진 자로 둘 것
② 기술자 (전임자)	○ 건설대신이 지정하는 국가자격자 ○ 전기공사업과 관련된 공사에 관해 고교졸업 후 3년 이상, 대학 또는 고전졸업 후 5년 이상, 그 외에는 10년 이상의 실무경험을 가진 자 또는 건설대신이 이와 동등하다고 인정하는 자로서 원청으로서 4,500만 엔 이상의 공사에 관해 2년 이상 지도감독적인 실무경험을 가진 자 또는 건설대신이 위와 동등하다고 인정하는 자
③ 성실성	○ 임원 등이 청부계약에 관한 부정 또는 불성실한 행위를 하는 것으로 밝혀진 자가 아닐 것
④ 재산적 기초	○ 발주자와 청부계약에서 신청대금이 8,000만 엔 이상 되는 것을 이행하

	기에 충족한 재산적 기초를 보유하고 있을 것 ㅇ 결손액이 자본금의 20% 미만이고, 유동비율이 75% 이상일 것

자료: 한국전기산업연구원(2010)

ⓐ 기술자 보유 규모에 대한 구체적인 규정은 없고, 우리나라의 중급에서 고급 사이 수준의 기술전임자 배치만을 명시하고 있다.

ⓑ 자본금은 구체적인 액수의 기준은 없이 "이행하기에 충족한 재산적 기초를 보유하고 있을 것"이라고 규정하면서 유동성과 안정성을 정하는 기준으로, 결손액이 자본금의 20% 미만, 유동비율 75% 이상으로 명기하여 단순 자본금 이상의 '건전성'을 요구하고 있다.

③ 통지전기공사업의 구분

통지전기공사업은 다시 시공하는 공사의 유형에 따라 4가지 면허로 구분하고 있다.

ⓐ 제2종 전기주임기술자

ⓑ 제3종 전기주임기술자

ⓒ 제2종 전기공사사

ⓓ 전기통신공사담임자

(4) 싱가포르

① 법 령

건축과 도급공종에 대한 면허는 Building Control(Amendment) Act 2007의 Part VA. Licensing of Builders에서 건축가 및 특수기술을 보유한 자들에 대한 정의와 면허발부에 대해 명시하고 있다.

② 관 할

싱가포르의 건설산업에 대한 총 책임관할 기구는 국가개발부(MND: Ministry of National Development)이며 건설과 그 세부도급업인 정보통신, 전기, 소방시설 등에 관련된 면허발급과 건설업 등록 등의 업무를 국가개발부 산하기관인 건설청(BCA: Building and Construction Authority)에서 담당하고 있다.

③ 건설산업의 영역

싱가포르 역시 앞서 살펴본 미국, 일본과 같이 건설산업을 7개 영역으로 나누고 그중 '기계 및 전기'의 하부영역으로 정보통신, 전기, 소방시설 등을 포함하고 있다.

〈 싱가포르 건설산업 등록 시공영역 〉

등록 가능한 7가지 시공영역
건설(CW : Construction Workhead)
건설관련(CR : Construction–Related Workhead)
기계 & 전기(ME : Mechanical & Electrical Workhead)
유지보수(MW : Maintenance Workhead)
보급(SY : Supply Head)
공종(TR : Trade Head)
규제(RW : Regulatory Workhead)

자료: BCA(2013)

④ 정보통신공사업

정보통신공사업은 '기계 및 전기'를 뜻하는 Mechanical & Electrical(ME)의 하부 영역의 특수시공으로서 전기 및 소방과 함께 포함되어 있다. 통신 및 보안시스템, 내선전화선, 전력선 및 전화선 등이 그것이다.

〈 싱가포르 기계 · 전기(ME : Mechanical & Electrical) 분야 분류 〉

구 분	분 류
ME01	에어컨, 냉장 & 환기작업 (Air–conditioning, Refrigeration & Ventilation Works)
ME02	건물자동화, 산업 & 프로세스제어시스템

	(Building Automation, Industrial & Process Control Systems)
ME03	태양광 PV 시스템 (Solar PV System Integration)
ME04	통신 & 보안시스템(Communication & Security Systems): 통신시스템(예: 구내전화(인터콤) & 무선라디오)와 보안시스템(예: CCTV, 보안경보, 주차보안조종과 카드접속체계)
ME05	전기 엔지니어링 (Electrical Engineering)
ME06	화재방지 & 보호 시스템 (Fire Prevention & Protection Systems)
ME07	고 & 저전압 가공전선 설치 (High & Low Tension Overhead Line Installation)
ME08	내선전화선(Internal Telephone Wiring for Telecommunications) : 통신을 목적으로 한 건물 내 배선작업. 신청자는 정보통신개방청(IDA)이 발급한 유효한 통신선로작업 면허를 소지해야함 ※ IDA: Infocomm Development Authority of Singapore의 약자로 싱가폴 통신 · 정책 규제기관
ME09	승강기 (Life & Escalator Installation)
ME10	전력선 및 전화선(Line Plant Cabling/ Wiring for Telecommunications) : 지하 통신케이블 설치
ME11	기계전기 (Mechanical Engineering)
ME12	배관 & 위생공사 (Plumbing & Sanitary Works)
ME13	교통신호체계 (Traffic Light Systems)
ME14	N/A
ME15	통합빌딩서비스 (Integrated Building Services)

자료: BCA(2012)

제3절 관련 정부 시책

1. 공사업의 육성시책의 수립

과학기술정보통신부장관은 공사업의 건전한 발전을 위하여 필요하면 이에 필요한 육성시책을 수립 · 시행할 수 있다.

최근의 육성시책 수립

1. 수립일 : 2014.12.

2. 제 목

인터넷신산업 출현 등 미래 환경변화에 대응한 정보통신공사업 역량 강화방안

3. 주요 내용

- o 추진배경 : ICT뿌리산업, 정보통신공사업
- o 비전 : 정보통신공사업을 ICT의 기초를 든든히 하는 뿌리산업으로 육성
- o 목표 : 3년간 매출 2조 430억 원, 고용 2만 4,200명 증가 등
- o 핵심과제
  - 시장역량강화
    - • 시장정보의 수집 축적 및 제공
    - • 공정경쟁 환경 조성
    - • 정보통신공사업 신시장 개척
  - 기술역량 강화
    - • 융복합 기술 등 기술 수요의 분석
    - • 유무형 기술역량 인프라의 이용여건 개선
  - 인적역량 강화
    - • 급변하는 ICT 환경에 적합한 인재상 정립
    - • 융복합 신산업 등의 신규인력 양성
    - • 평생교육 등 기존 인력의 전문역량 강화
  - 행정지원 역량 강화
    - • 협회의 맞춤형 지원 및 협력체계 강화

- 조합의 기술개발단계별 보증지원 체계 마련
- 표준품셈 현실화를 위한 연구원의 관리체계 구축
- ICT융합 환경에 대응한 ICT폴리텍대학의 교육기능 강화

2. 용역업의 육성 및 지원

(1) 용역업 육성지원 시책의 수립 시행

과학기술정보통신부장관은 용역에 관한 기술수준의 향상과 용역업의 건전한 발전을 도모하기 위하여 필요하면 관계 중앙행정기관의 장과 협의하여 공사의 특성에 적합한 용역업을 육성·지원하기 위한 시책을 수립·시행할 수 있다.

(2) 현황자료의 요청

과학기술정보통신부장관은 시책을 수립하기 위하여 필요하면 관계 중앙행정기관의 장에게 용역업 등의 현황에 관한 자료를 요청할 수 있다.

3. 각종 기준의 마련

(1) 설계 및 시공 기준

과학기술정보통신부장관은 공사의 품질 확보와 적정한 공사 관리를 위한 기준으로서 설계기준, 표준공법 및 표준설계설명서 등을 포함하는 「공사의 설계·시공 기준」을 마련하여 발주자, 용역업자 및 공사업자가 이용하도록 할 수 있다(2020년 정보통신 설계기준 ver.6, 한국정보통신산업연구원)(정보통신 접지설비, 선박설비, 보안설비 등 표준공법 개발연구, 한국정보통신산업연구원).

(2) 감리업무 수행기준

과학기술정보통신부장관은 감리업무의 효율적인 수행을 위한 기준으로서 공사별 감리 소요인력, 감리비용 산정 기준 등을 포함하는 「감리업무

수행기준」을 마련하여 발주자, 용역업자 및 공사업자가 이용하도록 할 수 있다(정보통신공사 감리업무 수행기준, 2020.1.7. 과기부).

(3) 공사비 산정기준

과학기술정보통신부장관은 적정한 공사비 산정을 위하여 표준시장단가 및 표준품셈 등 공사비 산정기준을 마련하여 발주자가 이용하도록 할 수 있다(「정보통신공사 표준품셈 및 표준시장단가 관리규정」, 과학기술정보통신부 통신정책기획과-1217).

☞ 제4장제2절 공사비의 산정

4. 중소 공사업자의 참여기회 확대

(1) 국가등에 대한 필요 조치의 요청

과학기술정보통신부장관은 공사업의 균형적 육성을 위하여 필요하다고 인정하면 공사를 발주하는 다음의 자에 대하여 중소 공사업자의 참여 기회를 확대하거나 그 밖에 필요한 조치를 할 것을 요청할 수 있다. 이 경우 국가 등은 특별한 사유가 없으면 이에 적극 협조하여야 한다.

① 국가

② 지방자치단체

③ 「공공기관의 운영에 관한 법률」 제4조에 따른 공공기관[3)]

---

3) **제4조(공공기관)** ①기획재정부장관은 국가·지방자치단체가 아닌 법인·단체 또는 기관(이하 "기관"이라 한다)으로서 다음 각 호의 어느 하나에 해당하는 기관을 공공기관으로 지정할 수 있다.

1. 다른 법률에 따라 직접 설립되고 정부가 출연한 기관
2. 정부지원액(법령에 따라 직접 정부의 업무를 위탁받거나 독점적 사업권을 부여받은 기관의 경우에는 그 위탁업무나 독점적 사업으로 인한 수입액을 포함한다. 이하 같다)이 총수입액의 2분의 1을 초과하는 기관
3. 정부가 100분의 50 이상의 지분을 가지고 있거나 100분의 30 이상의 지분을 가지고 임원 임명권한 행사 등을 통하여 해당 기관의 정책 결정에 사실상 지배력을 확보하고 있는 기관
4. 정부와 제1호부터 제3호까지의 어느 하나에 해당하는 기관이 합하여 100분의 50 이상의 지분을 가지고 있거나 100분의 30 이상의 지분을 가지고 임원 임명권한 행사 등을 통하여 해당 기관의 정책 결정에 사실상 지배력을 확보하고 있는 기관

④ 「지방공기업법」에 따른 지방공기업(2022.7.12.부터 포함)

(2) 대기업의 참여 제한

① 중소 공사업자 참여확대를 위한 대기업 참여제한 필요성

ⓐ 정보통신공사업체는 1만여 개 사에 이르고 있으나 공사수주액은 16조 7,000억으로 1업체당 수주액은 약 17억 원에 불과하다.

– 5억 원 이상의 중대형 공사 5,603건을 제외하면 건당 금액은 1,870만 원, 업체의 과반이 넘는 5,800여 업체의 평균 수주액은 6.7억 원에 불과함.

ⓑ 1만여 개 업체 중 대기업은 350여 개로 3%에 불과하지만 공사 수주액은 약 2조 6,000억 원으로 16%를 차지하고 있다.

– 이 중 10억 원 미만의 공사는 약 1만 건, 금액으로는 약 5,200억 원임.

ⓒ 대기업을 제외하면 1업체당 평균 수주액은 약 13억 원에 불과하고, 연 5억 미만의 수주 업체가 약 4,600개 사로 48%%를 차지하고 있어 공사업의 영세성을 보여주고 있다.

ⓓ 따라서, 일정 금액 이하의 소형 공사에 대하여는 대기업의 참여를 제한할 필요가 있다는 문제제기가 업계 내에서 꾸준히 있어 왔다.

② 정보통신공사업법의 개정

ⓐ 「정보통신공사입법 중 일부개정 법률안」(2022.1.11.공포, 2022.7.12.시행)

---

5. 제1호부터 제4호까지의 어느 하나에 해당하는 기관이 단독으로 또는 두개 이상의 기관이 합하여 100분의 50 이상의 지분을 가지고 있거나 100분의 30 이상의 시분을 가지고 임원 임명권한 행사 등을 통하여 해당 기관의 정책 결정에 사실상 지배력을 확보하고 있는 기관
6. 제1호부터 제4호까지의 어느 하나에 해당하는 기관이 설립하고, 정부 또는 설립 기관이 출연한 기관

② 제1항에도 불구하고 기획재정부장관은 다음 각 호의 어느 하나에 해당하는 기관을 공공기관으로 지정할 수 없다.

1. 구성원 상호 간의 상호부조·복리증진·권익향상 또는 영업질서 유지 등을 목적으로 설립된 기관
2. 지방자치단체가 설립하고, 그 운영에 관여하는 기관
3. 「방송법」에 따른 한국방송공사와 「한국교육방송공사법」에 따른 한국교육방송공사

③ 제1항제2호의 규정에 따른 정부지원액과 총수입액의 산정 기준·방법 및 같은 항 제3호부터 제5호까지의 규정에 따른 사실상 지배력 확보의 기준에 관하여 필요한 사항은 대통령령으로 정한다.

ⓑ 개정 내용 : 제24조의2에 제5항을 다음과 같이 신설함.

"⑤ 과학기술정보통신부장관은 국가등이 발주하는 공사에 중소 공사업자가 참여할 수 있는 기회를 확대하기 위하여 대기업인 공사업자의 기준과 대기업인 공사업자가 도급받을 수 있는 공사금액의 하한은 대통령령으로 정할 수 있다."

③ 이에 따라 대통령령으로 정할 사항

ⓐ 대기업인 공사업자의 범위

ⓑ 대기업인 공사업자가 도급받을 수 있는 공사금액의 하한

전기공사업법의 사례

1. 개 요

전기공사업법에서는 10억 미만의 전기공사에 대하여는 대기업의 참여를 이미 제한하고 있어, 이 사례에 따라 정보통신공사업법 시행령이 개정될 것으로 전망된다.

2. 전기공사업법의 규정

제39조(중소공사업자 지원을 위한 조치) ③ 산업통상자원부장관은 국가·지방자치단체 또는 공공기관이 발주하는 공사에 중소공사업자가 참여할 수 있는 기회를 확대하기 위하여 대기업인 공사업자의 기준과 대기업인 공사업자가 도급받을 수 있는 공사금액의 하한을 대통령령으로 정할 수 있다

3. 전기공사업법시행령의 규정

제16조의2(대기업인 공사업자의 기준 등) ① 법 제39조제3항에 따른 대기업인 공사업자는 다음 각 호의 어느 하나에 해당하는 자로 한다.

1. 「독점규제 및 공정거래에 관한 법률」 제14조에 따라 지정된 상호출자제한기업집단에 속하는 공사업자
2. 「공공기관의 운영에 관한 법률」 제4조에 따른 공공기관(이하 "공공기관"이라 한다)인 공사업자
3. 「지방공기업법」에 따른 지방직영기업, 지방공사 또는 지방공단인 공사업자

② 법 제39조제3항에 따른 대기업인 공사업자가 도급받을 수 있는 공사금액의 하한은 10억 원으로 한다. 다만, 국가·지방자치단체 또는 공공기관을 당사자로 하는 계약 관련 법령에 따라 수의계약을 하는 경우에는 공사금액의 하한을 적용하지 않을 수 있다.

5. 외국공사업자에 대한 조치

과학기술정보통신부장관은 외국인 또는 외국법인에 대하여 공사업의 등록을 위하여 필요한 경우에는 공사업에 관한 외국에서의 자격 · 학력 · 경력 등을 인정할 수 있는 기준을 정할 수 있다(「외국인 등의 정보통신공사업 등록절차 및 자격 등 인정기준」, 과학기술정보통신부 고시 제2017-7호, 2017.8.24.).

제2장 정보통신공사업자와 용역업자 등

제1절 정보통신공사업자

1. 정보통신공사업자란

(1) 통상적 정의

"정보통신공사업자"란 정보통신공사업법에 따라 시·도지사에게 공사업 등록을 하고 전화, 인터넷, CCTV, 방송설비 등을 설치하고 유지·보수하는 것을 업(業)으로 하는 사람 또는 법인을 말한다.

(2) 법상의 정의

"정보통신공사업자"란 이 법에 따른 정보통신공사업의 등록을 하고 공사업을 경영하는 자를 말한다.

〈 정보통신공사업 면허제도의 변경 이력 〉

제·개정일 (시행일)	변 경 내 용
1971.1.22 (1971.4.23)	○ 공사업 허가제 도입 – 허가권자 : 체신부장관 – 허가시기 : 년1회 – 면허갱신제도 : 매5년
1976.9.10 (1976.9.10)	○ 허가권 위임(「전기통신공사업법시행령」 개정) – 유선설비공사업(9종) : 체신청장 – 무선설비공사업(3종) : 전파관리국장
1979.5.10 (1979.5.10)	○ 별종공사업 허가권 체신청장에게 위임 (「전기통신공사업법시행령」 개정)
1995.1.5 (1995.7.6)	○ 별종공사업 : 허가제 → 등록제(수시)
1997.8.28 (1998.1.1)	○ 공사업 수시 허가제 도입 – 정보통신공사업 1·2등급 허가 : 체신청장에 위임 – 허가시기 : 년1회 → 수시 – 면허갱신제도(5년) : 폐지
1999.2.5	○ 공사업 등록제로 변경(허가제 → 등록제)

(1999.7.1)	– 정보통신공사업으로 통합
2004.1.29. (2004.7.30.)	○ 공사업 등록을 시도지사에게로 이관 – 등록기준에 관한 사항을 3년마다 시도지사에 신고
2014.12.30. (2015.3.31.)	○ 등록기준의 3년마다 신고의무 폐지

2. 공사업자의 등록[4)]

(1) 신 청

① 신 청 자

공사업 등록을 하려는 자

② 신청서류

정보통신공사업 등록신청서(전자문서로 된 신청서를 포함한다)(〈붙임 3〉 서식)에 다음의 첨부서류(유효기간을 넘기지 아니한 것으로서 공사업 등록 신청일 전 30일 이내에 발행된 것, 전자문서를 포함한다)를 첨부

ⓐ 신청인(법인인 경우에는 대표자를 포함한 임원. 이하 같다)의 성명, 주민등록

4) **무등록자 관련 입법과제**

1. **문 제 점**

○ 정보통신공사업은 등록을 하여야 함에도 등록하지 않은 무자격자가 온라인 매체 등을 통해 정보통신설비를 시공 및 유지·보수할 수 있는 것처럼 광고하거나 표시하는 사례가 발생하고 있음.

○ 이 허위광고가 실제 시공 및 유지·보수로 이어지는 경우 기술기준 미준수로 인한 재시공, 미인증·비정품·저가제품 사용으로 인한 장비 호환 불가, 보안 취약장비 사용으로 인한 개인정보 유출 등 부실시공이나 부작용이 발생할 수 있어 이용자의 피해가 예상됨.

2. **해결방안**

○ 무자격자가 정보통신설비를 시공 및 유지·보수할 수 있는 것처럼 광고하거나 표시하는 행위에 대한 금지규정을 신설하고 위반시 과태료 처분을 신설할 필요가 있음.

○ 2022.1.11.공포된 공사업법 개정안에 제14조의2를 신설함(2022.7.12.시행).

제14조의2(공사업자 표시의 제한) 제14조제1항에 따른 공사업자가 아닌 자는 사업장, 광고물 등에 공사업자임을 표시하거나 공사업자로 오인될 우려가 있는 표시를 하여서는 아니 된다. (제78조제1항제3호의2 신설, 위반한 자에 대하여는 300만 원 이하의 과태료를 부과함)

○ 공사업법 시행령에 과태료 금액 규정을 확정하는 개정 필요

번호 및 주소 등의 인적사항이 적힌 서류(외국인인 경우에는 「출입국관리법」 제33조에 따라 발급받은 외국인등록증의 사본을 말한다). 다만, 외국인인 신청인이 외국인등록증 사본을 첨부할 수 없는 부득이한 사유가 인정되는 경우에는 과학기술정보통신부장관이 정하여 고시하는 서류[5]로 이를 대신할 수 있다.

ⓑ 기업진단보고서

ⓒ 정보통신기술자의 명단과 해당 정보통신기술자의 경력수첩 사본

ⓓ 과학기술정보통신부장관이 지정하는 금융회사 등 또는 법 제45조에 따른 정보통신공제조합이 1,500만 원 이상의 현금 예치 또는 출자를 받은 사실을 증명하여 발행하는 확인서

ⓔ 사무실 보유를 증명하는 서류 : 임대차계약서 사본(임차한 경우에만 첨부한다) 및 가설건축물축조신고필증(「건축법」 제20조제3항[6]에 따른 신고 대상 가설건축물인 경우에만 첨부한다)

③ 신청하는 곳

공사업자의 주된 영업소의 소재지를 관할하는 시 · 도지사(등록 접수는 협회에 위탁[7], 협회의 11개 시도회 창구에서 접수)에게 신청

---

5) 여권사본(원본확인)과 신청인의 대표자가 신원을 보증하는 각서 및 국내거소증(재외동포의 경우), 과기정통부 고시 「외국인 등의 정보통신공사업 등록절차 및 자격 등 인정기준」

6) ③ 제1항에도 불구하고 재해복구, 흥행, 전람회, 공사용 가설건축물 등 대통령령으로 정하는 용도의 가설건축물을 축조하려는 자는 대통령령으로 정하는 존치 기간, 설치 기준 및 절차에 따라 특별자치시장 · 특별자치도지사 또는 시장 · 군수 · 구청장에게 신고한 후 착공하여야 한다.

7) **위탁업무 수행자의 비밀준수 의무와 형법의 적용**

1. **비밀준수 의무**

이 법에 따른 등록 · 신고 또는 감독사무에 종사하는 공무원 또는 공무원이었던 사람과 그 업무의 위탁사무에 종사하는 사람 또는 종사하였던 사람은 특별한 사유가 없으면 직무상 알게 된 용역업자 및 공사업자의 재산 및 업무 상황을 누설하여서는 아니 되는 비밀준수의 의무가 있다.

2. **형법의 적용**

그리고 위탁사무에 종사하는 사람은 다음과 같이 「형법」 제129조부터 제132조까지를 적용할 때에는 공무원으로 본다.

제129조(수뢰, 사전수뢰) ① 공무원 또는 중재인이 그 직무에 관하여 뇌물을 수수, 요구 또는 약속한 때에는 5년 이하의 징역 또는 10년 이하의 자격정지에 처한다.

② 공무원 또는 중재인이 될 자가 그 담당할 직무에 관하여 청탁을 받고 뇌물을 수수, 요구

〈공사업 등록신청 접수처〉

구 분	주 소	대표전화
서울시회	(04334) 서울 용산구 한강대로 308, 4층(갈월동)	02-3487-0404
인천 · 경기도회	(16948) 경기 용인시 기흥구 흥덕4로 24(영덕동)	031-271-1500
인천시회※	(21556) 인천 남동구 미래로 32(구월동)	032-421-1501
부산 · 울산 · 경남도회	(48731) 부산 동구 중앙대로 262, 3층(초량동)	051-462-4800
대구 · 경북도회	(41218) 대구 동구 신암남로 167(신암4동)	053-742-2100
대전 · 세종 · 충남도회	(34176) 대전 유성구 유성대로 664(구암동)	042-824-0860
광주 · 전남도회	(61981) 광주 서구 대남대로 475(농성동)	062-653-0077
강원도회	(26383) 강원 원주시 만대로 15-1(무실동)	033-731-5000
전북도회	(54810) 전북 전주시 덕진구 온고을로 753(반월동)	063-225-0404
충북도회	(28494) 충북 청주시 청원구 충청대로 35, 3층(내덕동)	043-212-0404
제주도회	(63219) 제주 제주시 청사로1길 4(도남동)	064-752-4445

※ 인천시회는 인천 · 경기도회에서 2022. 7. 1.자로 분리 신설될 예정임.

④ 명 의

법인이 공사업의 등록을 신청하는 경우의 신청인은 등기부상의 대표자의 명의로 하여야 한다.

또는 약속한 후 공무원 또는 중재인이 된 때에는 3년 이하의 징역 또는 7년 이하의 자격정지에 처한다.

제130조(제삼자뇌물제공) 공무원 또는 중재인이 그 직무에 관하여 부정한 청탁을 받고 제3자에게 뇌물을 공여하게 하거나 공여를 요구 또는 약속한 때에는 5년 이하의 징역 또는 10년 이하의 자격정지에 처한다.

제131조(수뢰후부정처사, 사후수뢰) ① 공무원 또는 중재인이 전2조의 죄를 범하여 부정한 행위를 한 때에는 1년 이상의 유기징역에 처한다.

② 공무원 또는 중재인이 그 직무상 부정한 행위를 한 후 뇌물을 수수, 요구 또는 약속하거나 제삼자에게 이를 공여하게 하거나 공여를 요구 또는 약속한 때에도 전항의 형과 같다.

③ 공무원 또는 중재인이었던 자가 그 재직 중에 청탁을 받고 직무상 부정한 행위를 한 후 뇌물을 수수, 요구 또는 약속한 때에는 5년 이하의 징역 또는 10년 이하의 자격정지에 처한다.

④ 전3항의 경우에는 10년 이하의 자격정지를 병과할 수 있다.

제132조(알선수뢰) 공무원이 그 지위를 이용하여 다른 공무원의 직무에 속한 사항의 알선에 관하여 뇌물을 수수, 요구 또는 약속한 때에는 3년 이하의 징역 또는 7년 이하의 자격정지에 처한다.

⑤ 기업진단보고서의 작성

기업진단보고서를 작성할 때에는 진단자, 진단방법, 관련 서류의 보존 등에 관하여 과학기술정보통신부장관이 정하여 고시한 「정보통신공사업기업진단요강」(과학기술정보통신부 고시 제2018-19호, 2018. 3.13.)에 따라야 한다.

❖ 수수료

공사업의 등록 신청 수수료 : 3만원(해당 지방자치단체의 수입증지 첨부)

❖ 처 벌

등록을 하지 아니하거나 부정한 방법으로 등록을 하고 공사업을 경영한 자 : 3년 이하의 징역 또는 2,000만 원 이하의 벌금

※ **참조 : 수수료 총괄표 :** 〈붙임 1〉 표 공사업 등록 등의 수수료

(2) 시도지사의 보완요구 및 확인

① 보완요구

시 · 도지사는 신청서 및 첨부서류가 다음에 해당하는 경우에는 기간을 정하여 이를 보완하게 할 수 있다.

ⓐ 첨부되어야 할 서류가 첨부되지 아니한 경우

ⓑ 신청서 및 첨부서류에 적어야 할 내용이 적혀 있지 아니하거나 적힌 내용이 명확하지 아니한 경우

② 확 인

등록신청을 받은 시 · 도지사는 「전자정부법」 제36조제1항[8)]에 따른 행정정보의 공동이용을 통하여 다음의 서류를 확인한다. 다만, 신청인이 ⓐ, ⓓ 및 ⓔ의 확인에 동의하지 아니하는 경우에는 해당 서류를 첨부하도록 하여 확인한다.

---

8) **제36조(행정정보의 효율적 관리 및 이용)** ① 행정기관등의 장은 수집 · 보유하고 있는 행정정보를 필요로 하는 다른 행정기관등과 공동으로 이용하여야 하며, 다른 행정기관 등으로부터 신뢰할 수 있는 행정정보를 제공받을 수 있는 경우에는 같은 내용의 정보를 따로 수집하여서는 아니 된다.

ⓐ 「출입국관리법」 제88조제2항에 따른 외국인등록 사실증명(신청인이 외국인인 경우만 해당한다)

ⓑ 법인 등기사항증명서

ⓒ 건물등기부등본(소유하는 건물이거나 임차한 건물인 경우에는 건축물대장등본으로 대신할 수 있다)

ⓓ 「건축법」 제20조제2항[9]에 따른 허가 대상 가설건축물인 경우 건축허가서

ⓔ 정보통신기술자의 국민연금가입자 가입증명 또는 건강보험 자격득실 확인서

(3) 등록 요건 및 결격사유

① 등록 요건

공사업 등록의 신청을 하는 자는 다음의 요건을 갖추어야 한다.

ⓐ 자본금, 기술능력, 사무실 요건

〈 정보통신공사업의 등록기준 〉(시행령 제21조 관련)

자본금 (개인인 경우에는 자산평가액을 말한다.)	기술능력	사무실
1억 5,000만 원 이상	1. 기술계 정보통신기술자 3명 이상(3명 중 1명은 중급 기술자 이상이어야 한다) 2. 기능계 정보통신기술자 1명 이상(기능계 정보통신기술자는 기술계 정보통신기술자로 대체할 수 있다)	정보통신기술자 등이 항상 이용 가능하고 필요한 사무장비를 갖출 수 있는 공간이 확보된 사무실

9) **제20조(가설건축물)** ① 도시 · 군계획시설 및 도시 · 군계획시설예정지에서 가설건축물을 건축하려는 자는 특별자치시장 · 특별자치도지사 또는 시장 · 군수 · 구청장의 허가를 받아야 한다.
② 특별자치시장 · 특별자치도지사 또는 시장 · 군수 · 구청장은 해당 가설건축물의 건축이 다음 각 호의 어느 하나에 해당하는 경우가 아니면 제1항에 따른 허가를 하여야 한다.
1. 「국토의 계획 및 이용에 관한 법률」 제64조에 위배되는 경우
2. 4층 이상인 경우
3. 구조, 존치기간, 설치목적 및 다른 시설 설치 필요성 등에 관하여 대통령령으로 정하는 기준의 범위에서 조례로 정하는 바에 따르지 아니한 경우
4. 그 밖에 이 법 또는 다른 법령에 따른 제한규정을 위반하는 경우

> 비 고 :
> ㅇ 자본금
> – 자본금은 공사업을 위한 자본금으로 공사업 외의 자본금을 제외하며, 주식회사 외의 법인의 경우 "자본금"은 "출자금"으로 한다.
> – 법인의 경우 납입자본금과 실질자본금이 각각 등록기준의 자본금 이상이어야 한다. 다만, 외국법인(외국의 법령에 따라 설립된 법인 또는 외국법인이 자본금의 100분의 50 이상을 출자하였거나 임원수의 2분의 1 이상이 외국인인 법인을 말한다)이 지사를 설치하여 공사업을 신청한 때의 자본금은 국내지사 설립 자본금(주된 영업소의 자본금을 말한다)을 기준으로 한다.
> ㅇ 정보통신기술자는 별표6(제2장제4절3의 표 〈정보통신기술자의 자격〉)에 따른 정보통신기술자를 말하며, 정보통신기술자는 상근임원이나 직원의 신분으로 소속되어 있어야 한다.

ⓑ 현금예치 또는 출자 요건

㉠ 과학기술정보통신부장관이 지정하는 금융회사(서울보증보험)에 현금예치 또는 법 제45조에 따른 정보통신공제조합에의 출자

㉡ 예치 또는 출자 금액은 자본금의 100분의 10 이상(자본금에 포함되는 금액이며, 현재는 1,500만 원 이상임)

② 결격사유

공사업의 등록을 하려는 자가 다음의 어느 하나에 해당하는 경우에는 공사업의 등록을 할 수 없다.

ⓐ 피성년후견인

ⓑ 파산선고를 받고 복권되지 아니한 사람

ⓒ 이 법을 위반하여 금고 이상의 실형을 선고받고 그 집행이 끝나거나(집행이 끝난 것으로 보는 경우를 포함한다) 집행이 면제된 날부터 3년이 지나지 아니한 사람 또는 그 형의 집행유예를 선고받고 그 유예기간 중에 있는 사람

ⓓ 이 법에 따라 등록이 취소된 후 2년이 지나지 아니한 자. 다만, 다음의 어느 하나에 해당하는 경우는 제외한다.

㉠ 공사업자(공사업자가 법인인 경우에는 그 임원을 말한다)가 위의 ⓐ 또는 ⓑ에 해당하여 등록이 취소된 경우

㉡ 법 제66조제1항제15호[10]에 따라 등록이 취소된 경우

ⓔ 「국가보안법」 또는 「형법」 제2편제1장(내란의 죄) 또는 제2장(외환의 죄)

에 규정된 죄를 저질러 금고 이상의 실형을 선고받고 그 집행이 끝나거나(집행이 끝난 것으로 보는 경우를 포함한다) 그 집행이 면제된 날부터 3년이 지나지 아니한 사람 또는 그 형의 집행유예를 선고받고 그 유예기간 중에 있는 사람

ⓕ 임원 중에 위의 ⓐ부터 ⓔ까지의 어느 하나에 해당하는 사람이 있는 법인

ⓖ 그 밖에 다음에 해당하는 경우

㉠ 「국가를 당사자로 하는 계약에 관한 법률」 또는 「지방자치단체를 당사자로 하는 계약에 관한 법률」에 따라 부정당업자로 입찰참가자격이 제한된 경우에는 그 기간이 경과되지 아니한 경우

㉡ 공사업 영업정지처분을 받은 경우에는 그 기간이 경과되지 아니한 경우

㉢ 그밖에 이 법, 이 영 또는 다른 법령에 따른 제한에 위반되는 경우

(4) 등록증 및 등록수첩

① 발 급

ⓐ 발 급 자

시 · 도지사

ⓑ 발급하는 경우

공사업의 등록을 받은 때에 등록기준에 적합하고 결격사유에 해당하지 않는 경우

ⓒ 등록증 등의 발급[11)]

정보통신공사업등록증(이하 "등록증"이라 한다) (〈붙임 4〉 서식) 및 정보통신공사업등록수첩(이하 "등록수첩"이라 한다) (〈붙임 5〉 서식)을 신청인에게 발급한다.

---

10) 15. 공사업자가 「부가가치세법」 제8조제8항에 따라 관할 세무서장에게 폐업신고를 하거나 같은 조 제9항에 따라 관할 세무서장이 사업자등록을 말소한 경우

11) **등록한 공사업자 관련 입법과제**

1. 문 제 점

등록한 공사업자(개인 및 법인의 경우는 대표이사 또는 임원)에 대해 등록 전 또는 등록

※ 시 · 도지사의 등록대장 관리

○ 시 · 도지사는 공사업의 등록을 한 때에는 공사업등록대장을 작성 · 비치하여야 한다.

○ 시 · 도지사는 공사업자의 주된 영업소 소재지가 다른 시 · 도지사의 관할구역으로 이전된 때에는 작성한 공사업등록대장의 부본을 새로운 영업소의 소재지를 관할하는 시 · 도지사에게 송부하여야 한다.

ⓓ 등록증 등의 회수

이미 발급한 등록증 및 등록수첩이 있는 경우에는 이를 회수한다.

수수료

공사업 등록증 및 등록수첩의 발급 수수료 : 5천원(해당 지방자치단체의 수입증지 첩부)

② 필요사항의 기재

시 · 도지사는 등록증 및 등록수첩을 발급할 때에는 신청인에게 정보통신기술자의 경력수첩을 제출하게 하여 필요한 사항을 적어야 한다.

③ 게시 등

공사업자는 등록증을 주된 영업소 안에 걸어 놓아야 하며, 등록수첩은 관계인의 요구가 있는 경우에는 이를 내보여야 한다.

④ 재 발 급

공사업자는 등록증 또는 등록수첩을 잃어버리거나 헐어 못쓰게 된 경우 또는 기재란이 부족하게 된 경우 그 재발급 신청(〈붙임 6〉 서식)을 할 수 있으며, 헐어 못쓰게 되거나 기재란의 부족으로 인한 경우에는 그 등록증 또는 등록수첩을 첨부하여 재발급 신청을 하여야 한다.

후에도 공사업 윤리 및 실무와 관련된 교육 규정이 없음.

2. **해결방안**

공사업자로 등록한 자는 등록한 날부터 일정기간 이내에 과학기술정보통신부장관이 실시하는 공사업의 윤리 및 실무에 관한 교육을 받도록 의무화 규정을 신설할 필요가 있음.

❖ 수수료

공사업 등록증 및 등록수첩의 재발급 수수료 : 5천원(해당 지방자치단체의 수입증지)

※ **등록현황의 보고**

특별자치시장, 특별자치도지사, 시장, 군수, 구청장은 공사업의 등록현황을 매 분기 말일을 기준으로 하여 다음 달 15일까지 과학기술정보통신부장관에게 보고하여야 한다.

(5) 등록 등의 공고

① 등록의 공고

ⓐ 공 고 자

시 · 도지사

ⓑ 공고내용과 방법

공사업의 등록을 한 경우 관할 특별시, 광역시, 특별자치시 또는 특별자치도의 공보에 게재하거나 전산망을 통하여 그 내용을 공고한다.

② 등록 이외의 공고

등록 이외에 다음의 사항에 대하여도 공보에 게재하거나 전산망을 통하여 그 내용을 공고하여야 한다.

ⓐ 공사업의 양도 및 법인합병의 신고를 받은 경우

ⓑ 공사업의 상속으로 대표자가 변경된 경우

ⓒ 공사업의 등록을 취소하거나 영업의 정지처분을 한 경우

〈 최근 공사업 신규 등록 등 접수현황 〉

(단위 : 건)

구분 \ 연도	2016	2017	2018	2019	2020	2021
신규등록	675	685	635	613	758	829
양도양수	0	1	2	0	1	0
분　할	2	4	3	1	2	5

법인전환	28	19	24	29	19	25
합 병	111	131	132	123	109	126
상 속	0	0	0	0	0	0
합 계	816	840	796	766	889	985

3. 공사업의 양도 및 상속

(1) 양도 및 상속의 신고

① 신 고 자

ⓐ 공사업을 양도하려는(공사업자인 법인이 분할 또는 분할합병되어 설립되거나 존속하는 법인에 공사업을 양도하는 경우를 포함한다. 이하 같다) 경우 : 양도인과 양수인

ⓑ 공사업자인 법인 간에 합병하려는 경우 또는 공사업자인 법인과 공사업자가 아닌 법인이 합병하려는 경우 : 합병 전의 각 법인의 대표자와 합병 후 설립되거나 존속하는 법인의 대표자

ⓒ 공사업자의 사망으로 공사업을 상속받는 경우 : 상속인

② 신고기한

양도계약일(분할 또는 분할합병에 따른 공사업양도신고의 경우에는 분할등기일 또는 분할합병등기일을 말한다) 또는 법인합병등기일부터 30일 이내

③ 신고서류

신고서(전자문서를 포함한다) (〈붙임 7〉 서식, 〈붙임 8〉 서식 또는 〈붙임 9〉 서식)와 다음의 첨부서류(전자문서 포함, 유효기간을 넘기지 아니한 것으로서 신청일 전 30일 이내에 발행된 것이어야 한다)

ⓐ 양도계약서(분할 또는 분할합병의 경우에는 분할계획서 또는 분할합병계약서를 말한다)의 사본 또는 법인합병계약서의 사본

ⓑ 영 제16조제1항 각 호의 해당 서류[공사업자의 등록신청시의 서류. 이 경우 기업진단보고서는 양도계약일(분할 또는 분할합병의 경우에는 분할등

기일 또는 분할합병등기일을 말한다) 또는 합병등기일을 기준으로 한다]

ⓒ 등록증 및 등록수첩

ⓓ 발주자의 서면동의서 또는 해당 공사의 도급의 해지를 증명할 수 있는 서류(양도신고의 경우로서 시공 중인 공사가 있는 경우에만 해당한다)

ⓔ 공사(하자담보책임기간이 지나지 아니한 공사만 해당한다)의 현황(발주자, 공사금액, 공사기간, 하자담보 책임기간 그 밖의 공사현황을 말한다)

ⓕ 하도급공사의 현황 및 하도급대금 중 미지급액 현황(하도급 공사 및 하도급대금 미지급액이 있는 경우에만 해당한다)

ⓖ 합병 당사자인 두 법인의 총회의 합병결의서 사본(법인합병신고의 경우로서 주식회사 또는 유한회사만 해당한다)

④ 신고할 곳

시 · 도지사(신고 접수는 협회에 위탁)

❖ 수수료

공사업 양도 신고, 법인합병 신고 또는 상속 신고 : 5,000원(해당 지방자치단체의 수입증지 첩부)

❖ 벌 칙

양도 또는 합병의 신고를 하지 아니하거나 부정한 방법으로 신고를 하고 공사업을 경영한 자 : 3년 이하의 징역 또는 2,000만 원 이하의 벌금

❖ 과태료

공사업 상속의 신고를 하지 아니하고 공사업을 경영한 자 : 300만원(시 · 도지사의 권한임)

※ 과태료의 경감 또는 가중

과학기술정보통신부장관 또는 시 · 도지사는 과태료를 부과하는 경우 위반행위의 정도, 위반횟수, 위반행위의 동기와 그 결과 등을 고려하여 해당 금액의 2분의 1의 범위에서 경감하거나 가중할 수 있다. 다만, 가중하는 때에는 법 제78조제1항 및 제2항에 따른 과태료 금액의 상한을 초과할 수 없다.(이하 모든 과태료에 대해 동일하게 적용됨)

※ **참조 : 과태료 총괄표 :** (〈붙임 2〉 표) 과태료의 부과기준

(2) 시 · 도지사의 보완요구 및 확인

① 보완요구

시 · 도지사는 신청서 및 첨부서류가 다음에 해당하는 경우에는 기간을 정하여 이를 보완하게 할 수 있다.

ⓐ 첨부되어야 할 서류가 첨부되지 아니한 경우

ⓑ 신청서 및 첨부서류에 적어야 할 내용이 적혀 있지 아니하거나 적힌 내용이 명확하지 아니한 경우

② 확 인

신고를 받은 시 · 도지사는 「전자정부법」 제36조제1항에 따른 행정정보의 공동이용을 통하여 다음의 서류를 확인한다. 다만, 신고인이 아래 ⓐ, ⓓ, ⓔ 및 ⓕ의 확인에 동의하지 아니하는 경우에는 해당 서류를 첨부하도록 하여 확인한다.

ⓐ 「출입국관리법」 제88조제2항에 따른 외국인등록 사실증명(신고인이나 법인의 대표자 또는 임원이 외국인인 경우만 해당한다)

ⓑ 법인 등기사항증명서

ⓒ 건물등기부등본(소유하는 건물이거나 임차한 건물인 경우에는 건축물대장등본으로 갈음할 수 있다)

ⓓ 양도인의 국세 및 지방세의 납세증명서(양도신고의 경우만 해당한다)

ⓔ 「건축법」 제20조제2항[12]에 따른 허가 대상 가설건축물인 경우 건축허가서

ⓕ 정보통신기술자의 국민연금가입자 가입증명 또는 건강보험 자격득실

12) **제20조(가설건축물)** ① 도시 · 군계획시설 및 도시 · 군계획시설예정지에서 가설건축물을 건축하려는 자는 특별자치시장 · 특별자치도지사 또는 시장 · 군수 · 구청장의 허가를 받아야 한다.
② 특별자치시장 · 특별자치도지사 또는 시장 · 군수 · 구청장은 해당 가설건축물의 건축이 다음 각 호의 어느 하나에 해당하는 경우가 아니면 제1항에 따른 허가를 하여야 한다.
1. 「국토의 계획 및 이용에 관한 법률」 제64조에 위배되는 경우
2. 4층 이상인 경우
3. 구조, 존치기간, 설치목적 및 다른 시설 설치 필요성 등에 관하여 대통령령으로 정하는 기준의 범위에서 조례로 정하는 바에 따르지 아니한 경우
4. 그 밖에 이 법 또는 다른 법령에 따른 제한규정을 위반하는 경우

확인서

(3) 등록증과 등록수첩의 발급

① 발급 및 회수

시 · 도지사는 공사업의 양도 등을 신고 받은 때에는 등록기준에 적합하고 결격사유에 해당하지 않는 경우에는 등록증 및 등록수첩을 신청인에게 발급한다. 이 경우 이미 발급한 등록증 및 등록수첩이 있는 경우에는 이를 회수한다.

② 필요사항의 기재

시 · 도지사는 등록증 및 등록수첩을 발급할 때에는 신청인에게 정보통신기술자의 경력수첩을 제출하게 하여 필요한 사항을 적어야 한다.

(4) 시 · 도지사의 조치 요구

시 · 도지사는 다음에 해당하는 경우에는 양도인 또는 양수인에게 양도계약의 보완 등 적절한 조치를 할 것을 요구할 수 있다. 법인합병 신고의 경우에도 같다.

① 이해관계인의 의견 제출이 이유가 있다고 인정되는 경우

② 양수인의 등록기준 등을 조사한 결과 등록기준에 적합하지 아니하다고 인정되는 경우

③ 공사업 양도의 내용 등이 다음과 같은 법 제19조의 규정에 위반된다고 인정되는 경우

ⓐ 공사업을 양도하려는 자는 공사업에 관한 다음의 권리 · 의무를 모두 양도하여야 한다.

㉠ 시공 중인 공사의 도급에 관한 권리 · 의무

㉡ 완공된 공사로서 그에 관한 하자담보책임기간 중인 경우에는 그 하자보수에 관한 권리 · 의무

ⓑ 시공 중인 공사가 있을 때에는 그 공사 발주자의 동의를 받거나 그 공사의 도급을 해지(解止)한 후가 아니면 공사업을 양도할 수 없다.

(5) 신고 수리의 효과 및 양도 내용

① 지위의 승계

ⓐ 공사업 양도의 신고가 수리된 경우에는 공사업을 양수한 자는 공사업을 양도한 자의 공사업자로서의 지위를 승계한다.

ⓑ 법인의 합병신고가 수리된 경우에는 합병으로 설립되거나 존속하는 법인이 합병으로 소멸되는 법인의 공사업자로서의 지위를 승계한다.

ⓒ 상속 신고가 수리된 경우에는 그 상속인이 사망한 사람의 공사업자로서의 지위를 승계한다.

② 피상속인의 등록 의제

상속인이 공사업의 상속 신고를 한 경우에는 피상속인이 사망한 때부터 신고가 수리될 때까지의 기간 동안은 상속인이 공사업자로 등록된 것으로 본다.

③ 등록기준 및 결격사유

공사업의 양도 및 상속에 관하여는 공사업 등록기준 및 등록의 결격사유가 똑같이 적용된다.

④ 양도의 범위

공사업을 양도하려는 자는 공사업에 관한 다음의 권리 · 의무를 모두 양도하여야 한다.

ⓐ 시공 중인 공사의 도급에 관한 권리 · 의무

ⓑ 완공된 공사로서 그에 관한 하자담보책임기간 중인 경우에는 그 하자보수에 관한 권리 · 의무

⑤ 양도의 제한

공사업을 양도하는 경우 시공 중인 공사가 있을 때에는 그 공사 발주자의 동의를 받거나 그 공사의 도급을 해지(解止)한 후가 아니면 공사업을 양도할 수 없다.

4. 공사업자의 준수사항

(1) 성실의무

공사업자는 정보통신설비의 품질과 안전이 확보되도록 공사 및 용역에 관한 법령을 준수하고 설계도서 등에 따라 성실하게 업무를 수행하여야 한다.

(2) 공사의 계속 및 영업정지 등의 통보

① 공사의 계속

ⓐ 착공 공사의 계속 시공[13)]

시・도지사로부터 이 법에 따른 영업정지 또는 등록취소 처분을 받은

---

13) **등록증 자진반납 시의 계속시공 여부**(법제처 유권해석, 2003.9.15.)

1. 질의 요지

「정보통신공사업법 제22조」의 규정에 의하면 영업정지 또는 등록 취소 처분을 받은 공사업자가 그 처분을 받기 전에 도급을 체결하였거나 착공한 공사에 대하여는 계속 시공할 수 있도록 되어있는바, 정보통신공사업 등록증을 자진 반납한 경우에도 그 이전에 도급을 체결하였거나 착공한 공사에 대하여 계속 시공할 수 있다고 해석할 수 있는지 여부

2. 회신 내용

「법 제22조」 및 「제66조」의 규정의 취지에 비추어 볼 때 **공사업 등록증을 자진반납한 공사업자의 경우에도 그 이전에 도급을 체결하였거나 착공한 공사에 대하여는 공사를 계속할 수 있다**고 할 것입니다.

3. 이 유

- 「법 제22조」에서 「법 제66조」의 규정에 의한 등록취소처분을 받은 공사업자는 발주자가 도급을 해지하지 아니하는 한 그 처분을 받기 전에 도급을 체결하였거나, 이미 착공을 한 공사에 대하여는 계속하여 공사를 할 수 있도록 하고 이 경우 당해 공사를 완성할 때까지는 공사업자로 보고 있는바, 이는 공사업자가 등록취소처분에 따른 공사업등록의 실효로 더 이상 공사를 할 수 없게 됨에 따라 발주자에게 발생할 수 있는 불측의 손해나 불이익을 방지하기 위하여 발주자가 도급을 해지하지 아니하는 한 그 공사업자에게 공사를 계속할 수 있도록 하려는 취지라고 할 것입니다.
- 그리고, 「법 제66조제5호」의 규정에 의하면, 공사업을 폐업한 자가 「법 제23조제2항」의 규정에 의한 폐업신고를 하지 아니한 때에는 등록취소처분을 할 수 있도록 하고 있는데 이는 공사업의 등록을 한 공사업자가 공사업을 폐업한 경우에는 공사업의 등록은 그 대상의 소멸로 당연 실효되었다고 할 것이므로 이 경우의 등록취소처분은 등록의 실효를 확인하는 것을 의미한다고 할 것입니다.
- 이 건 질의에서와 같이 공사업자가 공사업등록증을 자진 반납 하는 것은 「법 제23조제2항」의 규정에 따라 공사업을 폐업한 자가 폐업신고를 하는 것이라고 할 수 있는데 이러한 경우에도 「법 제66조 각호」의 규정에 의한 등록취소처분과 마찬가지로 공사업자가 더 이상 공

공사업자와 그 포괄승계인(包括承繼人)은 그 처분을 받기 전에 도급을 체결하였거나 관계 법령에 따라 허가·인가 등을 받아 착공한 공사는 계속하여 시공할 수 있다.

ⓑ 공사업자의 법률적 지위
이 경우에는 그 공사를 완공할 때까지는 그를 공사업자로 본다.

② 영업정지 등의 통보와 도급의 해지

ⓐ 공사업자의 통보
영업정지 또는 등록취소의 처분을 받은 공사업자와 그 포괄승계인은 그 처분의 내용을 지체 없이 해당 공사의 발주자에게 알려야 한다.

과태료
영업정지 또는 등록취소를 발주자에게 통지를 하지 아니한 자 : 50만원

ⓑ 발주자의 도급 해지의 기한
발주자는 특별한 사유가 있는 경우를 제외하고는 통지를 받거나 그 처분 사실을 안 날부터 30일 이내에만 도급을 해지할 수 있다.

(3) 변경사항의 신고

① 신 고

ⓐ 신고자 : 다음 사항이 변경된 공사업자
㉠ 상호
㉡ 명칭

사를 할 수 없게 된다는 점에서 발주자를 보호할 필요성이 있고, 또한, 「법 제23조제2항」의 규정에 의한 폐업신고(이 건의 경우 자진반납)를 등록관청이 받아들이는 경우와 「법 제23조제2항」의 규정에 의한 폐업신고를 하지 아니하여 「법 제66조제5호」의 규정에 따라 등록이 취소되는 경우는 폐업으로 인한 등록의 실효라는 점에서 본질적으로 같다고 할 것이므로, 공사업자가 폐업신고를 하지 아니하여 등록이 취소된 경우에는 공사를 계속할 수 있도록 되어 있는데 폐업신고를 한 경우에는 공사를 계속할 수 없다고 해석하는 것은 그 상호간의 형평에 맞지 아니 한다고 할 것입니다.

○ 따라서, 공사업등록증을 자진반납한 공사업자의 경우에도 공사를 계속할 수 있도록 하는 것이「법 제22조」 및 「제66조」의 규정의 취지에 합당하다고 할 것입니다.

㉢ 영업소의 소재지

㉣ 대표자

㉤ 자본금의 변동(자본금이 등록기준 미만으로 감소되는 경우에만 해당하며, 공사업과 관련이 없는 자본금의 변동은 제외한다)

㉥ 정보통신기술자

ⓑ 신고서류

신고 시에는 정보통신공사업 변경신고서(전자문서로 된 신고서를 포함한다)(〈붙임 10〉 서식)에 다음의 구분에 따른 서류(전자문서를 포함한다)를 첨부하여 제출하여야 한다.

㉠ 상호 또는 명칭의 변경 : 해당 서류 없음

㉡ 영업소 소재지의 변경 : 제16조제1항제5호에 따른 서류[사무실 보유를 증명하는 서류 : 임대차계약서 사본(임차한 경우에만 첨부한다) 및 가설건축물축조신고필증(「건축법」 제20조제3항에 따른 신고 대상 가설건축물인 경우에만 첨부한다)]

㉢ 대표자의 변경: 변경되는 대표자의 성명, 주민등록번호 및 주소 등의 인적사항이 적힌 서류

㉣ 자본금의 변동 : 제16조제1항제2호에 따른 서류(기업진단보고서)

㉤ 정보통신기술자의 변경: 경력수첩 사본

ⓒ 신고기한

그 사유가 발생한 날부터 30일 이내

ⓓ 신고할 곳

시 · 도지사(신고의 접수 및 처리는 협회에 위탁)에게 신고(「정보통신망 이용촉진 및 정보보호 등에 관한 법률」 제2조제1항제1호에 따른 정보통신망을 이용한 신고를 포함한다. 이하 같다)하여야 한다.

※ **접수결과의 보고**

협회는 공사업자의 변경사항의 신고 접수결과를 매월 말일을 기준으로 하여 다음 달 10일 이내 시 · 도지사에게 보고하여야 한다.(시 · 도지사가 정보통신망을 통하여 보고사항을 알 수 있는 경우에는 생략 가능).

② **시·도지사의 확인**

ⓐ 확인 방법

신고를 받은 시 · 도지사는 「전자정부법」 제36조제1항에 따른 행정정보의 공동이용을 통하여 확인한다.

ⓑ 확인 서류

다음의 서류를 확인(위 변경사항의 신고서류 중 ㉠, ㉡, ㉢ 및 ㉤의 경우만 해당한다)한다. 다만, 신청인이 아래 ㉠, ㉢ 및 ㉣의 확인에 동의하지 아니하는 경우에는 해당 서류(사업자등록증의 경우에는 그 사본을 말하며, 외국인인 경우에는 외국인등록증 사본을 포함한다)를 첨부하도록 하여야 한다.

㉠ 사업자등록증

㉡ 법인 등기사항증명서(법인인 경우만 해당한다)

㉢ 외국인등록 사실증명(외국인인 경우만 해당한다)

㉣ 국민연금가입자 가입증명 또는 건강보험 자격득실확인서(정보통신기술자의 경우만 해당한다)

③ **변경사항의 기재**

변경신고를 받은 시 · 도지사는 공사업자에게 등록증 및 등록수첩을 제출하게 하여 변경사항을 적어 발급하여야 한다.

❖ 과태료

- 변경사유가 발생한 날부터 31일 이후 3개월 이내에 신고한 경우 : 50만원
- 변경사유가 발생한 날부터 3개월을 경과한 후에 신고한 경우 : 100만원
- 거짓으로 변경 신고한 경우 : 150만원

(4) **폐업의 신고**

① **신 고 자**

ⓐ 공사업자가 파산한 경우 : 그 파산관재인(破産管財人)

ⓑ 법인이 합병 또는 파산 외의 사유로 해산(解散)한 경우 : 그 청산인(淸

算人)

ⓒ 공사업자가 사망하였으나 상속인이 그 공사업을 상속하지 아니하는 경우 : 그 상속인

ⓓ 위의 ⓐ부터 ⓒ까지의 사유 외의 사유로 공사업을 폐업한 경우 : 그 공사업자였던 개인 또는 법인의 대표자

② 신고기한

사유가 발생한 날부터 30일 이내

③ 제출서류

정보통신공사업폐업신고서(전자문서로 된 신고서를 포함한다)(〈붙임 11〉 서식)와 등록증 및 등록수첩

④ 신고할 곳

시 · 도지사에게 신고(「정보통신망 이용촉진 및 정보보호 등에 관한 법률」 제2조제1항제1호에 따른 정보통신망을 이용한 신고를 포함한다) 하여야 한다(이 신고는 협회에 위임되어 있지 않음).

⑤ 시·도지사의 확인

ⓐ 폐업신고를 받은 시 · 도지사는 「전자정부법」 제36조제1항에 따른 행정정보의 공동이용을 통하여 「부가가치세법」에 따라 관할 세무서에 신고한 폐업사실증명 또는 사업자등록증을 확인한다.

ⓑ 다만, 신고인이 확인에 동의하지 아니하는 경우에는 해당 서류를 첨부하도록 한다.

⑥ 신고하지 않아도 되는 경우

ⓐ 공사업자가 「부가가치세법」 제8조제8항[14]에 따라 관할 세무서장에게 폐업신고를 한 경우

---

14) ⑧ 등록한 사업자는 휴업 또는 폐업을 하거나 등록사항이 변경되면 대통령령으로 정하는 바에 따라 지체 없이 사업장 관할 세무서장에게 신고하여야 한다. 등록을 신청한 자가 사실상 사업을 시작하지 아니하게 되는 경우에도 또한 같다.

ⓑ 부가가치세법 제8조제9항[15])에 따라 관할 세무서장이 사업자등록을 말소한 경우

❖ 과태료

- 폐업사유가 발생한 날부터 31일 이후 3개월 이내에 신고한 경우 : 50만원
- 폐업사유가 발생한 날부터 3개월을 경과한 후에 신고한 경우 : 100만원
- 거짓으로 폐업 신고한 경우 : 150만원

(5) 공사업등록증 등의 대여금지

공사업자는 다음의 행위를 하여서는 안 된다.

① 타인에게 자기의 성명 또는 상호를 사용하여 공사를 수급 또는 시공하게 하는 행위

② 등록증 또는 등록수첩을 빌려 주는 행위

❖ 벌 칙

타인에게 공사업등록증이나 등록수첩을 빌려 준 자 또는 타인의 등록증이나 등록수첩을 빌려서 사용한 자 : 3년 이하의 징역 또는 2,000만 원 이하의 벌금

5. 공사업자 등에 대한 관리·감독

(1) 보고 및 자료제출 명령

① 경 우

시 · 도지사가 다음 사항을 판단하기 위하여 필요하다고 인정하는 경우

ⓐ 등록기준에 적합한지

ⓑ 하도급이 적절한지

---

15) ⑨ 사업장 관할 세무서장은 등록된 사업자가 다음 각 호의 어느 하나에 해당하면 지체 없이 사업자등록을 말소하여야 한다.

1. 폐업한 경우
2. 등록신청을 하고 사실상 사업을 시작하지 아니하게 되는 경우

ⓒ 성실하게 시공하는지 등

② **보고 등의 내용**

공사업자에게 그 업무 및 시공 상황에 관하여 보고하게 하거나 자료의 제출을 명할 수 있다.

> **❖ 과태료**
> 자료를 제출하지 아니하거나 보고를 하지 아니한 자 : 50만원.

(2) 조사 및 검사

① **경영실태의 조사 등**

시 · 도지사는 소속 공무원으로 하여금 공사업자의 경영실태를 조사하게 하거나 공사자재 또는 시설을 검사하게 할 수 있다.

② **증표의 제시**

조사 또는 검사를 하는 공무원은 그 권한을 표시하는 증표를 지니고 이를 관계인에게 내보여야 한다.

※ **공사업 현황 등의 보고**

과학기술정보통신부장관은 시 · 도지사에게 지도 · 감독의 결과에 대한 보고를 요구할 수 있다.

> **❖ 과태료**
> 조사 또는 검사를 거부 · 방해 또는 기피하거나 자료 제출 또는 보고를 거짓으로 한 자 : 150만원

(3) 발주자 등에 대한 자료제출 요구

① **요구 대상**

시 · 도지사가 자료제출 요구가 필요하다고 인정하는 정보통신공사의 발주자, 감리원, 그 밖에 정보통신공사 관계 기관

② **요구자료**

정보통신공사의 시공 상황에 관한 자료

(4) **시정명령**

① **시정명령 방법**

시 · 도지사는 공사업자가 아래 사유에 해당하면 기간을 정하여 그 시정을 명하거나 그 밖에 필요한 지시를 할 수 있다.

② **시정명령 사유**

ⓐ 법 제12조를 위반하여 공사와 감리를 함께 할 수 없는 공사를 한 경우
ⓑ 법 제31조를 위반하여 하도급 또는 다시 하도급을 하거나 거짓이나 부정한 방법으로 발주자로부터 서면승낙을 받은 경우
ⓒ 법 제31조의4를 위반하여 하수급인에게 대금을 지급하지 아니한 경우
ⓓ 법 제33조제1항에 따른 정보통신기술자를 배치하지 아니한 경우
ⓔ 「전기통신기본법」 등 관계 법령을 위반하여 시공함으로써 공사를 부실하게 할 우려가 있는 경우
ⓕ 정당한 사유 없이 도급받은 공사를 이행하지 아니한 경우

(5) **등록취소**

① **시·도지사의 등록취소**

시 · 도지사는 공사업자가 아래 사유의 어느 하나에 해당하게 되면 등록취소를 하여야 한다. 영업정지의 경우에는 대신 과징금을 부과할 수 있으나 등록취소의 사유에 해당되면 반드시 등록취소를 하여야 한다.

② **등록취소의 사유**

ⓐ 부정한 방법으로 공사업의 등록을 한 경우
ⓑ 공사업자가 법 제16조[16] 각 호의 어느 하나에 해당하게 된 경우. 다

16) **제16조(등록의 결격사유)** 다음 각 호의 어느 하나에 해당하는 자는 공사업의 등록을 할 수 없다.
1. 피성년후견인

만, 예외는 다음과 같다.

㉠ 법 제16조제7호에 해당하는 법인(임원 중에 결격사유에 해당하는 사람이 있는 법인)의 경우에는 그 사유가 있음을 안 날부터 3개월 이내에 그 임원을 바꾸어 선임한 경우

㉡ 피상속인인 공사업자가 사망한 날부터 3개월 이내에 상속인이 해당 공사업을 타인에게 양도한 경우

ⓒ 공사업자가 타인에게 등록증이나 등록수첩을 빌려 주거나 타인의 등록증이나 등록수첩을 빌려서 사용한 경우

ⓓ 공사업자가 영업정지처분을 위반하거나 최근 5년간 3회 이상 영업정지처분을 받은 경우

ⓔ 공사업자가 「부가가치세법」 제8조제8항[17]에 따라 관할 세무서장에게 폐업신고를 하거나 같은 조 제9항[18]에 따라 관할 세무서장이 사업자등록을 말소한 경우

---

2. 파산선고를 받고 복권되지 아니한 사람
3. 이 법을 위반하여 금고 이상의 실형을 선고받고 그 집행이 끝나거나(집행이 끝난 것으로 보는 경우를 포함한다) 집행이 면제된 날부터 3년이 지나지 아니한 사람 또는 그 형의 집행유예를 선고받고 그 유예기간 중에 있는 사람
4. 삭제
5. 이 법에 따라 등록이 취소된 후 2년이 지나지 아니한 자. 다만, 다음 각 목의 어느 하나에 해당하는 경우는 제외한다.
   가. 공사업자(공사업자가 법인인 경우에는 그 임원을 말한다)가 제1호 또는 제2호에 해당하여 제66조제1항제5호에 따라 등록이 취소된 경우
   나. 제66조제1항제15호에 따라 등록이 취소된 경우
6. 「국가보안법」 또는 「형법」 제2편제1장 또는 제2장에 규정된 죄를 저질러 금고 이상의 실형을 선고받고 그 집행이 끝나거나(집행이 끝난 것으로 보는 경우를 포함한다) 그 집행이 면제된 날부터 3년이 지나지 아니한 사람 또는 그 형의 집행유예를 선고받고 그 유예기간 중에 있는 사람
7. 임원 중에 제1호부터 제6호까지의 어느 하나에 해당하는 사람이 있는 법인

17) ⑧ 제7항에 따라 등록한 사업자는 휴업 또는 폐업을 하거나 등록사항이 변경되면 대통령령으로 정하는 바에 따라 지체 없이 사업장 관할 세무서장에게 신고하여야 한다. 제1항 단서에 따라 등록을 신청한 자가 사실상 사업을 시작하지 아니하게 되는 경우에도 또한 같다.

18) ⑨ 사업장 관할 세무서장은 제7항에 따라 등록된 사업자가 다음 각 호의 어느 하나에 해당하면 지체 없이 사업자등록을 말소하여야 한다.
1. 폐업한 경우
2. 제1항 단서에 따라 등록신청을 하고 사실상 사업을 시작하지 아니하게 되는 경우

(6) 영업정지 또는 등록취소

① 영업정지의 기간 및 등록취소

시·도지사는 공사업자가 아래 사유의 어느 하나에 해당하게 되면 1년 이내의 기간을 정하여 영업정지를 명하거나 등록취소를 할 수 있다.

② 영업정지 또는 등록취소의 사유

ⓐ 이 법에 따른 등록기준에 미달하게 된 경우. 다만, 「채무자 회생 및 파산에 관한 법률」에 따라 법원이 회생절차개시의 결정을 하고 그 절차가 진행 중이거나 일시적으로 등록기준에 미달하는 등 다음의 경우는 예외로 한다.

㉠ 등록기준 중 기술능력에 해당하는 자의 사망·실종 또는 퇴직으로 인하여 등록기준에 미달되는 경우로서 그 기간이 50일 이내인 경우

㉡ 등록기준 중 자본금 기준에 미달되는 경우로서 다음의 어느 하나에 해당하는 경우

❶ 「채무자 회생 및 파산에 관한 법률」에 따라 법원이 회생절차개시의 결정을 하고 그 절차가 진행 중인 경우

❷ 「채무자 회생 및 파산에 관한 법률」에 따라 법원이 회생계획의 수행에 지장이 없다고 인정하여 해당 공사업체에 대한 회생절차 종결의 결정을 하고 그 회생계획을 수행 중인 경우

❸ 「기업구조조정 촉진법」에 따라 금융채권자협의회가 금융채권자협의회에 의한 공동관리절차 개시의 의결을 하고 그 절차가 진행 중인 경우

㉢ 「상법」 제542조의8제1항 단서[19)]의 적용대상 법인이 최근 사업연도 말 현재의 자본의 감소로 인하여 등록기준에 미달되는 경우로서 그 기간이 50일 이내인 경우

ⓑ 법 제23조제1항에 따른 공사업자의 변경사항 신고를 거짓으로 한

---

19) **제542조의8(사외이사의 선임)** ① 상장회사는 자산 규모 등을 고려하여 대통령령으로 정하는 경우를 제외하고는 이사 총수의 4분의 1 이상을 사외이사로 하여야 한다. 다만, 자산 규모 등을 고려하여 대통령령으로 정하는 상장회사의 사외이사는 3명 이상으로 하되, 이사 총수의 과반수가 되도록 하여야 한다.

경우

ⓒ 영 제27조제3항을 위반하여 공사실적, 자본금, 그 밖에 대통령령으로 정하는 사항에 관한 서류를 거짓으로 제출한 경우

ⓓ 법 제65조에 따른 시·도지사의 시정명령 또는 지시를 위반한 경우

ⓔ 다음(법 제65조제2호·제4호 또는 제5호)중 어느 하나에 해당하는 경우로서 해당 공사가 완료되어 시정명령 또는 지시를 명할 수 없게 된 경우

㉠ 하도급 또는 다시 하도급을 하거나 거짓이나 부정한 방법으로 발주자로부터 서면승낙을 받은 경우

㉡ 정보통신기술자를 배치하지 아니한 경우

㉢ 「전기통신기본법」 등 관계 법령을 위반하여 시공함으로써 공사를 부실하게 할 우려가 있는 경우

ⓕ 다른 법령에 따라 국가 또는 지방자치단체가 영업정지와 등록취소를 요구한 경우

❖ 벌 칙

영업정지처분을 받고 그 영업정지기간 중에 영업을 한 자 : 3년 이하의 징역 또는 2,000만 원 이하의 벌금

※ 시·도지사의 정보제공 요청

시·도지사는 위 (5)등록취소 ⓔ에 따른 폐업신고 또는 사업자등록 말소(이하 "폐업등"이라 한다) 사실을 확인하기 위하여 관할 세무서장에게 공사업자의 폐업 등에 관한 정보의 제공을 요청할 수 있다.

→ 이 경우 시·도지사는 폐업등의 사실을 확인하기 위하여 필요하면 「전자정부법」 제36조제1항에 따라 행정정보를 공동이용할 수 있다.

(7) 과징금의 부과

① 고려사항

시·도지사는 그 영업의 정지가 이용자에게 심한 불편을 주거나 그 밖에 공익을 해할 우려가 있는 경우에는 영업정지에 갈음하여 과징금을 부과

할 수 있다.

② 과징금을 부과하는 경우

ⓐ 제65조제4호(정보통신기술자를 배치하지 아니한 경우)에 따른 시정명령 또는 지시를 위반한 경우

ⓑ 제66조제1항제4호(등록기준에 미달하게 된 경우)에 따라 영업정지를 하여야 하는 경우

③ 과징금 부과 한도

과징금은 3,000만 원 이하로 한다.

6. 영업정지·등록취소 및 과장금의 기준 등

(1) 기 준

공사업자에 대한 영업정지 · 등록취소 및 과징금을 부과하는 경우의 위반행위의 종류 및 위반 정도 등에 따른 처분의 기준은 아래의 표와 같다.

〈 행정처분의 기준 및 과징금의 부과기준 〉(영 제50조제1항 관련)

위 반 행 위	근거 법조문	처분기준
1. 부정한 방법으로 법 제14조제1항에 따른 공사업의 등록을 한 경우	법 제66조제1항 제1호	등록취소
2. 삭제		
3. 삭제		
4. 법 제15조에 따른 등록기준에 미달하게 된 경우	법 제66조제1항 제4호 및 제66조의2 제1항	
가. 등록기준을 유지하지 않은 경우		영업정지 1개월 또는 과징금 600만원
나. 가목에 따라 영업정지처분을 받거나 과징금을 부과받은 날부터 1개월 이내에 등록기준에 미달된 사항을 보완하지 않은 경우		영업정지 3개월 또는 과징금 1,800만원
다. 나목에 따라 영업정지처분을 받거나 과징금을 부과받은 날부터 3개월 이내에 등록기준에 미달된 사항을 보완하지 않은 경우		등록취소

5. 공사업자가 법 제16조 각 호의 어느 하나에 해당하게 된 경우. 다만, 같은 조 제7호에 해당하는 법인의 경우에는 그 사유가 있음을 안 날부터 3개월 이내에 그 임원을 바꾸어 선임한 경우와 피상속인인 공사업자가 사망한 날부터 3개월 이내에 상속인이 해당 공사업을 타인에게 양도한 경우에는 그러하지 않다.	법 제66조제1항 제5호	등록취소
6. 법 제23조제1항에 따른 신고를 거짓으로 한 경우	법 제66조제1항 제6호	영업정지 3개월
7. 법 제24조를 위반하여 타인에게 등록증이나 등록수첩을 빌려 주거나 타인의 등록증이나 등록수첩을 빌려서 사용한 경우	법 제66조제1항 제7호	등록취소
8. 법 제27조제3항을 위반하여 공사실적, 자본금, 그 밖에 대통령령으로 정하는 사항에 관한 서류를 거짓으로 제출한 경우	법 제66조제1항 제8호	영업정지 3개월
9. 삭제		
10. 삭제		
11. 다음 각 목의 위반행위에 대하여 법 제65조에 따른 시정명령 또는 지시를 위반한 경우	법 제66조제1항제11호 및 제66조의2 제1항	
가. 법 제12조를 위반하여 공사를 한 경우		영업정지 3개월
나. 법 제31조를 위반하여 하도급 또는 다시 하도급을 하거나 거짓이나 부정한 방법으로 발주자로부터 서면승낙을 받은 경우		영업정지 3개월
다. 법 제31조의4를 위반하여 하수급인에게 대금을 지급하지 않은 경우		영업정지 3개월
라. 법 제33조제1항에 따른 정보통신기술자를 배치하지 않은 경우		영업정지 15일 또는 과징금 300만원
마. 「전기통신기본법」 등 관계 법령을 위반하여 시공함으로써 공사를 부실하게 할 우려가 있는 경우		영업정지 3개월
바. 정당한 사유 없이 도급받은 공사를 이행하지 않은 경우		영업정지 3개월
사. 가목부터 바목까지의 규정에 따라 영업정지처분을 받거나 과징금을 부과받은 날부터 지정한 기일까지 위반사항을 시정하지 않은 경우		등록취소
11의2. 다음 각 목의 위반행위에 대하여 해당 공사가 완료되어 법 제65조에 따른 시정명령 또는 지시를 명할 수 없게 된 경우	법 제66조제1항제11호의2	
가. 법 제31조를 위반하여 하도급 또는 다시 하도급을 하거나 거짓이나 부정한 방법으로 발주자로		영업정지 45일

부터 서면승낙을 받은 경우		
나. 법 제33조제1항에 따른 정보통신기술자를 배치하지 않은 경우		영업정지 7일
다.「전기통신기본법」 등 관계 법령을 위반하여 시공함으로써 공사를 부실하게 한 경우		영업정지 45일
12. 삭세		
13. 영업정지처분을 위반하거나 최근 5년간 3회 이상 영업정지처분을 받은 경우	법 제66조제1항 제13호	등록취소
14. 다른 법령에 따라 국가 또는 지방자치단체가 영업정지와 등록취소를 요구한 경우	법 제66조제1항 제14호	위반내용에 따라 해당 처분 준용
15. 공사업자가 「부가가치세법」 제8조제8항에 따라 관할 세무서장에게 폐업신고를 하거나 같은 조 제9항에 따라 세무서장이 사업자등록을 말소한 경우	법 제66조제1항 제15호	등록취소

비고

1. 위반행위가 둘 이상인 경우로서 그에 해당하는 각각의 처분기준이 다른 경우에는 그 중 무거운 처분기준에 따른다. 다만, 둘 이상의 처분기준이 동일한 영업정지인 경우에는 각 처분기준을 더한 기간을 넘지 않는 범위에서 무거운 처분기준의 2분의 1까지 가중할 수 있다.
2. 시 · 도지사는 공사업 등록을 취소한 경우에는 해당 공사업자의 공사업등록증 및 등록수첩을 회수하여 폐기표시를 하여야 한다.
3. 시 · 도지사는 영업정지처분을 한 경우에는 공사업등록증 및 등록수첩을 회수하여 그 처분기간동안 보관하여야 한다.

(2) 영업정지의 가중 또는 경감 등

① 영업정지의 가중 또는 경감

ⓐ 가중 또는 경감의 범위

시 · 도지사는 위반행위의 동기 · 내용 및 횟수 등을 고려하여 위 표에 따른 영업정지기간 2분의 1의 범위 안에서 이를 가중 또는 경감할 수 있다.

ⓑ 가중의 한도

가중하는 때에도 영업정지의 총기간은 법 제66조제1항에 따른 기간(1년)[20]을 초과할 수 없다.

---

20) **제66조(영업정지와 등록취소 등)** ① 시 · 도지사는 공사업자가 다음 각 호의 어느 하나에 해당하게 되면 1년 이내의 기간을 정하여 영업정지를 명하거나 등록취소를 할 수 있다.

② 청 문

시 · 도지사(협회에 위탁)는 영업정지 또는 등록취소의 처분을 하려면 청문[21]을 하여야 한다.

(3) 과징금의 가중 또는 경감 등

① 과징금의 가중 또는 경감

ⓐ 가중 또는 경감의 범위

시 · 도지사는 위반행위의 동기 · 내용 및 횟수 등을 고려하여 과징금 금액의 2분의 1의 범위 안에서 이를 가중 또는 경감할 수 있다.

ⓑ 가중의 한도

가중하는 때에도 과징금의 총액은 부과한도인 3,000만 원을 초과할 수 없다.

② 징수방법

과징금을 내야 할 자가 납부기한까지 내지 아니하면 「지방행정제재 · 부과금의 징수 등에 관한 법률」에 따라 징수한다.

(4) 이해관계인에 의한 제재의 요구

① 제재를 요구할 수 있는 경우

이해관계인이 공사업자에게 시정명령, 영업정지 또는 등록취소에 해당하는 사항이 있다고 판단되는 경우

② 사유의 신고

이해관계인은 그 사유를 시 · 도지사에게 신고

③ 요구의 내용

공사업자에 대한 시정명령 등의 적절한 조치

---

21) 행정처분 및 기타 공권력을 행사하기 전에 미리 상대방 또는 이해관계인에게 사안을 알려 상대방 · 이해관계인들로 하여금 그 권익에 대하여 주장할 수 있는 기회를 주는 절차임.

제2절 용역업자

1. 용역업자란

(1) 용역의 정의

"용역"이란 다른 사람의 위탁을 받아 공사에 관한 조사, 설계, 감리, 사업관리 및 유지관리 등의 역무를 하는 것을 말한다.

(2) 용역업의 정의

"용역업"이란 용역을 영업으로 하는 것을 말한다.

(3) 용영업자의 정의

"용역업자"란 다음의 자로서 통신, 전자, 정보처리 등 정보통신 관련 분야의 자격을 보유하고 용역업을 경영하는 자를 말한다.

① 「엔지니어링산업 진흥법」에 따라 엔지니어링사업자로 신고한 자

② 「기술사법」에 따라 기술사사무소의 개설자로 등록한 자

2. 용역업자의 자격

(1) 관련 법에 따른 신고 또는 등록

① 「엔지니어링산업 진흥법」 제21조세1항에 따른 엔지니어링사업자로의 신고

ⓐ 신고자 : 엔지니어링활동을 영업의 수단으로 하려는 자

ⓑ 신고기준 : 「엔지니어링산업 진흥법 시행령」에 따른 다음 표의 기준

〈 엔지니어링사업자의 신고기준 및 업무 범위 〉

엔지니어링 사업의 종류	신고기준		업무범위
	기술인력	사무실	
엔지니어링업	별표2 제1호에 따른 특급기술자 1명을 포함하여 같은 호에 따른 기술계 엔지니어링 기술자 3명 이상	엔지니어링업을 수행하는 데 필요한 사무실을 보유할 것	엔지니어링활동
엔지니어링 컨설팅업	별표2 제1호에 따른 특급기술자 1명 이상	엔지니어링컨설팅업을 수행하는 데 필요한 사무실을 보유할 것	엔지니어링산업 진흥법 제2조제1호 가목에 따른 연구 · 기획 · 자문 · 지도

비고

1. 엔지니어링사업자로 신고하려는 자는 별표1[22]에 따른 전문분야별로 위 표에 따른 신고기준을 갖추어야 한다.
2. 엔지니어링사업자가 별표1에 따른 같은 기술부문에 속하는 전문분야를 추가하여 신고하는 경우에는 해당 전문분야에 속하는 별표2[23] 제1호에 따른 고급기술자 이상인 엔지니어링기술자 1명을 포함하여 같은 호에 따른 기술계 엔지니어링기술자 3명 이상의 기술인력을 갖추어 신고할 수 있다.
3. 엔지니어링사업자가 별표2 제1호에 따른 기술사를 기술인력으로 신고하는 경우에는 특급기술자 1명과 초급기술자 1명을 신고한 것으로 본다.
4. 위 표의 기술인력은 엔지니어링활동을 전담하는 사람이어야 하며, 「국가기술자격법」에 따라 그 자격이 정지된 사람은 제외한다.

---

22)

■ 엔지니어링산업 진흥법 시행령 [별표1]

엔지니어링기술(제3조 관련)

기술부문	전 문 분 야			
기계부문	1) 일반산업기계	2) 차량	3) 용접	4) 금형
선박부문	조선			
항공우주부문	항공			
금속부문	금속			
전기부문	1) 전기설비	2) 전기전자응용		
정보통신부문	1) 정보통신	2) 정보관리	3) 철도신호	
화학부문	화공			
광업부문	1) 자원관리	2) 광해(광산피해)방지		
건설부문	1) 도로 · 공항	2) 항만 · 해안	3) 철도	4) 교통
	5) 농어업토목	6) 도시계획	7) 조경	8) 구조
	9) 수자원개발	10) 상하수도	11) 토질 · 지질	12) 측량 · 지적
	13) 품질시험			
설비부문	설비			

환경부문	1) 대기관리	2) 수질관리	3) 소음 · 진동	4) 폐기물처리
	5) 자연 · 토양환경			
농림부문	1) 농림	2) 시설원예		
해양 · 수산부문	해양			
산업부문	1) 생산관리	2) 포장 · 제품 디자인	3) 산업안전	4) 소방 · 방재
	5) 가스	6) 섬유	7) 나노융합	8) 체계공학
	9) 프로젝트매니지먼트			
원자력부문	1) 원자력 · 방사선 관리		2) 비파괴검사	

비 고: 산업통상자원부장관은 신기술 출현 또는 기술 간 융 · 복합 등에 따라 새로운 유형의 엔지니어링기술의 도입 · 보급 · 활용 촉진이 필요하다고 인정하는 경우에는 해당 기술부문과 전문분야를 추가하여 고시하거나, 위 표에 열거된 기술부문에 전문분야를 추가하여 고시할 수 있다.

23) ■ 엔지니어링산업 진흥법 시행령 [별표 2]

엔지니어링기술자(제4조 관련)

1. 기술계 엔지니어링기술자

기술등급 \ 구분	국가기술자격자	학력자
기술사	해당 전문분야와 관련된 기술사자격을 가진 사람	
특급기술자	1) 해당 전문분야와 관련된 기사자격을 가진 사람으로시 해당 전문분야와 관련된 업무를 10년 이상 수행한 사람 2) 해당 전문분야와 관련된 산업기사자격을 가진 사람으로서 해당 전문분야와 관련된 업무를 13년 이상 수행한 사람	
고급기술자	1) 해당 전문분야와 관련된 기사자격을 가진 사람으로서 해당 전문분야와 관련된 업무를 7년 이상 수행한 사람 2) 해당 전문분야와 관련된 산업기사자격을 가진 사람으로서 해당 전문분야와 관련된 업무를 10년 이상 수행한 사람	
중급기술자	1) 해당 전문분야와 관련된 기사자격을 가진 사람으로서 해당 전문분야와 관련된 업무를 4년 이상 수행한 사람 2) 해당 전문분야와 관련된 산업기사자격을 가진 사람으로서 해당 전문분야와 관련	1) 해당 전문분야와 관련된 박사학위를 가진 사람 2) 해당 전문분야와 관련된 석사학위를 가진 사람으로서 해당 전문분야와 관련된 업무를 3년 이상 수행한 사람

	된 업무를 7년 이상 수행한 사람	3) 해당 전문분야와 관련된 학사학위를 가진 사람으로서 해당 전문분야와 관련된 업무를 6년 이상 수행한 사람 4) 해당 전문분야와 관련된 전문대학을 졸업한 사람으로서 해당 전문분야와 관련된 업무를 9년 이상 수행한 사람
초급기술자	1) 해당 전문분야와 관련된 기사자격을 가진 사람 2) 해당 전문분야와 관련된 산업기사자격을 가진 사람으로서 해당 전문분야와 관련된 업무를 2년 이상 수행한 사람	1) 해당 전문분야와 관련된 석사학위를 가진 사람 2) 해당 전문분야와 관련된 학사학위를 가진 사람 3) 해당 전문분야와 관련된 전문대학을 졸업한 사람으로서 해당 전문분야와 관련된 업무를 3년 이상 수행한 사람

2. 숙련기술계 엔지니어링기술자

구분 / 기술등급	국가기술자격자	학력자
고급숙련기술자	1) 해당 전문분야와 관련된 기능장 자격을 가진 사람 2) 해당 전문분야와 관련된 산업기사 자격을 가진 사람으로서 해당 전문분야와 관련된 업무를 4년 이상 수행한 사람 3) 해당 전문분야와 관련된 기능사 자격을 가진 사람으로서 해당 전문분야와 관련된 업무를 7년 이상 수행한 사람 4) 해당 전문분야와 관련된 기능사보자격을 가진 사람으로서 해당 전문분야와 관련된 업무를 10년 이상 수행한 사람	1) 해당 전문분야와 관련된 기능대학 또는 전문대학을 졸업한 사람으로서 해당 전문분야와 관련된 업무를 5년 이상 수행한 사람 2) 고등학교를 졸업한 사람으로서 해당 전문분야와 관련된 업무를 8년 이상 수행한 사람 3) 직업훈련기관의 교육을 이수한 사람으로서 해당 전문분야와 관련된 업무를 8년 이상 수행한 사람
중급숙련기술자	1) 해당 전문분야와 관련된 산업기사 자격을 가진 사람 2) 해당 전문분야와 관련된 기능사 자격을 가진 사람으로서 해당 전문분야와 관련된 업무를 3년 이상 수행한 사람 3) 해당 전문분야와 관련된 기능사보 자격을 가진 사람으로서 해당 전문분야와 관련된 업무를 5년 이상 수행한 사람	1) 해당 전문분야와 관련된 기능대학 또는 전문대학을 졸업한 사람으로서 해당 전문분야와 관련된 업무를 1년 이상 수행한 사람 2) 고등학교를 졸업한 사람으로서 해당 전문분야와 관련된 업무를 4년 이상 수행한 사람 3) 직업훈련기관의 교육을 이수한 사람으로서 해당 전문분야와 관련된 업무를 6년 이상 수행한 사람 4) 해당 전문분야와 관련된 업무를 10년

ⓒ 신고할 곳 : 산업통상자원부장관(엔지니어링협회에 위탁)

ⓓ 신고증의 교부 : 산업통상자원부장관(엔지니어링협회에 위탁)은 신고한 자에게 산업통상자원부령으로 정하는 바에 따라 신고증을 교부

② 「기술사법」 제6조[24]에 따른 기술사사무소의 개설자로의 등록

ⓐ 등록자 : 기술사로서 정보통신 용역업을 개업하기 위하여 사무소를 개설하려는 자

ⓑ 등록의 기준 또는 요건

㉠ 기술사사무소는 2명 이상의 기술사가 합동기술사사무소를 개설할 수도 있다.

㉡ 합동기술사사무소를 개설할 때에는 다음 요건을 모두 갖추어야 한다.

		이상 수행한 사람
초급숙련기술자	1) 해당 전문분야와 관련된 기능사 자격을 가진 사람 2) 해당 전문분야와 관련된 기능사보 자격을 가진 사람으로서 해당 전문분야와 관련된 업무를 2년 이상 수행한 사람	1) 고등학교를 졸업한 사람으로서 해당 전문분야와 관련된 업무를 1년 이상 수행한 사람 2) 직업훈련기관의 교육을 이수한 사람으로서 해당 전문분야와 관련된 업무를 1년 이상 수행한 사람 3) 해당 전문분야와 관련된 업무를 5년 이상 수행한 사람

비고
1. 위 표의 "국가기술자격자"란의 각 자격은 「국가기술자격법」에 따른 국가기술자격의 종목 중 별표1의 전문분야와 관련되는 종목의 국가기술자격을 말한다.
2. 위 표에서 "학력자"란의 각 학력은 다음 각 목의 어느 하나에 해당하는 학력을 말한다.
   가. 「초 · 중등교육법」 또는 「고등교육법」에 따른 학교에서 엔지니어링기술 관련 학과의 정해진 과정의 이수와 졸업에 따라 취득한 학력
   나. 그 밖의 관계 법령에 따라 국내외에서 받은 가목과 같은 수준 이상의 학력
3. 위 표에서 "해당 전문분야"란 별표1의 전문분야를 말한다.
4. 외국인의 경우에는 당사자의 기술자격 또는 학력 · 경력에 따라 위 표에 상응하는 자격기준을 가진 것으로 본다.
5. 위 표에 따른 엔지니어링기술자의 관련 자격 · 학력 및 경력(자격 · 학력 보유 전후의 경력 등에 대한 인정기준을 포함한다)의 인정범위 등 세부기준은 산업통상자원부장관이 정하여 고시한다.

24) **제6조(기술사사무소의 개설등록 등)** ① 기술사가 개업하기 위하여 사무소를 개설하려면 과학기술정보통신부장관에게 등록을 하여야 한다. 이 경우 2명 이상의 기술사가 합동기술사사무소(이하 "합동사무소"라 한다)를 개설할 수 있다

❶ 「국가기술자격법」 제10조에 따라 국가기술자격을 취득한 기술사, 기사 등 다음의 보조 인력을 3명 이상 확보할 것

○ 해당 합동기술사사무소를 구성하는 기술사가 보유하고 있는 자격종목이 속하는 기술분야(아래의 별표1의 종류란에 규정된 기술분야중 정보통신부문을 말한다)별로 다음의 어느 하나에 해당하는 자

- 기술사
- 기사
- 산업기사의 자격을 취득한 후 2년 이상 해당 기술분야의 업무를 수행한 경력이 있는 자
- 해당 기술분야 관련 학과의 학사 이상의 학위를 가진 자
- 전문대학의 해당 기술분야 관련 학과를 졸업한 후 또는 법령에 따라 이와 같은 수준으로 인정되는 학력을 갖춘 후 3년 이상(3년제 전문대학을 졸업하였거나 법령에 따라 이와 같은 수준의 학력이 있다고 인정되는 경우에는 2년 이상으로 한다) 해당 기술분야의 업무를 수행한 경력이 있는 자

■ 기술사법 시행령 [별표 1]

과학기술에 관한 전문적 응용능력을 필요로 하는 사항의 종류 및 범위(제2조 관련)

기술 부문	전문 분야
기계부문	1) 일반산업기계 2) 차량 3) 용접 4) 금형
선박부문	조선
항공우주부문	항공
금속부문	금속
전기부문	1) 발송배전 2) 전기전자응용 3) 철도신호
정보통신부문	1) 정보통신 2) 정보관리
화학부문	화공
광업부문	1) 자원관리 2) 광해방지
건설부문	1) 도로 · 공항 2) 항만 · 해안 3) 철도 4) 교통 5) 농어업토목 6) 도시계획 7) 조경 8) 구조 9) 수자원개발 10) 상하수도 11) 토질 · 지질 12) 측량 · 지적 13) 품질시험 14) 토목시공 15) 건축시공 16) 건축전기설비
설비부문	설비
환경부문	1) 대기관리 2) 수질관리 3) 소음 · 진동 4) 폐기물처리

	5) 자연환경관리 6) 토양환경
농림부문	1) 농림 2) 시설원예
해양 · 수산부문	해양
산업부문	1) 생산관리 2) 포장 · 제품디자인 3) 산업안전 4) 소방 · 방재 5) 가스 6) 섬유 7) 기상
원자력부문	1) 원자력 · 방사선 관리 2) 비파괴검사

❷ 합동사무소의 운영에 관한 규약을 작성할 것

ⓒ 기술사는 둘 이상의 기술사사무소를 개설할 수 없다.

ⓒ 등록할 곳 : 과학기술정보통신부장관(한국기술사회에 위탁)

(2) 정보통신분야의 자격 보유

"통신, 전자, 정보처리 등 보유하여야 하는 정보통신 관련 분야의 자격"이란 다음 분야의 자격을 말한다.

① 정보통신

② 정보관리

③ 산업계측제어

④ 전자계산기

⑤ 전자계산조직응용

⑥ 전자응용

⑦ 철도신호

3. 설계 및 감리의 제한

정보통신공사의 설계 및 감리를 발주하고자하는 발주자는 용역업자에게 발주하여야 한다.

☞ 제3장 설계 및 감리의 발주

제3절 감 리 원

1. 감리원이란

(1) 정 의

"감리원(監理員)"이란 공사(「건축사법」 제4조[25])에 따른 건축물[26])의 건축등은 제외한다)[27])의 감리에 관한 기술 또는 기능을 가진 사람으로서 이 법에 따라 과학기술정보통신부장관의 인정을 받은 사람을 말한다.

---

25) **건축사법**

제4조(설계 또는 공사감리 등) ① **「건축법」 제23조제1항**에 따른 건축물의 건축등을 위한 설계는 제23조제1항 또는 제9항 단서에 따라 신고를 한 건축사 또는 같은 조 제4항에 따라 건축사 사무소에 소속된 건축사가 아니면 할 수 없다.

② 「건축법」 제25조제1항에 따라 건축사를 공사감리자로 지정하는 건축물의 건축 등에 대한 공사감리는 제23조제1항 또는 제9항 단서에 따라 신고를 한 건축사 또는 같은 조 제4항에 따라 건축사사무소에 소속된 건축사가 아니면 할 수 없다.

26) **건 축 법**

제23조(건축물의 설계) ① 제11조제1항에 따라 건축허가를 받아야 하거나 제14조제1항에 따라 건축신고를 하여야 하는 건축물 또는 「주택법」 제66조제1항 또는 제2항에 따른 리모델링을 하는 건축물의 건축등을 위한 설계는 건축사가 아니면 할 수 없다. 다만, 다음 각 호의 어느 하나에 해당하는 경우에는 그러하지 아니하다.

1. 바닥면적의 합계가 85제곱미터 미만인 증축 · 개축 또는 재축
2. 연면적이 200제곱미터 미만이고 층수가 3층 미만인 건축물의 대수선
3. 그 밖에 건축물의 특수성과 용도 등을 고려하여 대통령령으로 정하는 건축물의 건축등

27) **정보통신공사 감리원의 업무범위 관련 입법과제**

1. 문 제 점

○ 정보통신 감리원이 감리할 수 있는 정보통신공사의 범위에서 "건축사법 제4조에 따른 건축물의 건축 등은 제외한다."라고 괄호 안에 규정하고 있어, 건축법 등 건축법령상 건축설비에 해당하는 건축물 내의 정보통신설비에 대한 감리는 건축사만 하도록 하고 있음.

○ 이에 따라 해당 정보통신설비가 건축법령 상 건축설비에 해당되는지 여부에 따라 감리원이 달라지는 문제점이 있고, 정보통신공사의 감리를 전문으로 하는 정보통신 감리원이 해당 설비가 정보통신공사업법 상 정보통신설비에 해당됨에도 불구하고 건축법령상 건축설비에 해당한다는 이유로 이에 대한 감리는 하지 못하는 문제점이 있음.

2. 해결방안

건축물 내의 정보통신공사 감리를 정보통신공사업법상의 용역업자 만이 할 수 있도록 하거나 최소한 건축사 외에 정보통신공사업법에 의한 용역업자도 감리를 할 수 있도록 감리원의 정의에서 괄호부분을 삭제할 필요가 있음.

(2) 구 분

① 유형별 구분

ⓐ 국가기술자격자

ⓑ 학력 · 경력자

ⓒ 경력자

② 등급별 구분

ⓐ 특급감리원

ⓑ 고급감리원

ⓒ 중급감리원

ⓓ 초급감리원

(3) 감리원 현황

① 연도별 추이

2021.12.31현재 4만 7,917명으로 5년 전에 비해 약 9,000명이 증가하여 꾸준한 증가를 보이고 있다.

② 유형별 현황

유형별로는 국가기술자격자가 3만 1,701명(66.2%)으로 절대적 비중을 차지하고 있고, 학력 · 경력자가 8,904 명(18.6%)이며, 경력자가 7,289명(15.2%)이다.

〈 연도별 유형별 감리원 현황 〉

(단위 : 명)

구분 \ 연도	2016	2017	2018	2019	2020	2021
국가기술자격자	25,016	25,540	26,121	27,179	28,933	31,701
학력 · 경력자	7,958	7,966	7,975	8,146	8,454	8,924
경 력 자	5,923	5,935	5,949	6,178	6,729	7,289
합 계	38,897	39,441	40,045	41,503	44,116	47,914

③ 등급별 현황

2021.12.31.기준 특급감리원이 16,257명(33.9%)이고, 고급감리원이 19,944명(41.6%)이며, 중급감리원은 5,921명(12.4%)이고, 초급감리원이 5,792명(12.1%)으로 고급감리원의 수가 가장 많다.

〈등급별 감리원 현황〉

(단위 : 명)

구분 \ 등급	특급감리원	고급감리원	중급감리원	초급감리원	계
국가기술자격자	11,079	14,703	2,572	3,347	31,701
학력 · 경력자	5,178	1,379	1,365	1,002	8,924
경 력 자	–	3,862	1,984	1,443	7,289
합 계	16,257	19,944	5,921	5,792	47,914

④ 국가기술자격자의 자격별·등급별 감리원 현황

국가기술자격자별로는 기술사가 1,004명, 기능장이 105명, 기사가 10,973명, 산업기사가 11,430명, 기능사가 8,189명이다. 산업기사가 11,430명으로 가장 많고 특급감리원 중에서도 산업기사 출신이 5,992명으로 가장 많은 비중을 차지하고 있다.

〈자격별 · 등급별 감리원 현황〉

(단위 : 명)

구분 \ 등급	특급감리원	고급감리원	중급감리원	초급감리원	계
기 술 사	1,004	–	–	–	1,004
기 능 장	9	83	6	7	105
기 사	4,074	4,705	905	1,289	10,973
산업기사	5,992	3,936	572	930	11,430
기 능 사	–	5,979	1,089	1,121	8,189
합 계	11,079	14,703	2,572	3,347	31,701

2. 감리원 인정 신청 등

(1) 감리원 인정 신청

① 신 청 자

감리원으로 인정받으려는 사람

② 신청서류

ⓐ 감리원인정신청서(〈붙임 12〉 서식)

ⓑ 졸업증명서(학력사항의 기재를 원하는 경우에만 해당한다)

ⓒ 경력확인서(〈붙임 13〉 서식)

③ 신청할 곳

과학기술정보통신부장관(협회에 위탁)

④ 장관의 확인

과학기술정보통신부장관(협회에 위탁)은 「전자정부법」 제36조제1항에 따른 행정정보의 공동이용을 통하여 다음의 서류를 확인하여야 한다. 다만, 신청인이 그 확인에 동의하지 아니하는 경우 해당 서류(ⓐ의 경우에는 그 사본을 말하며, ⓑ의 경우에는 「출입국관리법」 제33조에 따른 외국인등록증 사본을 포함한다)를 첨부하도록 하여야 한다.

ⓐ 국가기술자격증(국가기술자격증 소지자만 해당한다)

ⓑ 「출입국관리법」 제88조제2항에 따른 외국인등록 사실증명(외국인의 경우에만 해당한다)

❖ 수수료

- 감리원의 등급 또는 경력의 인정 : 7만원*
- 감리원의 경력변경신고 : 5천원
- 감리원의 경력관리 : 연 2만원*
- 감리원자격증의 발급 : 1만원, 재발급 : 5천원
- 감리원의 경력확인서 발급 : 부당 3천원

※ 「국가기술자격법」에 따른 기술자격자가 경력인정 절차 없이 감리원자격증의 발급을 신규로 신청하는 경우에는 *표한 수수료를 면제한다.

※ 위 수수료를 납부한 정보통신기술자가 감리원으로서 인정받으려는 경우에는 해당 수수료를 면제한다.

※ 감리원 자격증발급신청 접수 등의 보고

협회는 감리원 자격증발급신청 접수 및 자격증 발급현황을 매분기 말일을 기준으로 하여 다음 달 15일 이내에 과학기술정보통신부장관에게 보고하여야 한다.

(2) 감리원 등급변경 인정 신청

① 신 청 자

감리원으로서 등급의 변경을 인정받으려는 자

② 신청서류

ⓐ 감리원등급변경신청서(〈붙임 12〉 서식)

ⓑ 경력확인서(〈붙임 13〉 서식)

ⓒ 감리원자격증

ⓓ 졸업증명서

③ 신청할 곳

과학기술정보통신부장관(협회에 위탁)

(3) 감리원의 경력인정 신청

① 신 청 인

감리원으로서 경력을 인정받으려는 자

② 신청서류

ⓐ 감리원경력인정신청서(〈붙임 12〉 서식)

ⓑ 경력확인서(〈붙임 13〉 서식)

③ 신청할 곳

과학기술정보통신부장관(협회에 위탁)

3. 감리원의 인정 기준

(1) 인정기준의 차등

감리원은 앞에서 설명한 바와 같이 기술자격자, 학력 · 경력자 또는 경력자에 따라 특급감리원, 고급감리원, 중급감리원 및 초급감리원 등 4개 등급으로 인정기준을 달리하고 있다.

(2) 인정 기준

과학기술정보통신부장관(협회에 위탁)은 신청인이 다음의 등급별 세부기준[28]에 해당하면 감리원으로 인정한다.

〈 감리원의 자격 〉(영 제10조제1항 관련)

등급	국가기술자격자	학력 · 경력자	경력자
특급감리원	기술사		
고급감리원	1. 기사자격(기능장을 포함한다. 이하 같다)을 취득한 후 6년 이상 공사업무를 수행한 사람 2. 산업기사자격을 취득한 후 9년 이상 공사업무를 수행한 사람 3. 기능사자격을 취득한 후 14년 이상 공사업무를 수행한 사람		

28) **감리원의 자격기준 관련 입법과제**

1. **문제점**
   정보통신 공사 건수의 증가에 따라 특급감리원 또는 고급감리원에 대한 수요는 증가하고 있으나 감리원들의 고령화 등으로 은퇴자는 늘고 있어 현장에서 필요로 하는 감리원이 부족한 실정임
2. **해결방안**
   단기간에 특급감리원 및 고급감리원을 늘리기 위해서는 시행령 중 감리원의 자격 표를 개정하여 국가기술자격자의 고급감리원 중 경력 장기자에 대하여는 특급감리원으로, 학력 · 경력자의 중급감리원 중 경력 장기자에 대하여는 특급감리원 또는 고급감리원으로 인정해 줄 필요가 있음

중급 감리원	1. 기사자격을 취득한 후 3년 이상 공사업무를 수행한 사람 2. 산업기사자격을 취득한 후 6년 이상 공사업무를 수행한 사람 3. 기능사자격을 취득한 후 12년 이상 공사업무를 수행한 사람	1. 석사학위를 취득한 후 3년 이상 공사업무를 수행한 사람 2. 학사학위를 취득한 후 6년 이상 공사업무를 수행한 사람 3. 전문대학을 졸업한 후 9년(3년제 전문대학의 경우에는 8년) 이상 공사업무를 수행한 사람 4. 고등학교를 졸업한 후 12년 이상 공사업무를 수행한 사람 5. 「근로자직업능력 개발법」에 따른 직업능력개발훈련시설에서 1년 이상 관련 분야의 과정을 이수하고 12년 이상 공사업무를 수행한 사람 또는 2년 이상 관련분야의 과정을 이수하고 9년 이상 공사업무를 수행한 사람	1. 학사학위 이상의 학위를 취득한 후 9년 이상 공사업무를 수행한 사람 2. 전문대학을 졸업한 후 12년(3년제 전문대학의 경우에는 10년) 이상 공사업무를 수행한 사람 3. 고등학교를 졸업한 후 15년 이상 공사업무를 수행한 사람 4. 공사업무를 20년 이상 수행한 사람
초급 감리원	1. 산업기사 이상의 자격을 취득한 사람 2. 기능사자격을 취득한 후 6년 이상 공사업무를 수행한 사람	1. 학사학위 이상의 학위를 취득한 후 1년 이상 공사업무를 수행한 사람 2. 전문대학을 졸업한 후 3년(3년제 전문대학의 경우에는 2년) 이상 공사업무를 수행한 사람 3. 고등학교를 졸업한 후 6년 이상 공사업무를 수행한 사람 4. 「근로자직업능력 개발법」에 따른 직업능력개발훈련시설에서 1년 이상 관련 분야의 과정을 이수하고 6년 이상 공사업무를 수행한 사람 또는 2년 이상 관련분야의 과정을 이수하고 3년 이상 공사업무를 수행한 사람	1. 학사학위 이상의 학위를 취득한 후 3년 이상 공사업무를 수행한 사람 2. 전문대학을 졸업한 후 5년(3년제 전문대학의 경우에는 4년) 이상 공사업무를 수행한 사람 3. 고등학교를 졸업한 후 7년 이상 공사업무를 수행한 사람 4. 공사업무를 10년 이상 수행한 사람

비고 :

1. 위 표에서 "기술자격자"란 「국가기술자격법」의 기술자격종목 중 아래의 기술자격을 취득한 사람으로서 법 제8조제4항 및 이 영 제9조에 따라 학력·경력 등의 관리에 필요한 사항을 제출한 사람을 말하며, 경력인정방법은 기술계 정보통신기술자에 관한 기준을 준용한다.
   가. 기술사 : 정보통신, 산업계측제어, 전자응용, 정보관리, 컴퓨터시스템응용, 토목구조, 토목시공 또는 철도신호
   나. 기능장 : 통신설비 또는 전자기기

다. 기사 : 정보통신, 전파전자통신, 무선설비, 방송통신, 전자, 전자계산기, 반도체설계, 정보처리, 전자계산기조직응용, 토목 또는 철도신호
라. 산업기사 : 정보통신, 전파전자통신, 무선설비, 통신선로, 사무자동화, 방송통신, 전자, 전자계산기제어, 반도체설계, 정보처리, 토목 또는 철도신호
마. 기능사 : 통신기기, 통신선로, 정보기기운용, 전파전자통신, 무선설비, 방송통신, 전자기기, 전자계산기, 전자캐드, 정보처리 또는 철도전기신호

2. 위 표에서 "학력 · 경력자"란 「초 · 중등교육법」 또는 「고등교육법」에 따른 해당 학교에서 통신 · 전자 · 정보처리기술관련 학과의 소정의 과정을 이수하고 졸업하거나 국내 또는 외국에서 이와 동등 이상의 학력이 있다고 인정되는 사람과 「근로자직업능력 개발법」에 따른 직업능력개발훈련시설에서 1년 이상 통신 · 전자 · 정보처리기술관련 분야의 과정을 이수한 사람으로서 법 제8조제4항 및 이 영 제9조에 따라 학력 · 경력 등의 관리에 필요한 사항을 제출한 사람을 말하며, 해당 전공학과의 범위와 경력인정방법은 기술계 정보통신기술자에 관한 기준을 준용한다.
3. 위 표에서 "경력자"란 통신 · 전자 · 정보처리기술관련 학과 외의 학과를 졸업하고, 공사업무를 수행한 사람으로서 법 제8조제4항 및 이 영 제9조에 따라 학력 · 경력 등의 관리에 필요한 사항을 제출한 사람을 말하며, 경력인정방법은 기술계 정보통신기술자에 관한 기준을 준용한다.
4. 위 표에서 "공사업무를 수행한 사람"이란 정보통신공사 관련 해당 분야 〔토목관련 기술자격자의 경우에는 별표1(제1장제1절2의 표〈공사의 종류〉)의 선로설비분야에 한정한다〕 에서 계획 · 설계 · 시공 · 시험 · 공사감독 · 감리 · 유지관리 또는 연구업무를 수행한 사람과 통신 · 전자 · 전산관련 병과 또는 주특기를 부여받고 군복무한 사람을 말한다.
5. 외국인기술자에 대한 기술자격의 인정범위는 외국인 기술자의 기술자격 또는 학력 · 경력에 따라 인정하되, 그 인정기준에 관하여는 위의 제1호부터 제4호까지의 규정을 준용한다.

※ 등급 및 경력 기록의 유지 · 관리

과학기술정보통신부장관(협회에 위탁)은 감리원으로 인정한 지의 등급 및 경력 등에 관한 기록을 유지 · 관리한다.

4. 감리원 자격증의 발급 및 대여금지 등

(1) 자격증의 발급 및 재발급

① 자격증의 발급

과학기술정보통신부장관(협회에 위탁)은 감리원인정 신청인을 감리원으로 인정하는 경우에는 감리원 자격증명서(이하 "자격증"이라 한다)(〈붙임 14〉 서식)를 그 감리원에게 발급한다.

② 자격증의 재발급

ⓐ 과학기술정보통신부장관(협회에 위탁)은 감리원 등급변경을 신청한 신

청인에게 감리원자격증을 재발급한다.

ⓑ 감리원이 감리원자격증을 잃어버리거나 감리원자격증이 헐어 못쓰게 된 경우에는 감리원자격증 재발급신청서(〈붙임 15〉 서식)에 감리원자격증(헐어 못쓰게 된 경우에만 해당한다)을 첨부하여 과학기술정보통신부장관(협회에 위탁)에게 제출하면 재발급 받을 수 있다.

(2) 감리원경력확인서의 발급

과학기술정보통신부장관(협회에 위탁)은 감리원이 자신의 감리능력을 발주자 및 용역업자 등에게 제시하기 위하여 그 경력확인을 요청하는 때에는 감리원경력확인서(〈붙임 13〉 서식)를 발급한다.

❖ 과태료

거짓이나 그 밖의 부정한 방법으로 감리원의 자격증을 발급받은 사람 : 150만원(과태료의 부과 · 징수는 중앙전파관리소장에 위임)

(3) 감리원의 자격증 대여금지 등

① 감리대행 금지

감리원은 자기의 성명을 사용하여 다른 사람에게 감리업무를 하게 하여서는 아니 된다.

② 대여금지

감리원은 자기의 자격증을 다른 사람에게 빌려 주어서는 아니 된다.

❖ 벌 칙

다른 사람에게 자기의 성명을 사용하여 감리업무를 수행하게 하거나 자격증을 빌려 준 사람 또는 다른 사람의 성명을 사용하여 감리업무를 하거나 다른 사람의 자격증을 빌려서 사용한 사람 : 1년 이하의 징역 또는 1,000만 원 이하의 벌금

❖ 업무정지

다른 사람에게 자기의 성명을 사용하여 감리업무를 수행하게 하거나 자격증을 빌려 준 경우 : 과학기술정보통신부장관(중앙전파관리소장에 위임)은 1년 이내의 기간을 정하여 그 업무의 정지를 명할 수 있다.

5. 인정교육의 실시

(1) 실시 근거

과학기술정보통신부장관은 법 제38조에 따라 정보통신기술자 등 정보통신기술인력의 효율적 활용 및 자질향상을 위하여 정보통신기술인력의 양성 및 인정교육훈련을 실시할 수 있다.

(2) 실시기관 등

① 실시기관

ⓐ 위탁근거 : 법 제69조제3항

- 과학기술정보통신부장관이 정보통신기술인력의 양성 및 인정교육훈련에 관한 업무를 협회 또는 과학기술정보통신부장관이 지정 · 고시하는 정보통신기술인력의 양성기관에 위탁할 수 있다

ⓑ 수탁기관

ICT폴리텍대학(☞ 제7장제3절)

② 실시기관에 대한 지원

과학기술정보통신부장관은 정보통신기술인력을 안정적으로 공급하기 위하여 정보통신기술인력의 양성기관으로 지정한 기관에 대하여 교육에 드는 비용을 「방송통신발전 기본법」에 따른 '방송통신발전기금' 등에서 지원할 수 있다.

③ 기본계획의 수립

과학기술정보통신부장관은 매년 정보통신기술인력의 양성 및 교육에 대한 기본계획을 수립하여야 한다.

④ 세부시행계획의 수립

ⓐ 세부시행계획의 승인

정보통신기술인력의 양성 및 인정교육훈련 실시기관은 장관이 수립한 기본계획에 따라 정보통신기술인력의 교육에 대한 세부시행계획

을 수립하여 전년도 말일까지 과학기술정보통신부장관의 승인을 받아야 한다.

ⓑ 세부시행계획에 포함할 사항

㉠ 교육의 기본방침,

㉡ 교육대상 인원,

㉢ 교육과정 및 과목,

㉣ 교육방법,

㉤ 교육기간,

㉥ 그 밖에 정보통신기술인력의 교육 실시에 관하여 필요한 사항

(3) 대상자 및 교육시기 등

① 대 상 자

ⓐ 감리원으로 인정받으려는 사람

ⓑ 감리원 등급의 변경을 인정받으려는 감리원

② 교육시기

감리원 인정신청 전

③ 등급별 교육시간 : 다음 표의 구분에 따른 시간

〈 감리원 인정교육의 실시기준 〉 (영 제38조제4항 관련)

<table>
<tr><th>구분</th><th colspan="2">교육대상자</th><th>교육시간</th></tr>
<tr><td rowspan="3">감리원
인정교육</td><td rowspan="2">위의 “3. 감리원의 인정 기준(감리원의 자격 표)”에 따른 기술자격자, 학력 · 경력자 또는 경력자로서 감리원으로 인정받으려는 사람</td><td>특급감리원 및
고급감리원</td><td>32시간 이상
40시간 이하</td></tr>
<tr><td>중급감리원 및
초급감리원</td><td>40시간 이상
60시간 이하</td></tr>
<tr><td colspan="2">위의 “3. 감리원의 인정 기준(감리원의 자격 표)”에 따른 학력 · 경력자 또는 경력자로서 감리원 등급의 변경을 인정받으려는 감리원</td><td>20시간</td></tr>
<tr><td colspan="4">비고 :
○ 위 표의 교육시간은 다음과 같은 실습시간이 포함되어야 한다.
– 전체 교육시간의 15% 이상</td></tr>
</table>

○ 중급 · 초급감리원 교육과정을 이수한 경우에는 특급 · 고급감리원 교육과정을 이수한 것으로 본다.

(4) 교육관련 편의 제공

용역업자는 그 소속 정보통신기술인력이 인정교육을 받는 데 필요한 편의를 제공하여야 하며, 이를 이유로 불이익한 처분을 하여서는 아니 된다.

(5) 교육 이수사항의 기록

과학기술정보통신부장관(협회에 위탁)은 정보통신기술자인력이 인정교육을 받은 때에는 감리원자격증에 교육이수사항을 기록하여야 한다.

6. 감리원의 인정취소

(1) 취소사유

과학기술정보통신부장관(협회에 위탁) 다음에 해당하는 사람에 대하여는 감리원의 인정을 취소한다.

① 거짓이나 그 밖의 부정한 방법으로 감리원 자격을 인정받은 사람

② 국가기술자격법에 따라 해당 국가기술자격이 취소된 사람

(2) 청문의 실시

과학기술정보통신부장관(협회에 위탁)은 감리원의 인정 취소 처분을 하려면 청문을 하여야 한다.

제4절 정보통신기술자

1. 정보통신기술자란

(1) 정 의

"정보통신기술자"란 「국가기술자격법」에 따라 정보통신 관련 분야의 기술자격을 취득한 사람과 정보통신설비에 관한 기술 또는 기능을 가진 사람으로서 이 법에 따라 과학기술정보통신부장관의 인정을 받은 사람을 말한다.

(2) 기술자의 구분

① 기술계 정보통신기술자

ⓐ 유형별 구분

㉠ 국가기술자격자

㉡ 학력 · 경력자

㉢ 경력자

ⓑ 등급별 구분

㉠ 특급기술자

㉡ 고급기술자

㉢ 중급기술자

㉣ 초급기술자

② 기능계 정보통신기술자

ⓐ 국가기술자격자

ⓑ 학력 · 경력자

ⓒ 경력자

(3) 기술자 현황

① 전체 정보통신기술자 현황

ⓐ 연도별 추이

2021.12.31.현재 20만 5,548 명으로 5년 전에 비해 약 4만 명이 증가하는 등 꾸준한 증가를 보이고 있다.

ⓑ 연도별 · 유형별 현황

유형별로는 국가기술자격자가 16만 756명으로 78.2%를 차지하고 있고, 학력 · 경력자가 2만 1,449명, 경력자가 2만 3,343명을 차지하고 있다.

〈 연도별 · 자격별 현황 〉

(단위 : 명)

구분 \ 연도	2016	2017	2018	2019	2020	2021
국가기술자격자	130,860	136,456	142,218	148,153	154,346	160,762
학력 · 경력자	17,406	17,906	18,374	19,094	19,892	21,450
경 력 자	17,506	18,165	18,832	19,648	20,820	23,343
합 계	165,772	172,527	179,424	186,895	195,058	205,555

ⓒ 자격별 · 등급별 현황

국가기술자격자 약 16만 명중 특급기술자가 1만 7,035명이고, 고급기술자가 3만 9,130명이며, 중급기술자가 1만 8,564명, 초급기술자가 6만 1,666명이고, 기능계기술자가 2만 4,097명이다. 초급기술자 비중이 38.4%로 가장 높다.

〈 자격별 · 등급별 현황 〉

(단위 : 명)

등급 \ 구분	국가기술자격자	학력 · 경력자	경 력 자	계
특급기술자	17,305	6,349	–	23,654

등급 \ 구분	국가기술자격자	학력 · 경력자	경력자	계
고급기술자	39,130	2,292	7,081	48,503
중급기술자	18,564	3,943	4,385	26,892
초급기술자	61,666	8,707	9,818	80,191
기능계기술자	24,097	159	2,059	26,315
계	160,762	21,450	23,343	205,555

ⓓ 국가기술자격자의 기술자 등급별 현황

국가기술자격자 중에는 기사가 5만 5,317명으로 34.4%%를 차지하여 가장 많고, 다음은 기능사, 산업기사, 기술사, 기능장 순서로 많다.

〈 국가기술자격자의 기술자 등급별 현황 〉

(단위 : 명)

등급 \ 구분	기술사	기능장	기 사	산업기사	기능사	계
특 급	1,483	11	6,550	9,261	–	17,305
고 급	–	157	13,875	10,625	14,473	39,130
중 급	–	16	9,273	4,912	4,363	18,564
초 급	–	24	25,619	26,134	9,889	61,666
기능계	–	–	–	–	24,097	24,097
계	1,483	208	55,317	50,932	52,822	160,762

② 공사업체 소속 정보통신기술자 현황

ⓐ 연도별 추이

전체 정보통신기술자 중 공사업체에 소속되어 있는 기술자는 2021. 12.31.현재 6만 5,923명으로 5년 전에 비해 1만 2,919명이 증가하였다. 공사업체수의 증가에 따라 같이 증가하고 있다.

〈 공사업체 소속 정보통신기술자의 등급별 현황 〉

(단위 : 명)

등급 \ 연도	2016	2017	2018	2019	2020	2021
특급기술자	6,054	6,029	5,954	5,877	5,852	5,878
고급기술자	14,748	15,498	16,251	17,065	18,004	19,227
중급기술자	7,438	7,445	7,711	9,201	10,111	11,392
초급기술자	19,926	20,701	21,109	20,749	21,854	23,390
기능계기술자	4,838	4,949	5,118	5,334	5,581	6,036
합 계	53,004	54,622	56,143	58,226	61,402	65,923

ⓑ 등급별 현황

등급별로는 특급기술자가 5,869명(8.9%), 고급기술자가 1만 9,227명(29.2%), 중급기술자가 1만 1,392명(17.3%), 초급기술자가 2만 3,390명(35.5%), 기능계기술자가 6,036명(9.1%)을 차지하고 있다.

ⓒ 공사업체당 기술자 수

2021.12.31.현재 업체 수가 11,454개 이므로 업체당 기술자 수는 5.76명이다.

ⓓ 전체 기술자 대비 공사업체 종사자

㉠ 전체 기술자 약 20만 명 중에 약 32%인 6만 5,923명이 정보통신공사업체에 소속되어 있다.

㉡ 나머지 기술자들은 국가, 지방자치단체 및 공기업의 직원 또는 기간통신사업자 등 민간 기업 소속 직원으로 일하고 있거나 또 그 외에는 고령화 등으로 자격증만 보유하고 있고 공사업에 종사하지 않고 있는 인원이다.

㉢ 공사업체 수 11,454개인데 비해 특급기술자가 6,000명에도 미달하고 그것도 점차 줄어드는 추세에 있어 발주자가 공사업체에 특급기술자 보유를 요구하는 경우 해당 인력이 많이 부족한 실정이다.

㉣ 이에 따라 고급기술자, 중급기술자 및 초급기술자 중에서 경력이 일정 기간 이상인 기술자에 대하여는 한 등급씩 상향 인정하는 「정보

통신공사업법 시행령」 개정이 요구되고 있다.

2. 기술자의 인정신청

(1) 정보통신기술자의 인정 신청

① 신 청 자

정보통신기술자로 인정받으려는 자

② 신청서류

ⓐ 정보통신기술자 인정신청서(〈붙임 17〉 서식)

ⓑ 졸업증명서(학력사항의 기재를 원하는 경우에만 해당한다)

ⓒ 경력확인서(〈붙임 18〉 서식)

③ 신청할 곳

과학기술정보통신부장관(협회에 위탁)

④ 서류의 확인

이 경우 과학기술정보통신부장관(협회에 위탁)은 「전자 정부법」에 따른 행정정보의 공동이용을 통하여 다음의 서류를 확인하여야 하며, 신청인이 그 확인에 동의하지 아니하는 경우 해당 서류(아래 ⓐ의 경우에는 그 사본을 말하며, ⓑ의 경우에는 외국인등록증 사본을 포함한다)를 각각 첨부하도록 하여야 한다.

ⓐ 국가기술자격증(국가기술자격증소지자로 한정한다)

ⓑ 「출입국관리법」에 따른 외국인등록 사실증명(외국인인 경우로 한정한다)

(2) 정보통신기술자의 등급변경 신청

① 신 청 자

정보통신기술자로서 등급변경을 인정받으려는 자

② 신청서류

ⓐ 등급변경신청서(〈붙임 17〉 서식)

ⓑ 경력확인서(〈붙임 18〉 서식)

ⓒ 정보통신기술자 경력수첩

ⓓ 졸업증명서

③ **신청할 곳**

과학기술정보통신부장관(협회에 위탁)

(3) 정보통신기술자의 경력인정 신청

① **신 청 자**

정보통신기술자로서 경력 인정을 받으려는 자

② **신청서류**

ⓐ 경력인정신청서(〈붙임 17〉 서식)

ⓑ 경력확인서(〈붙임 18〉 서식)

③ **신청할 곳**

과학기술정보통신부장관(협회에 위탁)

수수료

- 정보통신기술자의 등급 또는 경력의 인정 : 7만원*
- 정보통신기술자의 경력변경 신고 : 5,000원
- 정보통신기술자의 경력관리 : 연 2만원*
- 정보통신기술자의 경력수첩의 발급 : 1만원, 재발급 : 5,000원
- 정보통신기술자 경력확인서 발급 : 부당 3,000원

※ 「국가기술자격법」에 따른 기술자격자가 경력인정 절차 없이 경력수첩의 발급을 신규로 신청하는 경우에는 *표한 수수료를 면제한다.

※ 위의 수수료를 납부한 감리원이 정보통신기술자로서 인정받으려는 경우에는 해당 수수료를 면제한다.

※ 신고접수 처리결과 등의 보고

협회는 정보통신기술자의 신고접수에 대한 처리결과와 경력수첩의 발급현황을 매분기 말일을 기준으로 하여 다음달 15일 이내 과학기술정보통신부장관

에게 보고하여야 한다(과학기술정보통신부장관이 정보통신망을 통하여 보고 사항을 알 수 있는 경우에는 생략 가능).

3. 기술자의 인정기준

(1) 인정기준의 차등

① 기술계 정보통신기술자

ⓐ 정보통신기술자는 앞에서 설명한 바와 같이 기술계 정보통신기술자와 기능계 정보통신기술자로 구분하는데, 기술계 정보통신기술자는 기술자격자, 학력 · 경력자 및 경력자로 나누고 각각을 수준에 따라 특급기술자, 고급기술자, 중급기술자 및 초급기술자 등 4개 등급으로 인정기준을 달리하고 있다.

ⓑ 학력 · 경력자와 경력자를 구분하는 기준은 통신 · 전자 · 정보처리기술관련 학과를 졸업했는지 아니면 그 외의 학과를 졸업했는지가 기준이다.

② 기능계 정보통신기술자

ⓐ 기능계 정보통신기술자는 기술자격자와 인정기술자로 구분하는데, 인정기술자는 다시 학력 · 경력자와 경력자로 구분하여 인정기준을 달리하고 있다.

ⓑ 이 경우에도 학력 · 경력자와 경력자를 구분하는 기준은통신 · 전자 · 정보처리기술관련 학과를 졸업했는지 아니면 그 외의 학과를 졸업했는지가 기준이다.

(2) 인정기준

과학기술정보통신부장관(협회에 위탁)은 신청인이 다음 표의 정보통신기술자의 자격기준[29]에 해당하는 경우에는 정보통신기술자로 인정한다.

---

29) **정보통신기술자의 자격기준 관련 입법과제**

1. 문 제 점

○ 공사업체의 증가에 따라 특급기술자 및 고급기술자에 대한 수요는 증가하고 있으나 기술

〈 정보통신기술자의 자격 〉(영 제40조제1항 관련)

1. 기술계 정보통신기술자의 등급 및 인정범위			
등급	기술자격자	학력 · 경력자	경력자
특급 기술자	기술사		
고급 기술자	1. 기사자격(기능장을 포함한다. 이하 같다)을 취득한 후 5년 이상 공사업무를 수행한 사람 2. 산업기사자격을 취득한 후 8년 이상 공사업무를 수행한 사람 3. 기능사자격을 취득한 후 13년 이상 공사업무를 수행한 사람		
중급 기술자	1. 기사자격을 취득한 후 2년 이상 공사업무를 수행한 사람 2. 산업기사자격을 취득한후 5년 이상	1. 석사학위를 취득한 후 3년 이상 공사업무를 수행한 사람 2. 학사학위를 취득한 후 6년 이상 공사업무를 수행한 사람 3. 전문대학을 졸업한 후 9년(3년	1. 학사학위 이상의 학위를 취득한 후 9년 이상 공사업무를 수행한 사람 2. 전문대학을 졸업한 후 12년(3년제 전문대학의 경우

자들의 고령화 등으로 은퇴자는 늘고 있어 현장에서 필요로 하는 기술자가 부족한 실정임

○ 국가기술자격법은 기술자를 기술사, 기능장, 기사, 산업기사, 기능사 등 5개 등급으로 나누고 있어 등급간 능력의 차이를 인정하고 있으나 정보통신공사업법 시행령에서는 기능장과 기사의 능력을 동일하게 취급하는 문제점도 있음.

2. **해결방안**

○ 단기간에 특급기술자 및 고급기술자를 늘리기 위해서는 시행령 중 정보통신기술자의 자격 표를 개정하여 기술자격자의 고급기술자 중 경력 장기자에 대하여는 특급기술자로, 학력 · 경력자의 중급기술자 중 경력 장기자에 대하여는 특급기술자 또는 고급기술자로 인정해 줄 필요가 있음.

○ 기능장과 기사를 동일하게 취급하고 있는 고급기술자, 중급기술자 및 초급기술자의 기준에서 기능장과 기사를 분리하여 기능장에게는 기사보다는 단기간의 공사업무수행경력을 필요로 하는 것으로 개정하고, 기능장 및 기사도 일정기간 이상 수행경력이 있는 경우에는 특급기술자 등 상위등급 기술자로 인정할 필요가 있음.

	공사업무를 수행한 사람 3. 기능사자격을 취득한 후 10년 이상 공사업무를 수행한 사람	제 전문대학의 경우에는 8년) 이상 공사업무를 수행한 사람 4. 고등학교를 졸업한 후 12년 이상 공사업무를 수행한 사람 5. 「근로자직업능력 개발법」에 따른 직업능력개발훈련시설에서 1년 이상 관련 분야의 과정을 이수하고 12년 이상 공사업무를 수행한 사람 또는 2년 이상 관련 분야의 과정을 이수하고 9년 이상 공사업무를 수행한 사람	에는 10년) 이상 공사업무를 수행한 사람 3. 고등학교를 졸업한 후 15년 이상 공사업무를 수행한 사람 4. 공사업무를 20년 이상 수행한 사람
초급 기술자	1. 산업기사 이상의 자격을 취득한 사람 2. 기능사 자격을 취득한 후 4년 이상 공사업무를 수행한 사람	1. 학사학위 이상의 학위를 취득한 사람 2. 전문대학을 졸업한 후 2년(3년제 전문대학의 경우에는 1년) 이상 공사업무를 수행한 사람 3. 고등학교를 졸업한 후 4년 이상 공사업무를 수행한 사람 4. 「근로자직업능력 개발법」에 따른 직업능력개발훈련시설에서 1년 이상 관련 분야의 과정을 이수하고 4년 이상 공사업무를 수행한 사람 또는 2년 이상 관련분야의 과정을 이수하고 2년 이상 공사업무를 수행한 사람	1. 학사학위 이상의 학위를 취득한 후 3년 이상 공사업무를 수행한 사람 2. 전문대학을 졸업한 후 5년(3년제 전문대학의 경우에는 4년) 이상 공사업무를 수행한 사람 3. 고등학교를 졸업한 후 7년 이상 공사업무를 수행한 사람 4. 공사업무를 10년 이상 수행한 사람

비고

1. 위 표에서 "기술자격자"란 「국가기술자격법」에 따른 기술자격종목 중 아래의 기술자격을 취득한 사람으로서 법 제39조 및 이 영 제39조에 따라 학력 · 경력 등의 관리에 필요한 사항을 제출한 사람을 말하며, 경력인정방법은 과학기술정보통신부장관이 정하여 고시한다.
   가. 기술사 : 정보통신, 산업계측제어, 전자응용, 정보관리, 컴퓨터시스템응용, 토목구조, 토목시공 또는 철도신호
   나. 기능장 : 통신설비 또는 전자기기
   다. 기사 : 정보통신, 전파전자통신, 무선설비, 방송통신, 전자, 전자계산기, 반도체설계, 정보처리, 전자계산기조직응용, 토목 또는 철도신호
   라. 산업기사 : 정보통신, 전파전자통신, 무선설비, 통신선로, 사무자동화, 방송통신, 전자, 전자계산기제어, 반도체설계, 정보처리, 토목 또는 철도신호
   마. 기능사 : 통신기기, 통신선로, 정보기기운용, 전파전자통신, 무선설비, 방송통신, 전자기기, 전자계

산기, 전자캐드, 정보처리 또는 철도전기신호

2. 위 표에서 "학력 · 경력자"란 「초 · 중등교육법」 또는 「고등교육법」에 따른 해당 학교에서 통신 · 전자 · 정보처리기술관련 학과의 소정의 과정을 이수하고 졸업하거나 국내 또는 외국에서 이와 동등 이상의 학력이 있다고 인정되는 사람과 「근로자직업능력 개발법」에 따른 직업능력개발훈련시설에서 1년 이상 통신 · 전자 · 정보처리기술관련 분야의 과정을 이수한 사람으로서 법 제39조 및 이 영 제39조에 따라 학력 · 경력 등의 관리에 필요한 사항을 제출한 사람을 말하며, 해당 전공학과의 범위와 경력인정방법은 과학기술정보통신부장관이 정하여 고시한다.
3. 위 표에서 "경력자"란 통신 · 전자 · 정보처리기술관련 학과 외의 학과를 졸업하고, 공사업무를 수행한 사람으로서 법 제39조 및 이 영 제39조에 따라 학력 · 경력 등의 관리에 필요한 사항을 제출한 사람을 말하며, 경력인정방법은 과학기술정보통신부장관이 정하여 고시한다.
4. 위 표에서 "공사업무를 수행한 사람"이란 정보통신공사 관련 해당 분야 〔토목관련 기술자격자의 경우에는 별표1(제1장제1절2의 표〈공사의 종류〉)의 선로설비분야만 해당한다〕 에서 계획 · 설계 · 시공 · 시험 · 공사감독 · 감리 · 유지관리 또는 연구업무를 수행한 사람과 통신 · 전자 · 전산관련 병과 또는 주특기를 부여받고 군복무한 사람을 말한다.
5. 외국인기술자에 대한 기술자격의 인정범위는 외국인 기술자의 기술자격 또는 학력 · 경력에 따라 인정하되, 그 인정기준에 관하여는 위의 제1호부터 제4호까지의 규정을 준용한다.

2. 기능계 정보통신기술자의 인정범위

기술자격자	인정기술자	
	학력 · 경력자	경 력 자
기능사 자격을 취득한 사람	가. 고등학교를 졸업한 후 공사업무를 1년 이상 수행한 사람 나. 「근로자직업능력 개발법」에 따른 직업능력개발훈련시설에서 관련 분야의 과정을 1년 이상 이수한 후 공사업무를 1년 이상 수행한 사람	가. 고등학교를 졸업한 후 공사업무를 1년 이상 수행한 사람 나. 공사업무를 5년 이상 수행한 사람

비고

1. 위 표에서 "기술자격자"란 「국가기술자격법」에 따른 기술자격종목 중 아래의 기술자격을 취득한 사람으로서 법 제39조 및 이 영 제39조에 따라 학력 · 경력 등의 관리에 필요한 사항을 제출한 사람을 말하며, 경력인정방법은 기술계 정보통신기술자에 관한 기준을 준용한다.
   기능사 : 통신기기, 통신선로, 정보기기운용, 전파통신, 전파전자, 무선설비, 방송통신, 전자기기, 전자계산기, 전자캐드, 정보처리 또는 철도신호
2. 위 표에서 "학력 · 경력자"란 「초 · 중등교육법」 또는 「고등교육법」에 따른 해당 학교에서 통신 · 전자 · 정보처리기술관련 학과의 소정의 과정을 이수하고 졸업하거나 국내 또는 외국에서 이와 동등 이상의 학력이 있다고 인정되는 사람과 「근로자직업능력 개발법」에 따른 직업능력개발훈련시설에서 1년 이상 통신 · 전자 · 정보처리기술관련 분야의 과정을 이수한 사람으로서 법 제39조 및 이 영 제39조에 따라 학력 · 경력 등의 관리에 필요한 사항을 제출한 사람을 말하며, 해당 전공학과의 범위와 경력인정방법은 기술계 정보통신기술자에 관한 기준을 준용한다.

> 3. 위 표에서 "경력자"란 통신 · 전자 · 정보처리기술관련 학과 외의 학과를 졸업하고, 공사업무를 수행한 사람으로서 법 제39조 및 이 영 제39조에 따라 학력 · 경력 등의 관리에 필요한 사항을 제출한 사람을 말하며, 경력인정방법은 기술계 정보통신기술자에 관한 기준을 준용한다.
> 4. 위 표에서 "공사업무를 수행한 사람"이란 정보통신공사 관련 해당 분야 〔토목관련 기술자격자의 경우에는 별표1(제1장제1절2의 표〈공사의 종류〉)의 선로설비분야만 해당한다〕 에서 계획 · 설계 · 시공 · 시험 · 공사감독 · 감리 · 유지관리 또는 연구업무를 수행한 사람과 통신 · 전자 · 전산관련 병과 또는 주특기를 부여받고 군복무한 사람을 말한다.
> 5. 외국인기술자에 대한 기술자격의 인정범위는 외국인 기술자의 기술자격 또는 학력 · 경력에 따라 인정하되, 그 인정기준에 관하여는 위의 제1호부터 제4호까지의 규정을 준용한다.

※ 등급 등 기록의 유지 · 관리

과학기술정보통신부장관(협회에 위탁???)은 정보통신기술자로 인정한 자의 등급 및 경력 등에 관한 기록을 유지 · 관리하여야 한다.

4. 경력수첩 발급 등

(1) 발 급

과학기술정보통신부장관(협회에 위탁)은 신청인을 정보통신기술자로 인정하면 정보통신기술자로서의 등급 및 경력 등에 관한 증명서(이하 "경력수첩"이라 한다)[30](〈붙임 19〉 서식)를 그 정보통신기술자에게 발급하여야 한다.

(2) 재 발 급

① 과학기술정보통신부장관(협회에 위탁)은 정보통신기술자 등급변경 신청인에게 제출서류의 내용이 인정되는 경우에는 경력수첩을 재발급한다.

---

30) **경력수첩 관련 입법과제**

1. 문제점

정보통신기술자의 경력수첩 및 감리원 자격증을 발급(신규, 등급상향, 분실 시 재발급 등) 받기 위해서는 협회를 방문하여야 하고, 종이형태의 수첩 및 자격증이 기재면의 한정, 오염, 분실위험, 상시소지에 따른 불편 등의 문제가 있음.

2. 해결방안

시행령을 개정하여 경력수첩 및 자격증을 전자형 경력수첩 및 자격증으로 할 수 있는 근거 신설하고 전자적 방법으로 발급할 필요가 있음.

② 과학기술정보통신부장관(협회에 위탁)은 정보통신기술자격자 경력수첩을 잃어버리거나 정보통신기술자 경력수첩이 헐어 못쓰게 되어 재발급 신청[재발급신청서(〈붙임 20〉 서식)에 정보통신기술자 경력수첩(헐어 못쓰게 된 경우에만 해당한다)을 첨부]을 받은 경우에는 정보통신기술자 경력수첩을 재발급한다.

(3) 경력확인서의 발급

과학기술정보통신부장관(협회에 위탁)은 정보통신기술자가 자신의 기술능력을 발주자 · 공사업자 및 용역업자 등에게 제시하기 위하여 그 경력확인을 요청하는 때에는 정보통신기술자 경력확인서(〈붙임 18〉 서식)를 발급할 수 있다.

❖ 과태료

거짓이나 그 밖의 부정한 방법으로 정보통신기술자의 경력수첩을 발급 또는 재발급 받은 사람 : 150만원(부과 · 징수는 중앙전파관리소장에 위임)

5. 인정교육의 실시

(1) 실시 근거

과학기술정보통신부장관은 법 제38조에 따라 정보통신기술자 등 정보통신기술인력의 효율적 활용 및 자질향상을 위하여 정보통신기술인력의 양성 및 인정교육훈련을 실시할 수 있다.

(2) 실시기관 등

① 실시기관

ⓐ 위탁근거 : 법 제69조제3항

– 과학기술정보통신부장관이 정보통신기술인력의 양성 및 인정교육훈련에 관한 업무를 협회 또는 과학기술정보통신부장관이 지정 · 고시하는 정보통신기술인력의 양성기관에 위탁할 수 있다.

ⓑ 수탁기관

ICT폴리텍대학(☞ 제7장제3절)

② 실시기관에 대한 지원

과학기술정보통신부장관은 정보통신기술인력을 안정적으로 공급하기 위하여 정보통신기술인력의 양성기관으로 지정한 기관에 대하여 교육에 드는 비용을 「방송통신발전 기본법」에 따른 '방송통신발전기금' 등에서 지원할 수 있다.

③ 기본계획의 수립

과학기술정보통신부장관은 매년 정보통신기술인력의 양성 및 교육에 대한 기본계획을 수립하여야 한다.

④ 세부시행계획의 수립

ⓐ 세부시행계획의 승인

정보통신기술인력의 양성 및 인정교육훈련 실시기관은 장관이 수립한 기본계획에 따라 정보통신기술인력의 교육에 대한 세부시행계획을 수립하여 전년도 말일까지 과학기술정보통신부장관의 승인을 받아야 한다.

ⓑ 세부시행계획에 포함할 사항

㉠ 교육의 기본방침,

㉡ 교육대상 인원,

㉢ 교육과정 및 과목,

㉣ 교육방법,

㉤ 교육기간,

㉥ 그 밖에 정보통신기술인력의 교육 실시에 관하여 필요한 사항

(3) 대상자 및 교육시기 등

① 대 상 자

ⓐ 정보통신기술자로 인정받으려는 사람

ⓑ 정보통신기술자 등급의 변경을 인정받으려는 기술자

② **교육시기** : 인정신청 전

③ **등급별 교육시간** : 다음 표와 같다.

〈 정보통신기술자 인정교육의 실시기준 〉 (영 제38조제4항 관련)

<table>
<tr><th>구분</th><th colspan="2">교육대상자</th><th>교육시간</th></tr>
<tr><td>학력 · 경력자 교육</td><td>위의 "3. 기술자의 인정기준(정보통신기술자의 자격 표)"에 따른 학력 · 경력자로서 정보통신기술자로 인정받으려는 사람</td><td>중급기술자, 초급기술자 및 기능계기술자</td><td>40시간 이상 60시간 이하</td></tr>
<tr><td>경력자 교육</td><td>위의 "3. 기술자의 인정기준(정보통신기술자의 자격 표)"에 따른 경력자로서 정보통신기술자로 인정받으려는 사람</td><td>중급기술자, 초급기술자 및 기능계기술자</td><td>56시간 이상 70시간 이하</td></tr>
<tr><td>등급변경자 교육</td><td colspan="2">위의 "3. 기술자의 인정기준(정보통신기술자의 자격 표)"에 따른 학력 · 경력자 또는 경력자로서 기술자 등급의 변경을 인정받으려는 정보통신기술자</td><td>20시간</td></tr>
<tr><td colspan="4">비 고
1. 위 표의 교육시간은 다음과 같은 실습시간이 포함되어야 한다.
– 전체 교육시간의 25% 이상
2. 정보통신기술자 인정교육의 경력자교육과정을 이수한 경우에는 학력 · 경력자교육과정을 이수한 것으로 본다.</td></tr>
</table>

(4) 교육관련 편의 제공

공사업자는 그 소속 정보통신기술인력이 위의 교육을 받는 데 필요한 편의를 제공하여야 하며, 이를 이유로 불이익한 처분을 하여서는 아니 된다.

(5) 교육 이수사항의 기록

과학기술정보통신부장관(협회에 위탁)은 정보통신기술자 인력이 교육을 받은 때에는 경력수첩에 교육이수사항을 기록하여야 한다.

※ 정보통신기술인력의 양성 등의 보고

인력양성기관은 정보통신기술인력의 양성 및 교육실시결과를 매분기 말일을 기준으로 하여 다음 달 15일 이내에 과학기술정보통신부장관에게 보고하여야 한다.(과학기술정보통신부장관이 정보통신망을 통하여 보고사항을 알 수 있는 경우에는 생략 가능).

6. 정보통신기술자의 금지사항 및 인정취소

(1) 겸직의 금지

정보통신기술자는 동시에 두 곳 이상의 공사업체에 종사할 수 없다.

❖ 과태료

동시에 두 곳 이상의 공사업체에 종사한 사람 : 300만원

❖ 업무정지

정보통신기술자가 동시에 두 곳 이상의 공사업체에 종사한 경우 : 과학기술정보통신부 장관(중앙전파관리소장에 위임)은 1년 이내의 기간을 정하여 업무정지를 명할 수 있다.

(2) 명의 대여 등 금지

정보통신기술자는 다른 사람에게 자기의 성명을 사용하여 용역 또는 공사를 하게 하거나 경력수첩을 빌려 주어서는 아니 된다.

❖ 벌 칙

경력수첩을 빌려 준 사람 또는 다른 사람의 경력수첩을 빌려서 사용한 사람 : 1년 이하의 징역 또는 1천만 원 이하의 벌금

❖ 업무정지

다른 사람에게 자기 성명을 사용하여 용역 또는 공사를 하게 하거나 경력수첩을 빌려준 경우 : 과학기술정보통신부장관(중앙전파관리소장에 위임)은 1년 이내의 기간을 정하여 업무정지를 명할 수 있다.

(3) 정보통신기술자의 인정취소

과학기술정보통신부장관(협회에 위탁)은 정보통신기술자에게 다음의 자격취소 사유가 있는 경우에는 그 인정을 취소한다.

① **취소 사유**

ⓐ 거짓이나 그 밖의 부정한 방법으로 정보통신기술자의 자격을 인정받은 사람

ⓑ 「국가기술자격법」에 따라 해당 국가기술자격이 취소된 사람

② **청 문**

과학기술정보통신부장관(협회에 위탁)은 정보통신기술자의 인정취소 처분을 하려면 청문을 하여야 한다.

제3장 공사의 설계 및 감리

제1절 공사의 설계

1. 설 계 란

"설계"란 정보통신공사(「건축사법」 제4조에 따른 건축물의 건축 등은 제외한다)[31] 에 관한 계획서, 설계도면, 설계설명서, 공사비명세서, 기술계산서 및 이와 관련된 서류(이하 "설계도서"라 한다)를 작성하는 행위를 말한다.

2. 설계의 발주

(1) 설계 발주의 원칙

발주자는 용역업자에게 공사의 설계를 발주하여야 한다.

벌 칙

용역업자 외의 자에게 공사의 설계를 발주한 자 : 500만 원 이하의 벌금

(2) 용역업자에의 발주의 예외

설계는 용역업자에게 발주해야 하는 것이 원칙이지만 다음의 공사는 예외로 한다.

---

31) **설계범위 관련 입법과제(제2장제3절 감리원에 내한 설명과 통일)**

1. **문제점**
   - ○ 설계의 정의 중, 정보통신공사의 범위에서 "건축사법 제4조에 따른 건축물의 건축 등은 제외한다."라고 하고 있어, 건축물 내의 정보통신공사의 설계는 건축사만 하도록 하고 있음.
   - ○ 이에 따라 건축물 내외에 따라 설계자가 달라지는 문제점이 있고, 정보통신공사의 설계를 전문으로 하는 정보통신공사업법상의 용역업자가 건물내의 정보통신공사 설계는 원청인 건축사로부터 저가에 하청을 받아서 해야 하는 문제점이 있음.
2. **해결방안**

   건축물 내의 정보통신공사 설계를 정보통신공사업법상의 용역업자 만이 할 수 있도록 하거나 최소한 건축사 외에 정보통신공사업법에 의한 용역업자도 설계를 할 수 있도록 설계의 정의에서 괄호부분을 삭제할 필요가 있음.

① 다음의 경미한 공사

경 미 한 공 사
1. 간이무선국·아마추어국 및 실험국의 무선설비설치공사 2. 연면적(둘 이상의 건축물에 설비를 연결하여 설치하는 경우에는 각 건축물의 연면적 합계를 말한다. 이하 같다) 1천 제곱미터 이하의 건축물의 자가 유선방송설비·구내방송설비 및 폐쇄회로 텔레비전의 설비공사 3. 건축물에 설치되는 5회선 이하의 구내통신선로 설비공사 4. 라우터(네트워크 연결장치) 또는 허브의 증설을 수반하지 않는 5회선 이하의 근거리통신망(LAN)선로의 증설공사 5. 다음 각 목의 공사로서 「소프트웨어 진흥법」 제48조제2항에 따라 중소 소프트웨어사업자만 참여하는 공사[6회선 이상의 근거리통신망(LAN)선로설비공사는 제외한다] 가. 서버·백업장비·주변기기 등 전산장비(이하 "전산장비"라 한다)의 설치공사 및 유지보수 나. 전산장비의 교체공사 다. 주전산장치의 성능향상을 위한 주변기기의 설치공사 라. 연면적 1천 제곱미터 이하의 건축물에 설치되는 공사로서 구내통신선로설비·방송설비·경비보안설비와 연계되지 아니하는 정보시스템 구축공사 마. 하드웨어구입비를 제외한 전체사업비 중 소프트웨어 관련비(소프트웨어개발비·소프트웨어유지보수비·데이터베이스구축비 등)의 비중이 80% 이상인 정보시스템 구축공사 6. 군 및 경찰의 긴급작전을 위한 공사로서 과학기술정보통신부장관이 관계 중앙행정기관의 장과 협의하여 정하는 공사 7. 다음 각 목의 공사로서 과학기술정보통신부장관이 정하여 고시하는 공사 가. 정보통신설비의 단말기, 차량용 전화 등의 설치 또는 증설공사 나. 무선통신설비의 이전·변경·증설 또는 대체 등의 공사 다. 자기의 정보통신설비의 유지·보수공사 8. 제1호부터 제4호까지, 제7호 가목 및 나목의 공사와 유사한 기술수준의 공사로서 과학기술정보통신부장관이 정하여 고시(「과학기술정보통신부고시」제2017-7호, 2017. 8.24.)한 다음의 공사 (1) 정보통신설비의 단말기, 차량용전화 등의 설치 또는 증설공사로서 다음에

해당하는 경우

가. 방송통신기자재등의 적합성평가에 관한 고시 제3조에 따른 적합인증 또는 적합등록 대상 기자재 중 단말기의 설치 또는 증설

나. 「방송법」 제79조의 규정에 의한 중계유선방송·음악유선방송을 행하기 위한 유선방송설비의 개·대체(주전송장치 및 수신공중선계, 전송선로설비, 인입선을 포함한 구내전송선로설비 제외)

다. 개인용컴퓨터 및 프린터기등 주변기기의 설치 또는 증설

라. 차량용전화기 및 부대설비의 설치 또는 증설

마. 「방송법」 제9조제1항에 따른 일반위성방송사업자의 방송신호를 수신하기 위한 개별형 위성방송수신설비의 설치

(2) 무선통신설비의 이전·변경·증설 또는 대체 등의 공사로서 다음에 해당하는 경우

가. 방송국연주소 조정장치의 변경

나. 방송국에 부수된 고정국 및 기지국의 무선기기의 대체

다. 육상이동국의 기기의 대체 또는 이전

라. 항공기국의 설비대체 또는 이전

마. 송신기의 주파수 변경 또는 주파수 추가(회로정수를 변경하지 않는 경우에 한함)

바. 초단파대 이상의 공중선의 대체(이동하는 무선국의 공중선에 한함)

(3) 자기의 정보통신설비의 유지·보수공사로서 다음에 해당하는 경우

가. 「정보통신공사업법시행령」별표6의 기술계 정보통신기술자를 배치하여 자기의 정보통신설비를 유지·보수하는 경우

나. 「전파법」제71조의 규정에 따라 무선종사자를 배치하여 자기의 정보통신설비를 유지·보수공사하는 경우

② 천재 · 지변 또는 비상재해로 인한 긴급복구공사 및 그 부대공사

③ 정보통신공사의 종류 중 통신선로설비공사의 통신구설비공사

④ 기존 설비를 교체하는 공사로서 설계도면의 새로운 작성이 불필요한 공사

⑤ 다음의 공사로서 기술계 정보통신기술자인 발주자의 소속직원이 관계 법령에 따라 설계하는 공사의 경우에도 아래 ⓑ의 조건하에 용역업자에게 발주하지 아니할 수 있다.

ⓐ 다음의 공사

㉠ 국방 및 국가안보 등과 관련하여 기밀유지가 요구되는 공사

㉡ 다음 기관이 시행하는 공사

❶ 국가 및 지방자치단체

❷ 「지방공기업법」에 따른 지방공사

❸ 그 밖에 정보통신 관련 공공기관으로서 과학기술정보통신부장관이 정하여 고시하는 기관

㉢ 위의 ㉠ 및 ㉡에 따른 공사 외의 공사로서 총 공사금액(도급금액에 발주자가 공급하는 자재비를 포함한 금액을 말한다. 이하 같다)이 1억 원 미만인 공사

ⓑ 조 건

소속직원은 설계하려는 공사규모에 해당하는 다음에 기준에 적합한 기술등급을 보유하여야 한다.

㉠ 총공사금액 100억 원 이상 공사 : 특급기술자(기술사 자격을 가진 자로 한정한다)

㉡ 총공사금액 70억 원 이상 100억 원 미만인 공사 : 특급기술자

㉢ 총공사금액 30억 원 이상 70억 원 미만인 공사 : 고급기술자 이상의 기술자

㉣ 총공사금액 5억 원 이상 30억 원 미만인 공사 : 중급기술자 이상의 기술자

㉤ 총공사금액 5억 원 미만의 공사: 초급기술자 이상의 기술자

3. 설계의 기술기준 등

(1) 기술기준의 준수

정보통신공사를 설계하는 자는 다음의 기술기준에 적합하게 설계하여야 한다.

① 「방송통신발전 기본법」 제28조제1항에 따른 기술기준

② 「전기통신사업법」 제61조, 제68조제2항, 제69조제2항 및 제69조의2제2항에 따른 기술기준

③ 「전파법」 제37조제1항, 제45조, 제47조, 제47조의2제1항 · 제2항 및 제47조의3제1항에 따른 기술기준

④ 「방송법」 제79조제1항에 따른 기술기준

⑤ 「건축법 시행령」 제87조제5항 및 「주택건설기준 등에 관한 규정」 제32조, 제32조의2, 제39조 및 제42조에 따른 기술기준

⑥ 다른 법령에서 공사의 설계 등과 관련하여 과학기술정보통신부장관이 정하도록 한 기술기준이나 표준

❖ 벌 칙

기술기준을 위반하여 설계 또는 감리를 한 자 : 500만 원 이하의 벌금. 이 경우 양벌규정[32]이 적용되어 그 행위자 외에 그 법인 또는 개인에게도 벌금이 부과됨.

(2) 서명 또는 기명날인

설계도서를 작성한 자는 그 설계도서에 서명 또는 기명날인하여야 한다.

❖ 과태료

설계도서에 서명 또는 기명날인하지 아니한 자 : 100만 원(부과 · 징수는 중앙전파관리소장에 위임)

(3) 설계도서의 보관의무

공사의 설계도서는 다음 기준에 따라 보관하여야 한다.

① 공사의 목적물의 소유자

ⓐ 공사에 대한 실시 · 준공 설계도서를 공사의 목적물이 폐지될 때까지

---

32) **법 제77조(양벌규정)** 법인의 대표자나 법인 또는 개인의 대리인, 사용인, 그 밖의 종업원이 그 법인 또는 개인의 업무에 관하여 제74조부터 제76조까지의 어느 하나에 해당하는 위반행위를 하면 그 행위자를 벌하는 외에 그 법인 또는 개인에게도 해당 조문의 벌금형을 과(科)한다. 다만, 법인 또는 개인이 그 위반행위를 방지하기 위하여 해당 업무에 관하여 상당한 주의와 감독을 게을리 하지 아니한 경우에는 그러하지 아니하다(이하 같음).

보관

ⓑ 소유자가 보관하기 어려운 사유가 있을 때에는 관리주체가 보관

ⓒ 시설교체 등으로 실시 · 준공설계도서가 변경된 경우에는 변경된 후의 실시 · 준공설계도서를 보관

② 공사를 설계한 용역업자

본인이 작성 또는 제공 한 실시설계도서를 해당 공사가 준공된 후 5년간 보관

③ 공사를 감리한 용역업자

본인이 감리한 공사의 준공설계도서를 하자담보책임기간이 종료될 때까지 보관

제2절 공사의 감리

1. 감 리 란

"감리"란 정보통신공사(「건축사법」 제4조에 따른 건축물의 건축 등은 제외한다)[33] 에 대하여 발주자의 위탁을 받은 용역업자가 설계도서 및 관련 규정의 내용대로 시공되는지를 감독하고, 품질관리 · 시공관리 및 안전관리에 대한 지도 등에 관한 발주자의 권한을 대행하는 것을 말한다.

2. 감리의 발주

(1) 감리 발주의 원칙

발주자는 용역업자에게 공사의 감리를 발주하여야 한다.

❖ 벌 칙

용역업자 이외의 자에게 발주한 자 : 500만 원 이하의 벌금

(2) 용역업자에의 감리 발주의 예외

감리는 용역업자에게 발주해야 하는 것이 원칙이지만 다음의 공사는 예

---

33) **감리범위 관련 입법과제(제2장제3절 감리원에 대한 설명과 동일)**

1. **문 제 점**
   - ㅇ 정보통신공사의 설계에서와 마찬가지로 감리의 범위에서도 "건축사법 제4조에 따른 건축물의 건축 등은 제외한다."라고 하고 있어, 건축물 내의 정보통신공사의 감리는 건축사만 하도록 하고 있음.
   - ㅇ 이에 따라 건축물 내외에 따라 감리자가 달라지는 문제점이 있고, 정보통신공사의 감리를 전문으로 하는 정보통신공사업법상의 용역업자가 건물내의 정보통신공사 감리는 못하거나 원청인 건축사로부터 저가에 하청을 받아서 해야 하는 문제점이 있음.
2. **해결방안**

   건축물 내의 정보통신공사 감리를 정보통신공사업법상의 용역업자만이 할 수 있도록 하거나 최소한 건축사 외에 정보통신공사업법상의 용역업자도 할 수 있도록 감리의 정의에서 괄호부분을 삭제할 필요가 있음.

외로 한다.

① 경미한 공사 등

ⓐ 다음의 경미한 공사

경 미 한 공 사
1. 간이무선국·아마추어국 및 실험국의 무선설비설치공사
2. 연면적(둘 이상의 건축물에 설비를 연결하여 설치하는 경우에는 각 건축물의 연면적 합계를 말한다. 이하 같다) 1천 제곱미터 이하의 건축물의 자가 유선방송설비·구내방송설비 및 폐쇄회로 텔레비전의 설비공사
3. 건축물에 설치되는 5회선 이하의 구내통신선로 설비공사
4. 라우터(네트워크 연결장치) 또는 허브의 증설을 수반하지 않는 5회선 이하의 근거리통신망(LAN)선로의 증설공사
5. 다음 각 목의 공사로서 「소프트웨어 진흥법」 제48조제2항에 따라 중소 소프트웨어사업자만 참여하는 공사[6회선 이상의 근거리통신망(LAN)선로설비공사는 제외한다]
가. 서버·백업장비·주변기기 등 전산장비(이하 "전산장비"라 한다)의 설치공사 및 유지보수
나. 전산장비의 교체공사
다. 주전산장치의 성능향상을 위한 주변기기의 설치공사
라. 연면적 1천 제곱미터 이하의 건축물에 설치되는 공사로서 구내통신선로설비·방송설비·경비보안설비와 연계되지 아니하는 정보시스템 구축공사
마. 하드웨어구입비를 제외한 전체사업비 중 소프트웨어 관련비(소프트웨어개발비·소프트웨어유지보수비·데이터베이스구축비 등)의 비중이 80% 이상인 정보시스템 구축공사
6. 군 및 경찰의 긴급작전을 위한 공사로서 과학기술정보통신부장관이 관계 중앙행정기관의 장과 협의하여 정하는 공사
7. 다음 각 목의 공사로서 과학기술정보통신부장관이 정하여 고시하는 공사
가. 정보통신설비의 단말기, 차량용 전화 등의 설치 또는 증설공사
나. 무선통신설비의 이전·변경·증설 또는 대체 등의 공사
다. 자기의 정보통신설비의 유지·보수공사
8. 제1호부터 제4호까지, 제7호 가목 및 나목의 공사와 유사한 기술수준의 공사로서

과학기술정보통신부장관이 정하여 고시(「과학기술정보통신부고시」 제2017-7호, 2017. 8.24.)한 다음의 공사

(1) 정보통신설비의 단말기, 차량용전화 등의 설치 또는 증설공사로서 다음에 해당하는 경우

가. 방송통신기자재등의 적합성평가에 관한 고시 제3조에 따른 적합인증 또는 적합등록 대상 기자재 중 단말기의 설치 또는 증설

나. 「방송법」 제79조의 규정에 의한 중계유선방송·음악유선방송을 행하기 위한 유선방송설비의 개·대체(주전송장치 및 수신공중선계, 전송선로설비, 인입선을 포함한 구내전송선로설비 제외)

다. 개인용컴퓨터 및 프린터기등 주변기기의 설치 또는 증설

라. 차량용전화기 및 부대설비의 설치 또는 증설

마. 「방송법」 제9조제1항에 따른 일반위성방송사업자의 방송신호를 수신하기 위한 개별형 위성방송수신설비의 설치

(2) 무선통신설비의 이전·변경·증설 또는 대체 등의 공사로서 다음에 해당하는 경우

가. 방송국연주소 조정장치의 변경

나. 방송국에 부수된 고정국 및 기지국의 무선기기의 대체

다. 육상이동국의 기기의 대체 또는 이전

라. 항공기국의 설비대체 또는 이전

마. 송신기의 주파수 변경 또는 주파수 추가(회로정수를 변경하지 않는 경우에 한함)

바. 초단파대 이상의 공중선의 대체(이동하는 무선국의 공중선에 한함)

(3) 자기의 정보통신설비의 유지·보수공사로서 다음에 해당하는 경우

가. 「정보통신공사업법시행령」별표6의 기술계 정보통신기술자를 배치하여 자기의 정보통신실비를 유지·보수하는 경우

나. 「전파법」제71조의 규정에 따라 무선종사자를 배치하여 자기의 정보통신설비를 유지·보수공사하는 경우

ⓑ 천재 · 지변 또는 비상재해로 인한 긴급복구공사 및 그 부대공사

ⓒ 정보통신공사의 종류 중 통신선로설비공사의 통신구설비공사

ⓓ 기존 설비를 교체하는 공사로서 설계도면의 새로운 작성이 불필요한 공사

ⓔ 「전기통신사업법」에 따른 전기통신사업자가 전기통신역무를 제공하기 위한 공사로서 총공사금액이 1억 원 미만인 공사

ⓕ 철도, 도시철도, 도로, 방송, 항만, 항공, 송유관, 가스관, 상·하수도 설비의 정보제어 등 안전·재해예방 및 운용·관리를 위한 공사로서 총공사금액이 1억 원 미만인 공사

ⓖ 6층 미만으로서 연면적 5천 제곱미터 미만의 건축물(정보통신설비가 설치되는 지하층, 축사, 창고 및 차고, 그 밖에 이와 유사한 공작물 또는 건축물은 건축물의 층수 및 연면적의 계산에 포함한다)에 설치되는 정보통신설비의 설치공사. 다만, 다음 공사는 제외한다.

㉠ 「전기통신사업법」에 따른 전기통신사업자가 전기통신역무를 제공하기 위한 공사로서 총공사금액이 1억 원 이상인 공사

㉡ 철도·도시철도·도로·방송·항만·항공·송유관·가스관·상하수도 설비의 정보제어 등 안전·재해예방 및 운용·관리를 위한 공사로서 총공사금액이 1억 원 이상인 공사

ⓗ 교체되는 기존 설비 외의 신설 부분이 위 ⓐ의 '경미한 공사'의 범위에 해당되는 공사

ⓘ 그 밖에 공중의 통신에 영향을 미치지 아니하는 정보통신설비의 설치공사로서 과학기술정보통신부장관이 정하여 고시하는 공사

② 소속 직원이 감리하는 경우

ⓐ 대상 공사

다음의 공사로서 공사업법에 따른 감리원 자격이 있는 발주자의 소속 직원이 아래 ⓑ의 조건하에 관계법령에 따라 감리하는 공사의 경우.

㉠ 국방 및 국가안보 등과 관련하여 기밀유지가 요구되는 공사

㉡ 다음 기관이 시행하는 공사

❶ 국가 및 지방자치단체

❷ 「지방공기업법」에 따른 지방공사

❸ 그 밖에 정보통신 관련 공공기관으로서 과학기술정보통신부장관이 정하여 고시하는 기관

ⓑ 조 건

소속직원은 감리하려는 공사규모에 해당하는 다음의 기준에 적합한 감리원 등급을 보유하여야 한다.

㉠ 총공사금액 100억 원 이상 공사 : 특급감리원(기술사 자격을 가진 자로 한정한다)

㉡ 총공사금액 70억 원 이상 100억 원 미만인 공사 : 특급감리원

㉢ 총공사금액 30억 원 이상 70억 원 미만인 공사 : 고급감리원 이상의 감리원

㉣ 총공사금액 5억 원 이상 30억 원 미만인 공사 : 중급감리원 이상의 감리원

㉤ 총공사금액 5억 원 미만의 공사 : 초급감리원 이상의 감리원

3. 공사업자의 감리 제한

다음에 해당하는 공사에 관하여는 공사업자는 공사와 감리를 함께 할 수 없다.

(1) 공사업자와 용역업자가 동일인인 공사

(2) 공사업자와 용역업자가 다음의 어느 하나의 관계에 해당하는 공사

① 대통령령으로 정하는 모회사(母會社)와 자회사(子會社)의 관계인 경우[34]

---

34) 「**독점규제 및 공정거래에 관한 법률**」 제2조제11호(2021.12.30.개정 · 시행에 따라 제2호가 제11호로 변경됨)에 해당하는 경우를 말한다.

1. 「독점규제 및 공정거래에 관한 법률」 제2조제11호

11. "기업집단"이란 동일인이 다음 각 목의 구분에 따라 **대통령령**으로 정하는 기준에 따라 사실상 그 사업내용을 지배하는 회사의 집단을 말한다.

가. 동일인이 회사인 경우: 그 동일인과 그 동일인이 지배하는 하나 이상의 회사의 집단

나. 동일인이 회사가 아닌 경우: 그 동일인이 지배하는 둘 이상의 회사의 집단

2. 「독점규제 및 공정거래에 관한 법률 **시행령**」 **제4조**

제4조(기업집단의 범위) 법 제2조제11호 각 목 외의 부분에서 "대통령령으로 정하는 기준에 따라 사실상 그 사업내용을 지배하는 회사"란 다음 각 호의 회사를 말한다.

1. 동일인이 단독으로 또는 다음 각 목의 자(이하 "동일인관련자"라 한다)와 합하여 해당 회사의 발행주식(「상법」 제344조의3제1항에 따른 의결권 없는 주식은 제외한다. 이하 이 조, 제5조, 제33조제2항 및 제34조제2항에서 같다)총수의 100분의 30 이상을 소유하는

② 법인과 그 법인의 임직원의 관계인 경우

③ 「민법」 제777조[35]에 따른 친족관계인 경우

❖ 벌 칙

법을 위반하여 공사와 감리를 함께 한 자 : 3년 이하의 징역 또는 2,000만 원 이하의 벌금.

경우로서 최다출자자인 회사

가. 배우자, 6촌 이내의 혈족, 4촌 이내의 인척(이하 "친족"이라 한다)

나. 동일인이 단독으로 또는 동일인관련자와 합하여 총출연금액의 100분의 30 이상을 출연한 경우로서 최다출연자이거나 동일인 및 동일인관련자 중 1인이 설립자인 비영리법인 또는 단체(법인격이 없는 사단 또는 재단으로 한정한다. 이하 같다)

다. 동일인이 직접 또는 동일인관련자를 통해 임원의 구성이나 사업운용 등에 지배적인 영향력을 행사하고 있는 비영리법인 또는 단체

라. 동일인이 이 호 또는 제2호에 따라 사실상 사업내용을 지배하는 회사

마. 동일인 및 동일인과 나목부터 라목까지의 관계에 있는 자의 사용인(법인인 경우에는 임원, 개인인 경우에는 상업사용인 및 고용계약에 따른 피고용인을 말한다)

2\. 다음 각 목의 회사로서 동일인이 해당 회사의 경영에 대해 지배적인 영향력을 행사하고 있다고 인정되는 회사

가. 동일인이 다른 주요 주주와의 계약 또는 합의에 따라 대표이사를 임면한 회사 또는 임원의 100분의 50 이상을 선임하거나 선임할 수 있는 회사

나. 동일인이 직접 또는 동일인관련자를 통해 해당 회사의 조직변경 또는 신규사업에 대한 투자 등 주요 의사결정이나 업무집행에 지배적인 영향력을 행사하고 있는 회사

다. 동일인이 지배하는 회사(동일인이 회사인 경우에는 동일인을 포함한다. 이하 이 목에서 같다)와 해당 회사 간에 다음의 경우에 해당하는 인사교류가 있는 회사

1) 동일인이 지배하는 회사와 해당 회사 간에 임원의 겸임이 있는 경우

2) 동일인이 지배하는 회사의 임직원이 해당 회사의 임원으로 임명되었다가 동일인이 지배하는 회사로 복직하는 경우(동일인이 지배하는 회사 중 당초의 회사가 아닌 다른 회사로 복직하는 경우를 포함한다)

3) 해당 회사의 임원이 동일인이 지배하는 회사의 임직원으로 임명되었다가 해당 회사 또는 해당 회사의 계열회사로 복직하는 경우

라. 동일인 또는 동일인관련자와 해당 회사 간에 통상적인 범위를 초과하여 자금 · 자산 · 상품 · 용역 등의 거래 또는 채무보증이 있는 회사

마. 그 밖에 해당 회사가 동일인의 기업집단의 계열회사로 인정될 수 있는 영업상의 표시행위를 하는 등 사회통념상 경제적 동일체로 인정되는 회사

35) **제777조(친족의 범위)** 친족관계로 인한 법률상 효력은 이 법 또는 다른 법률에 특별한 규정이 없는 한 다음 각호에 해당하는 자에 미친다.

1\. 8촌 이내의 혈족

2\. 4촌 이내의 인척

3\. 배우자

4. 감리원의 감리 및 배치신고

(1) 감리원 감리 원칙

공사의 감리를 발주 받은 용역업자는 감리원에게 그 공사에 대하여 감리를 하게 하여야 한다.

❖ 벌 칙

감리원이 아닌 사람에게 감리를 하게 한 자 : 1년 이하의 징역 또는 1,000만 원 이하의 벌금

(2) 감리원 배치 신고

① 신 고

ⓐ 신 고 자

공사의 감리를 발주 받은 용역업자가 감리원을 배치(배치된 감리원을 교체하는 경우를 포함한다)하는 경우

ⓑ 신고절차

발주자의 확인을 받은 후

ⓒ 신고기한

해당 공사를 시작한 날부터 30일 이내(해당 공사가 30일 이내에 완료되는 경우에는 해당 공사가 완료되기 전)

ⓓ 신고서류

㉠ 감리원 배치현황 신고서(전자문서를 포함한다)(〈붙임 21〉 서식)

㉡ 감리원 배치계획서(발주자의 확인을 받은 것)

㉢ 공사감리용역계약서 사본

㉣ 감리원의 등급을 증명하는 서류

㉤ 공사 현장 간 거리도면(영 제8조의3제3항제1호나목에 따른 공사〈공사현장 간의 직선거리가 20킬로미터 이내인 지역에서 행해지는 동일한 종류의 공사〉 감리를 하는 경우로 한정한다)

ⓔ 신고할 곳

특별시장 · 광역시장 · 특별자치시장 · 도지사 또는 특별자치도지사(이하 "시 · 도지사"라 한다)

❖ 과태료

감리원 배치현황을 신고하지 아니한 자 : 150만 원(과태료의 부과 · 징수는 중앙전파관리소장에 위임)

② 시·도지사의 확인

신고를 받은 시 · 도지사는 「전자정부법」 제36조제1항에 따른 행정정보의 공동이용을 통하여 다음의 서류를 확인한다. 다만, 신청인이 확인에 동의하지 않는 경우에는 해당 서류를 첨부하도록 해야 한다.

ⓐ 감리원의 국민연금가입자 가입증명 또는 건강보험 자격득실 확인서(영 제8조제2항에 따라 공사감리를 하는 경우〈감리원 자격이 있는 발주자의 소속직원이 관계 법령에 따라 감리하는 공사〉로 한정한다)

ⓑ 용역업자임을 증명하는 등록(신고)증

③ 배치확인서의 발급

시 · 도지사는 감리원 배치현황을 신고한 자가 감리원 배치확인서(〈붙임 22〉 서식)의 발급을 신청하는 경우에는 이를 발급하여야 한다.

5. 감리원의 업무와 배치기준

(1) 감리원의 기준 준수

감리원은 설계도서 및 관련 규정에 적합하게 공사를 감리하여야 한다.

(2) 감리원의 업무범위

① 공사계획 및 공정표의 검토

② 공사업자가 작성한 시공 상세도면의 검토 · 확인

③ 설계도서와 시공도면의 내용이 현장조건에 적합한지 여부와 시공가능

성 등에 관한 사전검토

④ 공사가 설계도서 및 관련규정에 적합하게 행해지고 있는지에 대한 확인

⑤ 공사 진척 부분에 대한 조사 및 검사

⑥ 사용자재의 규격 및 적합성에 관한 검토·확인

⑦ 재해예방대책 및 안전관리의 확인

⑧ 설계변경에 관한 사항의 검토·확인

⑨ 하도급에 대한 타당성 검토

⑩ 준공도서의 검토 및 준공확인

(3) 감리원의 배치기준

용역업자는 다음의 기준에 따른 감리원을 공사가 시작하기 전에 1명 배치해야 한다. 이 경우 용역업자는 전체 공사기간 중 발주자와 합의한 기간(공사가 중단된 기간은 제외한다)에는 해당 감리원을 공사 현장에 상주하도록 배치하여야 한다.

① 총공사금액 100억 원 이상 공사 : 특급감리원(기술사 자격을 가진 자로 한정한다)

② 총공사금액 70억 원 이상 100억 원 미만인 공사 : 특급감리원

③ 총공사금액 30억 원 이상 70억 원 미만인 공사 : 고급감리원 이상의 감리원

④ 총공사금액 5억 원 이상 30억 원 미만인 공사 : 중급감리원 이상의 감리원

⑤ 총공사금액 5억 원 미만의 공사 : 초급감리원 이상의 감리원

❖ 벌 칙

감리원 배치기준을 위반하여 공사의 감리를 발주하거나 감리원을 배치한 자 : 500만 원 이하의 벌금.

(4) 배치내용의 통지 등

① 배치내용의 통지

용역업자가 감리원을 배치한 때에는 그 배치내용을 해당 공사의 발주자에게 통지해야 한다.

② 교체의 승인

배치된 감리원을 교체하려는 경우에는 미리 발주자의 승인을 받아야 한다.

6. 용역업자의 감리 관련 의무

(1) 1감리원 1공사 감리

① 원 칙

용역업자는 1명의 감리원에게 둘 이상의 공사를 감리하게 해서는 안 된다.

② 예 외

다음에 해당하는 공사로서 발주자의 승낙을 얻은 경우에는 둘 이상의 공사를 감리하게 할 수 있다.

ⓐ 총공사금액이 2억 원 미만의 공사로서 다음에 해당하는 공사

㉠ 동일한 시(특별시 · 광역시 및 특별자치시를 포함한다) · 군에서 행해지는 동일한 종류의 공사

㉡ 공사 현장 간의 직선거리가 20킬로미터 이내인 지역에서 행해지는 동일한 종류의 공사

ⓑ 이미 시공 중에 있는 공사의 현장에서 새로이 행해지는 동일한 종류의 공사

(2) 공사금액 변경 시의 감리원 배치

① 원 칙

용역업자는 감리원을 배치한 이후에 설계변경 또는 물가변동 등의 사유

로 총공사금액이 변경되는 경우에는 변경된 총공사금액에 적합하게 감리원을 배치하여야 한다.

② **예 외**

최초 총공사금액의 100분의 10 미만의 범위에서 변경되는 경우에는 기존에 배치된 감리원에게 감리업무를 계속 수행하게 할 수 있다.

(3) 감리원 이탈 시의 조치

용역업자는 감리원이 감리업무의 수행기간 중 관계법령에 따른 교육을 받거나 질병 또는 유급휴가로 현장을 이탈하게 되는 경우에는 감리업무에 지장이 없도록 필요한 조치를 하여야 한다.

(4) 추가배치 감리원의 산정기준

용역업자는 감리원을 배치하려는 경우 발주자와 합의하여 감리원이 공사현장에 상주해야 하는 기간 및 추가로 배치하려는 감리원 수를 산정할 때 다음의 기준을 이용할 수 있다.

① 법 제6조제3항제2호에 따른 감리업무 수행기준(정보통신공사 감리업무 수행기준, 2020.1.7. 과기부)

② 「엔지니어링산업 진흥법」 제31조제2항에 따른 엔지니어링사업의 대가 산정기준(표준품셈 등을 말함)

7. 감리원의 재시공 명령 등

(1) 재시공 명령 등

① **감리원의 명령 등**

감리원은 공사업자가 설계도서 및 관련 규정의 내용에 적합하지 아니하게 해당 공사를 시공하는 경우에는 발주자의 동의를 받아 재시공 또는 공사 중지명령이나 그 밖에 필요한 조치를 할 수 있다.

② **공사업자의 수용**

감리원으로부터 재시공 또는 공사 중지명령이나 그 밖에 필요한 조치에 관한 지시를 받은 공사업자는 특별한 사유가 없으면 이에 따라야 한다.

(2) **감리원에 대한 시정조치 등**

① **발주자의 시정지시**

발주자는 감리원이 업무를 성실하게 수행하지 아니하여 공사가 부실하게 될 우려가 있을 때에는 시정지시를 할 수 있다.

② **감리원 변경 요구**

ⓐ 발주자의 요구 : 발주자는 감리원이 시정지시를 이행하지 않을 경우 용역업자에게 감리원의 변경을 요구할 수 있다.

ⓑ 용역업자의 수용 : 감리원 변경 요구가 있는 때에 용역업자는 정당한 사유가 없는 한 그 요구에 응하여야 한다.

8. 감리결과의 통보

(1) **통보자 및 통보시기 등**

① 통보자 : 공사의 감리를 발주 받은 용역업자

② 통보 상대방 : 발주자

③ 통보시기 : 공사에 대한 감리를 끝냈을 때에 공사가 완료된 날부터 7일 이내

④ 통보방법 : 서면(〈붙임 23〉 서식)

(2) **통보내용**

다음 사항이 포함된 감리결과

① 착공일 및 완공일

② 공사업자의 성명

③ 시공 상태의 평가결과(〈붙임 24〉 서식)

④ 사용자재의 규격 및 적합성 평가결과(〈붙임 25〉 서식)

⑤ 정보통신기술자배치의 적정성 평가결과(〈붙임 26〉 서식)

❖ 과태료

감리 결과의 통보를 하지 아니한 자 : 200만 원(부과 · 징수는 중앙전파관리소장에 위임)

제4장 공사의 도급 및 시공

제1절 총 설

1. 도급이란

(1) 도급의 정의

"도급"이란 원도급(原都給), 하도급, 위탁, 그 밖에 명칭이 무엇이든 공사를 완공할 것을 약정하고, 발주자가 그 일의 결과에 대하여 대가를 지급할 것을 약정하는 계약을 말한다.

(2) 발주자의 정의

"발주자"란 공사 또는 용역을 공사업자 또는 용역업자에게 도급하는 자를 말한다. 다만, 수급인(受給人)으로서 도급받은 공사를 하도급(下都給)하는 자는 제외한다.

(3) 수급인의 정의

"수급인"이란 발주자로부터 공사를 도급받은 공사업자를 말한다.

2. 도급 및 시공의 원칙과 예외

(1) 공사업자의 도급 및 시공

공사(工事)는 정보통신공사업자(이하 "공사업자"라 한다)가 아니면 도급받거나 시공할 수 없다.

(2) 공사업자 도급 및 시공의 예외

다음에 해당하는 공사는 정보통신공사업자가 아니어도 도급받거나 시공할 수 있다.

① 기간통신사업자의 직접 시공

「전기통신사업법」 제6조에 따라 과학기술정보통신부장관에게 등록한

기간통신사업자가 등록한 역무를 수행하기 위하여 공사를 직접 시공(도급하는 경우는 제외한다)하는 경우

② 다음의 '경미한 공사'를 도급받거나 시공하는 경우

경 미 한 공 사
1. 간이무선국·아마추어국 및 실험국의 무선설비설치공사 2. 연면적(둘 이상의 건축물에 설비를 연결하여 설치하는 경우에는 각 건축물의 연면적 합계를 말한다. 이하 같다) 1천 제곱미터 이하의 건축물의 자가 유선방송설비·구내방송설비 및 폐쇄회로 텔레비전의 설비공사 3. 건축물에 설치되는 5회선 이하의 구내통신선로 설비공사 4. 라우터(네트워크 연결장치) 또는 허브의 증설을 수반하지 않는 5회선 이하의 근거리통신망(LAN)선로의 증설공사 5. 다음 각 목의 공사로서 「소프트웨어 진흥법」 제48조제2항에 따라 중소 소프트웨어사업자만 참여하는 공사[6회선 이상의 근거리통신망(LAN)선로설비공사는 제외한다] 가. 서버·백업장비·주변기기 등 전산장비(이하 "전산장비"라 한다)의 설치공사 및 유지보수 나. 전산장비의 교체공사 다. 주전산장치의 성능향상을 위한 주변기기의 설치공사 라. 연면적 1천 제곱미터 이하의 건축물에 설치되는 공사로서 구내통신선로설비·방송설비·경비보안설비와 연계되지 아니하는 정보시스템 구축공사 마. 하드웨어구입비를 제외한 전체사업비 중 소프트웨어 관련비(소프트웨어개발비·소프트웨어유지보수비·데이터베이스구축비 등)의 비중이 80% 이상인 정보시스템 구축공사 6. 군 및 경찰의 긴급작전을 위한 공사로서 과학기술정보통신부장관이 관계 중앙행정기관의 장과 협의하여 정하는 공사 7. 다음 각 목의 공사로서 과학기술정보통신부장관이 정하여 고시하는 공사 가. 정보통신설비의 단말기, 차량용 전화 등의 설치 또는 증설공사 나. 무선통신설비의 이전·변경·증설 또는 대체 등의 공사 다. 자기의 정보통신설비의 유지·보수공사 8. 제1호부터 제4호까지, 제7호 가목 및 나목의 공사와 유사한 기술수준의 공사로서

과학기술정보통신부장관이 정하여 고시(「과학기술정보통신부고시」 제2017-7호, 2017. 8.24.)한 다음의 공사

(1) 정보통신설비의 단말기, 차량용전화 등의 설치 또는 증설공사로서 다음에 해당하는 경우

가. 방송통신기자재등의 적합성평가에 관한 고시 제3조에 따른 적합인증 또는 적합등록 대상 기자재 중 단말기의 설치 또는 증설

나. 「방송법」 제79조의 규정에 의한 중계유선방송·음악유선방송을 행하기 위한 유선방송설비의 개·대체(주전송장치 및 수신공중선계, 전송선로설비, 인입선을 포함한 구내전송선로설비 제외)

다. 개인용컴퓨터 및 프린터기등 주변기기의 설치 또는 증설

라. 차량용전화기 및 부대설비의 설치 또는 증설

마. 「방송법」 제9조제1항에 따른 일반위성방송사업자의 방송신호를 수신하기 위한 개별형 위성방송수신설비의 설치

(2) 무선통신설비의 이전·변경·증설 또는 대체 등의 공사로서 다음에 해당하는 경우

가. 방송국연주소 조정장치의 변경

나. 방송국에 부수된 고정국 및 기지국의 무선기기의 대체

다. 육상이동국의 기기의 대체 또는 이전

라. 항공기국의 설비대체 또는 이전

마. 송신기의 주파수 변경 또는 주파수 추가(회로정수를 변경하지 않는 경우에 한함)

바. 초단파대 이상의 공중선의 대체(이동하는 무선국의 공중선에 한함)

(3) 자기의 정보통신설비의 유지·보수공사로서 다음에 해당하는 경우

가. 「정보통신공사업법시행령」별표6의 기술계 정보통신기술자를 배치하여 자기의 정보통신설비를 유지·보수하는 경우

나. 「전파법」제71조의 규정에 따라 무선종사자를 배치하여 자기의 정보통신설비를 유지·보수공사하는 경우

③ 통신구 설비공사 등의 경우

통신구(通信溝) 설비공사 또는 도로공사에 딸려서 그와 동시에 시공되는 정보통신 지하관로(地下管路)의 설비공사를 다음의 자가 단독으로 또는 공사업자와 공동으로 공사를 도급받거나 시공하는 경우

ⓐ 통신구설비공사의 경우 「건설산업기본법」에 따라 토목공사업 또는 토목건축공사업의 등록을 한 자

ⓑ 도로공사에 부수되어 그와 동시에 시공되는 정보통신 지하관로설비공사의 경우 해당 도로의 공사를 도급받아 시공하는 자

제2절 공 사 비

1. 공사비 산정 제도

(1) 개 요

① 필 요 성

ⓐ 도급의 쟁점

"도급"이란 앞에서 설명한 바와 같이 "공사의 완공에 대해 발주자가 그 '대가'를 지급할 것을 약정하는 계약"을 말한다. 따라서 '대가'를 얼마로 할 것인가가 계약 당사자 간에 가장 중요한 쟁점일 수밖에 없다.

ⓑ 공사품질의 확보

대부분의 기성품의 경우는 기성품의 품질에 따라 시장에서 수요와 공급의 원리에 의해 가격이 결정되고 그 결정된 가격에 의해 구매를 결정하므로 품질의 확보문제가 그리 중요하지 않으나, 공사의 경우는 그렇지 않다.

ⓒ 적정 공사비의 보장

공사는 계약한 후 공사가 진행되므로 지급하기로 한 대가대로 공사가 적정하게 이루어지는지가 중요하고 부족한 공사금액으로 인한 부실공사를 방지하기 위해서는 적정한 공사비를 보장해 줄 필요성이 인정된다.

ⓓ 표준품셈에 대한 비판

다만, 표준품셈이 공사비에 대한 정부의 고시가격이라 할 수 있는 바, 이 것은 수시로 변하는 시장가격을 제대로 반영하지 못할 뿐만 아니라 신기술 · 신공법의 수용에도 한계가 있고 근본적으로 비용을 절감하려는 창의와 발명을 저해할 수 있다는 원리적 접근까지 더해져 적정공사비를 산출하는데 부적절하다는 비판이 있는 것도 사실이다.

② 정보통신공사의 공사비 산정기준

관계 법령에서 예정가격 결정기준으로 '표준품셈'과 '표준시장단가' 규정을 두고 있고, 이에 따라 정보통신공사의 경우에도 과학기술정보통신부장관이 그에 근거하여 표준품셈과 표준시장단가 등 공사비 산정기준을 마련하도록 하고 있다.

③ 이용 실태

ⓐ 공사비 산정기준은 관계 법령에 의해 국가 및 지방자치단체의 경우는 적용하고 있으나, 그 밖의 공공기관과 민간의 영역에서는 시장에 대한 과도한 개입 불가 등의 이유로 제대로 시행되지 않고 있다.

ⓑ 공기업과 기간통신사업자들은 과학기술정보통신부장관이 제정한 산정기준을 참고하여 만든, 단가가 낮은 자체 기준을 쓰고 있고, 민간의 경우는 거의 최저가 낙찰로 공사를 발주하고 있는 실정이다.

(2) 산정기준의 마련

① 장관의 산정기준 마련

과학기술정보통신부장관은 적정한 공사비 산정을 위하여 표준시장단가 및 표준품셈 등 공사비 산정기준을 마련하여 발주자가 이용하도록 할 수 있다.[36)]

ⓐ 공사비 산정기준은 과학기술정보통신부 고시「정보통신공사 표준품셈 및 표준시장단가 관리규정」에서「국가를 당사자로 하는 계약에 관한 법률 시행령」제9조의 표준품셈과 표준시장단가로 하도록 하고

---

36) **공사비 산정기준 적용 관련 입법과제**

1. **문제점**

○ "과학기술정보통신부장관은 공사비 산정기준인 표준시장단가 및 표준품셈을 발주자가 이용하도록 할 수 있다"라고 임의 규정으로 되어 있어 정부 및 지자체 외의 민간은 물론 공기업이나 기간통신사업자도 제대로 이용하지 않고 있음.

○ 이에 따라 공사비 부족에 따른 부실공사의 우려가 있고, 영세한 중소기업이 대부분인 정보통신공사업계에 종사하는 기술자 등의 저임금과 업체의 경영난 가중

2. **해결방안**

○ 신기술 · 신공법 등 비용 절감을 위한 창의와 발명을 저해하다는 비판이 있음에도 불구하고 공사품질의 확보와 적정공사비의 보장을 통한 시장질서의 유지 등 표준품셈제도에 대한 긍정적 측면도 부정할 수 없음.

○ 이에 따라 발주자 또는 발주 공사의 규모, 표준품셈 대비 낙찰율의 차등 등 일정기준을 정하고 그 기준에 따라 단계적으로 이용 의무화를 확대해 나갈 필요가 있음.

있다.

ⓑ 「국가를 당사자로 하는 계약에 관한 법률 시행령」 제9조(예정가격의 결정기준)에서는 각 중앙관서의 장 또는 계약담당공무원은 다음 가격을 기준으로 하여 예정가격을 결정하여야 한다고 규정하고 있다.

㉠ 신규개발품이거나 특수규격품 등의 특수한 물품 · 공사 · 용역 등 계약의 특수성으로 인하여 적정한 거래실례가격이 없는 경우

→ 원가계산에 의한 가격. 이 경우 원가계산에 의한 가격은 계약의 목적이 되는 물품 · 공사 · 용역 등을 구성하는 재료비 · 노무비 · 경비와 일반관리비 및 이윤으로 이를 계산(표준 품셈)

㉡ 공사의 경우

→ 이미 수행한 공사의 종류별 시장거래가격 등을 토대로 산정한 표준시장단가로서 중앙관서의 장이 인정한 가격(표준시장단가)

② 산정기준 마련을 위한 연구·조사

과학기술정보통신부장관은 공사비 산정기준을 정하기 위하여 공사원가 산정기준 및 공사업 실태 등을 연구 · 조사할 수 있다.

(3) 연구 · 조사 업무의 위탁

① 업무의 위탁

과학기술정보통신부장관은 필요한 경우 연구 · 조사 업무를 다음의 요건을 갖춘 기관 또는 단체에 위탁할 수 있다. 이 경우 위탁받은 기관 또는 단체와 위탁업무의 내용을 고시하여야 한다.

ⓐ 다음의 어느 하나에 해당하는 기관 또는 단체일 것

㉠ 「정부출연연구기관 등의 설립 · 운영 및 육성에 관한 법률」에 따라 설립된 연구기관

㉡ 「고등교육법」 제2조에 따른 학교에 설치된 부설연구소

㉢ 「민법」 제32조에 따른 비영리법인

ⓑ 위 ⓐ의 기관 또는 단체로서 다음의 요건을 모두 갖출 것

㉠ 공사업 관련 연구 조직을 보유할 것

㉡ 정보통신공사비 산정 경험이 있는 인력을 보유할 것

㉢ 공사업 관련 산업계 · 학계와의 협조체계를 운영할 것

② 위탁의 고시

과학기술정보통신부장관은 「정보통신공사 표준품세 및 표준시장단가 관리규정」을 고시하여 해당 업무를 한국정보통신산업연구원(☞제7장제4절)에 위탁하고 있다.

③ 예산의 지원

과학기술정보통신부장관은 예산의 범위에서 수탁 받은 자에게 연구 · 조사에 소요되는 비용을 지원할 수 있다.

2. 산정 기준

(1) 표준품셈

① 표준품셈의 정의 및 조건

ⓐ 정 의

"표준품셈"이란 시설공사의 대표적이고 보편적인 공종 및 공법을 기준으로 작업당 소요되는 노무량, 장비 사용시간 등을 수치로 표시한 표준적인 기준을 말한다.

ⓑ 산정조건

가장 대표적이고 타당성 있는 공종으로 경제성을 고려한 합리적인 표준공법과 설계기준에 의하여, 지역 및 기타 여건에 맞는 조건으로 명확한 근거에 의해 작업여건 등을 감안하여 기계화 시공과 노동력을 적정하게 산정하여 공평성과 신뢰성을 확보하여야 한다.

② 관련근거

ⓐ 「국가를 당사자로 하는 계약에 관한 법률 시행령」 제9조(예정가격 결정기준)제1항제2호[37]

---

37) **제9조(예정가격의 결정기준)** ①각 중앙관서의 장 또는 계약담당공무원은 다음 각 호의 가격을

ⓑ「국가를 당사자로 하는 계약에 관한 법률 시행규칙」제6조(원가계산에 의한 예정가격의 결정)제1항[38)]

ⓒ「지방자치단체를 당사자로 하는 계약에 관한 법률 시행령」제10조제2호[39)]

ⓓ 기획재정부 계약예규「예정가격작성기준」

ⓔ「정보통신공사 표준품셈 및 표준시장단가 관리규정」(과학기술정보통신부 통신정책기획과-1217)

③ 표준품셈 제정 경과

ⓐ 1968.8.26 : 대통령 특별지시로 건설공사단가 일원화를 위하여 당시 경제기획원에서 품셈화 검토

ⓑ 1970.1.20 : 표준품셈 시행

기준으로 하여 예정가격을 결정하여야 한다.

2. 신규개발품이거나 특수규격품등의 특수한 물품 · 공사 · 용역등 계약의 특수성으로 인하여 적정한 거래실례가격이 없는 경우에는 원가계산에 의한 가격. 이 경우 원가계산에 의한 가격은 계약의 목적이 되는 물품 · 공사 · 용역등을 구성하는 재료비 · 노무비 · 경비와 일반관리비 및 이윤으로 이를 계산한다.

38) **제6조(원가계산에 의한 예정가격의 결정)** ①공사 · 제조 · 구매(수입물품의 구매는 제외한다) 및 용역의 경우 영 제9조제1항제2호에 따라 원가계산에 의한 가격으로 예정가격을 결정함에 있어서는 그 예정가격에 다음 각 호의 비목을 포함시켜야 한다.

1. 재료비 : 계약목적물의 제조 · 시공 또는 용역등에 소요되는 규격별 재료량에 그 단위당 가격을 곱한 금액
2. 노무비 : 계약목적물의 제조 · 시공 또는 용역등에 소요되는 공종별 노무량에 그 노임단가를 곱한 금액
3. 경비 : 계약목적물의 제조 · 시공 또는 용역등에 소요되는 비목별 경비의 합계액
4. 일반관리비 : 재료비 · 노무비 및 경비의 합계액에 제8조제1항(제10호를 제외한다)의 규정에 의한 일반관리비율을 곱한 금액
5. 이윤 : 노무비 · 경비(기획재정부장관이 정하는 비목은 제외한다) 및 일반관리비의 합계액에 제8조제2항(제3호는 제외한다)에 따른 이윤율을 곱한 금액

39) **제10조(예정가격의 결정기준)** ① 지방자치단체의 장 또는 계약담당자는 다음 각 호의 가격을 기준으로 하여 예정가격을 결정하여야 한다.

2. 신규개발품, 특수규격품 등을 사용한 특수한 물품 · 공사 · 용역 등 계약의 특수성으로 인하여 적정한 거래실례가격이 없는 경우에는 원가계산에 의한 가격. 이 경우 원가계산에 의한 가격은 계약의 목적이 되는 물품 · 공사 · 용역 등을 구성하는 재료비 · 노무비 · 경비와 일반관리비 및 이윤으로 계산한다.

ⓒ 1976.12.10 : 표준품셈 보완업무 이관(경제기획원→소관부처)

ⓓ 1998.3.20 : 정보통신공사 표준품셈 관리업무 이관
(정보통신부 → 한국정보통신공사협회)

ⓔ 2013.3.20 : 정보통신공사 표준품셈 관리업무 이관
(한국정보통신공사협회 → 한국정보통신산업연구원)

※ 공사별 표준품셈 관리부처 및 관리기관

- ○ 정 보 통 신 : 과학기술정보통신부 및 한국정보통신산업연구원
- ○ 건축 · 토목 · 기계 : 국토교통부 및 한국건설기술연구원
- ○ 전 기 : 산업통상자원부 및 대한전기협회
- ○ 소 방 : 소방청 및 한국소방시설협회

④ 표준품셈 현황(2022년도 표준품셈)

ⓐ 표준품셈 개요

표준품셈은 총 13개의 장으로 이루어져 있고, 제1장은 공통사항, 제2장부터 제13장까지는 공종별 품셈을 내용으로 하고 있다.

※ 표준품셈의 실제 :〈붙임 37〉

2022년 정보통신공사 표준품셈 제1장 및 제2장의 일부

ⓑ 공통사항의 주요 내용

공통사항은 다음과 같은 품셈 산정에 관한 기본적인 내용으로 모두 53개 항목으로 구성되어 있다.

㉠ 적용범위

㉡ 적용방법

㉢ 수량의 계산

㉣ 주요자재의 기준

㉤ 공구손료의 계상방법

㉥ 운반 및 수송비의 산출방법

㉦ 노임기준

㉧ 기술자 등의 품 계상방법

㉧ 노임 및 품의 할증기준

㉨ 설계서 작성기준

㉩ 기계경비의 산정기준 등

ⓒ 공종별 품셈 제정 현황

세부 공종은 총 78개, 품셈 수는 총 598개로 구성되어 있다.

〈공종별 세부 공종 및 품셈 수〉

장별	세부 공종(공종 수)	품셈 수
제2장 관로 · 전봇대 공사	관로, 트로프, 맨홀, 전봇대(4)	27개
제3장 배관공사	구내통신배관, 박스, 단자함, 케이블랙 및 트레이, 덕트, 액세스플로어, 부대공사(7)	18개
제4장 통신케이블공사	광섬유케이블, 동축케이블, 꼬임케이블, 제어케이블, 방사형 및 누설동축케이블, 전원케이블, 시내케이블, 음향 및 영상케이블, 인입선, PVC케이블, 케이블 부속설비(11)	46개
제5장 교환설비공사	기초설비, 사설 교환설비, 전자식 교환설비, 기타 교환설비(4)	19개
제6장 전송설비공사	기초설비, 광전송장치, 분배 및 다중화장치(3)	14개
제7장 무선 · 방송 설비공사	송 · 수신기, 송신기, 수신기, 중계기, 안테나, 철탑, 급전선 및 도파관, 위성 송 · 수신설비, 이동통신설비, 기타 무선설비, 방송 및 음향영상설비, 방송공동수신설비, 종합유선방송설비(13)	88개
제8장 네트워크 설비공사	네트워크설비, 지능형 홈네트워크 설비, RFID시스템, 스마트그리드설비, 정보안내설비, 원격자동검침 · 제어설비, 기상정보설비(7)	58개
제9장 정보제어 · 보안 설비공사	지능형 교통시스템, 감시 · 보안설비, 지능형 물관리 시스템, 스마트융합설비(4)	103개
제10장 해상 · 항공 설비공사	해상통신설비, 선박통신설비, 항공통신설비(3)	51개
제11장 정보통신전원 설비공사	축전지, 정류기, 배터리 충전장치, 무정전 전원장치, 접지설비, 서지(surge) · 낙뢰 등 방지설비, 기타 전원설비(7)	27개
제12장 철도통신 · 신호 설비공사	철도통신선로설비, 역무용 통신설비, 역무자동화설비, 승강장 스크린도어시스템, 철도신호설비(5)	23개
제13장 정보통신설비 유지 · 보수 및	구내통신설비 점검, 교환설비 점검, 선로 · 전송설비 점검, 무선 · 방송설비 점검, 해상 · 항공통신설비 점검, 선박통신 · 항	124개

관련 공사	해 · 어로시설 점검, 정보제어 · 보안시설 점검, 네트워크시설 점검, 철도통신시설 점검, 통신용전원시설 점검(10)	
계	공종 수 78	598개

(2) 표준시장단가

① 표준시장단가의 정의

"표준시장단가"란 과거 수행된 공사의 계약단가, 입찰단가 및 시공단가로부터 축적된 공종별 단가를 기초로 매년의 인건비, 물가상승률, 시간, 규모, 지역차 등에 대한 보정을 실시하여 차기 공사의 예정가격산출기준으로 하는 단가를 말한다.

※ 미국 · 영국 등 선진국에서는 기 수행한 공사의 공종별 단가를 이용하여 공사비를 산정하는 적산방식을 오래 전부터 사용하고 있다.

※ 표준시장단가의 실제 : 〈붙임 38〉
2022년 적용을 발표한 426개 공종의 일부

② 관련 근거

ⓐ 「국가를 당사자로 하는 계약에 관한 법률 시행령」 제9조(예정가격 결정기준)제1항제3호[40)]

ⓑ 「국가를 당사자로 하는 계약에 관한 법률 시행규칙」 제5조(거래실례가격 및 표준시장단가에 의한 예정가격의 결정)제2항[41)]

ⓒ 「지방자치단체를 당사자로 하는 계약에 관한 법률 시행령」 제10조제3호[42)]

---

40) **제9조(예정가격의 결정기준)**
3. 공사의 경우 이미 수행한 공사의 종류별 시장거래가격 등을 토대로 산정한 표준시장단가로서 중앙관서의 장이 인정한 가격

41) **제5조(거래실례가격 및 표준시장단가에 따른 예정가격의 결정)** ②영 제9조제1항제3호에 따른 표준시장단가에 따라 예정가격을 결정할 때에 이미 수행한 공사의 종류별 계약단가, 입찰단가와 시공단가 등을 토대로 시장상황과 시공상황을 고려하여 산정하되, 이와 관련하여 필요한 사항은 기획재정부장관이 정한다.

42) **제10조(예정가격의 결정기준)** ① 지방자치단체의 장 또는 계약담당자는 다음 각 호의 가격을

ⓓ 기획재정부 계약예규 「예정가격작성기준」

ⓔ 「정보통신공사 표준품셈 및 표준시장단가 관리규정」(과학기술정보통신부 통신정책기획과-1217)

③ 시행 경과

ⓐ 2009. 3.24. : 방송통신위원회, 표준시장단가 적산제도 전담기관 지정 (한국정보통신공사협회)

ⓑ 2011. 5.26. : 방송통신위원회, 표준시장단가 전담기관 변경지정(재단법인 한국정보통신산업연구원)

ⓒ 2015. 3. 1. : 기획재정부 계약예규 개정 실적공사비의 명칭변경 "실적공사비" → "표준시장단가"

※ 공사별 표준시장단가 관리부서 및 관리기관

- 정 보 통 신 : 과학기술정보통신부 및 한국정보통신산업연구원
- 건축·토목·기계설비 : 국토교통부 및 한국건설기술연구원
- 전 기 : 산업통상자원부 및 한국전기산업연구원

④ 표준품셈 대비 장점 및 단점

ⓐ 시공환경 및 현장여건 반영으로 적정공사비 확보

ⓑ 적정공사비 확보로 시공품질 향상

ⓒ 견적 및 기술능력 향상과 거래가격 투명성 확보

ⓓ 예정가격 산정업무 간소화로 행정업무 효율 향상

ⓔ 위와 같은 장점에도 불구하고 계약단가가 지속적으로 하락하는 치명적 약점이 있어 확산에 한계가 있다.

⑤ 제정 현황 및 추진계획

ⓐ 표준시장단가 축적 현황 및 계획2021년 말 현재 축적 공종 수는 750개

기준으로 하여 예정가격을 결정하여야 한다.

3. 공사의 경우 이미 수행한 공사의 종류별 시장거래가격 등을 토대로 산정한 표준시장단가로서 관계 중앙행정기관의 장이 인정한 가격

이고, 2024년 말까지 900개로 늘릴 예정이다.

구분 \ 연도	2020	2021	2022	2023	2024
기존 단가축적 공종 수	1145	765	750	800	850
신규 단가산출 공종 수	36	60	60	60	60
삭제 공종 수	416	75	10	10	10
축적 예상 공종 수	765	750	800	850	900

- 표준시장단가의 '축적'은 향후 국가 등 공공기관에서 공사비 산정기준으로 이용예정임을 공표한 것임.

ⓑ 표준시장단가 발표 현황 및 계획

2021년 말 현재 발표 공종 수는 426개이고, 2024년 말까지 666개 공종으로 늘릴 예정이다.

구분 \ 연도	2020	2021	2022	2023	2024
기존 사용 공종 수	266	346	426	506	586
신규 발표 공종 수	80	80	80	80	80
누적 발표 공종 수(목표)	346	426	506	586	666

- 표준시장단가의 '발표'는 축적 후 일정기간동안의 예고와 검증이 되었으니 이제부터 공사비 산정기준으로 이용할 수 있다는 공표임.

※ 표준품셈과 표준시장단가 방식의 비교

표준품셈	표준시장단가
내역서 작성 설계자 및 발주기관에 따라 상이	수량산출기준에 의해 통일
단가산출방법 표준품셈을 기초로 원가계산	공종별 표준시장단가에 의해 산출
직접 공사비 재료비 · 노무비 · 경비 분리	재료비 · 직접노무비 · 직접경비 포함
간접 공사비 비목(노무비 등)별 기준	직접공사비 기준

3. 표준품셈 및 표준시장단가 제도의 운영

(1) 관리기관

① 관리기관의 지정

앞에서 설명한 바와 같이 한국정보통신산업연구원이 표준품셈 및 표준시장단가에 대한 관리기관으로 지정되어 있다.

② 관리기관장의 의무

한국정보통신산업연구원장은 표준품셈 및 표준시장단가의 제정 · 개정, 연구 · 조사, 해석 및 보급 등 표준품셈 및 표준시장단가에 관한 전반적인 업무를 관장하여 효율적으로 운영 · 관리하여야 한다.

(2) 관리자료 수집기관의 지정

다음 기관이 표준품셈 및 표준시장단가에 대한 "관리자료 수집기관"으로 지정되어 있다.

① 국가, 지방자치단체, 한국수자원공사사장, 한국도로공사사장, 한국토지주택공사사장, 한국철도시설공단이사장 및 국가 또는 지방자치단체가 납입자본금의 2분의1 이상을 출자한 단체의 장(이하 "관련기관의 장"이라 한다)

② 한국정보통신공사협회장(이하 "관련협회의 장"이라 한다)

(3) 공사비산정기준심의위원회의 설치 및 운영

① 공사비산정기준심의위원회 설치

정보통신공사의 표준품셈 및 표준시장단가 적용단가의 제 · 개정 심의 등을 위하여 한국정보통신산업연구원에 공사비산정기준심의위원회(이하 "공사비산정위원회"라 한다)를 두고 있다.

② 심의사항

공사비산정위원회는 표준품셈 및 표준시장단가 관리와 관련한 다음 사항을 심의한다.

ⓐ 표준품셈의 제정 등의 필요한 항목 검토

ⓑ 표준품셈의 제정 등에 대한 심의사항

ⓒ 기타 표준품셈에 관한 사항

ⓓ 표준시장단가 적용대상 공종 및 단가의 적정성 등에 관한 사항

ⓔ 수량산출기준, 공사비지수, 조정계수 등에 관한 사항

ⓕ 기타 표준시장단가에 관한 사항

③ 구성 및 운영

ⓐ 구 성

공사비산정위원회의 위원은 정보통신공사비 산정과 관련한 관련기관의 업무담당자 및 전문적인 지식이 있는 자로 17인 내외로 구성하며, 관련협회의 장이 추천하는 전문가를 포함할 수 있다.

ⓑ 당연직 위원

공사비산정위원회에는 과학기술정보통신부에서 표준품셈 및 표준시장단가 관련 업무를 담당하는 공무원을 당연직 위원으로 한다.

ⓒ 위 원 장

공사비산정위원회 위원장은 한국정보통신산업연구원장이 위촉하며, 위원장 유고시에는 한국정보통신산업연구원이 미리 지명한 자가 위원장 직무를 대행한다.

ⓓ 의결방법

공사비산정위원회 등의 심의사항 의결방법은 재적위원 과반수 참석으로 성립하고 참석위원 3분의 2 이상의 찬성으로 의결한다.

(4) 표준품셈제도의 운영 절차

① 표준품셈 제·개정의 제안

ⓐ 제 안 자

관리자료 수집기관의 장

ⓑ 제안사항

다음 사항의 심의에 필요한 근거자료를 첨부하여 표준품셈의 제정 ·

개정 · 폐지 및 적용기준의 변동(이하 "표준품셈의 제정 등"이라 한다)에 관한 사항을 서면으로 제안하거나 심의를 요청한다.

㉠ 표준품셈의 제정 등의 필요한 항목 검토

㉡ 표준품셈의 제정 등에 대한 심의사항

㉢ 기타 표준품셈에 관한 사항

ⓒ 제안기한

매년 2월말까지. 다만, 적용의 시급성이 요구되는 표준품셈 제 · 개정안의 요청은 상시 요청할 수 있다.

ⓓ 제안할 곳

한국정보통신산업연구원장

② 표준품셈 제·개정안의 제출 요구

한국정보통신산업연구원장은 필요한 경우 관련기관의 장 및 관련협회의 장에게 특정항목의 표준품셈의 제정 또는 개정안 제출을 요구하거나 다음 사항을 합동으로 연구 · 조사할 수 있다.

ⓐ 표준품셈의 제정 등의 필요한 항목 검토

ⓑ 표준품셈의 제정 등에 대한 심의사항

ⓒ 기타 표준품셈에 관한 사항

③ 표준품셈 제정 추진계획의 제출

한국정보통신산업연구원장은 다음 사항이 포함된 표준품셈의 제정 등에 관한 추진계획을 수립하여 매년 3월말까지 과학기술정보통신부장관에게 제출하여야 한다.

ⓐ 표준품셈 효율적 관리를 위한 관리개선 내용

ⓑ 표준품셈의 제정 등에 필요한 항목 및 내용

ⓒ 표준품셈 관련 자료의 확인을 위한 실사계획 및 실사기관

ⓓ 표준품셈의 제정 등을 위한 추진일정

ⓔ 기타 표준품셈의 제정 등에 필요한 사항

④ 장관의 변경 요구

과학기술정보통신부장관은 제출된 추진계획을 검토하여 변경이 필요한 경우에는 한국정보통신산업연구원장에게 이를 요구할 수 있다. 이 경우 한국정보통신산업연구원장은 특별한 사유가 없는 한 이를 반영하여야 한다.

⑤ 표준품셈의 심의 및 확정

ⓐ 한국정보통신산업연구원장은 품셈의 제 · 개정안을 작성하여 이해관계인의 의견수렴 및 공사비산정기준심의위원회의 심의를 거쳐 매년 12월 초순까지 확정하여야 한다.

ⓑ 다만, 적용의 시급성이 요구되는 품셈의 제 · 개정안의 경우에는 품셈의 제 · 개정 실사 완료일로부터 30일 이내에 상정하고, 상정된 품셈의 제 · 개정안은 상정일로부터 30일 이내에 서면으로 의결할 수 있다.

⑥ 표준품셈의 제출 및 발표

한국정보통신산업연구원장은 표준품셈이 확정된 후 20일 이내에 과학기술정보통신부장관에게 이를 제출하고, 발표하여야 한다.

(5) 표준시장단가제도의 운영 절차

① 추진계획 수립의 수립

한국정보통신산업연구원장은 다음 사항이 포함된 표준시장단가 관리 등에 관한 추진계획을 수립하여 매년 3월말까지 과학기술정보통신부장관에게 제출하여야 한다.

ⓐ 표준시장단가 적용 후보공종 및 적용범위

ⓑ 표준시장단가 자료 조사 및 분석방법

ⓒ 표준시장단가집 등에 관한 사항

ⓓ 정보통신 공사비지수 및 조정계수 등에 관한 사항

ⓔ 기타 표준시장단가 제도 운영 등에 필요한 사항

② 장관의 변경 요구

과학기술정보통신부장관은 제출된 추진계획을 검토하여 변경이 필요한 경우에는 한국정보통신산업연구원장에게 이를 요구할 수 있다. 이 경우 한국정보통신산업연구원장은 특별한 사유가 없는 한 이를 반영하여야 한다.

③ 표준시장단가 자료의 제출

ⓐ 자료의 작성과 제출

㉠ 관련기관의 장 및 관련협회의 장은

㉡ 표준시장단가 적용이 필요한 공종에 대해 설계예산서, 단가산출서 또는 일위대가표, 수량산출서, 산출(계약)내역서, 입찰단가 · 시공단가 관련 내역서 등의 표준시장단가 자료를 작성하여

㉢ 5월말과 11월말까지

㉣ 한국정보통신산업연구원장에게 제출하여야 한다.

ⓑ 자료의 작성 기준

㉠ 관련기관의 장 및 관련협회의 장은

㉡ 표준시장단가 자료의 축적을 위하여 설계예산서, 단가산출서 또는 일위대가표, 수량산출서, 입찰단가 · 시공단가 관련 내역서 등이 과학기술정보통신부 제정 "수량산출기준"에 의하여 작성될 수 있도록 하여야 하며

㉢ 한국정보통신산업연구원장이 요구할 경우 관련 자료를 제출하여야 한다.

④ 적용대상 공종 및 단가의 심의·확정

ⓐ 심의 및 확정

㉠ 한국정보통신산업연구원장은

㉡ 표준시장단가 적용대상 공종 및 단가(이하 "표준시장단가" 라 한다)에 대한 심의안을 마련하고,

㉢ 공사비산정기준심의위원회의 심의를 거쳐 표준시장단가를 확정

한다.

ⓑ 사전 협의

한국정보통신산업연구원장은 위 ⓐ에 따라 표준시장단가 심의안을 마련하고자 할 때에는 과학기술정보통신부장관과 사전협의를 거쳐야 한다.

⑤ 표준시장단가의 제출 및 발표

한국정보통신산업연구원장은 표준시장단가가 확정되면 20일 이내에 과학기술정보통신부장관에게 이를 제출하고, 발표하여야 한다.

제3절 공사의 도급

1. 공사업자에의 도급

(1) 도급 및 하도급의 원칙

① 발주자는 공사를 공사업자에게 도급하여야 한다.

② 수급인이 공사를 하도급하려는 경우에는 공사업자에게 하도급하여야 하고, 하수급인이 다시 하도급을 하려는 경우에도 공사업자에게 하도급하여야 한다.

(2) 예 외

다음의 공사는 공사업자 외의 자에게 도급 또는 하도급 할 수 있다.

① 다음의 경미한 공사

경 미 한 공 사
1. 간이무선국·아마추어국 및 실험국의 무선설비설치공사 2. 연면적(둘 이상의 건축물에 설비를 연결하여 설치하는 경우에는 각 건축물의 연면적 합계를 말한다. 이하 같다) 1천 제곱미터 이하의 건축물의 자가 유선방송설비·구내방송설비 및 폐쇄회로 텔레비전의 설비공사 3. 건축물에 설치되는 5회선 이하의 구내통신선로 설비공사 4. 라우터(네트워크 연결장치) 또는 허브의 증설을 수반하지 않는 5회선 이하의 근거리통신망(LAN)선로의 증설공사 5. 다음 각 목의 공사로서 「소프트웨어 진흥법」 제48조제2항에 따라 중소 소프트웨어사업자만 참여하는 공사[6회선 이상의 근거리통신망(LAN)선로설비공사는 제외한다] 가. 서버·백업장비·주변기기 등 전산장비(이하 “전산장비”라 한다)의 설치공사 및 유지보수 나. 전산장비의 교체공사 다. 주전산장치의 성능향상을 위한 주변기기의 설치공사 라. 연면적 1천 제곱미터 이하의 건축물에 설치되는 공사로서 구내통신선로설

비·방송설비·경비보안설비와 연계되지 아니하는 정보시스템 구축공사

마. 하드웨어구입비를 제외한 전체사업비 중 소프트웨어 관련비(소프트웨어개발비·소프트웨어유지보수비·데이터베이스구축비 등)의 비중이 80% 이상인 정보시스템 구축공사

6. 군 및 경찰의 긴급작전을 위한 공사로서 과학기술정보통신부장관이 관계 중앙행정기관의 장과 협의하여 정하는 공사

7. 다음 각 목의 공사로서 과학기술정보통신부장관이 정하여 고시하는 공사

가. 정보통신설비의 단말기, 차량용 전화 등의 설치 또는 증설공사

나. 무선통신설비의 이전·변경·증설 또는 대체 등의 공사

다. 자기의 정보통신설비의 유지·보수공사

8. 제1호부터 제4호까지, 제7호 가목 및 나목의 공사와 유사한 기술수준의 공사로서 과학기술정보통신부장관이 정하여 고시(「과학기술정보통신부고시」 제2017-7호, 2017. 8.24.)한 다음의 공사

(1) 정보통신설비의 단말기, 차량용전화 등의 설치 또는 증설공사로서 다음에 해당하는 경우

가. 방송통신기자재등의 적합성평가에 관한 고시 제3조에 따른 적합인증 또는 적합등록 대상 기자재 중 단말기의 설치 또는 증설

나. 「방송법」 제79조의 규정에 의한 중계유선방송·음악유선방송을 행하기 위한 유선방송설비의 개·대체(주전송장치 및 수신공중선계, 전송선로설비, 인입선을 포함한 구내전송선로설비 제외)

다. 개인용컴퓨터 및 프린터기등 주변기기의 설치 또는 증설

라. 차량용전화기 및 부대설비의 설치 또는 증설

마. 「방송법」 제9조제1항에 따른 일반위성방송사업자의 방송신호를 수신하기 위한 개별형 위성방송수신설비의 설치

(2) 무선통신설비의 이전·변경·증설 또는 대체 등의 공사로서 다음에 해당하는 경우

가. 방송국연주소 조정장치의 변경

나. 방송국에 부수된 고정국 및 기지국의 무선기기의 대체

다. 육상이동국의 기기의 대체 또는 이전

라. 항공기국의 설비대체 또는 이전

마. 송신기의 주파수 변경 또는 주파수 추가(회로정수를 변경하지 않는 경우에 한함)

바. 초단파대 이상의 공중선의 대체(이동하는 무선국의 공중선에 한함)

(3) 자기의 정보통신설비의 유지·보수공사로서 다음에 해당하는 경우
가. 「정보통신공사업법시행령」별표6의 기술계 정보통신기술자를 배치하여 자기의 정보통신설비를 유지·보수하는 경우
나. 「전파법」제71조의 규정에 따라 무선종사자를 배치하여 자기의 정보통신설비를 유지·보수공사하는 경우

② 통신구 설비공사 등의 경우

통신구(通信溝) 설비공사 또는 도로공사에 딸려서 그와 동시에 시공되는 정보통신 지하관로(地下管路)의 설비공사를 다음의 자가 단독으로 또는 공사업자와 공동으로 공사를 도급받거나 시공하는 경우

ⓐ 통신구설비공사의 경우 「건설산업기본법」에 따라 토목공사업 또는 토목건축공사업의 등록을 한 자

ⓑ 도로공사에 부수되어 그와 동시에 시공되는 정보통신 지하관로설비공사의 경우 해당 도로의 공사를 도급받아 시공하는 자

❖벌 칙

공사업자가 아닌 자에게 도급, 하도급 또는 다시 하도급을 한 자 : 500만 원 이하의 벌금.

2. 수급자격의 추가제한 금지 등

(1) 수급자격의 추가제한 금지

① 행위 주체

국가, 지방자치단체 또는 「공공기관의 운영에 관한 법률」 제4조에 따른 공공기관

② 금지행위

공사업자에 대하여 이 법에 규정된 것 외에 수급자격에 관한 등록을 하게 하거나 수급에 관한 제한을 하여서는 아니 된다.

③ 예　외

다른 법률에 특별한 규정[43)]이 있는 경우는 제외한다.

(2) 임금에 대한 압류의 금지

① 압류금지

공사업자가 도급받은 공사의 도급금액 중 그 공사(하도급한 공사를 포함한다)의 근로자에게 지급하여야 할 임금에 상당하는 금액에 대하여는 압류할 수 없다.

② 임금에 상당하는 금액의 산정방법

해당 정보통신공사의 도급 또는 하도급 금액 중 설계서에 기재된 임금을 합산하여 산정한다.

3. 도급의 분리

(1) 도급 분리의 원칙

정보통신공사는 「건설산업기본법」에 따른 건설공사 또는 「전기공사업법」에 따른 전기공사 등 다른 공사와 분리하여 도급하여야 한다.

---

43) "다른 법률에 특별한 규정이 있는 경우"의 대표적 사례로는 중소기업자간 경쟁제품 지정제도가 있다.

1. 근　거
"중소기업제품 구매촉진 및 판로지원에 관한 법률" 제6조, 제12조 및 같은 법 시행령 제6조 및 제11조

2. 개　요
특정 설비를 생산하는 중소기업들(정부 구매액이 연 10억 원 이상이고 생산 중소기업이 10개 업체 이상 경쟁하고 있는 경우) 중 정보통신공사업 등록을 한 업체만 그 특정설비를 포함한 정보통신공사를 수주할 수 있게 하여 그 설비 제조업체를 대기업 또는 해외 수입품으로부터 보호 육성하려는 제도

3. 문제점
- 특정 제품을 생산하는 소수의 업체에 대해 그 제품이 포함된 공사 전체를 수주하게 하는 특혜를 주는 것이므로 공정경쟁에는 반하는 문제가 있음.
- 또한, 특정 제품을 사후에 지정하는 경우, 그간 그 제품을 구매하여 공사를 하던 업체들이 그 공사를 수주할 수 없게 되는 불이익이 발생하는 문제점도 있음.

❖ 벌 칙

정보통신공사를 다른 공사와 분리하여 도급하지 아니한 자 : 500만원 이하의 벌금.

(2) 도급 분리의 예외

공사의 성질상 또는 기술관리상 분리하여 도급하는 것이 곤란한 경우로서 다음의 경우에는 분리하여 도급하지 않을 수 있다.

① 터널·댐·교량 등 대형공사의 경우

특허공법 등 특수한 기술에 의하여 행하여지는 터널·댐·교량 등 대형공사로서 분리하여 도급계약을 체결하여서는 하자책임구분이 명확하지 아니하거나 하나의 목적물을 완성할 수 없는 경우

② 도로공사에 부수되는 지하관로 설비공사의 경우

도로공사에 부수되어 그와 동시에 시공되는 정보통신 지하관로의 설비공사로서 분리하여 도급계약을 체결하여서는 하나의 목적물을 완성할 수 없는 경우

③ 긴급복구공사의 경우

천재지변·비상재해로 인한 긴급복구공사로서 분리하여 도급계약을 체결하기가 곤란한 경우

④ 기밀유지가 요구되는 공사의 경우

국방 및 국가안보 등과 관련하여 기밀유지가 요구되는 공사로서 분리하여 도급계약을 체결하기가 곤란한 경우

⑤ 통신구설비공사의 경우

통신구설비공사로서 분리하여 도급계약을 체결하기가 곤란한 경우

⑥ 다음에 해당하는 '경미한 공사'인 경우

경 미 한 공 사
1. 간이무선국·아마추어국 및 실험국의 무선설비설치공사 2. 연면적(둘 이상의 건축물에 설비를 연결하여 설치하는 경우에는 각 건축물의 연면적 합계를 말한다. 이하 같다) 1천 제곱미터 이하의 건축물의 자가 유선방송설비·구내방송설비 및 폐쇄회로 텔레비전의 설비공사 3. 건축물에 설치되는 5회선 이하의 구내통신선로 설비공사 4. 라우터(네트워크 연결장치) 또는 허브의 증설을 수반하지 않는 5회선 이하의 근거리통신망(LAN)선로의 증설공사 5. 다음 각 목의 공사로서 「소프트웨어 진흥법」 제48조제2항에 따라 중소 소프트웨어사업자만 참여하는 공사[6회선 이상의 근거리통신망(LAN)선로설비공사는 제외한다] 가. 서버·백업장비·주변기기 등 전산장비(이하 "전산장비"라 한다)의 설치공사 및 유지보수 나. 전산장비의 교체공사 다. 주전산장치의 성능향상을 위한 주변기기의 설치공사 라. 연면적 1천 제곱미터 이하의 건축물에 설치되는 공사로서 구내통신선로설비·방송설비·경비보안설비와 연계되지 아니하는 정보시스템 구축공사 마. 하드웨어구입비를 제외한 전체사업비 중 소프트웨어 관련비(소프트웨어개발비·소프트웨어유지보수비·데이터베이스구축비 등)의 비중이 80% 이상인 정보시스템 구축공사 6. 군 및 경찰의 긴급작전을 위한 공사로서 과학기술정보통신부장관이 관계 중앙행정기관의 장과 협의하여 정하는 공사 7. 다음 각 목의 공사로서 과학기술정보통신부장관이 정하여 고시하는 공사 가. 정보통신설비의 단말기, 차량용 전화 등의 설치 또는 증설공사 나. 무선통신설비의 이전·변경·증설 또는 대체 등의 공사 다. 자기의 정보통신설비의 유지·보수공사 8. 제1호부터 제4호까지, 제7호 가목 및 나목의 공사와 유사한 기술수준의 공사로서 과학기술정보통신부장관이 정하여 고시(「과학기술정보통신부고시」 제2017-7호, 2017. 8.24.)한 다음의 공사 (1) 정보통신설비의 단말기, 차량용전화 등의 설치 또는 증설공사로서 다음에

해당하는 경우

가. 방송통신기자재등의 적합성평가에 관한 고시 제3조에 따른 적합인증 또는 적합등록 대상 기자재 중 단말기의 설치 또는 증설

나. 「방송법」 제79조의 규정에 의한 중계유선방송·음악유선방송을 행하기 위한 유선방송설비의 개·대체(주전송장치 및 수신공중선계, 전송선로설비, 인입선을 포함한 구내전송선로설비 제외)

다. 개인용컴퓨터 및 프린터기등 주변기기의 설치 또는 증설

라. 차량용전화기 및 부대설비의 설치 또는 증설

마. 「방송법」 제9조제1항에 따른 일반위성방송사업자의 방송신호를 수신하기 위한 개별형 위성방송수신설비의 설치

(2) 무선통신설비의 이전·변경·증설 또는 대체 등의 공사로서 다음에 해당하는 경우

가. 방송국연주소 조정장치의 변경

나. 방송국에 부수된 고정국 및 기지국의 무선기기의 대체

다. 육상이동국의 기기의 대체 또는 이전

라. 항공기국의 설비대체 또는 이전

마. 송신기의 주파수 변경 또는 주파수 추가(회로정수를 변경하지 않는 경우에 한함)

바. 초단파대 이상의 공중선의 대체(이동하는 무선국의 공중선에 한함)

(3) 자기의 정보통신설비의 유지·보수공사로서 다음에 해당하는 경우

가. 「정보통신공사업법시행령」별표6의 기술계 정보통신기술자를 배치하여 자기의 정보통신설비를 유지·보수하는 경우

나. 「전파법」제71조의 규정에 따라 무선종사자를 배치하여 자기의 정보통신설비를 유지·보수공사하는 경우

(3) 분리도급의 준수 실태

① 실 태

ⓐ 국가 및 지자체의 경우는 분리발주 규정 위반시 해당 직원에게 벌금형에 처해질 수 있으므로 대체로 준수되고 있다. 다만, 지자체의 경우 분리발주 법에 대한 인식부족 등으로 분리발주하지 않는 사례가 종종 있다.

ⓑ 공기업도 국가기관 등과 비슷하므로 대체로 분리발주를 하고 있고, 통신사업자의 경우는 보통 정보통신공사만을 협력업체에 발주하므로 분리발주의 문제는 없다.

ⓒ 빌딩이나 공동주택 등 민간이 발주하는 공사는 대형 건설사들이 정보통신공사업자를 겸하고 있는 대형 건설사들이 일괄 수주하여 직접 시공하거나 중소정보통신공사업체에 하청을 주는 것이 일반적으로 엄격하게는 거의 분리발주가 이루어지지 않고 있는 실정이다.

② 분리발주를 하지 않는 이유

ⓐ 위반에 대한 약한 처벌

분리발주 위반 시에도 처벌은 최고 500만 원의 벌금에 불과하다. 민간의 경우 고발되어 재판을 받고 벌금을 내고 말겠다고 생각하는 사람들이 많다. 벌금형이라도 그 금액을 인상할 필요가 있다.

ⓑ 행정편의의 추구

국가, 지자체 등의 공무원들은 공사를 토목과 건축, 전기, 정보통신 등으로 각각 나누어 발주하기 보다는 묶어서 하나로 발주하는 것이 편리하다는 이유로 통합발주를 선호한다.

ⓒ 규정의 모호성

분리도급의 예외 사유가 앞에서 살펴 본 것처럼 "성질상 또는 기술관리상 분리하여 도급하는 것이 곤란한 경우", "하자책임구분이 명확하지 아니하거나 하나의 목적물을 완성할 수 없는 경우", "긴급복구공사로서 분리하여 도급계약을 체결하기가 곤란한 경우", "기밀유지가 요구되는 공사로서 분리하여 도급계약을 체결하기가 곤란한 경우" 등으로 규정되어 있는 바, 그 앞단에서 대상을 제한적으로 설정하고 있음에도 불구하고 후단에만 초점을 맞추어 범위의 모호성이 주장되고 있다.

ⓓ 통합발주 예외 범위에 대한 잘 못된 인식

'설계시공일괄입찰방식'은 1995.7.6. 「정보통신공사업법 시행령」에서 분리도급의 예외로 인정하였다가, 일괄입찰방식이 예상보다 많아 예외의 폐해가 발생하기 시작하자 1997.12.31. 동 시행령을 개정하여 해당 내용을 삭제하였다. 그럼에도 불구하고 처음에 예외로 인정한 것에 대한 인식이 일부 남아 있다.

ⓔ 건설법상의 통합발주에 대한 오해
중앙건설심의위원회 및 지방건설심의위원회의 「대형공사 등의 입찰방법 심의」가 **토목 및 건축공사에 대한 설계와 시공의 일괄입찰(통합발주)**에 대한 심의임에도 불구하고 이를 잘 못 이해하여 **토목 및 건축공사와 정보통신공사를 일괄입찰(통합발주)**하는 것으로 오해하여 대형공사에 대하여는 정보통신공사를 분리발주하지 않아도 되는 것으로 오해하고 있는 경우가 많다.

(4) 분리도급(분리발주) 제도 해설

1. 제도의 의의 및 도입배경

(1) 제도의 의의
분리발주제도는 정보통신공사를 건설공사, 전기공사 등 다른 공사와 분리하여 발주하는 제도임.
※ 단, 특허공법 등 특수한 기술에 의하여 행하여지는 공사로서 분리도급시 하자책임이 불분명하거나 하나의 목적물을 완성할 수 없는 공사 등 5개 공사는 예외로 인정하고 있음.

(2) 도입배경
- o 1971년 도입된 분리발주 제도는 방송·통신설비의 발전에 따라 전문기술력을 보유한 정보통신공사업체가 해당공사를 직접 수주하게 함으로써 부실시공 방지를 통한 발주자의 권익을 보호하고,
- o 중소 공사업자의 입찰참여기회를 보장해 줌으로써 중소기업을 보호·육성하기 위해 도입되었음.

※ 분리발주는 대기업과 중소기업이 함께 경쟁하는 제도이지만 통합발주는 대기업이 독식하는 제도임.

2. 제도연혁

(1) 1971년 「전신전화설비공사업법」제13조(현 정보통신공사업법 제25조)에 도입(전기공사는 1976년에 도입)
(2) 분리발주제도의 합리적 운영을 위해 '분리도급의 예외' 규정 신설(1995.7.6)
(3) 예외에서 '설계·시공일괄입찰공사'를 제외하고 '도로유관 관로공사'를 추가

(1997.12.31)

(4) 예외에 '통신구 설비공사'를 추가(1999.6.30)

※ '설계시공일괄입찰방식'은 1995.7.6. 「정보통신공사업법 시행령」에서 분리도급의 예외로 인정되었다가, 1997.12.31 삭제됨으로써 과기정통부는 '설계시공일괄입찰방식'이 분리도급의 예외에 해당되지 않는다는 것을 분명히 하였음

분리발주 제도 법령 개정 연혁

제 · 개정일 (시행일)	주요 개정 내용
1971.1.22 (1971.4.23)	제13조(도급계약의 분리) 공사는 다른 공사와 분리하여 도급계약을 체결하여야 한다.
1995.1.5 (1995.7.6)	제14조(도급계약의 분리) 공사는 건설업법에 의한 건설공사 또는 전기공사업법에 의한 전기공사등 다른 공사와 분리하여 도급계약을 체결하여야 한다. **다만, 공사의 성질상 또는 기술관리상 분리하여 도급계약을 체결하는 것이 곤란한 경우로서 대통령령이 정하는 경우에는 그러하지 아니하다.** **[시행령에 규정된 예외공사]** ○ 특허공법등 특수한 기술에 의하여 행하여지는 터널·댐·교량등 대형공사 ○ 천재지변·비상재해로 인한 긴급복구공사 ○ 국방 및 국가안보등과 관련하여 기밀유지가 요구되는 공사 ○ **설계·시공 일괄입찰로 시행되는 공사**
1997.8.28 (1998.1.1)	제25조(도급의 분리) 공사는 건설산업기본법에 의한 건설공사 또는 전기공사업법에 의한 전기공사등 다른 공사와 분리하여 도급하여야 한다. 다만, 공사의 성질상 또는 기술관리상 분리하여 도급하는 것이 곤란한 경우로서 대통령령이 정하는 경우에는 그러하지 아니하다.
1997.12.31 (1998.1.1)	**[시행령에 규정된 예외공사]** ○ 특허공법등 특수한 기술에 의하여 행하여지는 터널·댐·교량등 대형공사 ○ 천재지변·비상재해로 인한 긴급복구공사 ○ 국방 및 국가안보등과 관련하여 기밀유지가 요구되는 공사 <추가> ○ 도로공사에 부수되어 그와 동시에 시공되는 정보통신 지하관로의 설비공사 **<삭제> ○ 설계·시공 일괄입찰로 시행되는 공사**

분리발주 제도 법령 개정 연혁	
제 · 개정일 (시행일)	주요 개정 내용
1999.6.30 (1999.7.1)	**[시행령에 규정된 예외공사]** ○ 특허공법등 특수한 기술에 의하여 행하여지는 터널·댐·교량등 대형공사 ○ 천재지변·비상재해로 인한 긴급복구공사 ○ 국방 및 국가안보등과 관련하여 기밀유지가 요구되는 공사 ○ 도로공사에 부수되어 그와 동시에 시공되는 정보통신 지하관로의 설비공사 <추가> ○ 통신구 설비공사

3. 제도의 필요성

(1) 중소기업 보호·육성

분리발주제도는 정보통신공사업체가 대기업의 하도급업체로 전락하여 입찰에 대한 공정한 참여기회가 줄어드는 공사수주 기회의 불균형을 방지하고, 대·중소기업간 상생차원의 보호·육성 등을 위한 적극적 정책 수단임

(2) 예산 절감

공공공사에 있어서 분리발주 시 예정가격의 86.4% 수준에서 계약을 체결하나, 일괄입찰·기술제안입찰 시에는 예정가격의 95%이상의 금액으로 계약이 체결되고 있기 때문에 분리발주는 일괄발주보다 예산절감 효과가 있음.

※ 조달청 낙찰방법별 낙찰율 현황(조달청 홈페이지- 주요통계자료)

(3) 저가하도급 등 불공정거래 차단

통합발주 시 필연적으로 발생되는 저가하도급 발생을 방지하여 불공정거래를 차단하고 적정공사비 확보를 가능케 하여 ICT설비의 시공품질 확보에 기여함.

(4) 시공품질과 성능 보장

고품질의 통신성능 요구 등에 부응하기 위해 시공품질과 성능은 기본적으로 보장되어야 하며, 정보통신공사의 부실시공은 유지 및 보수 비용 증가를 초래하므로 분리발주제도를 통한 시공 품질확보는 매우 중요함.

(5) 전문성 확보

방송·통신설비의 융합화 및 첨단화에 따라 정보통신공사의 시공 및 유지관리는 고도의 공사 전문성 및 지식이 필요한 분야이므로 분리발주제도가 지속되

어야 그 전문성을 확보하고 관련 산업을 발전시킬 수 있는 기반이 마련됨.

(6) ICT설비의 고도화에 기여

정보통신 전문업체에 의한 시공을 통해 4차 산업혁명의 도래에 따라 산업 경쟁력을 좌우하는 ICT설비의 고도화 및 지능정보사회구현에 기여함.

(7) 정보통신 전문시공업체의 육성

정보통신 전문시공업체에게 직접 도급함으로써 대형건설업체의 공사수주 독식을 방지하고 정보통신 전문 시공업체를 육성함.

4. 폐지 시의 문제점

(1) 중소기업 보호·육성 정책에 역행

분리발주제도를 폐지하고 건설공사와 정보통신공사를 통합하여 발주하면 소수의 대형 건설업체만이 입찰참여가 가능하여, 1만 개가 넘는 중소 정보통신공사업체는 대기업의 하도급자로 전락할 것이므로 중소 공사업체 보호 및 육성을 저해하게 됨.

(2) 정보통신공사 시공품질 및 전문성 저하 초래

건설업체의 저가 일괄하도급과 정보통신 전문지식이 없는 관리감독 및 하도급 등에 따라 공사비 보전을 위한 규격미달 자재 투입과 공기단축 등에 따른 부실공사 발생 가능성이 크므로 발주자의 보수비용이 과다하게 발생할 수 있음.

(3) 분리발주제도 폐지의 실익 미흡

「정보통신공사업법」에서는 공사의 성질상·기술관리상 분리하여 도급하는 것이 어려운 공사로서 특허공법 등 특수한 기술에 의해 행하여지는 대형공사(300억원 이상) 등에 대해서는 분리발주의 예외를 인정하고 있으므로 제도 폐지의 실익이 없음.

5. 통합발주 주장에 대한 주요 반박 논거

(1) "발주자의 재량권에 반한 발주방식 선택권 제약"에 대하여

분리발주 제도는 전문 공사업자의 시공 및 적정 공사비 확보를 통해 발주자가 최우선으로 요구하는 시공 품질을 확보함으로써 발주자의 권익을 보장하기 위한 제도이므로 분리발주의 실익이 더 큼.

※ 건설산업연구원, "대·중·소 건설업체의 균형발전방안(2004.11)"에서 "분리발주가 중소업체의 수주기회를 확보하여 균형발전을 도모"하는 제도임을 밝힌 바 있음.

(2) "공기지연·공사비 증가 등 효율적 시공 곤란"에 대하여

「건설기술진흥법」제41조에서는 건설사업관리자와 감리를 수행하는 자 중

에서 정보통신, 전기, 소방 설비공사를 총괄하는 관리자를 선정할 수 있도록 규정하고 있어 이미 시공사 상호간의 연계성을 확보하도록 하고 있으므로 분리발주 시에도 연계성 확보에는 문제가 없고, 통합발주 시에는 건설업체가 하도급업체 관리에 따른 추가비용이 발생하는 등 오히려 공사비가 증가할 수 있음.

(3) "하자책임 소재 논란"에 대하여
분리발주는 건설공사, 정보통신공사, 전기공사 등을 분리 발주하여 각각의 시공자와 계약을 체결하는 것으로써, 각각의 계약상대자와 해당 공사의 시공범위, 시공방법 및 하자책임 기간 등을 명확히 구분하여 계약을 체결함에 따라 오히려 하자책임에 대한 분쟁 소지가 적음.

6. 분리도급에 관한 유권해석 등

(1) 법제처 유권해석(2016.4.8.)
"설계·시공일괄입찰이「정보통신공사업법」 제25조의 단서에 따른 분리도급의 예외사유에 해당되지 않아 분리도급 하여야 하고, 따라서 각 중앙관서의 장이 정보통신공사를 포함한 전체 대형공사의 입찰방법에 관한 심의를 요청한 경우에도 중앙건설심의위원회는 정보통신공사를 제외한 나머지 대형공사, 특정공사의 입찰방법에 관한 사항에 한정하여 심의할 수 있다."고 유권해석 함.

(2) 국회의 국정감사시(2016.10.20.)
법제처의 법령해석 이후에도 정보통신공사를 포함한 대형공사 등에 대해 일괄입찰로 심의하는 이유가 무엇인지를 묻는 질의에 대해 국토부는, 정보통신공사의 분리도급에 관한 사항에 대하여 중앙건설심위위원회는 심의하지 않고 있으며 분리도급 여부는 발주청이 검토할 사항이라고 답변하고 각 발주청에 중심위의 심의결과는 입찰방법에 관한 사항이며 분리도급 여부에 관한 사항이 아님을 명확히 인내하겠다고 답변하였음.

(3) 감사원 국민감사청구 결과 발표(2017.7.17.)
국토부에 "정보통신공사 분리도급의무화제도의 실효성을 제고할 수 있도록 「대형공사 등의 입찰방법 심의기준」에 중앙건설심의위원회가 정보통신공사업법 제25조에 따른 정보통신공사 분리도급 대상에 해당하는지 여부를 검토하기 위한 세부적인 방안을 마련하여 운영"하도록 통보한 바 있음.

(4) 국토부, 대형공사 등의 입찰방법 심의기준 개정(2017.12.22.)
국토부는 감사원 통보내용 등을 반영하여, 「정보통신공사업법」등 개별 법령에 따른 분리도급 검토절차 마련을 주요내용으로 하는 「대형공사 등의 입찰방법 심의기준」을 개정하여, 발주청에서 분리도급(발주) 대상공사 포함

여부를 검토하는 규정을 신설하고, 중심위에서 입찰방법 심의 시 분리도급(발주) 대상공사 포함여부에 대한 발주청의 검토의견이 적정한지 여부를 검토하도록 하는 규정을 신설하였음.

7. 분리발주 제도 실증연구 사례

(1) 연구사례

한국생산성본부는 국내에서 발주된 시설공사의 데이터 분석을 통해 분리발주와 통합발주에 대한 경제성 실증연구를 여러 차례 수행한 바 있음('09.12월 '12.5월, '21.11월)

(2) 공사비용 비교

분리발주의 경우 낙찰금액 대비 약 0.2%의 공사비용 절감 효과가 있었으나, 통합발주의 경우에는 오히려 4.4%가 늘어나는 결과가 발생한다는 연구결과를 내놓은바 있음.

〈 전체공사 낙찰가 대비 준공금액 비교 〉

구 분	발주건수	낙찰금액 (억원)	최종공사비 (억원)	증감금액 (억원)	건당증감금액 (백만원)	증감율 (%)
분리발주	71	1,008	1,006	△2	△2	△0.2
통합발주	56	590	616	26	46	4.4

※ 완공된 시설공사의 낙찰가 대비 최종 공사비를 비교분석

(3) 실증분석 세부 내용

분리발주 폐지 논거	분리발주 존치 논거	실 증 분 석 결 과
ㅇ 발주자의 경제활동 비용 및 공사기간, 공사예산의 상승	ㅇ 발주자의 공사비용 절감 및 기간단축 ㅇ 발주자의 에너지비용 등 유지관리비용 절감	– 공사예정기간을 100일로 가정했을 경우 통합발주 된 공사들은 평균적으로 약 15일 지체되었으며 분리발주 된 공사들의 경우 약 3일 지체되었음 – 턴키 방식이 공기단축에 효과적이라는 주장이 있지만 실제 턴키 방식 노인전문병원 건립 시 예정기간 대비 6개 월 지체된 반면 분리발주된 노인전문병원은 2.5개 월 지체되었음 – 분리발주 시 전기,통신,소방공사의 경우 일

분리발주 폐지 논거	분리발주 존치 논거	실 증 분 석 결 과
		반적으로 준공금 형태로 대금을 지급받으나 통합발주 시 일정 비율 이상의 선급금 지급을 요구함에 따라 선급금 지급비율이 높게 나타남(분리 : 18.1%, 통합 : 24.0%) – 최근 최첨단 기술이 건설 산업에서 차지하는 비중이 커지고 있으며 전문설비의 경우 일반 건축물보다 수명이 짧음에 따라 전문시공업체를 통한 설계,시공,유지관리가 되어야만 효율성을 높여 비용을 크게 절감
	ㅇ 발주자가 공사비 절감을 위한 풍부한 선택기회 부여 ㅇ 공사비 절감이 큰 발주방식 유지는 시장경제 논리에 부합	– 공사규모가 큰 공사일수록 분리발주에 의한 공사비 절감효과가 커지고 있었으며 건축물, 도로교량, 신축, 증축 등 유형 별로 비교하였을 경우에도 분리발주의 경제적 효율성이 높게 나타나고 있음
ㅇ 발주자가 최적의 발주방식을 선택할 수 있는 권리를 침해	ㅇ 통합발주 시 오히려 전문공사업체를 선택할 수 있는 기회를 상실 ㅇ 공공공사의 경우 부정부패 방지, 중소기업 육성 등 공익적 측면 중요	– 미국 영국에서 통합발주 시 발주자가 원도급자와 계약 전 하도급자를 미리 선택하여 원도급자에게 통보하는 하도급업자 지명제도 운영 – 일본, 독일은 분리발주제도가 중소기업 보호를 위한 핵심정책으로 자리매김 하고 있음
ㅇ 시장경제원리 및 글로벌 스탠더드에 위배	ㅇ 공사비 절감이 큰 발주방식을 유지하는 것이 시장경제논리에 부합	– 20건의 119안전센터 증축 · 리모델링 공사 시 통합발주된 공사의 76%가 낙찰대비 공사비가 증가하였으며 연면적 당 공사비가 7% 높았음 – 발주방식이 상이한 소방서 증축사례를 분석한 결과 통합발주 된 소방서의 최종공사비가 8.2% 증가된 반면 분리발주된 소방서의 공사비는 0.4%하락하였으며 연면적 당 건설비 또한 통합발주된 소방서가 10% 높게 나타남 – 아파트 유치원공사를 통합발주한 경우와

분리발주 폐지 논거	분리발주 존치 논거	실 증 분 석 결 과
		분리발주한 경우의 낙찰가를 비교한 결과 통합발주 낙찰가(공사비)가 8.4% 높게 나타남
ㅇ 지나친 규제로 건설생산시스템의 효율성을 저해	ㅇ 주요 선진국들은 분리발주의무화 또는 분리발주가 건설업의 기본관행임	– 미국7개주, 독일, 일본은 분리발주제도를 의무화 – 영국은 의무사항은 아니지만 신규공사 90%를 분리발주 – 프랑스는 공종별 분리발주가 전통적인 방식이며, 공공공사의 경우 분리발주가 원칙임

8 외국의 분리발주 제도 도입 사례

(1) 미 국

뉴욕, 일리노이, 노스캐롤라이나, 팬실베니아, 노스다코타, 오하이오, 위스콘신, 뉴저지, 플로리다주에서 법령으로 분리발주제도를 채택하는 등 점차 확대 추세에 있음.

(2) 일 본

관공수법, 의회결의, 각의결정 등을 통해 분리발주제도를 중소기업 지원정책의 하나로 적극 추진하고 있음.

(3) 독 일

유럽에서 분리발주를 명확히 하고 있는 대표적인 국가로「건설공사 발주 및 계약규정」에 명시하고 있으며, 정부나 민간 모두 공정한 관례로 존중하고 있음.

9. 결 론

(1) 결론적으로 분리도급은 그 필요성에 따라 현행 법규상 분리도급 원칙이 분명하고,

(2) 법제처의 유권해석과 국토부의 의견, 감사원의 감사결과 등이 모두 분리도급의 원칙을 인정하고 있으며,

(3) 중앙건설심의위원회의 설계시공일괄입찰 심의는 정보통신공사 등을 제외한 토목 및 건축 등 공사의 설계와 시공의 일괄입찰을 심의하는 것이므로,

(4) 발주기관들이 중심위의 설계시공일괄입찰 심의를 받았다는 사실만으로 토

목 및 건축공사와 정보통신공사를 통합발주 할 수 있다고 주장하는 것은 합법적이지 않을뿐더러 정당성도 없다할 것임.

4. 도급의 방법

도급의 방법 즉, 공사업자가 발주자로부터 정보통신공사를 수주하는 방법은 발주자 별로 대체로 다음과 같은 방법에 의하고 있다.

(1) 국가 및 지방행정기관

① 대상 기관

ⓐ 국가기관 : 국가계약법 적용 기관

㉠ 과학기술정보통신부, 조달청, 대통령 비서실, 방송통신위원회, 국가보훈처, 국세청 등 정부조직법 등에 의하여 설치된 중앙행정기관

㉡ 중앙행정기관의 산하기관

※ 국가계약법 : 「국가를 당사자로 하는 계약에 관한 법률」

ⓑ 지방행정기관 : 지방계약법 적용 기관

㉠ 서울특별시 등 17개 광역자치단체와 서울특별시 강남구청 등 253개 기초자치단체 및 그 산하기관

㉡ 서울특별시교육청 등 17개 교육청과 서울특별시 동구교육지원청 등 176개 교육지원청 및 그 산하기관

※ 지방계약법 : 「지방자치단체를 당사자로 하는 계약에 관한 법률」

② 주로 발주되는 공사의 종류

CCTV, 방송·음향설비, 네트워크, 건축물 구내통신설비 등의 설치 및 유지보수

③ 수주방법

ⓐ 입찰정보의 입수

국가 등의 입찰은 입찰업무의 편의 등을 위하여 조달청에 입찰사무를 위임하거나, 국가조달시스템(나라장터), 국방조달시스템을 이용하여 전자입찰로 진행된다.

전자입찰사이트	이용기관
조 달 청(www.g2b.go.kr)	국가 및 지자체 등
국 방 부(www.d2b.go.kr)	방위사업청 및 군부대

ⓑ 입찰의 종류(계약체결방법에 따른 분류)

㉠ 일반경쟁 입찰에 의한 계약

정부계약은 일반 공개경쟁 입찰에 부치는 것이 원칙

㉡ 제한경쟁 입찰에 의한 계약

계약의 목적, 성질 등에 비추어 실적, 시공능력공시액, 기술, 공사지역 등 참가자격을 일정한 기준에 의하여 제한하여 경쟁입찰 하는 방법

❶ 전국 입찰

입찰참가 가능지역을 제한하지 않아, 본사 소재지와 관계없이 참여할 수 있는 입찰로, 적격심사를 통하여 낙찰자를 결정한다.

❷ 지역의무 공동도급 입찰

전국 입찰의 한 종류로 공사현장이 있는 지역에 본사를 둔 업체와 공동수급체를 구성하여야 참여할 수 있는 입찰로, 적격심사를 통하여 낙찰자를 결정한다.

구 분	국가계약법	지방계약법
공 사	81억 원 미만	244억 원 미만

❸ 지역제한 입찰

지역경제 활성화를 위하여 공사현장이 소재하는 지역(광역시 · 도)에 본사를 둔 업체만 참여할 수 있는 입찰로, 적격심사를 통하여

낙찰자를 결정한다.

구 분	국가계약법	지방계약법
공 사	10억 원 미만	10억원 미만
물품 · 용역	2억 1,000만 원 미만	3억 3,000만 원 미만

㉢ 지명경쟁에 의한 계약

계약의 성질 또는 목적에 비추어 특수한 설비, 기술, 자재 · 물품 또는 실적이 있는 자가 아니면 계약목적을 달성하기 곤란한 경우 특정다수인을 지명하여 지명된 자들로 하여금 경쟁을 시켜 계약상대자를 결정하는 방법

㉣ 수의계약

❶ 계약담당공무원이 그 상대방이 될 자를 경쟁의 방법에 의하여 선정하지 않고 임의로 특정한 자를 선정하여 계약을 체결하는 것을 말한다.

❷ 수의계약으로 계약을 체결할 경우 계약담당공무원과 업체와의 결탁우려 등 그 폐단이 크기 때문에 국가 및 지방 계약법령상 규정하고 있는 경우에만 예외적으로만 허용된다.

❸ 수의계약 한도

구 분	국가계약법	지방계약법
공사 · 물품 · 용역	추정가격 2,000만원 이하	

※ 여성기업, 장애인 기업 등은 5,000만원 까지 수의계약 가능하다.

❹ 견적제출입찰

계약법령상 수의계약의 한 종류로 공정성과 투명성을 확보하기 위하여 전자입찰시스템에서 2인 이상의 견적을 받아 제한적 최저가로 낙찰자를 결정한다.

구 분	국가계약법	지방계약법
공 사	1억 6,000만 원 이하	8,000만 원 이하
물품 · 용역	5,000만 원 이하	5,000만 원 이하

(2) 공공기관

① 대상 기관

ⓐ 공 기 업

한국전력공사, 한국공항공사, 한국토지주택공사 등 36개 기관

ⓑ 준정부기관

국가철도공단, 도로교통공단, 한국농어촌공사 등 94개 기관

ⓒ 기타 공공기관

국립대학교병원 · 치과병원, 각급 학교법인 등 220개 기관

② 공사종류

CCTV, 방송 · 음향설비, 네트워크, 건축물 구내통신설비 등의 설치 및 유지보수

③ 수주방법

ⓐ 수의계약

㉠ 입찰등의 경쟁을 거치지 않고 발주처 담당자를 상대로 영업을 하여 공사를 수주한다.

㉡ 수의계약 가능금액은 기관별 계약규정 또는 내부규정에 따라 다르다(예〉 한국전력공사 : 추정가격 1,000만 원 미만).

ⓑ 입찰참가

㉠ 입찰현황

정보통신공사업으로 제한한 입찰에 참가하여 공사를 수주하고, 발주처에 입찰참가 등록 후 입찰참여가 가능하다.

발 주 처	전자입찰 사이트
한국전력공사	srm.kepco.net
한국토지주택공사	ebid.lh.or.kr
한국도로공사	ebid.ex.co.kr
국가철도공단	ebid.kr.or.kr
한국수력원자력㈜	ebiz.khnp.co.kr

㉡ 입찰의 종류

❶ 견적제출입찰
계약법령상 수의계약의 한 종류로, 공정성과 투명성을 확보하기 위하여 전자입찰시스템에서 2인 이상의 견적을 받아 제한적 최저가로 낙찰자를 결정한다.

❷ 전국 입찰
입찰참가 가능지역을 제한하지 않아 본사 소재지와 관계없이 참여할 수 있는 입찰로, 적격심사를 통하여 낙찰자를 결정한다.

❸ 지역의무 공동도급 입찰
전국 입찰의 한 종류로 공사현장이 있는 지역에 본사를 둔 업체와 공동수급체를 구성하여야 참여할 수 있는 입찰로, 적격심사를 통하여 낙찰자를 결정한다.

❹ 지역제한 입찰
지역경제 활성화를 위하여 공사현장이 소재하는 지역(광역시 · 도)에 본사를 둔 업체만 참여할 수 있는 입찰로, 적격심사를 통하여 낙찰자를 결정한다.

(3) 민간기업

① 대상 기업

ⓐ 건축사업자 : 종합건설사 등 건축사업자

ⓑ 기간통신사업자 : KT, SKT, LGU+, 케이블방송국, 유선방송국 등

ⓒ 공동주택 : 아파트 관리사무소, 아파트 입주자 대표회의 등

ⓓ 기 타 : 사립대학교, 농협, 수협, 축협 등

② 공사종류

ⓐ 종합건설사
건설회사 등이 발주하는 건축공사 중 구내통신설비 설치 등

ⓑ 기간통신사업자
인터넷, 전화, 이동통신 등 통신서비스를 위한 선로 구축

ⓒ 공동주택

아파트 단지 내 CCTV, 주차관제, 홈네트워크, 구내방송설비 등

ⓓ 기 타

구내통신설비, CCTV, 방송설비, 전산망 설비, 네트워크 설비 등

③ 수주방법

ⓐ 수의계약

입찰 등의 경쟁을 거치지 않고 발주처 담당자를 상대로 영업을 하여 공사를 수주한다.

ⓑ 협력업체제도

㉠ 종합건설사의 협력업체

❶ 협력업체 모집공고에 지원하거나 추천을 통해 선정되며, 신용등급 및 실적 등으로 평가한다.

❷ 종합건설사가 발주하는 공사에 협력업체 간의 경쟁입찰로 공사를 수주한다.

㉡ 기간통신사업자의 협력업체

협력업체 모집공고에 지원하거나 추천을 통해 선정되며, 신용등급 및 실적으로 평가한다.

❶ K T

선로, 전송 · 전원, 무선 등 3개 분야에 258개의 협력업체가 있으며, 협력업체 선정은 공개로 진행 되었으나, 최근 10년 이상 신규 모집이 없었다.

◦ 선로분야 : 광케이블, 동케이블, 관로공사 등 선로공사

◦ 전송 · 전원분야 : 전송, 초고속인터넷 등 장비설치 및 망연동 공사 및 전기공사

◦ 무선분야 : 이동통신 서비스를 위한 기지국, 중계기 시설공사

〈 KT 분야별 지역별 협력업체 현황 〉

(2021말 기준, 단위 개사)

분야 \ 지역	강북 · 강원	강남 · 서부	부산 · 경남	대구 · 경북	전남 · 전북	충남 · 충북	계
선로분야	32	47	25	15	30	23	172
전송 · 전원분야	9	14	7	4	6	4	44
무선분야	8	13	6	5	5	5	42
계	49	74	38	24	41	32	258

❷ SKT

유선, 무선 등 2개 분야에 100여 개의 협력업체가 있으며, 협력업체 모집은 비공개로 진행 되며, 진입장벽이 높은 편이다.

❸ LGU+

유선, 무선 등 2개 분야에 60여 개의 협력업체가 있으며, 협력업체 모집은 비공개로 진행 되며, 진입장벽이 높은 편이다.

ⓒ 입찰참가

㉠ 정보통신공사업으로 제한한 입찰에 투찰하여 수주한다.

㉡ 공동주택은 공동주택관리정보시스템(www.k-apt.go.kr), 기타 발주처는 자체 홈페이지에서 입찰정보를 확인할 수 있으며, 입찰 참가는 발주처를 직접 방문하여 입찰서를 제출하는 현장입찰(직접입찰)이 많다.

발 주 처	사이트주소
공 동 주 택	www.k–apt.go.kr
기타 (농협, 사립대학 등)	자체 홈페이지

(4) 정보통신설비의 구매 · 설치 및 제조 · 설치

① 개 요

위의 발주자들이 특정 설비를 구매하거나 제조하는 것을 조건으로 설치공사를 발주하는 경우이다.

② 현 황

ⓐ 구매 · 설치

발주처에서 요구하는 정보통신설비를 공사업자가 제조사로부터 구매하여 설치하는 방법이다(일부 외산장비의 경우는 대리점을 등록 하여야 물품을 구매할 수 있는 경우도 있다).

ⓑ 제조 · 설치

공장 등 생산시설을 갖추고 직접 생산한 CCTV, 방송설비 등의 정보통신설비를 발주처에 납품하며 설치하는 방법이다.

③ 수주방법

ⓐ 수의계약

입찰 등의 경쟁을 거치지 않고 발주처 담당자를 상대로 영업을 하여 공사를 수주한다.

ⓑ 입찰참가

㉠ 「중소기업제품 구매촉진 및 판로지원에 관한 법률」에 근거하여 국가 및 지방행정기관 등이 발주하는 중소기업간 경쟁입찰에 참여하여 공사를 수주한다.

㉡ 중소기업자간 경쟁 제품의 구매입찰에 참여하기 위해서는 공공구매종합정보망(smpp.go.kr)에서 발급한 직접생산 확인 증명서가 있어야 한다.

※ 중소기업자간 경쟁제도

공공기관이 중소기업자간 경쟁제품 구매시 중소기업자만을 대상으로 제한경쟁 또는 지명경쟁 입찰방법에 따라 조달계약을 체결하도록 의무화 하는 제도

※ 직접생산 확인제도

중소기업자간 경쟁입찰에 참여하기 위하여 중소기업자의 직접생산 여부를 확인하기 위한 제도

5. 도급 계약

(1) 도급계약서의 작성

공사도급의 당사자는 각각 대등한 입장에서 합의에 따라 공정하게 계약을 체결하고 신의에 따라 성실하게 계약을 이행하여야 한다.

① 계약의 내용

공사도급의 당사자는 그 계약을 체결할 때 다음 사항을 계약서(〈붙임 27〉 서식)[44]에 명시하여야 한다.

ⓐ 도급금액

ⓑ 공사기간

ⓒ 공사내용

ⓓ 도급금액의 선급금이나 기성금의 지급에 관하여 약정한 경우에는 각각 그 지급의 시기 · 방법 및 금액

ⓔ 도급당사자인 일방으로부터 설계변경 · 공사중지 또는 도급해제의 요청이 있는 경우의 손해부담에 관한 사항

ⓕ 천재 · 지변, 그 밖의 불가항력으로 인한 면책의 범위에 관한 사항

ⓖ 설계변경 · 물가변동 등에 따른 도급금액 또는 공사내용의 변경에 관한 사항

ⓗ 도급목적물의 인도를 위한 검사 및 인도 시기

ⓘ 공사완성 후의 도급금액의 지급시기

ⓙ 도급의 이행이 지체되는 경우 위약금 · 지연이자의 지급 등 손해배상에 관한 사항

ⓚ 하자담보책임기간 및 하자담보방법

ⓛ 해당 공사에서 발생된 폐기물의 처리방법과 재활용에 관한 사항

ⓜ 「산업안전보건법」 제72조에 따른 산업안전보건관리비[45]의 지급에 관

44) 정보통신공사 도급 표준계약서는 아직 제정되지 않아 현재는 「국가계약법시행령」에 의한 공사도급표준계약서(〈붙임 27〉 서식)를 주로 사용하고 있음.

45) **제72조(건설공사 등의 산업안전보건관리비 계상 등)** ① 건설공사발주자가 도급계약을 체결하거

한 사항

ⓝ 법령에 따라 부담하는 다음의 각종 부담금의 금액과 부담방법에 관한 사항

㉠ 「고용보험 및 산업재해보상보험의 보험료징수 등에 관한 법률」에 따른 보험료

㉡ 「국민연금법」에 따른 연금보험료

㉢ 「국민건강보험법」에 따른 보험료

㉣ 「노인장기요양보험법」에 따른 장기요양보험료

㉤ 그 밖에 해당 공사와 관련하여 법령에 따라 부담하는 각종 부담금

ⓞ 그 밖에 다른 법령 또는 쌍방의 합의에 따라 명시되는 사항

② 계약서의 보관

서명 · 날인한 계약서를 서로 내주고 보관하여야 한다.

(2) 표준계약서

과학기술정보통신부장관은 계약당사자가 대등한 입장에서 공정하게 계약을 체결하도록 하기 위하여 정보통신공사의 도급 및 하도급에 관한 표준계약서(하도급의 경우는 「하도급거래 공정화에 관한 법률」에 따라 공정거래위원회가 권장하는 정보통신공사표준도급계약서(〈붙임 28〉 서식)를 말한다)를 정하여 보급할 수 있다.

※ 정보통신공사 도급 표준계약서는 아직 제정되지 않아 현재는 「국가계약법시행령」에 의한 공사도급표준계약서(〈붙임 28〉 서식)를 주로 사용하고 있다. 따라서 정보통신공사에 적합한 맞춤형 표준계약서(〈붙임 29〉 정보통신공사 표준도급계약서(안) 참조)를 별도로 제정할 필요가 있다.

나 건설공사의 시공을 주도하여 총괄 · 관리하는 자(건설공사발주자로부터 건설공사를 최초로 도급받은 수급인은 제외한다)가 건설공사 사업 계획을 수립할 때에는 고용노동부장관이 정하여 고시하는 바에 따라 산업재해 예방을 위하여 사용하는 비용(이하 "산업안전보건관리비"라 한다)을 도급금액 또는 사업비에 계상(計上)하여야 한다.

제175조(과태료) ④ 다음 각 호의 어느 하나에 해당하는 자에게는 1천만 원 이하의 과태료를 부과한다.

3. · · · 제72조제1항 · · · 을 위반한 자

(3) 수급인의 불리한 행위 강요 금지[46)]

수급인은 하수급인에게 하도급공사의 시공과 관련하여 자재구입처의 지정 등 하수급인에게 '불리하다고 인정되는 행위'[47)]를 강요하여서는 아니 된다.

6. 공사의 시공능력

(1) 개　요

① 정　의

ⓐ "시공능력"이란 공사업자가 시공할 수 있는 1건 공사의 도급금액을 말한다.

ⓑ "시공능력평가제도"란 공사업자의 시공능력을 공사실적, 경영상태, 기술능력, 신인도 등을 종합적으로 평가하여 금액으로 환산한 뒤, 이를 공시하는 제도를 말한다.

② 취지 및 활용

발주자가 적정한 정보통신공사 업체를 선정할 수 있게 하려는 취지이며, 발주자는 이를 기준으로 입찰 참가를 제한할 수 있고 조달청에서는 등

---

46) **불리한 행위 강요 관련 입법과제**

1. **문 제 점**

규제 대상에 수급인만 명시되어 있고 발주자는 빠져 있는 문제점이 있고, 자재구입처의 지정 등 하수급인에게 불리하다고 인정되는 행위를 금지하고 있으나 이에 대한 위반 시의 처벌규정이 없음.

2. **해결방안**

규제 대상에 발주자를 포함하고, 위반한 수급인에 대하여는 영업정지나 등록취소 및 과태료 등 처벌 규정을 신설할 필요가 있음.

47) **이와 유사한 문제로, 민간발주자의 부당 행위(공사원가에 보험료 등을 미반영) 관련 입법과제**

1. **문 제 점**

공공 공사의 경우는 공사업자가 부담하여야 하는 국민건강보험료, 국민연금부담금 등을 발주자가 공사원가에 반영하고 있으나 민간 공사의 경우에는 대부분 이를 반영하지 않고 있음.

2. **해결방안**

정보통신공사를 발주하는 모든 발주자는 공사원가 산정 시 관계 법령에 따른 보험료 등을 공사원가에 반영하도록 의무화하는 규정을 신설할 필요가 있음.

급별 유자격자명부, 도급하한제의 근거로 활용한다.

③ **정보통신공사 분야의 활용**

ⓐ 활 용

정보통신공사의 경우에는 국가계약법 및 지방계약법에 의해 10억 원 이상 공사의 공동도급입찰에서 도급 지분 결정에 활용되고 있다.

〈 국가계약법 및 지방계약법에서의 활용 〉

구 분	내 용
제한경쟁입찰	– 국가계약법 : 시공능력평가 해당추정가격 1배 이내 – 지방계약법 : 시공능력평가 해당추정가격 2배 이내 ※ 추정가격 3억 원 이상인 경우에 해당
지명경쟁입찰	– 시공능력을 기준으로 지명(국가계약법, 지방계약법) ※ 추정가격 1억 원 이하인 공사, 1억 원 이하인 물품 · 제조
공동도급입찰	– 정보통신공사 : 국가 · 지방계약법 10억 원 이상에서 고시금액미만 ※ 지역경쟁 활성화 및 중소업체 보호를 위해 지역 의무공동도급제도가 점차 확대되고 있음

〈 국가계약법 및 지방계약법 외의 활용 〉

구 분	주관부처
등급별 유자격자 명부 운영(1～7등급)(건설산업기본법)	조달청
제한 및 지명경쟁 입찰참가 제한(국가계약법, 지방계약법)	기재부, 행안부
공사대금 하한 적용대상 결정(건설산업기본법)	국토교통부
공사수주 자격제한(건설산업기본법)	발주자
건설재해율산정(산업안전보건법)	고용노동부
하도급업법 적용 업체규정(하도급거래공정화법률)	공정거래위원회
공동계약시 공동수급체 운영 기준	기재부, 조달청, 행안부
시공여유율 평가	조달청, 행안부

민간발주자 및 신용평가 기관의 업체평가 자료로 활용	–

ⓑ 현 황

㉠ 공공분야에서 시공능력평가가 반영되는 공동도급이 포함된 입찰공고도 전체 발주 금액 기준 약 75%을 차지하고 있다.

㉡ 이에 따라, 정보통신공사업체중 90% 이상의 업체가 공동도급 입찰에 참여하고 있다.

㉢ 민간발주자 및 신용평가업체에서도 시공능력평가를 활용하고 있음에 따라 매년 약 92%의 업체들이 시공능력평가를 받고 있다.

(2) 시공능력평가의 신청

① 신 청 자

시공능력평가를 받고자 하는 공사업자

② 신청서류

ⓐ 정보통신공사실적신고서(전자문서를 포함한다)(〈붙임 30〉 서식)

ⓑ 공사실적을 증명하는 서류. 다만, 도급금액이 500만원 미만인 공사에 대하여는 실적 증명서류를 첨부하지 않아도 된다.

㉠ 국가 · 지방자치단체 및 「공공기관의 운영에 관한 법률」 제4조에 따른 공공기관 또는 특별법에 따라 설립된 법인 또는 「전기통신사업법」 제6조에 따라 등록된 기간통신사업자가 발주한 국내공사(기간통신사업자가 이 법 제12조 각 호[48]의 어느 하나의 관계에 해당되는 공사업자에게 발주한 공사의 경우는 제외한다)의 경우

→ 해당 발주자가 발행한 정보통신공사실적증명서(〈붙임 31〉 서식). [해당 발주자가 영 제53조제2항제3호의 업무(정보의 종합관리, 시공능력의 평가 · 공시 및 정보의 제공에 관한 업무)를 위탁받은 협회에

48) 1. 대통령령으로 정하는 모회사(母會社)와 자회사(子會社)의 관계인 경우
2. 법인과 그 법인의 임직원의 관계인 경우
3. 「민법」 제777조에 따른 친족관계인 경우

공사 실적을 미리 통보한 경우는 제외한다.]

㉡ 위의 ㉠외의 자가 발주한 국내공사 및 국내하도급공사(재하도급공사를 포함한다)의 경우

→ 해당 공사의 발주자 또는 수급인(재하도급공사의 경우 하수급인을 말한다)이 발행한 다음 ❶❷의 서류. 다만, 발주자, 수급인 또는 하수급인의 폐업 등 부득이한 사유로 정보통신공사 실적증명서를 발급받을 수 없는 경우에는 그 사유서와 해당 공사에 대한 도급계약서(하도급 또는 재하도급인 경우에는 하도급계약서 또는 재하도급계약서를 말한다) 사본으로 아래 ❶의 서류를 대신할 수 있다.

❶ 해당 공사에 대한 정보통신공사실적증명서(〈붙임 31〉 서식)

❷ 「부가가치세법」에 따른 세금계산서(공급자보관용) 사본 또는 「소득세법」 또는 「법인세법」에 따른 계산서(공급자보관용) 사본

㉢ 「해외건설촉진법」에 따른 해외건설공사인 경우

→ 「해외건설촉진법」 제23조에 따라 설립된 해외건설협회가 확인한 공사기성실적증명서 또는 공사계약서 사본이 첨부된 외국환은행이 발행한 외화입금증명서

㉣ 공사업자의 자기수요에 의한 공사인 경우

→ 해당 공사의 감리자가 확인한 자기 수요공사 시공실적확인서

ⓒ 신인도 평가를 받으려는 경우에는 그에 대한 증빙서류

ⓓ 다음의 어느 하나에 해당하는 서류 사본

㉠ 「법인세법」 및 「소득세법」에 따라 관할세무서장에게 제출한 재무제표(재무상태표 및 손익계산서가 포함된 것을 말한다)

㉡ 「주식회사 등의 외부감사에 관한 법률」에 따라 외부감사인의 회계감사를 받은 재무제표

㉢ 「공인회계사법」 제7조에 따라 등록한 공인회계사 또는 같은 법 제24조에 따라 등록한 회계법인이 감사한 회계서류

③ 신청할 곳

과학기술정보통신부장관(협회에 위탁)

④ 신청 기한

매년 2월 15일(위 ⓒ항의 서류는 법인의 경우에는 5월 10일, 개인의 경우에는 7월 10일)까지 제출

❖ 수수료

시공능력의 평가를 받으려는 자 : 10만 원

❖ 과태료

공사실적, 자본금 등에 관한 서류를 거짓으로 제출한 자 : 300만 원

(3) 시공능력 평가방법

① 평가항목과 평가방법

정보통신공사의 시공능력평가는 다음 평가항목의 종합으로 이루어지며, 평가방법은 아래의 표와 같다.

ⓐ 실적평가
ⓑ 자본금평가
ⓒ 기술력평가
ⓓ 경력평가
ⓔ 신인도평가

〈 시공능력의 평가방법 〉(영 제27조제1항 관련)

정보통신공사업자의 시공능력평가는 다음 산식에 의하여 산정한다. 다만, 10만 원 미만의 숫자는 떼어버린다.
시공능력평가액 = 실적평가액 + 자본금평가액 + 기술력평가액 + 경력평가액 ± 신인도 평가액
1. 실적평가액은 다음 산식에 의하여 산정한다.
실적평가액 = 연평균 공사실적액
가. 공사실적액(발주자가 공급하는 자재비를 제외한다)은 당해 공사업자의 수급금액에서 하수급금액은 포함하고 하도급금액은 제외한다.

나. 공사업을 경영한 기간이 평가를 하는 해의 전년도 말일을 기준으로 3년 이상인 경우에는 최근 3년간의 공사실적을 합산하여 3으로 나눈 금액을 연평균 공사실적액으로 한다.

다. 공사업을 경영한 기간이 평가를 하는 해의 전년도 말일을 기준으로 1년 이상 3년 미만인 경우에는 당해 기간의 공사실적을 합산한 금액을 당해 기간의 월수로 나눈 금액에 12를 곱한 금액을 연평균 공사실적액으로 한다.

라. 공사업을 경영한 기간이 평가를 하는 해의 전년도 말일을 기준으로 1년 미만인 경우에는 당해 기간의 공사실적액을 연평균 공사실적액으로 한다.

2. 자본금평가액은 다음 산식에 의하여 산정한다.

자본금평가액 = (실질자본금 × 경영평점 + 법 제15조제2호에 따른 현금예치 또는 출자금액) × 50/100

가. 실질자본금은 해당 공사업자의 최근 결산일 현재(새로 등록을 한 자는 등록을 위한 기업진단기준일 현재)의 총자산에서 총부채를 뺀 금액을 말하며, 정보통신공사업 외의 업을 겸업하는 자인 경우에는 실질자본금에서 겸업비율에 해당하는 금액을 공제하고, 그 실질자본금이 15억 원을 초과하는 경우의 산정에 있어서는 실질자본금을 15억 원으로 하여 산정한다. 다만, 실질자본금이 0 이하인 경우와 경영평가액 산정자료 미제출시의 실질자본금은 0으로 하고, 공사업을 경영한 기간이 1년 미만인 경우로서 최근 결산서가 없는 경우에는 산정일 현재 등록수첩에 기재된 자본금을 실질자본금으로 할 수 있다.

나. 경영평점은 다음의 산식에 의하여 산정한다.
경영평점 = (부채비율평점 + 유동비율평점 + 매출액순이익률평점) /3

1) 부채비율평점은 법 제27조제3항에 따른 자본금에 관한 서류를 기초로 하여 해당 공사업자의 부채비율(타인자본/자기자본)을 공사업계 전체평균부채비율로 나눈 값이 0.5 미만인 경우에는 5로, 0.5 이상 0.75 미만인 경우에는 4로, 0.75이상 1.25 미만인 경우에는 3으로, 1.25 이상인 경우에는 2로 한다.

2) 유동비율평점은 법 제27조제3항에 따른 자본금에 관한 서류를 기초로 하여 해당 공사업자의 유동비율(유동자산/유동부채)을 공사업계 전체 평균유동비율로 나눈 값이 1.2 이상인 경우에는 5로, 0.9 이상 1.2 미만인 경우에는 4로, 0.7 이상 0.9 미만인 경우에는 3으로, 0.7 미만인 경우에는 2로 한다.

3) 매출액순이익률평점은 법 제27조제3항에 따른 자본금에 관한 서류를 기초로 하여 해당 공사업자의 매출액순이익률(법인세 또는 소득세 차감 전 순이익/매출액)을 공사업계 전체 평균매출액순이익률로 나눈 값이 1.5 이상인 경우에는 2.5로, 0.4 이상 1.5 미만인 경우에는 2로, 0.1 이상 0.4 미만인

경우에는 1.5로, 0.1 미만인 경우에는 1로 한다.

다. 조합출자금액은 신청일 현재 출자한 좌수에 해당 조합이 평가한 지분액을 곱한 금액으로 한다.

3. 기술력평가액은 다음 산식에 의하여 산정한다.

기술력평가액 = 전년도 공사업계의 기술자 1인당 평균생산액 × 보유기술인력가중치 합계 × 30/100 + 전년도 기술개발투자액 + 교육훈련 실적평가액

가. 전년도 공사업계의 기술자 1명당 평균생산액은 공사업계의 국내 총기성액을 공사업계에 종사하는 기술자의 총수로 나눈 금액으로 하되, 이 경우 국내 총기성액 및 기술자 총수는 제53조제2항제3호에 따라 협회가 관리하고 있는 정보를 기준으로 한다(전년도 공사업계 기술자 1명당 평균생산액이 산출되지 아니하는 경우에는 전전년도 공사업계 기술자 1명당 평균생산액을 적용한다).

나. 보유기술인력가중치는 정보통신기술자의 등급을 기준으로 다음 표에 의하며, 보유기술인력은 해당 공사업체를 평가하는 해의 전년도 말일을 기준으로 소속(등록수첩에 등재된 정보통신기술자만 해당한다)되어 전년도 1월 1일부터 12월 31일까지 중 180일 이상 근무한 자(신규등록·신규양도·합병 후 공사업 경영기간이 6개월 미만의 경우에는 신규등록·신규양도·합병 신고 시에 등록수첩에 등재된 정보통신기술자로 한다)에 한한다.

보유기술 인력	기술사	특급 기술자	고급 기술자	중급 기술자	초급 기술자	기능계 정보 통신기술자
가중치	2.5	2	1.5	1	0.5	0.25

다. 전년도 기술개발투자액은 「조세특례제한법 시행령」 별표6에 규정된 비용 중 정보통신공사업분야에 실제로 사용된 금액으로 한다.

라. 교육훈련 실적평가액은 법 제69조제3항에 따라 과학기술정보통신부장관이 지정한 정보통신기술인력의 양성기관에서 전년도 1월 1일부터 12월 31일까지 중 2일 이상 정보통신공사 관련 교육훈련 과정을 이수한 경우 다음 기준에 따라 산정한 금액을 말한다.

1) 이수자가 2명 또는 3명인 경우 : 기술자 1인당 평균생산액 × 0.1

2) 이수자가 4명 또는 5명인 경우 : 기술자 1인당 평균생산액 × 0.2

3) 이수자가 6명 이상인 경우: 기술자 1인당 평균생산액 × 0.3

4. 경력평가액은 다음 산식에 의하여 산정한다.

경력평가액 = 실적평가액 × 공사업경영기간 평점 × 20/100

가. 공사업경영기간은 등록을 한 날, 양도신고를 한 날 또는 합병신고를 한 날부터

평가를 신청하는 날까지로 한다.

나. 공사업경영기간 평점은 다음 표에 의한다.

공사업 경영기간	1년 미만	1년 이상 2년 미만	2년 이상 3년 미만	3년 이상 4년 미만	4년 이상 5년 미만
평점	1.0	1.1	1.2	1.3	1.4

5년 이상 6년 미만	6년 이상 7년 미만	7년 이상 8년 미만	8년 이상 9년 미만	9년 이상 10년 미만	10년 이상
1.5	1.6	1.7	1.8	1.9	2.0

5. 신인도평가액은 다음 산식에 의하여 산정한다. 다만, 신인도평가액은 실적평가액·자본금평가액·기술평가액·경력평가액의 합계액의 ±10%의 범위를 초과할 수 없으며, 가점요소와 감점요소가 있는 경우에는 이를 상계한다.

신인도평가액 = (실적평가액 + 자본금평가액 + 기술력평가액 + 경력평가액) × 신인도반영비율합계

가. 신인도반영비율 가점요소는 다음과 같다.

1) 최근 1년간 국가기관·지방자치단체, 「공공기관의 운영에 관한 법률」 제4조에 따른 공공기관 및 「전기통신사업법」에 따른 기간통신사업자로부터 우수시공업자로 선정된 자의 경우(+3%)

2) 「비상대비자원 관리법」 제11조에 따라 지정된 중점관리대상 업체로서 과학기술정보통신부장관으로부터 정보통신공사업자로 임무고지된 업체의 경우(+3%)

3) 공사업자의 공사 시공상 환경관리 및 공사폐기물의 처리실태가 우수하여 환경부장관으로부터 시공능력의 증액의 요청이 있는 자의 경우(+2%)

4) 정보통신공사업에 관한 국제품질인증(ISO)을 받은 자의 경우(+2%)

나. 신인도반영비율 감점요소는 다음과 같다.

1) 최근 1년간 국가기관·지방자치단체·공공기관 및 「전기통신사업법」에 따른 기간통신사업자로부터 부정당업자로 제재처분을 받은 사실이 있는 자의 경우(-3%)

2) 최근 1년간 부도가 발생된 사실이 있는 자의 경우(-2%)

3) 최근 1년간 영 별표8 제11호마목 또는 제11호의2다목에 해당하는 사유로 영업정지처분을 받은 사실이 있는 자의 경우(-3%)

4) 최근 1년간 3)에 해당하는 경우 이외에 영 별표8에 해당하는 사유로 3개월 이상의 영업정지처분을 받은 사실이 있는 자의 경우(-2%)

5) 최근 1년간 법 제78조에 위반하여 과태료처분을 받은 사실이 있는 자의 경우(-2%)
6) 최근 1년간 환경관리법령에 따른 과태료 이상의 처분을 받은 사실이 있는 자의 경우(-2%)
7) 전년도 시공능력평가에서 신규등록·양도·합병·상속 후 공사업경영기간이 6개월 미만인 경우로 평가받은 자로서 보유기술인력가중치 합계가 전년도 보유기술인력가중치 합계의 50% 이하인 자의 경우(-3%)

② 합병 등의 실적 합산

시공능력의 평가를 하는 경우 다음에 해당하는 때에는 종전 공사업자의 공사업 경영기간 및 공사실적을 합산한다.

ⓐ 공사업자인 법인이 분할 또는 분할 · 합병되어 설립되거나 존속하는 법인에 공사업의 전부를 양도하는 경우

ⓑ 개인이 경영하던 공사업을 법인사업으로 전환하기 위하여 공사업을 양도하는 경우(공사업의 등록을 한 개인이 법인을 설립하여 해당 법인의 대표자가 되는 경우에만 해당한다)

ⓒ 공사업자인 법인을 합명회사 또는 합자회사에서 유한회사 또는 주식회사로 전환하기 위하여 공사업을 양도하는 경우

ⓓ 공사업자인 법인 간에 합병을 하는 경우 또는 공사업자인 법인과 공사업자가 아닌 법인이 합병을 하는 경우

ⓔ 공사업자의 사망에 따라 공사업을 상속하는 경우

(4) 시공능력의 공시 및 유효기간

① 시공능력의 공시

ⓐ 과학기술정보통신부장관(협회에 위탁)은 평가한 시공능력을 해당 공사업자의 등록수첩에 적어 발급하고,

ⓑ 매년 7월 31일까지 각 공사업자의 시공능력을 신문 또는 전산망을 통하여 공시한다.

ⓒ 다만, 다음의 경우에는 시공능력을 평가한 때에 공시한다.

㉠ 공사업의 등록을 한 경우

㉡ 공사업의 양도·합병 또는 상속을 한 경우

㉢ 서류를 허위로 제출하여 평가받은 시공능력을 다시 평가한 경우

② 시공능력의 유효기간

ⓐ 시공능력은 그 공시일부터 1년의 기간 동안(매년 7월 31일 ~ 다음연도 7월 30일) 공사업자가 시공할 수 있는 1건 공사의 도급금액을 말한다.

ⓑ 다만, 다음 사유로 평가된 시공능력은 해당 시공능력의 공시일부터 다음 연도 공시일의 전날(7월 30일)까지 공사업자가 시공할 수 있는 1건 공사의 도급금액을 말한다.

㉠ 공사업의 등록을 한 경우

㉡ 공사업의 양도, 합병 또는 상속을 한 경우

㉢ 서류를 허위로 제출하여 평가받은 시공능력을 다시 평가한 경우

7. 정보의 제공

(1) 정보의 관리

과학기술정보통신부장관(협회에서 수행 중)은 공사에 필요한 자재·인력의 수급 상황 등 공사업에 관한 정보와 공사업자의 공사 종류별 실적, 자본금, 기술력 등에 관한 정보를 종합 관리하여야 하고, 발주자 등이 그 정보의 제공을 요청하면 정보를 제공[49]할 수 있다.

(2) 정보관리시스템의 구축 및 운영

과학기술정보통신부장관은 정보의 관리 및 제공, 시공능력의 평가 및 공

---

49) **정보제공에 대한 수수료 관련 입법과제**

1. **문제점**

정보의 제공을 받으려는 자에 대하여 법 제73조제4호에서는 수수료 징수 근거를 두고 있으나 시행령의 공사업 등록 등의 수수료 표에서는 명시하지 않고 있어 법률과 시행령이 서로 맞지 않는 문제점이 있음(현재는 수수료를 받지 않고 있음).

2. **해결방안**

법률에 있는 수수료 근거규정을 삭제하거나 시행령에 수수료 금액을 추가로 규정할 필요가 있음.

시를 위하여 공사업에 관한 정보관리시스템을 구축 · 운영[50]한다.

(3) 정보제공의 내용 및 절차

① 제 공 자

과학기술정보통신부장관(협회에 위탁)

② 제공기한

정보제공 요청을 받은 경우 그 요청일로부터 10일 이내

③ 제공방법

서면 또는 전기통신사업자의 통신망을 이용

④ 제공 정보의 내용

ⓐ 공사업 전체의 공사실적, 정보통신기술자 보유현황 및 정보통신기술자 1명당 평균생산액

ⓑ 공사업자의 총공사실적 및 공사의 종류별 공사실적

ⓒ 공사업자의 정보통신기술자 보유현황

ⓓ 공사업자의 공사업 경영상태

ⓔ 공사업자에 대한 행정처분사항 및 부정당업자 제재처분사항

ⓕ 발주자(국가 · 지방자치단체 및 「공공기관의 운영에 관한 법률」 제4조에 따른 공공기관만 해당한다)로부터 우수시공업자로 선정된 사실 등에 관한 사항

ⓖ 해외시장 관련 정보 등 정보통신공사의 해외 진출을 촉진하기 위한 정보

---

50) **정보관리시스템의 구축 · 운영에 관한 입법과제**

1. **문 제 점**

법 제69조제2항제3호에서는 정보관리시스템의 구축 · 운영에 관한 업무를 시행령이 정하는 바에 따라 협회에 위탁할 수 있다고 규정하고 있으나 시행령에는 위탁업무의 내용에 포함되어 있지 않음. 그러나 실제는 협회에서 그 업무를 수행하고 있음.

2. **해결방안**

정보관리시스템 구축 · 운영 업무를 협회에 위탁한다는 것을 시행령을 개정하여 명시할 필요가 있음.

제4절 공사의 하도급

1. 하도급이란

(1) 하도급 등의 정의

① 하도급의 정의

"하도급"이란 도급받은 공사의 일부에 대하여 수급인이 제3의 공사업자와 체결하는 계약을 말한다.

② 수급인의 정의

"수급인"이란 발주자로부터 공사를 도급받은 공사업자를 말한다.

③ 하수급인의 정의

"하수급인"이란 수급인으로부터 공사를 하도급 받은 공사업자를 말한다.

(2) 하도급 현황

① 2020년 공사 건수 기준, 정보통신공사업자의 자기공사 1,840건을 제외한 공사 중 원도급이 85%인 35만 7,000여 건이고, 하도급이 15%인 6만여 건이다.

② 금액 기준으로는 71%가 원도급이고 28%가 하도급이다. 하도급이 건수는 15%이나 금액은 28%를 차지하고 있어 공사금액이 상대적으로 높은 건에서 하도급이 많은 것을 알 수 있다.

〈 정보통신공사 하도급 현황 〉

(단위 : 백만 원)

연도별 / 구분	2018		2019		2020	
	건수	금액	건수	금액	건수	금액
원도급 (%)	308,431 (87)	10,252,277 (72)	332,045 (85)	10,858,738 (71)	357,077 (85)	11,943,079 (71)
하도급 (%)	47,026 (13)	3,968,935 (28)	57,636 (15)	4,353,939 (28)	60,970 (15)	4,645,514 (28)

자기공사 (%)	801 (0)	100,151 (1)	1,126 (0)	94,205 (1)	1,840 (0)	119,893 (1)
전체 (%)	356,258 (100)	14,321,363 (100)	390,807 (100)	15,306,882 (100)	419,887 (100)	16,708,485 (100)

2. 수급인의 하도급 원칙

(1) 원 칙

공사업자는 도급받은 공사의 100분의 50을 초과하여 다른 공사업자에게 하도급을 하여서는 아니 된다.

(2) 예 외

① 예외로 인정되는 경우

ⓐ 발주자가 공사의 품질이나 시공상의 능력을 높이기 위하여 필요하다고 인정하는 경우

ⓑ 공사에 사용되는 자재를 납품하는 공사업자가 그 납품한 자재를 설치하기 위하여 공사하는 경우

② 하도급 한도

공사의 전부를 하도급하지 아니하는 범위에서 100분의 50을 초과하여 하도급할 수 있다.

③ 하도급 범위 산정 기준

하도급 할 수 있는 공사는 도급받은 공사 중 "기술상 분리하여 시공할 수 있는 독립된 공사"로 하되, 그 범위는 공정 또는 구간 등을 기준으로 산정한다.

※ "기술상 분리하여 시공할 수 있는 독립된 공사"의 의미

공정별 또는 구간별 등으로 분리하여 시공하여도 책임구분이 명확한 경우로서 발주된 전체 공사의 완성에 지장을 주지 아니하는 공사를 말한다.

④ **하도급의 요건**

공사의 발주자로부터 서면(〈붙임 32〉 서식)으로 승낙을 받은 경우에 한한다.

3. 하수급인의 재하도급의 원칙

(1) 원　칙

하수급인은 하도급 받은 공사를 다른 공사업자에게 다시 하도급을 하여서는 아니 된다.

(2) 예　외

다만, 다음의 경우에는 재하도급이 가능하다.

① **재하도급 한도**

하도급 금액의 100분의 50 미만에 해당하는 부분

② **독립된 공사**

기술상 분리하여 시공할 수 있는 독립된 공사

③ **발주자의 승낙**

공사의 발주자로부터 서면(〈붙임 32〉 서식)으로 승낙을 받은 경우

❖ 처 벌

정보통신공사업법을 위반하여 하도급 또는 다시 하도급을 한 자 : 1년 이하의 징역 또는 1,000만 원 이하의 벌금

4. 하수급인의 지위 등

(1) 하수급인의 지위

하수급인은 하도급 받은 공사를 시공할 경우 발주자에 대하여 수급인과

같은 의무를 지되, 수급인과 하수급인 간의 법률관계에는 영향을 미치지 아니한다.

(2) 하수급인의 의견 청취

수급인은 도급받은 공사를 시공할 때 하수급인이 있으면 하도급 한 그 공사의 시공에 관한 공법 및 공정과 그 밖에 필요하다고 인정되는 사항에 관하여 미리 하수급인의 의견을 들어야 한다.

5. 하도급 대금의 지급 등

(1) 준공금 등의 지급

① 준공금 및 기성금의 지급액

ⓐ 수급인이 발주자로부터 도급받은 공사에 대한 준공금(竣工金)을 받은 경우

→ 하도급 대금의 전부

ⓑ 기성금(旣成金)을 받은 경우

→ 하수급인이 시공한 부분에 상당한 금액

※ **기성금 :** 공사 중간에 공사가 이루어진 만큼 계산하여 주는 돈

② 지급기한

각각 지급받은 날(수급인이 발주자로부터 공사대금을 어음으로 받은 경우에는 그 어음만기일을 말한다)부터 15일 이내

③ 지급방법

하수급인에게 하도급 대금을 현금으로 지급

(2) 선급금의 지급

① 하수급인에 대한 선급금 지급

ⓐ 경우 : 수급인이 발주자로부터 선급금을 받은 경우

ⓑ 목적 : 하수급인이 자재의 구입, 현장근로자의 고용, 그 밖에 하도급공사를 시작할 수 있도록 하기 위하여

ⓒ 기준 : 그가 받은 선급금의 내용과 비율에 따라

ⓓ 지급 : 하수급인에게 선급금을 지급하여야 한다.

② 보증 요구

수급인은 선급금을 지급하는 경우 하수급인이 선급금을 반환하여야 할 경우에 대비하여 하수급인에게 보증을 요구할 수 있다.

(3) 하도급 금액의 조정

① 조정 사유

수급인이 하도급을 한 후 설계변경 또는 물가변동 등의 사정으로 도급금액이 조정되는 경우

② 조정 기준

조정된 공사금액과 비율

③ 증액 또는 감액 지급

하수급인에게 하도급 금액을 증액 또는 감액하여 지급할 수 있다.

(4) 하도급 대금의 직접 지급

① 직접 지급이 가능한 경우

발주자는 다음에 해당하는 경우에는 하수급인이 시공한 부분에 해당하는 하도급 대금을 하수급인에게 직접 지급할 수 있다.

ⓐ 발주자와 수급인간에 합의가 있는 경우
발주자와 수급인 간에 하도급대금을 하수급인에게 직접 지급할 수 있다는 뜻과 그 지급의 방법·절차를 명백히 하여 합의한 경우

ⓑ 확정판결을 받은 경우
하수급인이 수급인을 상대로 그가 시공한 부분에 대한 하도급대금의 지급을 명하는 확정판결을 받은 경우

ⓒ 수급인의 지급정지 · 파산 등의 경우

수급인의 지급정지 · 파산 등으로 인하여 수급인이 하도급 대금을 지급할 수 없는 명백한 사유가 있다고 발주자가 인정하는 경우.

㉠ 직접지급의 방법 및 절차[51]

❶ 발주자는 수급인의 지급정지 · 파산 등으로 인하여 하도급대금을 지급할 수 없는 사유가 발생한 것을 확인한 때에는 기성부분과 하수급인이 시공한 부분의 금액을 확정한 후 하수급인에게 하도급대금의 직접 지급을 청구할 수 있다는 뜻과 지급할 금액을 통보할 것

❷ 하수급인은 위 통보를 받은 날부터 15일 이내에 하도급대금의 직접지급을 청구할 것

❸ 발주자는 위 청구를 한 하수급인에게 하도급대금을 직접 지급하고, 그 사실을 수급인에게 통보할 것

❹ 발주자는 하도급대금지급의 우선순위를 정하는 때에 하도급대금을 직접 지급받을 하수급인이 다수인 경우에는 하도급공사의 준공 또는 기성순위를 기준으로 하고, 그 시점이 같은 때에는 위 ❷에 따른 하도급대금의 직접지급청구서의 접수일을 기준으로 할 것

㉡ 직접지급 중지 요청

이 경우 수급인은 하수급인에게 책임이 있는 사유로 자신이 피해를 입을 우려가 있다고 인정되는 경우에는 그 사유를 명시하여 발주자에게 하도급 대금의 직접 지급을 중지할 것을 요청할 수 있다.

② 직접 지급의 효과

발주자가 수급인에게 대금을 지급할 채무는 하수급인에게 지급한 하도급 대금의 한도에서 소멸한 것으로 본다.

---

51) 하도급대금 직접 지급방법 및 절차에 관하여 이 영에서 정하지 아니한 사항에 관하여는 「하도급거래 공정화에 관한 법률 시행령」 제9조를 준용한다.

6. 하도급계약 심사 및 하수급인 변경 등

(1) 하도급계약의 적정성 심사

① 적정성 심사

발주자는 다음에 해당하는 경우에는 하수급인의 시공능력 또는 하도급 계약 내용의 적정성을 심사할 수 있다.

ⓐ 시공능력 관련

공사의 규모와 전문성 등을 고려할 때 하수급인의 시공능력이 현저히 부족하다고 인정되는 경우

→ 하수급인의 사업수행능력을 심사

ⓑ 하도급 계약금액 관련

하도급 계약금액이 '도급금액 중 하도급 부분에 상당하는 금액'의 100분의 82 미만인 경우

→ 하도급 계약 금액의 적정성을 심사.

※ 도급금액 중 하도급 부분에 상당하는 금액

하도급하려는 공사 부분에 대하여 수급인의 도급금액 산출내역서의 계약단가(직접 · 간접 노무비, 재료비 및 경비를 포함한다)를 기준으로 산출한 금액에 일반관리비, 이윤 및 부가가치세를 포함한 금액을 말하며, 수급인이 하수급인에게 직접 지급하는 자재의 비용 등 관계 법령에 따라 수급인이 부담하는 금액은 제외한다.

② 심사기준 및 절차

하수급인의 시공능력 또는 하도급계약 내용의 적정성 심사 항목의 세부 심사기준과 심사절차 등은 과학기술정보통신부장관이 필요한 사항을 정하여 고시한 「정보통신공사 하도급계약의 적정성 심사기준」(과학기술정보통신부 고시 제2018-61호, 2018.9.27.)에 의한다.

③ 발주자의 계약내용 변경요구

ⓐ 변경요구가 가능한 경우

발주자가 심사 결과 하수급인의 시공능력 또는 하도급계약 내용이 적

정하지 아니하다고 인정되는 경우

ⓑ 요구방법
사유를 분명하게 밝혀 수급인에게 하수급인 또는 하도급계약 내용의 변경을 서면으로 요구

ⓒ 요구시한
사유가 있음을 안 날부터 30일 이내

ⓓ 도급계약의 해지
발주자는 수급인이 정당한 이유 없이 변경 요구에 따르지 아니하여 공사 결과에 중대한 영향을 미칠 우려가 있는 경우에는 해당 공사의 도급계약 해지가 가능하다.

(2) 하수급인의 변경요구

① 변경요구

ⓐ 변경요구가 가능한 경우
발주자가 하수급인이 그 공사를 시공하면서 관계 법령을 위반하여 시공하거나 설계도서대로 시공하지 아니한다고 인정되는 경우

ⓑ 요구시한
그 사유가 있음을 안 날부터 15일 이내 또는 그 사유가 있는 날부터 30일 이내

ⓒ 요구방법 : 사유를 명시한 서면

ⓓ 요구 상대방 : 수급인

ⓔ 요구 내용 : 하수급인의 변경

② 도급의 해지

ⓐ 해지 할 수 있는 경우
발주자는 수급인이 정당한 이유 없이 하수급인 변경 요구에 따르지 아니하여 공사 결과에 중대한 영향을 미칠 우려가 있다고 인정하는 경우

ⓑ 조치내용
공사에 관한 도급을 해지 가능

(3) 하도급에 관한 타법의 준용

하도급에 관하여 이 법에서 규정하는 것을 제외하고는 「하도급거래 공정화에 관한 법률」의 해당 규정을 준용한다.

제5절 공사의 시공관리

1. 정보통신기술자의 배치

(1) 기술자의 배치

① 배치목적

공사업자는 공사의 시공관리와 그 밖의 기술상의 관리를 하기 위하여 정보통신기술자를 배치하여야 한다.

② 배치기준

공사 현장에 정보통신기술자 1명 이상을 배치. 이 경우 공사의 현장에 배치하여야 하는 정보통신기술자는 해당 공사의 종류에 상응하는 정보통신기술자이어야 한다.

③ 발주자에 대한 통보

공사업자는 정보통신기술자를 배치 후 이를 그 공사의 발주자에게 알려야 한다.

④ 기술자의 이탈금지

공사 현장에 배치된 정보통신기술자는 해당 공사의 발주자의 승낙을 받지 아니하고는 정당한 사유 없이 그 공사 현장을 이탈하여서는 아니된다.

❖ 처 벌

정보통신기술자를 공사현장에 배치하지 아니한 자 : 500만 원 이하의 벌금

❖ 과태료

정당한 사유 없이 그 공사의 현장을 이탈한 정보통신기술자 : 150만원(부과 · 징수는 중앙전파관리소장에 위임)

(2) 기술자의 현장 상주

① 현장 상주 기준

공사업자는 공사가 시공 중인 때에는 다음의 구분에 따라 정보통신기술자를 현장에 상주하게 하여 공사관리를 하여야 한다.

ⓐ 도급금액이 5억 원 이상의 공사
→ 중급기술자 이상인 정보통신기술자

ⓑ 도급금액이 5,000만 원 이상 5억 원 미만인 공사
→ 초급기술자 이상인 정보통신기술자

② 예 외

공사가 중단된 기간은 현장에 상주하지 않아도 된다.

③ 기술자의 업무수행

ⓐ 공사현장에 배치된 정보통신기술자는 공사에 따른 위험 및 장해가 발생하지 아니하도록 모든 안전조치를 강구하여야 한다.

ⓑ 관계법령에 따라 그 업무를 성실히 수행하여야 한다.

(3) 1기술자 1개 공사 관리

① 원 칙

1기술자는 1개 공사를 관리하여야 한다.

② 예 외

공사업자는 다음에 해당하는 경우에는 발주자의 승낙을 얻어 1명의 정보통신기술자에게 2개의 공사를 관리하게 할 수 있다.

ⓐ 도급금액이 1억 원 미만의 공사로서 동일한 시(특별시 · 광역시 및 특별자치시를 포함한다) · 군에서 행하여지는 동일한 종류의 공사

ⓑ 이미 시공 중에 있는 공사의 현장에서 새로이 행하여지는 동일한 종류의 공사

2. 정보통신기술자의 교체 요청

(1) 발주자의 교체요청

발주자는 배치된 정보통신기술자가 업무수행의 능력이 현저히 부족하다고 인정되는 경우에는 수급인에게 정보통신기술자의 교체를 요청할 수 있다.

(2) 수급인의 의무

수급인은 정당한 사유가 없으면 이에 따라야 한다.

3. 공사업자의 손해배상 책임

(1) 공사업자의 시공관리 부실 책임

① 배상책임

공사업자는 고의 또는 과실로 인하여 공사의 시공관리를 부실하게 하여 타인에게 손해를 입힌 경우에는 그 손해를 배상할 책임이 있다.

② 구상권 행사

공사업자가 손해를 배상한 경우 그 손해가 발주자의 고의 또는 중대한 과실에 의하여 발생한 것일 때에는 발주자에 대하여 구상권(求償權)을 행사할 수 있다.

(2) 수급인과 하수급인의 연대 책임

① 배상책임

수급인은 하수급인이 고의 또는 과실로 인하여 하도급 받은 공사의 시공관리를 부실하게 하여 타인에게 손해를 입힌 경우에는 하수급인과 연대하여 그 손해를 배상할 책임이 있다.

② 구상권 행사

수급인이 손해를 배상한 경우에는 배상할 책임이 있는 하수급인에 대하여 구상권을 행사할 수 있다.

제5장 착공전확인과 사용전검사

제1절 착공전확인

1. 착공전확인이란

"착공전확인"이란 정보통신공사를 발주한 자 등이 확인 대상 공사를 시작하기 전에 설계도를 특별자치시장 · 특별자치도지사 · 시장 · 군수 · 구청장(자치구의 구청장을 말한다. 이하 같다)에게 제출하여 기술기준에 적합한 지를 확인받는 것을 말한다.

2. 확인의 대상

(1) 확인 대상 공사

통신설비공사 중 구내통신설비공사, 그 중에서도 다음의 공사가 착공전확인의 대상이다.[52]

① 구내통신선로공사

② 이동통신구내선로공사

③ 방송공동수신설비공사

(2) 대상에서 제외되는 공사

위의 대상 공사 중에서도 다음의 공사는 대상에서 제외된다.

① 연면적 150제곱미터 이하인 건축물에 설치되는 공사(이 경우 지하층 · 축사 · 창고 및 차고, 그 밖에 이와 유사한 공작물 또는 건축물은 연면적 계산에 포함한다).

② 「건축법」 제14조에 따른 다음의 '신고대상건축물'에 설치되는 공사

신고 대상 건축물
1. 바닥면적의 합계가 85제곱미터 이내의 증축·개축 또는 재축. 다만, 3층 이상 건축물인 경우에는 증축·개축 또는 재축하려는 부분의 바닥면적의 합계가 건축물

52) 제1장제2절 2.의 표〈공사의 종류〉의 통신설비공사, 구내통신설비공사 중 해당 공사를 말함.

연면적의 10분의 1 이내인 경우로 한정한다.

2. 「국토의 계획 및 이용에 관한 법률」에 따른 관리지역, 농림지역 또는 자연환경보전지역에서 연면적이 200제곱미터 미만이고 3층 미만인 건축물의 건축. 다만, 다음 각 목의 어느 하나에 해당하는 구역에서의 건축은 제외한다.
   가. 지구단위계획구역
   나. 방재지구 등 재해취약지역으로서 대통령령으로 정하는 구역
3. 연면적이 200제곱미터 미만이고 3층 미만인 건축물의 대수선
4. 주요구조부의 해체가 없는 등 대통령령으로 정하는 대수선
5. 그 밖에 소규모 건축물로서 대통령령으로 정하는 건축물의 건축

벌 칙

착공전확인을 받지 아니하고 공사를 시작한 자 : 1년 이하의 징역 또는 1,000만 원 이하의 벌금.

3. 확인의 절차

(1) 신청서 등의 제출

① 제 출 자

설계도의 확인을 받으려는 정보통신공사의 발주자와 그 밖에 발주자가 아닌 다음의 자를 포함한다.

ⓐ 자신의 공사를 스스로 시공하려는 공사업자

ⓑ 법 제3조제2호에 따라 다음의 '경미한 공사'를 자신이 스스로 시공하려는 자

경 미 한 공 사

1. 간이무선국·아마추어국 및 실험국의 무선설비설치공사
2. 연면적(둘 이상의 건축물에 설비를 연결하여 설치하는 경우에는 각 건축물의 연면적 합계를 말한다. 이하 같다) 1천 제곱미터 이하의 건축물의 자가 유선방송

설비·구내방송설비 및 폐쇄회로 텔레비전의 설비공사

3. 건축물에 설치되는 5회선 이하의 구내통신선로 설비공사
4. 라우터(네트워크 연결장치) 또는 허브의 증설을 수반하지 않는 5회선 이하의 근거리통신망(LAN)선로의 증설공사
5. 다음 각 목의 공사로서 「소프트웨어 진흥법」 제48조제2항에 따라 중소 소프트웨어사업자만 참여하는 공사[6회선 이상의 근거리통신망(LAN)선로설비공사는 제외한다]
   가. 서버·백업장비·주변기기 등 전산장비(이하 "전산장비"라 한다)의 설치공사 및 유지보수
   나. 전산장비의 교체공사
   다. 주전산장치의 성능향상을 위한 주변기기의 설치공사
   라. 연면적 1천 제곱미터 이하의 건축물에 설치되는 공사로서 구내통신선로설비·방송설비·경비보안설비와 연계되지 아니하는 정보시스템 구축공사
   마. 하드웨어구입비를 제외한 전체사업비 중 소프트웨어 관련비(소프트웨어개발비·소프트웨어유지보수비·데이터베이스구축비 등)의 비중이 80% 이상인 정보시스템 구축공사
6. 군 및 경찰의 긴급작전을 위한 공사로서 과학기술정보통신부장관이 관계 중앙행정기관의 장과 협의하여 정하는 공사
7. 다음 각 목의 공사로서 과학기술정보통신부장관이 정하여 고시하는 공사
   가. 정보통신설비의 단말기, 차량용 전화 등의 설치 또는 증설공사
   나. 무선통신설비의 이전·변경·증설 또는 대체 등의 공사
   다. 자기의 정보통신설비의 유지·보수공사
8. 제1호부터 제4호까지, 제7호 가목 및 나목의 공사와 유사한 기술수준의 공사로서 과학기술정보통신부장관이 정하여 고시(「과학기술정보통신부고시」 제2017-7호, 2017. 8.24.)한 다음의 공사
   (1) 정보통신설비의 단말기, 차량용전화 등의 설치 또는 증설공사로서 다음에 해당하는 경우
      가. 방송통신기자재등의 적합성평가에 관한 고시 제3조에 따른 적합인증 또는 적합등록 대상 기자재 중 단말기의 설치 또는 증설
      나. 「방송법」 제79조의 규정에 의한 중계유선방송·음악유선방송을 행하기 위한 유선방송설비의 개·대체(주전송장치 및 수신공중선계, 전송선로설비, 인입선을 포함한 구내전송선로설비 제외)

다. 개인용컴퓨터 및 프린터기등 주변기기의 설치 또는 증설
라. 차량용전화기 및 부대설비의 설치 또는 증설
마. 「방송법」 제9조제1항에 따른 일반위성방송사업자의 방송신호를 수신하기 위한 개별형 위성방송수신설비의 설치
(2) 무선통신설비의 이전·변경·증설 또는 대체 등의 공사로서 다음에 해당하는 경우
가. 방송국연주소 조정장치의 변경
나. 방송국에 부수된 고정국 및 기지국의 무선기기의 대체
다. 육상이동국의 기기의 대체 또는 이전
라. 항공기국의 설비대체 또는 이전
마. 송신기의 주파수 변경 또는 주파수 추가(회로정수를 변경하지 않는 경우에 한함)
바. 초단파대 이상의 공중선의 대체(이동하는 무선국의 공중선에 한함)
(3) 자기의 정보통신설비의 유지·보수공사로서 다음에 해당하는 경우
가. 「정보통신공사업법시행령」별표6의 기술계 정보통신기술자를 배치하여 자기의 정보통신설비를 유지·보수하는 경우
나. 「전파법」제71조의 규정에 따라 무선종사자를 배치하여 자기의 정보통신설비를 유지·보수공사하는 경우

② 제출시기

정보통신공사 착공 전

③ 신청서류

ⓐ 설계도확인신청서(전자문서로 된 신청서를 포함한다)(〈붙임 33〉 서식)

ⓑ 공사의 설계도 사본(전자문서로 된 설계도를 포함한다)

④ 제출할 곳

특별자치시장 · 특별자치도지사 · 시장 · 군수 또는 구청장

(2) 적합여부 확인

① 확 인 자

설계도의 확인 요청을 받은 특별자치시장 · 특별자치도지사 · 시장 · 군

수 또는 구청장

② **확인내용**

설계도의 내용이 법 제6조 및 시행령 제5조의 규정[53]에 의해 고시된 다음의 '기술기준'에 적합한지 여부를 확인한다.

ⓐ 「방송통신설비의 기술기준에 관한 규정」

ⓑ 「접지설비 · 구내통신설비 · 선로설비 및 통신공동구 등에 대한 기술기준」

ⓒ 「방송 공동 수신설비의 설치기준에 관한 고시」

(3) 통 보

① **통보서에 의한 통보**

특별자치시장 · 특별자치도지사 · 시장 · 군수 또는 구청장이 정보통신공사 설계도의 확인 결과를 신청인에게 알리려는 경우

→ 과학기술정보통신부령으로 정하는 정보통신공사 착공전 설계도 확인 결과 통보서(〈붙임 34〉 서식)에 적어 알려야 한다.

② **의견 등의 기재**

해당 공사의 설계가 기술기준에 미달하는 등 시공에 부적합하다고 인정하는 경우

→ 통보서에 확인의견 및 보완사항 등의 내용을 적어 알려야 한다.

---

53) 1. 「방송통신발전 기본법」 제28조제1항에 따른 기술기준
2. 「전기통신사업법」 제61조, 제68조제2항, 제69조제2항 및 제69조의2제2항에 따른 기술기준
3. 「전파법」 제37조제1항, 제45조, 제47조, 제47조의2제1항 · 제2항 및 제47조의3제1항에 따른 기술기준
4. 「방송법」 제79조제1항에 따른 기술기준
5. 「건축법 시행령」 제87조제5항 및 「주택건설기준 등에 관한 규정」 제32조, 제32조의2, 제39조 및 제42조에 따른 기술기준
6. 다른 법령에서 공사의 설계 등과 관련하여 과학기술정보통신부장관이 정하도록 한 기술기준이나 표준

4. 자료 제출 요구

(1) 요 구 자

착공전확인에 대한 자료를 제출받을 필요가 있다고 인정하는 특별자치시장 · 특별자치도지사 · 시장 · 군수 또는 구청장

(2) 대 상 자

착공전 확인을 신청한 자, 용역업자, 그 밖에 정보통신공사 관계 기관

(3) 요구내용

착공 전 확인에 관한 자료

제2절 사용전검사

1. 사용전검사란

"사용전검사"란 양호한 품질의 정보통신 및 방송서비스가 제공되도록 하기 위하여 건축물 구내의 정보통신과 방송 설비들의 품질을 확인하는 것을 말한다. 따라서 정보통신공사를 발주한 자 등은 사용전검사를 받은 후 정보통신설비를 사용하여야 한다.

2. 사용전 검사의 대상

(1) 사용전 검사 대상 공사

통신설비공사 중 구내통신설비공사, 그 중에서도 다음의 공사가 착공전 확인의 대상이다.[54]

① 구내통신선로공사

② 이동통신구내선로공사

③ 방송공동수신설비공사

(2) 검사 대상에서 제외되는 공사

위의 대상 공사 중에서도 다음의 공사는 대상에서 제외된다.

① 연면적 150제곱미터 이하인 건축물에 설치되는 공사(이 경우 지하층 · 축사 · 창고 및 차고, 그 밖에 이와 유사한 공작물 또는 건축물은 연면적 계산에 포함한다).

② 「건축법」 제14조에 따른 다음의 '신고대상건축물'에 설치되는 공사

신고 대상 건축물
1. 바닥면적의 합계가 85제곱미터 이내의 증축·개축 또는 재축. 다만, 3층 이상 건축물인 경우에는 증축·개축 또는 재축하려는 부분의 바닥면적의 합계가 건축물

54) 제1장제2절 2.의 표〈공사의 종류〉 의 통신설비공사, 구내통신설비공사 중 해당 공사를 말함.

연면적의 10분의 1 이내인 경우로 한정한다.

2. 「국토의 계획 및 이용에 관한 법률」에 따른 관리지역, 농림지역 또는 자연환경보전지역에서 연면적이 200제곱미터 미만이고 3층 미만인 건축물의 건축. 다만, 다음 각 목의 어느 하나에 해당하는 구역에서의 건축은 제외한다.
   가. 지구단위계획구역
   나. 방재지구 등 재해취약지역으로서 대통령령으로 정하는 구역
3. 연면적이 200제곱미터 미만이고 3층 미만인 건축물의 대수선
4. 주요구조부의 해체가 없는 등 대통령령으로 정하는 대수선
5. 그 밖에 소규모 건축물로서 대통령령으로 정하는 건축물의 건축

③ 감리를 실시한 공사. 이 경우에 용역업자는 발주자에게 통보한 감리결과보고서의 사본(설계도면 등 부속서류는 제외한다)을 특별자치시장 · 특별자치도지사 · 시장 · 군수 또는 구청장(자치구의 구청장을 말한다. 이하 같다)에게 제출하여야 한다.

❖ 벌 칙

사용전검사를 받지 아니하고 정보통신설비를 사용한 자 : 1년 이하의 징역 또는 1,000만원 이하의 벌금.

3. 사용전검사의 신청

(1) 신 청 자

사용전검사 대상 정보통신공사를 발주한 자와 그 밖에 발주자가 아닌 다음의 자를 포함한다.

① 자신의 공사를 스스로 시공한 공사업자

② 법 제3조제2호에 따라 다음의 '경미한 공사'를 자신이 스스로 시공한 자

경 미 한 공 사
1. 간이무선국·아마추어국 및 실험국의 무선설비설치공사 2. 연면적(둘 이상의 건축물에 설비를 연결하여 설치하는 경우에는 각 건축물의 연면적 합계를 말한다. 이하 같다) 1천 제곱미터 이하의 건축물의 자가 유선방송설비·구내방송설비 및 폐쇄회로 텔레비전의 설비공사 3. 건축물에 설치되는 5회선 이하의 구내통신선로 설비공사 4. 라우터(네트워크 연결장치) 또는 허브의 증설을 수반하지 않는 5회선 이하의 근거리통신망(LAN)선로의 증설공사 5. 다음 각 목의 공사로서 「소프트웨어 진흥법」 제48조제2항에 따라 중소 소프트웨어사업자만 참여하는 공사[6회선 이상의 근거리통신망(LAN)선로설비공사는 제외한다] 가. 서버·백업장비·주변기기 등 전산장비(이하 "전산장비"라 한다)의 설치공사 및 유지보수 나. 전산장비의 교체공사 다. 주전산장치의 성능향상을 위한 주변기기의 설치공사 라. 연면적 1천 제곱미터 이하의 건축물에 설치되는 공사로서 구내통신선로설비·방송설비·경비보안설비와 연계되지 아니하는 정보시스템 구축공사 마. 하드웨어구입비를 제외한 전체사업비 중 소프트웨어 관련비(소프트웨어개발비·소프트웨어유지보수비·데이터베이스구축비 등)의 비중이 80% 이상인 정보시스템 구축공사 6. 군 및 경찰의 긴급작전을 위한 공사로서 과학기술정보통신부장관이 관계 중앙행정기관의 장과 협의하여 정하는 공사 7. 다음 각 목의 공사로서 과학기술정보통신부장관이 정하여 고시하는 공사 가. 정보통신설비의 단말기, 차량용 전화 등의 설치 또는 증설공사 나. 무선통신설비의 이전·변경·증설 또는 대체 등의 공사 다. 자기의 정보통신설비의 유지·보수공사 8. 제1호부터 제4호까지, 제7호 가목 및 나목의 공사와 유사한 기술수준의 공사로서 과학기술정보통신부장관이 정하여 고시(「과학기술정보통신부고시」 제2017-7호, 2017. 8.24.)한 다음의 공사 (1) 정보통신설비의 단말기, 차량용전화 등의 설치 또는 증설공사로서 다음에 해당하는 경우

가. 방송통신기자재등의 적합성평가에 관한 고시 제3조에 따른 적합인증 또는 적합등록 대상 기자재 중 단말기의 설치 또는 증설

나. 「방송법」 제79조의 규정에 의한 중계유선방송·음악유선방송을 행하기 위한 유선방송설비의 개·대체(주전송장치 및 수신공중선계, 전송선로설비, 인입선을 포함한 구내전송선로설비 제외)

다. 개인용컴퓨터 및 프린터기등 주변기기의 설치 또는 증설

라. 차량용전화기 및 부대설비의 설치 또는 증설

마. 「방송법」 제9조제1항에 따른 일반위성방송사업자의 방송신호를 수신하기 위한 개별형 위성방송수신설비의 설치

(2) 무선통신설비의 이전·변경·증설 또는 대체 등의 공사로서 다음에 해당하는 경우

가. 방송국연주소 조정장치의 변경

나. 방송국에 부수된 고정국 및 기지국의 무선기기의 대체

다. 육상이동국의 기기의 대체 또는 이전

라. 항공기국의 설비대체 또는 이전

마. 송신기의 주파수 변경 또는 주파수 추가(회로정수를 변경하지 않는 경우에 한함)

바. 초단파대 이상의 공중선의 대체(이동하는 무선국의 공중선에 한함)

(3) 자기의 정보통신설비의 유지·보수공사로서 다음에 해당하는 경우

가. 「정보통신공사업법시행령」별표6의 기술계 정보통신기술자를 배치하여 자기의 정보통신설비를 유지·보수하는 경우

나. 「전파법」제71조의 규정에 따라 무선종사자를 배치하여 자기의 정보통신설비를 유지·보수공사하는 경우

(2) 신청 시기

해당 공사를 끝냈을 때

수수료 : 공사의 사용전검사를 신청하는 자

- 500제곱미터 미만 건축물 : 2만원
- 500제곱미터 이상 1,000제곱미터 미만 건축물 : 3만원
- 1,000제곱미터 이상 3,300제곱미터 미만 건축물 : 4만원
- 3,300제곱미터 이상 건축물 : 6만원

- 재검사수수료(제36조제6항[55]에 해당하는 경우는 제외한다) : 위 금액의 50%

4. 사용전검사의 절차

(1) 신청서 등의 제출

① 신 청 자

사용전검사를 받으려는 자

② 신청서류

ⓐ 정보통신공사 사용전검사신청서(전자문서로 된 신청서를 포함한다)(〈붙임 35〉 서식)

ⓑ 공사의 준공설계도면 사본

③ 제출할 곳

특별자치시장·특별자치도지사·시장·군수 또는 구청장

(2) 적정성 여부 검사

① 검 사 자

사용전검사 신청을 받은 특별자치시장·특별자치도지사·시장·군수 또는 구청장

② 검사내용

해당 공사가 법 제6조 및 시행령 제5조의 규정[56]에 의해 고시된 다음의

---

55) 특별자치시장 등이 사용전검사를 한 결과 그 공사가 기술기준에 미달하는 등 사용에 부적합하다고 인정하는 때에 보완지시를 한 경우 그 보완지시에 따라 사용전검사 신청서 처리기간이내에 보완을 완료하고 사용전검사를 받는 경우를 말한다.

56) 1. 「방송통신발전 기본법」 제28조제1항에 따른 기술기준
2. 「전기통신사업법」 제61조, 제68조제2항, 제69조제2항 및 제69조의2제2항에 따른 기술기준
3. 「전파법」 제37조제1항, 제45조, 제47조, 제47조의2제1항·제2항 및 제47조의3제1항에 따른 기술기준
4. 「방송법」 제79조제1항에 따른 기술기준

'기술기준'에 적합한지 여부와 시공 상태의 적정성 여부를 검사한다.

ⓐ 「방송통신설비의 기술기준에 관한 규정」

ⓑ 「접지설비 · 구내통신설비 · 선로설비 및 통신공동구 등에 대한 기술기준」

ⓒ 「방송 공동 수신설비의 설치기준에 관한 고시」

(3) 검사필증 발급

특별자치시장 · 특별자치도지사 · 시장 · 군수 또는 구청장은 사용전검사를 한 결과 그 시설이 사용에 적합하다고 인정한 경우

→ 정보통신공사 사용전검사필증(〈붙임 36〉 서식)을 발급한다.

(4) 보완지시

① 보완지시 방법

이 사용전검사를 한 결과 그 공사가 기술기준에 미달하는 등 사용에 부적합하다고 인정하는 경우

→ 그 사유를 명시하여 보완지시를 하여야 한다.

② 보완완료시의 필증 교부

보완지시를 받은 자가 정보통신공사 사용전검사신청서 처리기간 이내에 보완을 완료한 경우

→ 신청절차를 다시 거치지 아니하고 사용전검사를 실시한 후 사용전검사필증을 발급할 수 있다.

※ 사용전검사 현황의 보고

특별자치시장 · 특별자치도지사 · 시장 · 군수 · 구청장은 사용전검사의 현황을 매분기 말일을 기준으로 하여 다음 달 15일까지 과학기술정보통신부장관에게 보고하여야 한다.

---

5. 「건축법 시행령」 제87조제5항 및 「주택건설기준 등에 관한 규정」 제32조, 제32조의2, 제39조 및 제42조에 따른 기술기준
6. 다른 법령에서 공사의 설계 등과 관련하여 과학기술정보통신부장관이 정하도록 한 기술기준이나 표준

5. 자료 제출 요구

(1) 요 구 자

사용전검사에 대한 자료를 제출받을 필요가 있다고 인정하는 특별자치시장·특별자치도지사·시장·군수 또는 구청장

(2) 요구 대상자

사용전검사 신청을 한 자, 용역업자, 그 밖에 정보통신공사 관계 기관

(3) 요구 내용

사용전검사[57]에 관한 자료의 제출

---

57) **사용 후 정보통신설비의 유지보수 및 관리와 관련한 입법과제**

1. **문제점**
   정보통신설비의 '사용전검사' 규정은 있으나 '사용 후 유지보수 및 관리'에 관한 규정이 없어 재해로부터 정보통신설비의 안전성이 확보되지 않고 있음.
2. **해결방안**
   일정 규모 이상의 건축물에 설치되어 있는 정보통신설비에 대하여는 정보통신기술자를 배치하게 하거나 정보통신공사업자와의 유지·보수 계약 등에 의해 유지·보수하도록 하는 등 다음과 같이 정보통신설비에 대한 유지·보수를 의무화 하여 재해를 미연에 방지함으로써 국민안전을 확보하고 편익을 도모할 필요가 있음.
   (1) 일정 규모 이상의 건축물 등에 대한 유지관리기준의 제정
   (2) 정보통신설비의 소유자 또는 관리자의 유지관리기준 준수 의무화
   (3) 소유자 등의 정보통신설비의 유지관리에 필요한 성능의 점검
   (4) 소유자 등의 성능점검의 공사업자에 의한 대행
   (5) 공사업자에게 유지관리 업무의 위탁 또는 정보통신 유지관리자의 선임

※ **다른 법의 사례**

다른 법의 유지보수 사례 1 : 기계설비법
제16조(기계설비 유지관리기준의 고시) ① 국토교통부장관은 건축물 등에 설치된 기계설비의 유지관리 및 점검을 위하여 필요한 유지관리기준(이하 "유지관리기준"이라 한다)을 정하여 고시하여야 한다. ※ "기계설비"란 건축물, 시설물 등(이하 "건축물등"이라 한다)에 설치된 기계·기구·배관 및 그 밖에 건축물 등의 성능을 유지하기 위한 설비로서 대통령령으로 정하는 설비를 말한다. ② 제1항에 따른 유지관리기준의 내용, 방법, 절차 등은 국토교통부령으로 정한다. **제17조(기계설비 유지관리에 대한 점검 및 확인 등)** ① 대통령령으로 정하는 일정 규모 이상의 건축물 등에 설치된 기계설비의 소유자 또는 관리자(이하 "관리주체"라 한다)는 유지관리

기준을 준수하여야 한다.

시행령

제14조(기계설비 유지관리에 대한 점검 및 확인 등) ① 법 제17조제1항에서 "대통령령으로 정하는 일정 규모 이상의 건축물등"이란 다음 각 호의 건축물, 시설물 등(이하 "건축물등"이라 한다)을 말한다. 〈개정 2021. 2. 2.〉

1. 「건축법」 제2조제2항에 따라 구분된 용도별 건축물(이하 "용도별 건축물"이라 한다) 중 연면적 1만 제곱미터 이상의 건축물(같은 항 제2호 및 제18호에 따른 공동주택 및 창고시설은 제외한다)
2. 「건축법」 제2조제2항제2호에 따른 공동주택(이하 "공동주택"이라 한다) 중 다음 각 목의 어느 하나에 해당하는 공동주택
   가. 500세대 이상의 공동주택
   나. 300세대 이상으로서 중앙집중식 난방방식(지역난방방식을 포함한다)의 공동주택
3. 다음 각 목의 건축물 등 중 해당 건축물 등의 규모를 고려하여 국토교통부장관이 정하여 고시하는 건축물등
   가. 「시설물의 안전 및 유지관리에 관한 특별법」 제2조제1호에 따른 시설물
   나. 「학교시설사업 촉진법」 제2조제1호에 따른 학교시설
   다. 「실내공기질 관리법」 제3조제1항제1호에 따른 지하역사(이하 "지하역사"라 한다) 및 같은 항 제2호에 따른 지하도상가(이하 "지하도상가"라 한다)
   라. 중앙행정기관의 장, 지방자치단체의 장 및 그 밖에 국토교통부장관이 정하는 자가 소유하거나 관리하는 건축물 등

② 관리주체는 유지관리기준에 따라 기계설비의 유지관리에 필요한 성능을 점검(이하 "성능점검"이라 한다)하고 그 점검기록을 작성하여야 한다. 이 경우 관리주체는 제21조제2항에 따른 기계설비성능점검업자에게 성능점검 및 점검기록의 작성을 대행하게 할 수 있다.

제18조(유지관리업무의 위탁) 관리주체는 시설물 관리를 전문으로 하는 자로서 기계설비유지관리자를 보유하고 있는 자에게 기계설비 유지관리업무를 위탁할 수 있다.

제19조(기계설비유지관리자 선임 등) ① 관리주체는 국토교통부령으로 정하는 바에 따라 기계설비유지관리자를 선임하여야 한다. 다만, 제18조에 따라 기계설비유지관리업무를 위탁한 경우 기계설비유지관리자를 선임한 것으로 본다.

다른 법의 유지보수 사례 2 : 승강기안전관리법

제31조(승강기의 자체점검) ① 관리주체는 승강기의 안전에 관한 자체점검(이하 "자체점검"이라 한다)을 월 1회 이상 하고, 그 결과를 제73조에 따른 승강기안전종합정보망에 입력하여야 한다.

② 관리주체는 자체점검 결과 승강기에 결함이 있다는 사실을 알았을 경우에는 즉시 보수하여야 하며, 보수가 끝날 때까지 해당 승강기의 운행을 중지하여야 한다.

④ 관리주체는 자체점검을 스스로 할 수 없다고 판단하는 경우에는 제39조제1항 전단에 따라 승강기의 유지관리를 업으로 하기 위하여 등록을 한 자로 하여금 이를 대행하게 할 수 있다.

⑤ 제1항부터 제4항까지에서 규정한 사항 외에 자체점검을 담당할 수 있는 사람의 자격, 자체점검의 기준·항목 및 방법, 그 밖에 필요한 사항은 대통령령으로 정한다.

제32조(승강기의 안전검사) ① 관리주체는 승강기에 대하여 행정안전부장관이 실시하는 다음 각 호의 안전검사(이하 "안전검사"라 한다)를 받아야 한다.

1. 정기검사: 설치검사 후 정기적으로 하는 검사. 이 경우 검사주기는 2년 이하로 하되, 다음 각 목의 사항을 고려하여 행정안전부령으로 정하는 바에 따라 승강기별로 검사주기를 다르게 할 수 있다.
   가. 승강기의 종류 및 사용 연수
   나. 제48조제1항에 따른 중대한 사고 또는 중대한 고장의 발생 여부
   다. 그 밖에 행정안전부령으로 정하는 사항
2. 수시검사: 다음 각 목의 어느 하나에 해당하는 경우에 하는 검사
   가. 승강기의 종류, 제어방식, 정격속도, 정격용량 또는 왕복운행거리를 변경한 경우(변경된 승강기에 대한 검사의 기준이 완화되는 경우 등 행정안전부령으로 정하는 경우는 제외한다)
   나. 승강기의 제어반(制御盤) 또는 구동기(驅動機)를 교체한 경우
   다. 승강기에 사고가 발생하여 수리한 경우(제3호나목의 경우는 제외한다)
   라. 관리주체가 요청하는 경우
3. 정밀안전검사: 다음 각 목의 어느 하나에 해당하는 경우에 하는 검사. 이 경우 다목에 해당할 때에는 정밀안전검사를 받고, 그 후 3년마다 정기적으로 정밀안전검사를 받아야 한다.
   가. 제1호에 따른 정기검사(이하 "정기검사"라 한다) 또는 제2호에 따른 수시검사 결과 결함의 원인이 불명확하여 사고 예방과 안전성 확보를 위하여 행정안전부장관이 정밀안전검사가 필요하다고 인정하는 경우
   나. 승강기의 결함으로 제48조제1항에 따른 중대한 사고 또는 중대한 고장이 발생한 경우
   다. 설치검사를 받은 날부터 15년이 지난 경우
   라. 그 밖에 승강기 성능의 저하로 승강기 이용자의 안전을 위협할 우려가 있어 행정안전부장관이 정밀안전검사가 필요하다고 인정한 경우

② 관리주체는 안전검사를 받지 아니하거나 안전검사에 불합격한 승강기를 운행할 수 없으며, 운행을 하려면 안전검사에 합격하여야 한다. 이 경우 관리주체는 안전검사에 불합격한 승강기에 대하여 행정안전부령으로 정하는 기간에 안전검사를 다시 받아야 한다.

④ 제1항부터 제3항까지에서 규정한 사항 외에 안전검사의 기준·항목 및 방법 등에 필요한 사항은 행정안전부장관이 정하여 고시한다.

제36조(설치검사와 안전검사의 대행) ① 행정안전부장관은 설치검사 또는 안전검사의 업무를 다음 각 호의 자로 하여금 대행하게 할 수 있다. 다만, 제2호에 따른 법인·단체 또는 기관에 대해서는 정기검사 업무의 일부를 대행하게 할 수 있다.

1. 제55조에 따른 한국승강기안전공단
2. 제37조제1항에 따라 정기검사 업무의 대행기관으로 지정받은 법인·단체 또는 기관

다른 법의 유지보수 사례 3 : 전기안전관리법

제11조(정기검사) ① 전기사업자 및 자가용전기설비의 소유자 또는 점유자는 산업통상자원부령으로 정하는 전기설비에 대하여 산업통상자원부령으로 정하는 바에 따라 산업통상자원부장관 또는 시·도지사로부터 정기적으로 검사를 받아야 한다.

제12조(일반용전기설비의 점검) ① 산업통상자원부장관은 일반용전기설비가 「전기사업법」 제67조에 따른 기술기준(이하 "기술기준"이라 한다)에 적합한지 여부에 대하여 산업통상자원부령으로 정하는 바에 따라 그 전기설비의 사용 전과 사용 중에 정기적으로 안전공사 또는 전기판매사업자로 하여금 점검(전기판매사업자는 사용전점검 중 대통령령으로 정하는 전기설비의 경우에 한정한다. 이하 이 조에서 같다)하도록 하여야 한다. 다만, 주거용 시설물에 설치된 일반용전기설비를 정기적으로 점검(이하 "정기점검"이라 한다)하는 경우 그 소유자 또는 점유자로부터 점검의 승낙을 받을 수 없는 경우에는 그러하지 아니하다.

「전기사업법」 제67조

제67조(기술기준) ①산업통상자원부장관은 원활한 전기공급 및 전기설비의 안전관리를 위하여 필요한 기술기준(이하 "기술기준"이라 한다)을 정하여 고시하여야 한다. 이를 변경하는 경우에도 또한 같다.

② 안전공사 및 전기판매사업자는 제1항 본문에 따른 점검 결과 일반용전기설비가 기술기준에 적합하지 아니하다고 인정되는 경우에는 지체 없이 다음 각 호의 사항을 그 소유자 또는 점유자에게 통지하여야 한다.

1. 기술기준에 적합하도록 하기 위하여 필요한 조치의 내용
2. 제1호에 따른 조치를 하지 아니하는 경우에 발생할 수 있는 결과

③ 안전공사는 정기점검 결과 기술기준에 부합하지 아니한 전기설비 중 경미한 수리(「전기공사업법」 제3조제1항 단서에 따른 경미한 전기공사에 한정한다)가 필요한 경우로서 해당 전기설비의 소유자 또는 점유자의 요청이 있는 경우에는 직접 이를 수리할 수 있다.

제14조(공동주택 등의 안전점검) ① 산업통상자원부장관은 다음 각 호의 시설에 설치된 자가용전기설비에 대하여 산업통상자원부령으로 정하는 바에 따라 안전공사로 하여금 정기적으로 점검을 하도록 하여야 한다.

1. 「주택법」 제2조제3호에 따른 공동주택의 세대
2. 「전통시장 및 상점가 육성을 위한 특별법」 제2조제1호에 따른 전통시장 점포

제15조(특별안전점검 및 응급조치) ① 산업통상자원부장관은 다음 각 호의 시설에 설치된 전기설비가 기술기준에 적합한지 여부에 대하여 안전공사로 하여금 특별안전점검을 하게 할 수 있다.

1. 태풍·폭설 등의 재난으로 전기사고가 발생하거나 발생할 우려가 있는 시설
2. 장마철·동절기 등 계절적인 요인으로 인한 취약시기에 전기사고가 발생할 우려가 있는 시설
3. 국가 또는 지방자치단체가 화재예방을 위하여 관계 행정기관과 합동으로 안전점검을 하는 경우 그 대상 시설
4. 국가 또는 지방자치단체가 주관하는 행사 관련 시설

② 안전공사는 제1항에 따른 특별안전점검의 결과를 전기설비의 소유자 또는 점유자와 관계 행정기관에 통보하여야 한다.

③ 산업통상자원부장관은 전기설비(전기사업용전기설비는 제외한다)의 소유자 또는 점유자가 전기사용상의 불편 해소나 안전 확보에 필요한 응급조치를 요청하는 경우에는 안전공사로 하여금 신속히 응급조치를 하게 할 수 있다.

④ 제3항에 따른 응급조치의 대상, 범위 등에 관한 세부사항은 대통령령으로 정한다.

제16조(전기재해 예방을 위한 안전조치) ① 산업통상자원부장관은 전기재해 예방을 위하여 전기재해가 발생하거나 발생할 우려가 현저하여 긴급히 안전점검이 필요하다고 인정되는 시설에 대하여 소속 공무원 또는 안전공사에 산업통상자원부령으로 정하는 바에 따라 긴급점검을 하게 할 수 있다.

② 산업통상자원부장관 또는 안전공사는 제1항에 따른 긴급점검 결과를 전기사업자 및 자가용·일반용전기설비 소유자 또는 점유자와 관계 행정기관에 통보하여야 한다.

③ 산업통상자원부장관은 제1항에 따른 긴급점검을 실시한 결과 전기재해 발생으로 인명 또는 재산피해의 우려가 현저하다고 인정되는 시설에 대하여는 산업통상자원부령으로 정하는 바에 따라 전기사업자 및 자가용·일반용전기설비의 소유자 또는 점유자에게 전기설비의 개수·철거·이전 또는 공사중지, 사용정지, 운용제한, 그 밖의 필요한 조치를 명할 수 있다.

제3절 공사의 하자담보책임

1. 하자담보책임

(1) 담보책임

수급인은 발주자에 대하여 공사의 완공일로부터 5년 이내의 범위에서 하자(瑕疵)에 대하여 담보책임이 있다.

※ 공사에 관한 하자담보책임에 관하여 다른 법률(「민법」 제670조 및 제671조는 제외한다)에 특별한 규정이 있는 경우에는 그 법률에서 정한 바에 따른다.

(2) 공사종류별 담보 기간

① 터널식 또는 개착식(땅을 뚫거나 파는 방식을 말한다) 등의 통신구공사
→ 5년

② 「전기통신기본법」 제2조제4호에 따른 사업용전기통신설비에 관한 공사로서 다음의 공사

ⓐ 케이블 설치공사(구내에서 시공되는 공사는 제외한다)

ⓑ 관로공사

ⓒ 철탑공사

ⓓ 교환기 설치공사

ⓔ 전송설비공사

ⓕ 위성통신설비공사
→ 3년

③ 위의 공사 외의 공사
→ 1년

2. 하자담보책임의 면제

(1) 책임면제 사유

수급인은 다음의 사유로 발생한 하자에 대하여는 담보책임이 없다.

① 발주자가 제공한 재료의 품질이나 규격 등의 기준미달로 인한 경우

② 발주자의 지시에 따라 시공한 경우

(2) 고지하지 않은 경우의 책임

수급인이 그 재료 또는 지시의 부적당함을 알고 발주자에게 고지(告知)하지 아니한 경우에는 담보책임이 있다.

제6장 정보통신공사와 안전

제1절 산업재해 발생현황

1. 산업재해자 수

(1) 증감 추이

① 국토교통부 자료[58]에 따르면 우리나라 산업재해자 수는 2004년에 약 8만 8,000명이었던 것이 2010년에 9만 8,400명으로 고점을 찍었다.

② 그 후 점차 감소하여 2017년에는 다시 9만 명 아래로 내려갔다.

③ 그러나 2018년에 10만 2,500명, 2019년도에 10만 8,000명으로 다시 증가하는 추세를 보이고 있다.

(2) 연령별 비중

① 비　중

연령별로는 나이가 높아질수록 사고율이 높아지고 있다. 2019년도의 경우 10만 8,000여 명의 산업재해자수 중에 60대 이상이 2만 8,000여 명으로 약 25%정도를 차지한다.

② 원　인

고령화 사회가 되면서 노동자의 연령이 지속적으로 높아지는데다가 나이가 들면 그 동안 무사고였던데 대한 자신감으로 사고에 둔감해지는 반면 신체적인 능력은 젊었을 때보다 떨어지는 것이 그 이유인 것으로 보인다.

2. 산업재해 사망자 수

(1) 추　이

산업재해 사망자 수는 2004년에 2,550명이었던 것이 이후 지속적으로 감소하여 2016년도에는 1,800명 이하로 감소되었다. 그러나 그 후 다시 증

58) 「건설업 산업재해 현황 분석」

가하여 2017이후에는 2,000명 내외를 기록하고 있다.

(2) 연령별 비중

연령별로 보면 2019년의 경우 약 2,000명의 사망자 중 60대 이상이 800여 명으로 약 40%를 차지하고 있고 그 비중은 지속적으로 증가하고 있다.

3. 건설업 분야의 산업재해

(1) 비　중

① 최근 건설업 분야 산업재해는 전 업종에서 차지하는 비중이 점차적으로 증가하고 있다.

② 2016년부터는 제조업을 넘어서 산업재해가 가장 많이 발생하는 업종으로 분류되고 있다.

③ 2010년도에는 건설업 사고비중이 전 업종에서 36.9%를 차지하였으나 2020년도에는 42.6%를 차지하여 5.7%p 증가하는 등 지속적으로 증가하고 있다.

(2) 사망자 수

연간 총 사망자 수는 500 내지 600명을 기록하고 있는데 그중 추락사고가 50%정도를 차지하고 있다.

(3) 원　인

건설업분야 재해의 사망원인은 대부분 재래형 사고가 대부분이다. 그중에서도 추락 사고가 가장 많이 발생되고 있다. 10년 전이나 기술이 발전된 지금이나 큰 차이가 없다.

4. 정보통신공사 분야의 산업재해

(1) 직접적 통계

건설업의 재해를 분야별로 분류해 놓은 통계자료는 없다. 따라서 정보통신분야의 산업재해에 대한 별도의 통계도 없다.

(2) 추 정

건설공사에서 정보통신분야가 차지하는 금액 비중이 5%내외인데, 타 공사에 비해 상대적으로 안전한 실내 공사가 많다는 점 등을 감안하면 사고 비중은 5%보다는 낮을 것으로 추정된다.

제2절 정보통신공사중의 사고

1. 개 설

(1) 건설업 5대 사망재해

우리나라 건설업 산업재해의 발생형태는 떨어짐, 부딪힘, 맞음, 무너짐, 깔림 및 뒤집힘이 5대 사망재해이고 이 유형이 전체 사망사고의 80%이상을 차지하고 있다.

(2) 건설업 공종별 사고

공종별로는 철근콘크리트 작업, 건설기계 관련 작업, 비계 등 가설구조물 작업, 설비 및 배관 작업, 교통사고 순으로 재해가 많이 발생하고 있다.

(3) 정보통신공사의 사고

① 건설업 5대 사망재해와 관련하여서는, 정보통신공사시 전주에 올라가거나 버킷 차량 또는 사다리 등을 이용하여 높은 곳에서 작업하는 경우가 많으므로 떨어짐 사고가 많을 것으로 추정된다.

② 건설업 공종별 사고에서는, 정보통신공사는 전기, 소방, 기계설비 등과 함께 설비 및 배관작업에 해당하므로 정보통신공사중의 사고도 주로 설비 및 배관작업에서 발생하는 것으로 추정할 수 있다.

2. 공종별 사고유형과 안전대책[59)]

(1) 공통 사항

① 사전 작업계획의 작성

② 안전안내판 및 안전시설물의 설치

③ 안전관리자를 배치하여 다른 작업자 및 외부인 출입 통제

59) 「정보통신공사 앗차 사고사례 예방기법」

④ 장비운전자와 작업자 간의 작업을 지휘하는 작업감독자를 배치
⑤ 수신호, 확성기 등의 연락체계를 갖추고 작업
⑥ 자재는 사용빈도 및 용도를 고려하여 적재하고 낙하예방 조치 강구
⑦ 작업장에 불필요한 물건 정리정돈
⑧ 작업자는 안전모, 안전화, 장갑, 보안경 등 개인보호장구를 착용
⑨ 작업자는 갑작스러운 회전이나 뒷걸음질을 금지
⑩ 사다리 이동시 4점(손2,발2)중 3점은 사다리에 접촉한 상태로 이동하고, 작업 시는 최상단 포함 위의 3개 답단(踏段)은 사용금지

(2) 선로공사 시

① 작업종류 별 사고유형

작업 종류	사 고 유 형
자재반입 및 반출 작업시	○ 전주 및 케이블을 싣고 내리는 작업 중 자재의 크기 및 형태를 감안하지 않고 로프로 무리하게 결속하고 이동 후 로프 풀기작업 중 낙하 ○ 적재함의 케이블 드럼을 지게차의 포크로 위치를 조정하는 과정에서 운전자의 시야확보가 적절하지 않아서 드럼이 낙하
도로 인접 작업시	○ 사다리 등 길이가 긴 작업발판이나 자재를 도로에 인접해서 운반 중 근로자의 불안전한 행동으로 인해 이동차량과 충돌 ○ 선로공사 중임을 알리는 공사안내판 및 근로자 보호를 위한 라바콘 등의 안전시설물이 안전하게 설치되어 있지 않아 차량과 근로자가 충돌
통신주 건식 및 철거 작업시	○ 이동식 크레인의 적재함에서 전주에 와이어 로프를 걸던 중 측면의 전주가 회전하면서 근로자의 손 또는 발이 협착 ○ 이동식 크레인으로 인양한 상태에서 근로자가 전주를 잡고 이동 중 크레인 운전자의 조작불량으로 인해 근로자의 신체와 전주가 충돌 ○ 전주를 철거하기 위해 굴삭기로 주변을 굴삭하는 과정에서 철거되는 전주에 와이어 로프를 설치하려던 근로자와 동선이 겹치면서 버킷에 충돌
가공 케이블 가설 및 철거 작업시	○ 가공케이블 가설작업을 위해 드럼거치대에 드럼을 설치하는 과정에서 거치대를 확실하게 제어하지 못해서 근로자의 안면부에 충돌 ○ 가공케이블의 가설작업을 위해 근로자가 케이블을 어깨에 메고 사다리 및 전주를 이동하던 중 몸의 균형을 잃고 추락 ○ 케이블 철거를 위해 케이블 피복에 바이스를 물리고 작업 중 케이블 피복이 터지면서 바이스가 지상으로 낙하

	○ 전주에 등주한 근로자가 케이블을 절단하는 과정에서 지상의 근로자와의 의사소통이 이루어지지 않아 절단된 케이블에 지상의 근로자가 충돌
지하 케이블 포설 및 철거 작업 시	○ 맨홀 출입을 위해 내연기관에 부착된 양수기로 양수작업 중 일산화탄소의 유입으로 맨홀 내에서 작업 중이던 근로자가 질식 ○ 적재함 옆문에 걸터앉아서 회전하는 케이블 드럼을 제어하던 중 드럼의 회전을 제어하지 못하고 몸의 균형을 잃고 바닥으로 추락 ○ 철거작업을 위해 사용된 선통대를 선통 프레임에 감는 과정에서 선통대의 탄력에 의해 작업 중인 근로자의 신체와 충돌 ○ 지하케이블을 철거하는 과정에서 인망설치의 불량 및 지나친 당김 작업으로 인해 인망이 파열되면서 주변의 근로자에게 충돌
케이블 접속 작업시	○ 접속작업을 완료한 상태에서 열수축관 작업을 위해 토치 사용 중 근로자가 화상을 입거나 상하 동시작업으로 공구 및 자재의 낙하 ○ 접속작업이 진행 중인 맨홀 주변의 공구, 자재 등의 정리정돈 불량으로 공구 등이 낙하하거나 개방된 맨홀에 통행인이 추락
이동식 크레인 사용 작업시	○ 아웃트리거를 한쪽만 설치하고 작업 중 선회하면서 아웃트리거를 설치하지 않은 방향으로 이동식 크레인이 전도 ○ 이동식 크레인으로 자재를 인양한 상태에서 급선회, 요동 등으로 인양물이 후크에서 이탈하면서 인양물이 낙하

② 안전대책

ⓐ 운반물의 과다 적재 금지 및 견고하게 고정

ⓑ 로프 풀기작업은 평탄하고 견고한 장소에서 실시

ⓒ 전주에 와이어로프를 걸면 회전할 수 있으므로 전주 사이에 고임목 설치

ⓓ 전주 이동시 손으로 잡지 말고 유도 로프를 사용

ⓔ 지선설치 후 강연선은 지나치게 긴 상태로 마감하지 않음

ⓕ 블록제거 작업은 인양상태에서 하지 말고 지면에 내려놓고 실시

ⓖ 이동식 크레인으로 자재 인양 이동시 선회속도를 일정하게 유지하고 와이어로프는 작업 후 짧게 조정

ⓗ 케이블 드럼은 견고한 수평지역에 설치하고 포설작업 실시

ⓘ 케이블 철거작업 시 바이스는 케이블 피복이 아닌 강연선에 정확하게 물린 상태에서 작업

ⓙ 아우트리거는 4곳을 모두 편 상태에서 견고한 바닥에 설치

(3) 관로공사 시

① 작업종류 별 사고유형

작업 종류	사 고 유 형
굴착 장비 반입 작업시	○ 운반트럭에서 설치한 하역용 경사로의 상부와 운반트럭이 결속되지 않아 장비의 움직임으로 인한 진동에 의해 경사로가 탈락하면서 전도 ○ 운반트럭 바퀴의 구름방지 쐐기목 미설치로 인해 장비가 하역용 경사로를 내려오던 중 운반트럭의 밀림에 의한 전복
맨홀 설치를 위한 굴착 작업시	○ 굴착 후 정지작업을 위해 굴착부 안으로 이동 중 사다리 설치상태 불량으로 근로자가 사다리를 이용해 하강 중 사다리가 전도되면서 추락 ○ 굴착저면 정지작업 중 근로자 간의 안전거리 미확보로 공구와 근로자가 충돌
맨홀 설치 작업시	○ 굴착 후 맨홀 인양을 위해 꼬여있는 인양로프를 잡은 상태에서 수신호 중 굴삭기 운전자와의 신호가 일치하지 않아 로프에 손 부위가 협착 ○ 맨홀 상부의 철개를 설치하는 과정에서 이동 중 낙하하거나 근로자 간의 의사소통이 원활하지 않아 철개 설치중 손발이 협착
관로 설치를 위한 굴착 작업시	○ 브레이커를 사용하여 지면 파쇄작업 중 보도블록 및 암석 등 파쇄물이 주변 근로자에게로 날아가 맞음 ○ 근로자가 굴착저면으로 이동 중 추락하거나 바닥 정지작업 중 돌출물에 걸려 넘어짐
관로 설치 및 되메우기 작업시	○ 회전하는 장소에서 관 접합을 위해 작업 중 관의 탄성으로 인하여 꺾어져 있던 부분이 원래로 돌아오면서 튀어 올라 근로자의 신체와 충돌 ○ 관로설치 작업 중 무리하게 관로를 손으로 움직이려는 과정에서 탄성으로 인해 관로와 관로 사이에 손 부위가 협착

② 안전대책

ⓐ 하역용 경사로 설치 시 경사로의 상부를 견고하게 설치

ⓑ 장비의 움직임으로 운반트럭이 이동하지 않도록 바퀴에 쐐기목 설치

ⓒ 굴착작업은 당일 되메우기 가능한 정도로만 작업

ⓓ 사다리 설치각도는 75도 이하로 하고, 높이는 상부지점으로부터 60센티미터 이상 연장되도록 설치

ⓔ 맨홀운반 인양작업 시 장비운전자와 작업자 간 신호방법을 충분히 숙

지 후 작업

ⓕ 비래물(飛來物)이 발생할 수 있는 작업 시는 가림막을 설치

ⓖ 관로 삽입 후 튀어오르지 않도록 확실하게 고정

ⓗ 관로 위치변경 시는 손으로 하지 말고 지렛대를 이용

(4) 구내통신공사 시

① 작업종류 별 사고유형

작업 종류	사 고 유 형
자재 반입 작업시	○ 화물차 적재함의 로프 풀기작업 또는 덮개를 벗기는 작업 중 적재되어 있던 자재의 갑작스러운 낙하 ○ 지나치게 많은 량의 자재를 양 손에 들고 운반 중 몸의 균형을 상실하거나 안전화의 끈이나 바지 하단부가 철근에 걸려 넘어짐
바닥및 벽체 배관 작업시	○ 철근 배근 사이에 통신배관 작업 중 철근을 묶은 결속선에 배관작업 근로자의 손 부위가 찔림 ○ 알루미늄 폼의 슬라브가 설치된 후에 박스 시공을 위해 이동 중 슬라브에 발라져 있는 박리제에 미끄러지면서 전도 ○ 벽체 배관작업을 위해 간이의자나 각종 자재용기 등을 작업발판으로 사용하던 중 헛디뎌 넘어짐 ○ 이동 중 지지선이나 앙카에 걸리면서 근로자가 전도
바닥 및 벽체 입선 작업시	○ 작업 전 입선작업에 대한 신호체계 없이 작업 중 갑작스러운 당김에 의해 근로자가 몸의 균형을 상실하고 구조물과 충돌 ○ 입선작업을 위해 케이블을 당기는 과정에서 근로자의 무게 중심이 무너지면서 비계 파이프 등에 충돌 ○ 높낮이가 있는 장소에 사다리를 설치해 작업 중 높낮이를 고려하지 않고 무리하게 입선 중 사다리에서 추락 ○ 사다리를 사용하여 벽체 입선작업 중 밀고 당기는 과정에서 서로 간의 신호가 맞지 않아 근로자가 추락
트레이 설치작업시 ※트레이 : 케이블을 지지하기 위한 금속 등으로 제작된 유닛	○ 수직 트레이를 고정하기 위해 드릴링 중 드릴을 확실하게 제어하지 못하고 손이 회전하면서 구조물에 손 부위 등이 충돌 ○ 작업위치 변경 시 사다리를 재설치하지 않고 무리한 자세로 작업 중 사다리가 전도되면서 추락 ○ 수평 트레이 설치작업 중 안전모 미착용으로 인해 전선볼트의 끝부분에 머리부위가 찔림 ○ 트레이를 거는 과정에서 사다리 발판을 마주 보며 작업하지 않고 등지고 작업 중

집합체	몸이 앞으로 쏠리면서 추락
케이블 풀링 작업시	◦ 드럼을 드럼 거치대에 설치하고 세우는 과정에서 부주의로 드럼 거치대의 반발력으로 근로자의 신체와 충돌 ◦ 풀링을 위해 작업발판 위에서 케이블을 잡고 있던 중 당기는 근로자와의 신호가 맞지 않아 케이블과 트레이 사이에 협착 또는 충돌
기타 실내 작업시	◦ 악세스 플로어에 케이블 인입을 위한 천공 후 바닥 보호를 위해 비닐커버를 씌운 상태에서 그 위를 이동 중 보이지 않는 천공부위에 걸려 넘어짐 ◦ 텍스 천공 후에 케이블을 텍스 아래로 내리는 과정에서 천정 안쪽의 행거, 엠바, 케일채널 등에 손 부위가 찔림 ◦ 로비폰 설치를 위해 프레임 측면의 개구부로 손을 넣던 중 프레임 측면에 손과 팔목 등이 베임 ◦ 층간이동 중 계단부에 답단 보호를 위해 설치해 둔 커버의 설치불량 또는 근로자의 불안정한 행동으로 전도 ◦ 이동식 비계를 이용 중 불안전하게 설치된 작업발판을 근로자가 밟거나 헛디뎌 추락

② 안전대책

ⓐ 운반 가능한 중량인지, 운반경로에 장애물은 없는지를 확인한 후 운반

ⓑ 철근 배근 사이가 넓지 않으므로 서두르거나 무의식적 행동 금지

ⓒ 간이의자 등 불안전한 구조의 작업발판 사용 금지

ⓓ 작업 전 통로 확보, 지지선은 눈에 잘 보이도록 테이핑 설치

ⓔ 작업 전에 입선작업에 대해 작업자 간 확실한 신호체계 구축

ⓕ 이동통로에 75룩스 이상의 채광 또는 조명시설 확보

ⓖ 전기드릴은 두 손으로 드릴 날이 수직이 되게 하여 작업

ⓗ 수평트레이 설치위치는 구조물 등에 의한 위험이 없는 곳을 선정

ⓘ 사다리는 사다리와 마주 본 상태로 작업하고, 마지막 답단에는 올라서지 말며, 작업 위치가 멀 때는 무리하게 하지 말고 사다리 옮겨 재설치 후 작업

ⓙ 드럼거치대를 세울 때 반발력에 의한 충돌을 방지하기 위해 일정 거리를 확보

ⓚ 풀링 작업 전에 당기는 작업자와 일정한 신호체계 구축

ⓛ 악세스 플로어 보호 커버 아래의 천공부위에는 위험표시 설치

(5) 철도공사 시

① 작업종류 별 사고유형

작업 종류	사 고 유 형
인력 굴착 및 기계 굴착 작업시	○ 굴착하여 적재되어 있는 적재토 상부로 사람 또는 열차의 이동으로 인한 흔들림으로 인해 굴착부 내부로 돌 등이 낙하 ○ 굴삭기를 작업을 위해 철로 위쪽으로 이동하는 등 높이 차이가 있는 장소를 이동하던 중 굴삭기가 전도
지중관로 및 케이블 포설 작업시	○ 철도 선로에 케이블 포설 및 풀링 작업 중 근로자의 불안전한 행동으로 인해 케이블 드럼작업대 차의 바퀴에 손발이 협착 ○ 관로를 관의 삽입부분과 이음관의 내면에 접착제를 바른 후 타격에 의해 삽입하는 과정에서 근로자간 신호가 맞지 않아서 근로자의 손이 협착
도관 설치 작업시	○ 도관 운반을 위해 도상 자갈이 설치되어 있는 장소를 이동 중 발이 자갈이나 철도 레일에 걸려 넘어짐 ○ 도관 연결 작업을 위해 드릴을 사용 중 열차이동에 따른 진동으로 드릴을 낙하 ○ 선로변의 경사지 측면에서 작업 중 도관을 밟고 이동하다가 근로자가 전도
지하철 작업시	○ 천정 부위 배관 및 배선 작업을 위해 판넬 개방 후 천정 안쪽에 판넬을 넣어 두고 작업 중 타 근로자의 머리 위로 판넬이 낙하 ○ 지하철 선로구간의 조명이 부족한 관계로 철로에 걸려 전도

② 안전대책

ⓐ 관로는 회전할 수 있으므로 평탄한 지역에서 구름방지조치 후 적재

ⓑ 철도선로에서 작업대차를 이용한 이동작업 시 경사진 곳에서는 바퀴 구름 방지조치 후 작업

ⓒ 도관 길이가 3미터의 장물이므로 작업자 간 충분한 간격 확보

ⓓ 조명기구를 설치 · 점검하여 작업 중 소등되는 일이 없도록 사전 조치

(6) 기타 공사 시

① 작업종류 별 사고유형

작업 종류	사 고 유 형
전화 및 인터넷 가설공사	○ 건물 옥상층에 인입 클램프 설치 등의 작업 중 사용하던 수공구가 낙하하면서 지나가는 통행인이 부상 ○ 개통작업을 위해 불안전한 상태의 가구 및 구조물을 밟고 작업 중 지지물의 파손으로 추락 ○ 개통작업을 위해 모니터 등의 중량물을 운반 중 허리부에 요통 발생
무선망 시설공사	○ 안테나 설치를 위해 안전벨트 미착용 및 작업발판 설치 없이 프레임을 밟고 오르내리다가 추락 ○ 자재 운반 중 줄걸이 방법의 불량으로 인해 낙하하거나 옥상층의 자재를 수평구멍줄 바깥쪽으로 적재하여 낙하 ○ 안테나를 철거하는 과정에서 근로자간 작업순서를 오판하여 상부의 안테나 구조물이 전도되면서 근로자에 충돌 ○ 출입문 상부 벽면의 와이파이 소형 중계기 설치작업 중 통행인이 문을 열면서 사다리를 건드려 사다리 전도와 함께 근로자가 추락 ○ 중계기 설치를 위해 드릴링 작업 중 보안경을 착용하지 않은 근로자의 눈 부위로 벽체의 콘크리트 조각이 튀어 부상 ○ 버킷 크레인 작업 중 상부에서 발생된 낙하물이 통행인 및 작업 중이던 근로자에게 떨어져 부상
지능형 교통 관리 시스템 구축 공사	○ 철근 조립 후 기초대를 카고크레인을 이용해서 이동 중 흔들림에 의해 근로자와 충돌하거나 기초대와 철근 배근 사이에 협착 ○ 기초대에 강관주를 건립한 후에 함체를 설치하기 위해 사다리를 작업발판용으로 설치하였으나 설치상태 불량으로 인해 사다리의 전도 ○ 강관주를 이동식 크레인으로 인양하여 기초대에 내려놓는 과정에서 근로자가 강관주를 밀면서 위치조정 중 흔들림에 의해 충돌
CCTV공사	○ 기초대를 굴착부로 옮기는 과정에서 근로자가 직접적으로 기초대를 잡고 이동 중 장비운전자의 불안전한 운행으로 근로자가 기초대와 충돌 ○ 사다리를 폴대 조립을 위한 받침대로 사용 중 근로자 또는 통행인에 의한 접촉 등으로 폴대가 회전하면서 근로자의 손 부위가 협착 ○ CCTV 폴대 설치를 위한 인양작업 중 정해진 작업장소를 벗어난 폴대가 이동 차량 또는 통행인과 충돌 ○ CCTV 폴대 설치를 위해 폴대 인양작업 초기에 무게중심이 맞지 않아 회전하면서 근로자와 폴대가 충돌
전송 설비	○ 바닥 트레이 설치작업 중 자재를 정리정돈하지 않고 이동하거나 악세스 플로어의

공사	하부조립 구조물에 이동 중 걸려 넘어짐 ㅇ 랙 설치 후 바닥수평을 맞추는 과정에서 다른 근로자와 신호가 맞지 않아 근로자의 손 부위가 랙에 협착 ㅇ 작업 중 불안전한 상태의 랙 상단부 또는 작업발판에 수공구를 올려놓고 작업 중 수공구의 낙하로 부상

② 안전대책

ⓐ 작업장 주변에 진흙, 기름 등 미끄러질 수 있는 물질 제거

ⓑ 건물 옥상 등 낙하우려가 있는 곳에는 공구나 자재를 두지 말 것

ⓒ 운반물의 무게를 육안으로 대충 판단하지 말고 실제 들어보고 무게를 확인 후 작업

ⓓ 집안의 다양한 위험요인을 확인하고 대책을 수립한 상태에서 작업

ⓔ 중량물 공동운반 시는 작업자 간 신호를 철저히 할 것

ⓕ 견고한 작업발판에서 작업하고, 이동 중에는 추락방지용 안전대를 착용

ⓖ 안테나 철거작업은 작업 매뉴얼을 작업자가 충분히 숙지 후 실시

ⓗ 사다리는 보행자 통로 및 문 열리는 곳에는 설치 금지

ⓘ 버킷차량은 하중에 의한 침하발생 여부를 확인한 후 작업

ⓙ 강관주를 밟고 작업하거나 이동하는 행위 금지

ⓚ CCTV기초대를 옮길 시는 손으로 잡지 말고 가이드 로프를 사용

ⓛ 폴대 조립 받침대는 고정된 받침대를 사용

ⓜ 작업은 상하 동일선상에서는 가능한 한 작업 금지

ⓝ 폴대 인양작업 시 30센티미터 정도 인양하여 이상 유무를 확인 후 작업

제3절 중대재해처벌법

1. 「중대재해처벌법」이란

(1) 목 적

① 사업 또는 사업장, 공중이용시설 및 공중교통수단을 운영하거나
② 인체에 해로운 원료나 제조물을 취급하면서
③ 안전보건 조치의무를 위반하여
④ 인명피해를 발생하게 한
⑤ 사업주, 경영책임자, 공무원 및 법인의 처벌 등을 규정함으로써
⑥ 중대재해를 예방하고 시민과 종사자의 생명과 신체를 보호함을 목적으로 한다.

※ 「중대재해처벌법」은 약칭이며 본래의 명칭은 「중대재해 처벌 등에 관한 법률」이다.

(2) 중대재해에 대한 처벌강화

① 사업주 또는 경영책임자 등이
② '안전보건관리체계의 구축 및 이행에 관한 조치'와 '안전 보건 관계법령에 따른 의무이행에 필요한 관리상의 조치' 등을 소홀히 하여
③ 사망자 1명 이상, 중상자 2명 이상, 직업성 질병자 3명 이상 등이 발생한 중대재해가 발생된 경우에는
④ 1년 이상의 징역 또는 10억 원 이하의 벌금 등에 처할 수 있도록 사업주 등에 대한 처벌이 대폭 강화되었다.

(3) 사업주 및 경영책임자등의 정의

① "사업주"란

자신의 사업을 영위하는 자 또는 타인의 노무를 제공받아 사업을 하는 자를 말한다.

② **"경영책임자 등"이란**

사업을 대표하고 사업을 총괄하는 권한과 책임이 있는 사람 또는 이에 준하여 안전보건에 관한 업무를 담당하는 사람을 말한다.

(4) 중대재해의 구분

중대재해는 중대산업재해와 중대시민재해로 구분된다. 중대시민재해는 정보통신공사업과는 직접적인 상관이 없으므로 이하에서는 중대산업재해를 중심으로 설명하기로 한다.

2. 중대산업재해란

(1) 중대산업재해의 정의

"중대산업재해"란 「산업안전보건법」 제2조제1호[60]에 따른 산업재해 중 다음 어느 하나에 해당하는 결과를 야기한 재해를 말한다.

① 사망자가 1명 이상 발생한 재해

② 동일한 사고로 6개월 이상 치료가 필요한 부상자가 2명 이상 발생한 재해

③ 동일한 유해요인으로 급성중독 등 직업성 질병자가 1년 이내에 3명 이상 발생한 재해. "직업성 질병"이라 함은 다음의 경우를 말하되, 작업환경과 무관한 활동 등에 의해 발생한 질병의 경우에는 중대산업재해에 해당하지 않는다.

ⓐ 염화비닐, 납, 수은, 크롬, 벤젠, 이산화질소, 황화수소 등의 화학적 인자에 의한 급성중독

ⓑ 염산 등에 노출되어 발생하는 기도과민증후군, 산소결핍증, 열사병 등

---

60) **「산업안전보건법」** 제2조제1호

1. "산업재해"란 노무를 제공하는 사람이 업무에 관계되는 건설물 · 설비 · 원재료 · 가스 · 증기 · 분진 등에 의하거나 작업 또는 그 밖의 업무로 인하여 사망 또는 부상하거나 질병에 걸리는 것을 말한다.

(2) 적용 대상

① 법 규정

중대재해처벌법(이하 이 절에서 "법"이라 한다) 제3조는 "상시 근로자가 5명 미만인 사업 또는 사업장의 사업주(개인사업주에 한정한다) 또는 경영책임자등에게는 중대산업재해에 대한 규정을 적용하지 아니한다"라고 규정하고 있다.[61]

② 적용 대상

이에 따라 이 중대산업재해 규정은 다음의 자에 대하여 적용된다.

ⓐ 상시근로자 5인 이상의 사업 또는 사업장의 개인 사업주 또는 경영책임자등

ⓑ 상시근로자의 수에 상관없이 사업 또는 사업장의 법인 사업주 또는 경영책임자 등

3. 사업주 또는 경영책임자등의 안전 및 보건 확보의무

(1) 실질적으로 지배 · 운영 · 관리하는 사업 또는 사업장에서의 의무

사업주 또는 경영책임자등은 사업주나 법인 또는 기관이 실질적으로 지

---

61) **법 규정상의 문제점**

1. 중대재해처벌법 제3조는 적용범위를 '상시근로자 5명 미만인 사업 또는 사업장(개인사업주에 한정한다)은 제외'한다고 규정하고 있어 적용범위에 있어서는 상시근로자 수를 핵심적 기준으로 제시하고 있으나 공사의 경우에는 상시근로자 수를 기준으로 하는 것이 의미가 없음에 따라 부칙 시행일에서는 공사금액을 기준으로 하여 50억 원 미만은 2022.1.27.부터, 50억 원 이상은 2024.1.27.부터 적용한다고 규정하고 있다.
2. 제3조 적용범위는 제조업 등의 상시근로자 수를 기준으로 하여 5인 미만의 영세사업장의 개인 사업주에 대하여는 이들이 져야 하는 부담을 감안하여 법 적용에서 제외하고 있는데 공사의 경우에는 상시근로자의 수와 매출규모 등이 별 상관 관계가 없음에도 모든 공사를 이 법의 적용대상으로 함으로써, 500만 원 미만의 공사가 66%를 차지하는 정보통신공사업의 경우 영세한 사업주들이 과다한 부담을 져야 하는 문제가 있다.
3. 반면에, 정보통신공사업의 경우에는 그 업체 소속의 직원(상시근로자)이 4인 이하인 개인사업주인 경우(정보통신공사업은 최소 4인의 기술자로 등록 가능)에는 공사금액이 얼마이든 이 법의 적용을 받지 않는 문제도 있다.
4. 따라서 정보통신공사 등 공사에 대하여는 이 법의 적용범위를 '상시근로자 수'가 아니라 '공사금액'으로 개정할 필요가 있어 보인다.

배 · 운영 · 관리하는 사업 또는 사업장에서 종사자의 안전 · 보건상 유해 또는 위험을 방지하기 위하여 그 사업 또는 사업장의 특성 및 규모 등을 고려하여 다음에 따른 조치를 하여야 한다.

① 재해예방에 필요한 인력 및 예산 등 안전보건관리체계의 구축 및 그 이행에 관한 다음의 조치

1. 안전 · 보건에 관한 목표와 경영방침의 설정

사업 또는 사업장의 안전·보건에 관한 목표와 경영방침을 설정할 것

(1) 점검사항

① 회사의 안전보건에 관한 목표와 경영방침 설정 여부

② 안전보건 목표와 경영방침이 모든 구성원이 알 수 있도록 안내·게시되는지 여부

③ 경영책임자가 주기적으로 안전보건에 관한 경영방침 및 목표를 검토·확인 여부

(2) 이행내용

목표와 경영방침 작성(예시) 및 게시

ㅇ 목표 : 산업재해 발생 제로(zero)화 실현

- 지속적인 안전보건개선 활동 실시
- 작업장 안전보건관리 철저

ㅇ 경영방침

회사는 기업 경영활동 전반에 전직원 및 종사자의 안전과 보건을 최우 선 가치로 인식하고, 법규 및 기준을 준수하는 안전보건관리체계를 구축하여 전 직원이 안전하고 쾌적한 환경에서 근무할 수 있도록 최선을 다한다. 이를 위하여, 다음과 같은 안전보건활동을 통하여 지속적으로 안전보건환경을 개선한다.

1. '근로자의 생명 보호'와 '안전한 작업환경 조성'을 기업경영활동의 최우선의 목표로 삼는다.
2. 안전보건관리체계를 구축·운영하고 사업장의 위험요인 제거·통제를 위하여 충분한 인적·물적 자원을 제공한다.
3. 안전보건 관계 법령 및 관련 규정을 준수하는 내부규정을 수립하여 충실히 이해한다.
4. 모든 구성원이 자신의 직무와 관련된 유해·위험요인을 인지하도록 하고, 유해·

위험요인 제거 및 대응에 관한 교육·훈련을 실시한다.

5. 모든 구성원이 안전보건활동에 대한 책임과 의무를 성실히 준수하도록 한다.

2. 전담 조직의 설치

「산업안전보건법」 제17조부터 제19조까지 및 제22조에 따라 두어야 하는 인력이 총 3명 이상이고 다음 각 목의 어느 하나에 해당하는 사업 또는 사업장인 경우에는 안전·보건에 관한 업무를 총괄·관리하는 전담 조직을 둘 것. 이 경우 나목에 해당하지 않던 건설사업자가 나목에 해당하게 된 경우에는 공시한 연도의 다음 연도 1월 1일까지 해당 조직을 두어야 한다.

가. 상시근로자 수가 500명 이상인 사업 또는 사업장

나. 「건설산업기본법」 제8조 및 같은 법 시행령 별표 1에 따른 토목건축공사업에 대해 같은 법 제23조에 따라 평가하여 공시된 시공능력의 순위가 상위 200위 이내인 건설사업자

(1) 점검사항

① 안전보건업무를 전담하는 조직을 구성·운영하는지 여부

② 전담조직 구성·운영 대상

ⓐ 「산업안전보건법」에 의해 선임한 다음의 안전보건 전문인력이 3명 이상인 경우로서,

㉠ 안전관리자(제17조) : 공사금액 80억 원 이상 통신공사

㉡ 보건관리자(제18조) : 공사금액 800억 원 이상의 통신공사 또는 상시 근로자 600명 이상 사업장

㉢ 안전보건관리담당자(제19조) : 건설입(통신공사) 미해당

㉣ 산업보건의(제22조) : 상시 근로자 50명 이상의 보건관리자를 두어야 하는 사업장(※ 전문기관에 위탁 또는 「기업규제완화법」에 따라 미선임 가능)

ⓑ 상시 근로자 수 500명 이상이거나 「건설산업기본법」에 따른 토목건축공사업 시공능력 순위 상위 200위 이내의 건설사

(2) 이행내용

① 안전보건업무 전담조직의 구성

② 2명 이상의 구성원으로 조직하되, 사업주 또는 경영책임자 직속 조직으로 안전보건 업무를 총괄·관리하여야 한다.

3. 유해 · 위험요인을 확인 · 개선하는 업무절차의 마련, 점검 및 필요한 조치

(1) 사업 또는 사업장의 특성에 따른 유해·위험요인을 확인하여 개선하는 업무절차를 마련하고, 해당 업무절차에 따라 유해·위험요인의 확인 및 개선이 이루어지는지를 반기 1회 이상 점검한 후 필요한 조치를 할 것.

(2) 다만, 「산업안전보건법」 제36조에 따른 위험성평가를 하는 절차를 마련하고, 그 절차에 따라 위험성 평가를 직접 실시하거나 실시하도록 하여 실시 결과를 보고받은 경우에는 해당 업무절차에 따라 유해·위험요인의 확인 및 개선에 대한 점검을 한 것으로 본다.

(1) 점검사항

① 유해·위험요인을 확인·개선하는 업무절차 마련 여부

② 반기 1회 이상 업무절차에 따라 확인 및 개선이 이루어지는지 점검 여부(근로자 의견 반영 여부 포함)

③ 점검 결과에 따른 필요조치 이행 여부

(2) 이행내용

① 사업주 또는 경영책임자 등은 위 점검사항을 다음과 같이 직접 실시하거나 현장 관리자에게 의무를 준수하도록 지시

ⓐ 업무절차 : 사업장별 업무로 인한 유해·위험요인의 확인 및 확인된 유해·위험요인별 제거·대체·통제 방안 등의 개선대책 수립·이행까지의 일련의 절차

ⓑ 실시일 : 기계·기구·원비 등의 신규 도입 또는 변경, 건설물·기계·기구·설비 등의 정비·보수, 작업방법·절차 변경이 실행되기 전 실시 필요

ⓒ 도급 및 수급사업주 모두 실시 주체이며, 사업장에 맞게 각각 또는 공동으로 실시

ⓓ 유해·위험요인 확인 시 종사자 누구나 자유롭게 사업장의 위험요인 발굴·실시 가능토록 해야 함

② 「산업안전보건법」에 의해 다음의 '위험성평가(제36조)'를 시행하는 사업장의 경우는 위의 점검사항 생략 가능

ⓐ 개념 : 유해·위험요인을 파악하여 부상 또는 질병의 발생 가능성과 중대성을 추정·결정하고 감소대책을 수립하여 시행하는 일련의 과정

ⓑ 실시주체 : 사업주가 주체가 되어 안전보건관리책임자, 관리감독자, 안전·보건관리자 또는 안전보건관리담당자, 대상 작업자가 참여하여 역할분담 실시

ⓒ 절차 : ①평가대상의 선정 등 사전준비 → ②근로자의 작업과 관계되는 유해·

위험요인의 파악 → ③파악된 유해·위험요인별 위험성의 추정 → ④추정한 위험성이 허용가능한 위험성인지 여부의 결정 → ⑤위험성 감소대책 수립 및 실행 → ⑥위험성평가 실시내용 및 결과에 관한 기록

ⓓ 실 시 일

㉠ 최초평가 : 사업장 설립일로부터 1년 이내

㉡ 정기평가 : 최초 평가 후 매년 정기적으로 실시

㉢ 수시평가 : 시설, 공정 변경 시, 산재발생시 등

※ 고용노동부 고시(사업장 위험성평가에 관한 지침) 참조

4. 관련 예산의 편성 및 집행

다음 각 목의 사항을 이행하는 데 필요한 예산을 편성하고 그 편성된 용도에 맞게 집행하도록 할 것

가. 재해 예방을 위해 필요한 안전·보건에 관한 인력, 시설 및 장비의 구비

나. 위의 제3호에서 정한 유해·위험요인의 개선

다. 그 밖에 안전보건관리체계 구축 등을 위해 필요한 사항으로서 고용노동부장관이 정하여 고시하는 사항

(1) **점검사항**

① 안전보건 관련 예산 편성 여부

② 편성된 예산이 용도에 맞게 집행되는지 점검·확인 여부

(2) **이행내용**

① 다음의 기준과 절차에 따른 안전보건 인력·시설·장비의 구비 및 유해·위험요인 개선에 필요한 예산 편성

ⓐ 사업장 및 동종업계 산업재해 통계, 위험성평가 실시 결과, 시설·설비 개선 필요성 등 고려

ⓑ 편성 절차 마련 및 종사자 의견 청취 필요

ⓒ 안전관리자 등의 전문인력 + 시설·장비 구비 필요

㉠ 인력 : 안전보건 관계법령 등에 따른 필요인력 포함(작업 신호수 등)

㉡ 시설 및 장비 : 건설공사 발주자의 산업안전보건관리비 계상과는 별개로 재해 예방을 위한 예산 편성 및 집행 필요

※ 예 시

구 분	내 역
시설 및 설비비	안전설비 설치, 설비손상 점검 및 교체 등
운 영 비	안전용품, 의약품, 포상, 안전부서 인건비 등
컨설팅 및 진단비	안전보건 외부전문가 자문 및 컨설팅 비용 등
교 육 비	사외교육비(안전리더십 등)

② 예산의 편성

ⓐ 예산 편성의 기본원칙

㉠ 예산의 편성 시에는 예산 규모가 얼마인지가 중요한 것이 아니라 유해·위험요인을 어떻게 분석하고 평가했는지 여부가 중요

㉡ 유해·위험요인 확인 절차 등에서 확인된 사항을 사업 또는 사업장의 재정 여건 등에 맞추어 제거, 대체, 통제 등 합리적으로 실행 가능한 수준만큼 개선하는데 필요한 예산을 편성하여야 함

ⓑ 재해 예방을 위해 필요한 안전·보건에 관한 인력, 시설 및 장비의 구비를 위한 예산

㉠ "재해 예방을 위해 필요한 인력 시설 및 장비"란 「산업안전보건법」등 종사자의 재해 예방을 위한 안전 보건 관계 법령 등에서 정한 인력, 시설, 장비를 말함

㉡ 특히, 재해 예방을 위해 필요한 인력이란 안전관리자, 보건관리자, 안전보건관리담당자, 산업보건의 등 전문인력 뿐만 아니라 안전보건 관계 법령 등에 따른 필요 인력을 의미함

※ 정보통신공사 관련 안전보건 관계법령 상 필요 인력

- 「정보통신공사업법」제33조(정보통신기술자의 배치)
- 「정보통신공사업법 시행령」제34조(정보통신기술자의 현장배치기준 등)

구 분	배치기준
도급금액 5억원 이상의 정보통신공사	중급기술자 이상인 정보통신기술자
도급금액 5천만원 이상 5억원 미만인 정보통신공사	초급기술자 이상인 정보통신기술자

※ 재해 예방을 위한 예산편성 주요항목

구 분	상 세 내 역
방호장치, 안전장치 구입 비용	■ 프레스 등 방호장치, 급정지장치, 과부하방지장치 등

안전보건관련 물품 및 보호구 등 구입비용	■ 안전보건물품 : 각종 안전표지, 소모성 물품 구입비, 물품 수리 · 관리비 등 ■ 보호구 : 귀마개, 보안경, 안전화, 안전모, 각반 등 ■ 건강관련 물품(AED, 혈압계 등)
위험설비 자동화 등 안전시설 개선비용	■ 위험시설의 안전환경 시설 개선비용
설비 및 시설물에 대한 안전점검비용	■ 위험기계 · 기구 · 설비, 지게차 등의 안전점검 비용 ■ 기타 시설물 점검 비용
안전보건진단, 위탁, 컨설팅 비용	■ 외부전문가 또는 기관을 활용하여 실시하는 각종 진단 비용
작업환경측정 및 특수건강진단 비용	■ 작업환경측정비용 : 위탁비용 또는 자체측정을 위한 측정장비 등의 구입비 ■ 특수건강진단비용 : 종사자의 건강지표를 보기 위한 특수건강진단 소요비용
공상자 치료 및 응급구조 비용	■ 3일 이하의 치료를 요하는 공상자 관련 진료 · 치료비 ■ 응급구조 관련 물품(AED, 사설 앰뷸런스 등)
종사자, 관리감독자, 사업주 안전보건교육 훈련비용	■ 종사자 : 강사비, 자료수집비, 출장비, 교제제작비, 교육운영비 등 ■ 관리감독자 : 교육비, 출장비 등 ■ 사업주 : 교육참여비, 출장비 등
안전보건관계자 외부교육 및 훈련비용	■ 직무교육 : 교육비, 출장비, 교통비 등 ■ 훈련 : 전문기관 가입비, 학회 및 협회 참가비 등
안전보건 포상비용	■ 우수참여자 : 상금 또는 상품에 필요한 비용, 행사비용 등 ■ 안전보건경진대회, 위험발굴자포상 관련 비용 등
안전보건활동 촉진을 위한 캠페인 등 지원비용	■ 캠페인, 홍보 등에 필요한 비용 등
안전보건조직 운영 및 재해예방 인력비용	■ 회의비, 운영비, 출장비, 유관기관 협력비 등
협력업체 관리 비용	■ 협력업체 업무 지원 및 감독 관련 비용 등

ⓒ 유해·위험요인 개선에 필요한 예산

㉠ 유해·위험요인 확인 개선 매뉴얼에 따라 확인된 유해 위험요인의 개선을 위해 「산업안전보건법」, 「정보통신공사업법」등에서 정한 인력·시설·장비를 구비하는데 필요한 예산뿐만 아니라,

〈 안전 · 보건 관련 권장장비 목록 〉

구 분	기 기 명	용 도
안전관리	산소농도측정기	밀폐공간 작업 전 산소농도를 측정

	복합가스농도 측정기(5가스)	일산화탄소, 황화수소, 산소, 이산화탄소, 가연성가스 측정
	절연저항측정기	전자기기나 배선공사의 안정성 확보를 위해 이들의 직류 절연저항을 측정하는 계측기
	접지저항측정기	접지 전극과 대지 사이의 저항을 측정
	검전기	전신로 등의 활선, 사선 상태 측정
보건관리	조도측정기	단위 면적이 단위 시간에 받는 빛의 양 측정
	표면온도계	금속을 비롯한 각종 물체의 표면 온도를 측정
	혈압계	팔 밴드와 압력계로 이루어진 측정기
	혈당측정기	적절한 혈당 관리를 위한 측정기

ⓛ 안전·보건 관계 법령에 따른 의무의 내용은 아니지만 사업 또는 사업장 특성에 따라 개선이 필요하다고 판단되면 그 유해·위험요인을 제거, 대체, 통제하는데 필요한 예산을 포함함.

ⓒ 또한 종사자의 의견청취에 따른 재해예방을 위해 필요한 개선방안을 마련하여 이행하는데 소요되는 예산도 포함함.

③ 예산을 용도에 맞게 집행

ⓐ 경영책임자 등이 재해예방을 위하여 필요한 안전·보건에 관한 예산의 편성에 그치는 것이 아니라 편성된 용도에 맞게 예산이 집행되도록 관리하여야 함.

ⓑ 사업장에서 용도에 맞게 제대로 집행되지 않은 경우에는「중대재해처벌법」상 의무를 이행한 것으로 볼 수 없음.

5. 안전보건관리책임자 등에게 권한 및 예산의 부여, 평가기준의 마련 및 평가실시

「산업안전보건법」 제15조, 제16조 및 제62조에 따른 안전보건관리책임자, 관리감독자 및 안전보건총괄책임자(이하 이 조에서 "안전보건관리책임자등"이라 한다)가 같은 조에서 규정한 각각의 업무를 각 사업장에서 충실히 수행할 수 있도록 다음 각 목의 조치를 할 것

가. 안전보건관리책임자등에게 해당 업무 수행에 필요한 권한과 예산을 줄 것

나. 안전보건관리책임자등이 해당 업무를 충실하게 수행하는지를 평가하는 기준을 마련하고, 그 기준에 따라 반기 1회 이상 평가·관리할 것

(1) 점검사항

① 안전보건관리책임자 등이 「산업안전보건법」상의 업무수행을 위한 권한 및 예산

편성 여부

② 업무를 충실히 수행하는지에 대한 평가기준 마련 여부

③ 반기 1회 이상 평가기준에 따라 업무수행의 충실성을 점검·확인 여부

(2) 이행내용

① 「산업안전보건법」상 안전보건관리책임자 등의 지정 및 업무 확인

구 분	안전보건관리책임자 (제15조)	관리감독자 (제16조)	안전보건총괄책임자 (제62조)
적용 사업장	(통신)공사금액 20억원 이상 (기타)상시 근로자 100명 이상	상시 근로자 5인 이상	(도급 사업시, 통신) 공사금액 20억원 이상
	공장장, 현장소장, 사업주 등	부서장, 직장 · 반장 등의 중간관리자	도급 사업 : 각 수급인 근로자가 도급인 사업장에서 작업하는 경우
주요 업무	• 산재예방계획 수립 • 안전보건관리규정 작성 · 변경 • 안전보건교육, 근로자 건강관리 • 산재 원인조사 및 재발방지 대책 수립 등	• 작업복 · 보호구 · 방호장치 점검, 교육 · 지도 • 산재 보고 및 응급조치 • 안전 · 보건관리자 업무에 대한 협조 • 위험성평가 관련, 위험요인 파악 · 개선 등	• 위험성평가 실시 • 사업주의 작업중지 • 도급 시 산업재해 예방조치 • 안전보건관리비 사용 협의 · 조정 등

② 안전보건관리책임자 등의 업무 수행을 위한 권한부여 및 예산편성

ⓐ 안전보건관리책임자 등에 대한 선임계(권한부여에 대한 증빙 서류)

ⓑ 업무수행 지침 마련(업무분장, 교육 등의 관계 법령 의무 등)

ⓒ 업무 수행에 필요한 예산편성 근거 및 집행내역 등 유지관리

6. 안전관리자 등의 배치

(1) 「산업안전보건법」 제17조부터 제19조까지 및 제22조에 따라 정해진 수 이상의 안전관리자, 보건관리자, 안전보건관리담당자 및 산업보건의를 배치할 것.

(2) 다만, 다른 법령에서 해당 인력의 배치에 대해 달리 정하고 있는 경우에는 그에 따르고, 배치해야 할 인력이 다른 업무를 겸직하는 경우에는 고용노동부장관이 정하여 고시하는 기준에 따라 안전·보건에 관한 업무 수행시간을 보장해야 함.

(1) 점검사항

① 「산업안전보건법」에 따른 안전·보건 전문 인력의 배치 또는 안전보건관리기관에

위탁 여부

② 배치된 안전보건인력이 다른 업무를 겸직하는 경우 고용노동부장관이 고시하는 안전보건에 관한 업무시간 보장 여부

(2) 이행내용

① 「산업안전보건법」상 안전보건 전문인력의 배치

구 분	선임 조건	선임 자격	주요 업무
안전관리자 (제17조)	공사금액 50억 원 이상 통신공사	관련 자격증 또는 학위취득자 등	• 위험성평가, 위험기계 · 기구, 안전교육, 순회점검에 대한 지도 · 조언 및 보좌 • 산재 발생원인 조사 분석, 재발방지를 위한 기술 등에 대한 지도 · 조언 및 보좌 등
보건관리자 (제18조)	800억 원 이상 통신공사 또는 상시 근로자 600명 이상 사업장	관련 자격증 또는 학위취득자 등	• 위험성평가, 위험기계 · 기구 안전교육, 순회점검에 대한 지도 · 조언 및 보좌 • 가벼운 부상에 대한 치료, 응급처치 등에 대한 의료행위(의사, 간호사) 등
안전보건관리담당자(제19조)	통신공사 미해당	안전 · 보건 관리자 또는 교육 이수(겸임가능)	• 안전관리자 및 보건관리자의 역할 수행
산업보건의 (제22조)	보건관리자 선임조건 동일 ※ 전문기관 위탁 가능	작업환경 또는 예방의학전문의	• 건강진단 결과 검토 및 근로자 건강보호 조치 • 건강장해 원인조사 및 재발방지 조치 등

※ 전문인력이 다른 업무를 겸직하는 다음의 경우에는 안전보건 업무 수행을 위한 시간을 보장하여야 함.

ㅇ 상시 근로자 300명 미만 사업장

ㅇ 공사금액 120억 원 미만 정보통신공사 사업장(안전관리자에 한함)

② 「산업안전보건법」상 안전보건 전문인력을 배치하지 않는 경우에는 전문기관으로의 위탁

ⓐ 안전보건관리책임자 등에 대한 선임계(권한부여에 대한 증빙 서류)

ⓑ 업무수행 지침 마련(업무분장, 교육 등의 관계 법령 의무 등)

7. 종사자의 의견청취 절차 및 개선방안 마련과 이행여부 점검

(1) 사업 또는 사업장의 안전·보건에 관한 사항에 대해 종사자의 의견을 듣는 절차

를 마련하고, 그 절차에 따라 의견을 들어 재해예방에 필요하다고 인정하는 경우에는 그에 대한 개선방안을 마련하여 이행하는지를 반기 1회 이상 점검한 후 필요한 조치를 할 것.

(2) 다만, 「산업안전보건법」 제24조에 따른 산업안전보건위원회 및 같은 법 제64조·제75조에 따른 안전 및 보건에 관한 협의체에서 사업 또는 사업장의 안전·보건에 관하여 논의하거나 심의·의결한 경우에는 해당 종사자의 의견을 들은 것으로 본다.

(1) 점검사항

① 안전·보건에 대한 종사자의 의견을 청취하는 절차 마련 여부
(「산업안전보건법」상 산업안전보건위원회, 협의체를 통한 청취 가능)

② 주기적으로 절차에 따라 종사자 의견 청취 여부

③ 의견청취 결과 개선 필요 시, 개선방안 마련 및 이행 여부

④ 반기 1회 이상 개선방안 이행 여부에 대한 점검 및 조치 여부

(2) 이행내용

① 「산업안전보건법」상 다음의 종사자를 대상으로 함.

ⓐ 「근로기준법」상 근로자

ⓑ 계약의 형식에 관계없이 사업 수행을 위하여 대가를 목적으로 노무를 제공하는 자

ⓒ 사업이 여러 차례 도급이 된 경우 각 단계의 수급인 및 수급인의 근로자·노무를 제공하는 자

② 다음의 방법으로 의견 청취

구 분	적용대상	구 성	논의사항	운 영
산업안전보건위원회 (제24조)	• (통신) 공사금액 120억원 이상 • (기타) 상시 근로자 100명 이상	근로자위원 및 사용자 위원	• 산업재해 예방계획 수립 • 안전보건관리규정[62]의 작성 및 변경 • 작업환경 점검 및 개선 • 근로자 건강진단 등	정기회의(분기별) 및 임시회의
	※「근로자참여법」에 따른 노사협의회와는 별도로 설치 · 운영 필요			
안전보건협의체 (제64조)	도급인 사업장에서 각 수급인 근로자가	도급인 및 수급인 전원	• 작업시작 시간 • 작업 또는 작업장	매월

	작업하는 경우		간 연락방법 • 재해발생 위험존재 시 대피방법 • 위험성평가 실시 관련 사항 등	
노사협의체 (제75조)	(통신)공사금액 120억 원 이상	근로자위원 및 사용자 위원		정기회의(2개월) 및 임시회의

8. 업무 매뉴얼의 마련 및 조치여부 점검

사업 또는 사업장에 중대산업재해가 발생하거나 발생할 급박한 위험이 있을 경우를 대비하여 다음 각 목의 조치에 관한 매뉴얼을 마련하고, 해당 매뉴얼에 따라 조치하는지를 반기 1회 이상 점검할 것

가. 작업 중지, 근로자 대피, 위험요인 제거 등 대응조치

나. 중대산업재해를 입은 사람에 대한 구호조치

다. 추가 피해방지를 위한 조치

(1) 점검사항

① 중대산업재해 발생에 따른 작업중지권에 관한 절차수립 및 적정이행 검토 여부 (적정 작업중지의 판단, 작업 중지에 따른 보상방안, 불이익 예방 방안 등)

② 중대재해 발생 위험 인식에 따른 근로자 대피 등의 대응절차 마련 및 확인·점검 여부

③ 급박한 위험이 발생하는 경우 대응방안에 대한 교육진행 여부

④ 반기 1회 이상 매뉴얼에 따라 조치하는지의 점검 여부

(2) 이행내용

① 중대산업재해 등 사고 발생에 대한 대응 매뉴얼 마련

ⓐ 작업중지*, 근로자 대피, 위험요인 제거 등 대응조치 방법

* 「산업안전보건법」제51조(사업주의 작업중지) 및 제52조(근로자의 작업중지) 규정 반영 필요

o 조치순서 : 작업중지 → 근로자 대피 → 위험요인 제거

o 작업중지의 주체 : 사업주 + 관리감독자 + 근로자(종사자 포함)

ⓑ 중대산업재해를 입은 사람에 대한 구호조치 방법

62) 정보통신공사업에 있어서의 안전보건관리규정의 작성은 상시근로자 수 100인 이상의 경우에 작성.

ㅇ 119등 긴급상황 시 연락체계, 기본적인 응급조치 방안 등

ⓒ 추가 피해방지를 위한 조치(조치가 완료되기 전까지 작업중지 조치 유지 필요)

ㅇ 현장의 출입통제, 유사작업 사업장 등의 해당사항 공유, 원인분석 및 재발 방지 대책 마련 등

② 필요시 대응방안에 대한 교육(시뮬레이션) 실시

ⓐ 대응계획에 따른 구성원별 역할, 보호구 착용, 대피방법 등 교육

ⓑ 훈련과정에서 발견된 문제점을 검토하여 대응계획에 반영 및 개선

③ 사고 발생을 대비하기 위한 시설·장비의 목록화

9. 제3자에게 도급 등을 하는 경우 안전 · 보건의 기준 및 절차 마련과 이행여부 점검

제3자에게 업무의 도급, 용역, 위탁 등을 하는 경우에는 종사자의 안전·보건을 확보하기 위해 다음 각 목의 기준과 절차를 마련하고, 그 기준과 절차에 따라 도급, 용역, 위탁 등이 이루어지는지를 반기 1회 이상 점검할 것

가. 도급, 용역, 위탁 등을 받는 자의 산업재해 예방을 위한 조치 능력과 기술에 관한 평가기준·절차

나. 도급, 용역, 위탁 등을 받는 자의 안전·보건을 위한 관리비용에 관한 기준

다. 건설업 및 조선업의 경우 도급, 용역, 위탁 등을 받는 자의 안전·보건을 위한 공사기간 또는 건조기간에 관한 기준

(1) 점검사항

① 도급·용역·위탁 등을 받는 자의 산재예방 조치 능력과 기술을 평가하는 기준·절차 마련 여부

② 도급, 용역, 위탁 등을 받는 자의 안전·보건을 위한 관리비용에 관한 기준 마련 여부

③ 통신공사의 경우 도급·용역·위탁 등을 받는 자의 안전·보건을 위한 공사기간에 관한 기준 마련 여부

④ 반기 1회 이상 기준·절차에 따라 도급·용역 및 위탁이 이루어지는지 점검 여부

(2) 이행내용

① 도급·용역·위탁 등을 받는 자의 산재예방 조치 능력과 기술을 평가하는 기준·절차 마련

ⓐ 평가기준 : 안전보건관리체제, 위험성평가 실행 수준, 안전보건교육 계획 등

(안전보건관리체계 구축여부,「산업안전보건법」기본사항 준수여부, 중대산업재해 발생여부, 도급받은 업무와 관련된 안전보건조치를 위한 능력」기술역량 등)

ⓑ 조치 능력과 기술을 평가하는 방법 예시

구 분	평 가 항 목	배 점
〈안전보건관리체계〉		
1. 일반원칙	도급 · 수급인의 안전보건방침 적정 여부	5점
2. 계획수립	산업재해예방 활동에 대한 수급인의 이행계획 적정 여부	10점
3. 역할 및 책임	이행계획 추진을 위한 구성원의 업무 역할 정도	5점
〈실행수준〉		
1. 위험성평가	도급작업의 위험성평가 결과에 대한 이해수준 및	5점
2. 안전점검	안전검검 및 모니터링(보호구 착용 확인 등의 포함)	10점
3. 이행확인	안전조치 이행여부 확인(도급업체의 지도조언의 이행포함)	10점
4. 교육 및 기록	안전보건교육 계획 및 기록관리	5점
5. 안전작업허가	유해 · 위험작업에 대한 안전작업허가 이행수준	10점
〈운영관리〉		
1. 신호 및 연락체계	도급 · 수급업체 신호 및 연락체계	5점
2. 위험물질 및 설비	유해 · 위험물질 및 취급 기계 · 기구 · 설비 안정성 확인	10점
3. 비상대책	비상시 대피 및 피해 최소화 대책	5점
〈재해발생 수준〉		
산업재해 현황	최근 5년간 산업재해 발생 현황	20점

② 시설·설비·장비 등에 대한 안전보건조치에 필요한 비용, 종사자 개인 보호구 마련 등

③ 과도하게 짧은 공사기간을 제시하는 지, 무리한 설계 변경을 요구하는지 등

② 재해 발생 시 재발방지 대책의 수립 및 그 이행에 관한 조치

1. 사업 또는 사업장의 특성 및 규모 등을 고려하여 재발방지 대책 수립
2. 재해발생 시 보고를 받을 수 있는 절차마련 및 대책수립 또는 제도화

(1) 점검사항

①재해발생 시 재발을 방지하기 위한 대책(보고절차 포함) 수립 여부

②수립된 재발방지 대책 이행 여부

(2) 재발방지 대책 수립 절차

① 재해발생 원인 조사 및 결과 분석 → 유해·위험요인 및 발생원인 파악 → 피악된 위험요인 제거 및 통제방안 검토 → 종합적 개선대책 수립

② 재해 : 중대산업재해 + 일반적인 산업재해

③ 중앙행정기관·지방자치단체가 관계 법령에 따라 개선·시정 등을 명한 사항의 이행에 관한 조치

1. 원칙적으로 서면으로 시행된 행정처분을 의미하고, 행정지도나 권고 및 조언은 포함하지 않음

2. 안전 및 보건 확보와 무관한 내용에 대한 개선 · 시정 등은 제외

점검사항

중앙행정기관·지방자치단체가 개선·시정을 명한 사항에 관한 조치 이행 여부

④ 안전·보건 관계 법령에 따른 의무이행에 필요한 다음의 관리상의 조치

1. 의무이행 여부의 점검 또는 점검결과 보고 받기

안전·보건 관계 법령에 따른 의무를 이행했는지를 반기 1회 이상 점검(해당 안전·보건 관계 법령에 따라 중앙행정기관의 장이 지정한 기관 등에 위탁하여 점검하는 경우를 포함한다)하고, 직접 점검하지 않은 경우에는 점검이 끝난 후 지체 없이 점검결과를 보고받을 것

2. 의무 미이행의 경우 필요한 조치하기

위 제1호에 따른 점검 또는 보고 결과 안전·보건 관계 법령에 따른 의무가 이행되지 않은 사실이 확인되는 경우에는 인력을 배치하거나 예산을 추가로 편성·집행하도록 하는 등 해당 의무 이행에 필요한 조치를 할 것

(1) 점검사항

① 안전·보건 관계 법령 의무 이행 여부

② 반기 1회 이상 안전·보건 관례 법령에 따른 의무이행 점검 여부

③ 직접 미점검 시, 점검 후 지체 없이 점검결과를 보고 받는 지 여부

④ 점검 또는 보고 결과, 의무 미이행 사실 확인에 따른 필요 조치 여부

(2) 이행내용

해당 사업 또는 사업장에 적용되는 것으로서 종사자의 안전·보건을 확보하는 데 관련되는 법령상의 의무의 이행

※ 안전·보건 관례 법령의 예시
「산업안전보건법」, 「건설산업기본법」, 「건축물관리법」, 「승강기안전관리법」, 「주차장법」, 「실내공기질관리법」, 「시설물안전법」 등

3. 교육실시 여부의 점검 또는 점검결과 보고받기

안전·보건 관계 법령에 따라 의무적으로 실시해야 하는 유해·위험한 작업에 관한 안전·보건에 관한 교육이 실시되었는지를 반기 1회 이상 점검하고, 직접 점검하지 않은 경우에는 점검이 끝난 후 지체 없이 점검 결과를 보고받을 것

4. 교육 미실시에 대해 이행지시 등 필요한 조치하기

제3호에 따른 점검 또는 보고 결과 실시되지 않은 교육에 대해서는 지체 없이 그 이행의 지시, 예산의 확보 등 교육 실시에 필요한 조치를 할 것

(1) 점검사항

① 안전·보건 관계 법령에 따라 유해·위험한 작업에 관한 안전보건교육 실시의무 준수 여부

② 반기 1회 이상 안전·보건교육 실시 점검 여부

③ 직접 미점검 시, 점검 후 지체 없이 점검결과를 보고 받는 지 여부

④ 점검 또는 보고 결과, 의무 미이행 사실 확인에 따른 필요 조치 여부

(2) 이행내용

안전·보건 관계 법령에 따른 안전보건교육 의무 이행 필요

① 법령상 의무화 + 안전·보건 관계 법령에 따른 교육 중 유해·위험 작업에 관한 교육

o 「산업안전보건법」, 「항공안전법」, 「선박안전법」 등

(예시) 「산업안전보건법」상 안전보건교육(시행규칙 제26조)

교육과정	교육대상	교육시간	교육내용
정기교육	사무직	매분기 3시간 이상	「산업안전보건법

	그 외 근로자	매분기 6시간 이상	시행규칙」 별표 5 참조
작업내용 변경 시 교육	일용직 근로자	1시간 이상	
	그 외 근로자	2시간 이상	
건설업 기초 안전 · 보건교육	건설 일용직 근로자	4시간 이상	

② 점검 또는 보고 결과, 실시되지 않는 안전보건교육 확인에 따른 예산 추가·편성·집행 등의 교육 의무 준수에 필요한 조치 실시

- 안전보건교육 실시 자료(교육일지 등), 교육계획 및 교육내용 보고 자료, 교육실시를 위한 예산확보 지시 자료 등 보관

(2) 도급, 용역, 위탁 등 관계에서의 의무

① 사업주 또는 경영책임자등은 사업주나 법인 또는 기관이 제3자에게 도급 · 용역 · 위탁 등을 행한 경우에도 다음과 같이 의무를 진다.

ⓐ 여러 차례의 도급을 주는 경우에도 각 단계의 수급인 및 관련 종사자는 도급인의 안전 및 보건 확보 의무 대상에 포함

ⓑ 실질적으로 지배 · 운영 · 관리하는 사업(장)이 아닌 경우에도 실질적 지배 '책임'이 있는 경우 안전 및 보건 확보의무 부담함

ⓒ 건설공사발주자는 실질적 운영자가 아니라 주문자인 것이 일반적이므로 실질적으로 지배 · 운영 · 관리해야 하는 예외사정이 없으면 책임 미부담

② 제3자의 종사자에게 중대산업재해가 발생하지 아니하도록 위의 조치(사업주 또는 경영책임자등의 안전 및 보건 확보 의무)를 하여야 한다.

③ 다만, 사업주나 법인 또는 기관이 그 시설 · 장비 · 장소 등에 대하여 실질적으로 지배 · 운영 · 관리하는 책임이 있는 경우에 한정한다.

ⓐ 실질적으로 지배 · 운영 · 관리한다는 것은 도급인의 사업장 장소와 관계없으며,

ⓑ 해당 작업과 관련한 시설 · 설비 · 장소 등에 대하여 '사실상의 지배력'을 행사하는 경우를 말함.

(3) 조치 등에 관한 서면의 보관 의무

① 보관 대상

"안전 · 보건확보 의무" 및 관계 법령에 따른 이행 및 그 이행에 관한 조치 등과 관련한 다음의 문서(전자문서를 포함한다)

ⓐ 「중대재해처벌법」 및 관계법령의 의무에 따라 마련된 절차, 매뉴얼 등 자료

ⓑ 안전 · 보건관리체계 관련 반기별 점검 · 평가 · 지시내용 및 그에 따른 결과자료

ⓒ 경영책임자등 보고자료(실제 조치사항 포함)

ⓓ 예산집행, 인력배치 등 필요한 조치 · 지시 · 내용 등의 관련 자료

ⓔ 전자문서 보관의 경우 사업주 또는 경영책임자 등이 직접 최종 결재한 자료

② 보관 기간

그 조치를 이행한 날로부터 5년 간 보관

〈붙임 39〉 중대재해법에 의한 사업주의 점검사항(안)

〈붙임 40〉 중대재해법에 의한 반기별 점검보고서(안)

4. 사업주와 경영책임자등의 처벌

(1) 사망자가 발생한 경우

위의 안전 및 보건 확보의무를 위반하여 법 제2조제2호가목(사망자가 1명 이상 발생)의 중대산업재해에 이르게 한 경우

→ 1년 이상의 징역 또는 10억 원 이하의 벌금에 처한다. 이 경우 징역과 벌금을 병과할 수 있다.

(2) 부상자가 발생한 경우

위의 안전 및 보건 확보의무를 위반하여 법 제2조제2호나목 또는 다목('동

일한 사고로 6개월 이상 치료가 필요한 부상자가 2명 이상 발생' 또는 '동일한 유해요인으로 급성중독 등 직업성 질병자가 1년 이내에 3명 이상 발생')의 중대산업재해에 이르게 한 경우

→ 7년 이하의 징역 또는 1억 원 이하의 벌금에 처한다.

(3) 누범의 경우

위의 죄로 형을 선고받고 그 형이 확정된 후 5년 이내에 다시 위의 죄를 저지른 자

→ 위에서 정한 형의 2분의 1까지 가중한다.

5. 양벌규정 및 손해배상 등

(1) 양벌규정

① 법인 또는 기관에 대한 벌금

법인 또는 기관의 경영책임자등이 그 법인 또는 기관의 업무에 관하여 중대산업재해로 그 행위자를 벌하는 경우, 그 행위자를 벌하는 외에 그 법인 또는 기관에 다음 각 호의 구분에 따른 벌금형을 과(科)한다.

ⓐ 법 제6조제1항의 경우(사망자가 발생한 경우)

→ 50억 원 이하의 벌금

ⓑ 법 제6조제2항의 경우(부상자가 발생한 경우)

→ 10억 원 이하의 벌금

② 벌금이 면제되는 경우

법인 또는 기관이 그 위반행위를 방지하기 위하여 해당 업무에 관하여 상당한 주의와 감독을 게을리 하지 아니한 경우에는 벌금을 부과하지 않는다.

(2) 손해배상

① 손해배상의 범위

ⓐ 손해액의 5배 이내의 배상

사업주 또는 경영책임자등이 고의 또는 중대한 과실로 이 법에서 정한 의무를 위반하여 중대재해를 발생하게 한 경우 해당 사업주, 법인 또는 기관이 중대재해로 손해를 입은 사람에 대하여 그 손해액의 5배를 넘지 아니하는 범위에서 배상책임을 진다.

ⓑ 배상책임이 면제되는 경우

법인 또는 기관이 해당 업무에 관하여 상당한 주의와 감독을 게을리하지 아니한 경우에는 배상책임을 지우지 않는다.

② 고려사항

법원은 배상액을 정할 때에 다음 각 호의 사항을 고려하여야 한다.

ⓐ 고의 또는 중대한 과실의 정도

ⓑ 이 법에서 정한 의무위반행위의 종류 및 내용

ⓒ 이 법에서 정한 의무위반행위로 인하여 발생한 피해의 규모

ⓓ 이 법에서 정한 의무위반행위로 인하여 사업주나 법인 또는 기관이 취득한 경제적 이익

ⓔ 이 법에서 정한 의무위반행위의 기간 및 횟수 등

ⓕ 사업주나 법인 또는 기관의 재산상태

ⓖ 사업주나 법인 또는 기관의 피해구제 및 재발방지 노력의 정도

(3) 안전보건교육의 수강

중대산업재해가 발생한 법인 또는 기관의 경영책임자등은 다음과 같이 안전보건교육을 이수하여야 한다.

① 교육시간과 내용

ⓐ 안전보건교육은 총 20시간의 범위에서 고용노동부장관이 정하는 바에 따라 이수해야 한다.

ⓑ 안전보건교육에는 다음의 사항이 포함되어야 한다.

㉠ 안전보건관리체계의 구축 등 안전·보건에 관한 경영 방안

㉡ 중대산업재해의 원인 분석과 재발 방지 방안

② 교육기관

고용노동부장관은 「한국산업안전보건공단법」에 따른 한국산업안전보건공단이나 「산업안전보건법」 제33조에 따라 등록된 안전보건교육기관(이하 "안전보건교육기관등"이라 한다)에 안전보건교육을 의뢰하여 실시할 수 있다.

③ 교육의 통보

고용노동부장관은 분기별로 중대산업재해가 발생한 법인 또는 기관을 대상으로 안전보건교육을 이수해야 할 교육대상자를 확정하고 안전보건교육 실시일 30일 전까지 다음의 사항을 해당 교육대상자에게 통보해야 한다.

ⓐ 안전보건교육을 실시하는 안전보건교육기관 등

ⓑ 교육일정

ⓒ 그 밖에 안전보건교육의 실시에 필요한 사항

④ 교육의 연기

ⓐ 교육의 통보를 받은 교육대상자는 해당 교육일정에 참여할 수 없는 정당한 사유가 있는 경우에는 안전보건교육 실시일 7일 전까지 고용노동부장관에게 안전보건교육의 연기를 한 번만 요청할 수 있다.

ⓑ 고용노동부장관은 연기 요청을 받은 날부터 3일 이내에 연기 가능 여부를 교육대상자에게 통보해야 한다.

ⓒ 안전보건교육을 연기하는 경우 교육일정 등의 통보에 관하여는 위의 교육의 통보와 같다.

⑤ 교육의 비용 등

ⓐ 안전보건교육에 드는 비용은 안전보건교육기관등에서 수강하는 교육

대상자가 부담한다.

ⓑ 안전보건교육기관등은 안전보건교육을 실시한 경우에는 지체 없이 안전보건교육 이수자 명단을 고용노동부장관에게 통보해야 한다.

ⓒ 안전보건교육을 이수한 교육대상자는 필요한 경우 안전보건교육이수확인서를 발급해 줄 것을 고용노동부장관에게 요청할 수 있다.

ⓓ 위에 따른 요청을 받은 고용노동부장관은 고용노동부장관이 정하는 바에 따라 안전보건교육이수확인서를 지체 없이 내주어야 한다.

❖ 과태료

안전보건교육을 정당한 사유 없이 이행하지 아니한 경우 : 5,000만 원 이하의 과태료

6. 시 행 일

(1) 시행일 규정

① 2022.1.27.부터 시행한다.

② 다만, '상시근로자수 5인 이상의 개인사업자'와 '상시근로자수 50인 미만의 법인 사업 또는 사업장'(건설업의 경우 50억 원 미만 공사)의 경우는 2024.1.27.부터 시행한다.

(2) 정보통신공사에 대한 시행일

① 위 규정에 따라, 정보통신공사의 경우에는 상시근로자 수에 상관없이 50억 원 이상의 공사는 2022.1.27.부터 적용되고,

② 50억 원 미만의 공사는 2024.1.27부터 적용된다.

※ 50억 원 이상 또는 미만 여부의 판단기준은 건설공사가 수행되는 각 사업장(공사현장)을 단위로 판단한다.

제4절 재해예방 기술지도

1. 개 요

정보통신공사의 도급인은 해당 공사를 하는 동안에 산업재해의 예방을 위해 산업안전보건법 제74조[63]에 의한 '건설재해예방전문지도기관'으로부터 기술지도를 받아야 한다.

2. 지도대상 및 제외대상

(1) 지도대상

① 2021.7.1. 이후 착공한 공사

→ 총공사금액 1억 원 이상 80억 원 미만의 공사의 사업장

※ 총공사금액이란 서면상 계약한 금액은 물론 별도로 재료를 제공받을 때는 그 재료의 시가환산액을 포함하는 금액으로 부가가치세를 포함하는 금액임

② 2022.7.1. 이후 착공한 공사

→ 총 공사금액 1억 원 이상 60억 원 미만의 공사의 사업장(예정)

③ 2023.7.1. 이후 착공한 공사

→ 총 공사금액 1억 원 이상 50억 원 미만인 공사의 사업장(예정)

---

63) **제74조(건설재해예방전문지도기관)** ① 건설재해예방전문지도기관이 되려는 자는 대 통령령으로 정하는 인력 · 시설 및 장비 등의 요건을 갖추어 고용노동부장관의 지정을 받아야 한다.
② 제1항에 따른 건설재해예방전문지도기관의 지정 절차, 그 밖에 필요한 사항은 대통령령으로 정한다.
③ 고용노동부장관은 건설재해예방전문지도기관에 대하여 평가하고 그 결과를 공개할 수 있다. 이 경우 평가의 기준 · 방법, 결과의 공개에 필요한 사항은 고용노동부령으로 정한다.
④ 건설재해예방전문지도기관에 관하여는 제21조제4항 및 제5항을 준용한다. 이 경우 "안전관리전문기관 또는 보건관리전문기관"은 "건설재해예방전문지도기관"으로 본다.

※ **공사금액별 안전관리자 선임 또는 기술지도 대상**

공사금액	안전관리자 선임 또는 기술지도
120억 원 이상 사업장	반드시 전담 안전관리자를 선임
120억 원 미만으로서 기술지도 대상 최대 금액(80억원, 60억원 또는 50억원) 이상인 공사의 사업장	겸임 안전관리자(3개 사업장까지 겸임 가능)를 선임하고 동시에 '건설재해예방전문지도기관'으로부터 기술지도도 받아야 함
대상 최대 금액(80억원, 60억원 또는 50억원) 미만 사업장	기술지도를 받아야함(안전관리자 선임은 자율)

※ **정보통신공사중 기술지도 대상 건수**

2020년의 전체 공사 건수 약 42만 건 중 1억 원 이상은 6.1%인 2만 5,741건이고, 60억 원 이상은 162건임.

(2) 제외대상

① 공사기간이 1개월 미만인 공사

② 육지와 연결되지 않은 섬 지역(제주특별자치도는 제외한다)에서 이루어지는 공사

③ 사업주가 안전관리자의 자격을 가진 사람을 선임(같은 광역지방자치단체의 구역 내에서 같은 사업주가 시공하는 셋 이하의 공사에 대하여 공동으로 안전관리자의 자격을 가진 사람 1명을 선임한 경우를 포함한다)하여 안전관리자의 업무만을 전담하도록 하는 공사

④ 산업안전보건법에 따라 유해위험방지계획서를 제출해야 하는 공사

3. 지도의 계약

(1) 계약의무자

위 지도대상 정보통신공사의 도급인 및 자체공사를 하는 자

※ **지도계약 체결 주체의 변경**

지도계약을 체결해야 하는 주체가 현재의 건설공사 도급인에서 2022.8.18부터 건설공사발주자 또는 건설공사도급인(건설공사발주자로부터 건설공사를 최초로 도급받은 수급인은 제외한다)으로 변경되어 시행될 예정이다.

(2) 계약시한

공사착공 전날까지

(3) 계 약

재해예방전문지도기관과 기술지도계약을 체결하고 그 증명서류를 비치

(4) 기술지도 횟수 등

① 월 1회 기술지도를 받아야 한다.

② 공사금액이 40억 원 이상인 공사에 대하여는 산업안전지도사, 건설안전기술사 또는 전기안전기술사가 4회마다 1회 이상 방문하는 방문 지도를 받아야 한다.

③ 그 기술지도결과보고서를 비치하여야 한다.

4. 기술지도의 기준

(1) 주요 내용

① 떨어짐, 맞음, 무너짐, 감전 등의 재해예방 및 위험기계 기구의 방호조치 및 검사 등에 관한 사항

② 근로자의 안전보건교육 및 개인보호구의 선택 취급 및 착용에 관한 사항

③ 산업안전보건관리비의 효율적인 집행에 관한 사항 및 무재해운동에 관한 사항

④ 기타 법령의 규정에 의하여 당해 사업장에서 이행하여야 하는 사항

(2) 기술지도의 기준

건설재해예방 전문 지도기관의 지도 기준(산업안전보건법 시행령 제60조 관련)
1. 건설재해예방전문지도기관의 지도대상 분야 건설재해예방전문지도기관이 법 제73조제1항에 따라 건설공사도급인에 대하여 실시하는 지도(이하 "기술지도"라 한다)는 공사의 종류에 따라 건설공사 지도 분

야와 전기공사 및 정보통신공사 지도 분야로 구분한다.

2. 기술지도계약

가. 건설재해예방전문지도기관의 기술지도를 받아야 하는 건설공사도급인은 공사 착공 전날까지 고용노동부령으로 정하는 서식에 따라 건설재해예방전문지도기관과 기술지도계약을 체결하고 그 증명서류를 갖추어 두어야 한다.

나. 건설공사발주자는 기술지도계약을 체결하지 않은 건설공사도급인(건설공사의 시공을 주도하여 총괄·관리하는 자는 제외한다. 이하 이 표에서 같다)에게 법 제72조제1항에 따라 계상한 산업안전보건관리비의 20%에 해당하는 금액을 지급하지 않거나 환수할 수 있다.

다. 건설공사발주자는 건설공사도급인이 기술지도계약을 늦게 체결하여 기술지도의 대가(代價)가 조정된 경우에는 조정된 금액만큼 산업안전보건관리비를 지급하지 않거나 환수할 수 있다.

3. 기술지도의 수행방법

가. 기술지도 횟수

1) 기술지도는 특별한 사유가 없으면 다음의 계산식에 따른 횟수로 하고, 공사시작 후 15일 이내마다 1회 실시하되, 공사금액이 40억원 이상인 공사에 대해서는 별표 19 제1호 및 제2호의 구분에 따른 분야 중 그 공사에 해당하는 지도 분야의 같은 표 제1호나목 지도인력기준란 1) 및 같은 표 제2호나목 지도인력기준란 1)에 해당하는 사람이 8회마다 한 번 이상 방문하여 기술지도를 해야 한다.

$$\text{기술지도 횟수(회)} = \frac{\text{공사기간(일)}}{\text{15일}}$$

※ 단, 소수점은 버린다.

2) 공사가 조기에 준공된 경우, 기술지도계약이 지연되어 체결된 경우 및 공사기간이 현저히 짧은 경우 등의 사유로 기술지도 횟수기준을 지키기 어려운 경우에는 그 공사의 공사감독자(공사감독자가 없는 경우에는 감리자를 말한다)의 승인을 받아 기술지도 횟수를 조정할 수 있다.

나. 기술지도 한계 및 기술지도 지역

1) 건설재해예방전문지도기관의 사업장 지도 담당 요원 1명당 기술지도 횟수는 1일당 최대 4회로 하고, 월 최대 80회로 한다.

2) 건설재해예방전문지도기관의 기술지도 지역은 건설재해예방전문지도기관으로 지정을 받은 지방고용노동청 및 지방고용노동청의 소속 사무소 관할 지역으로 한다.

4. 기술지도 업무의 내용

가. 기술지도 범위 및 준수의무

1) 건설재해예방전문지도기관은 기술지도를 할 때에는 공사의 종류, 공사 규모, 담당 사업장 수 등을 고려하여 담당 요원을 지정해야 하고, 담당 요원은 해당 사업주에게 산업안전보건관리비 집행 및 산업재해 예방을 위하여 필요한 사항을 권고해야 한다.

2) 건설재해예방전문지도기관이 해당 사업주에게 권고를 할 때에는 법 제13조에 따른 기술에 관한 표준 등「산업안전보건법」및 같은 법 시행령에 따른 사항을 고려해야 한다.

3) 건설재해예방전문지도기관의 개선 권고를 받은 사업주는 그 사항을 이행해야 한다.

나. 기술지도 결과의 기록

1) 건설재해예방전문지도기관은 기술지도를 하고 기술지도 결과보고서를 작성하여 공사 관계자의 확인을 받은 후 해당 사업주에게 발급하고 기술지도를 한 날부터 7일 이내에 고용노동부장관이 정하는 전산시스템에 입력해야 한다.

2) 건설재해예방전문지도기관은 공사 종료 시 건설공사발주자와 건설공사도급인에게 고용노동부령으로 정하는 서식에 따른 기술지도 완료증명서를 제출해야 한다.

5. 기술지도 관련 서류의 보존

건설재해예방전문지도기관은 기술지도계약서, 기술지도 결과보고서, 그 밖에 기술지도업무 수행에 관한 서류를 기술지도가 끝난 후 3년 동안 보존해야 한다.

5. 계약 미체결 및 지연체결 시의 처분

(1) 기술지도 계약 미체결 시

① 발주자가 산업안전보건관리비의 20%를 미지급하거나 환수할 수 있다.

② 300만 원 이하의 과태료가 부과된다.

(2) 기술지도 계약 지연체결 시

① 발주자가 조정된 기술지도 대가 금액만큼 미지급하거나 환수할 수 있다.

② 300만 원 이하의 과태료가 부과된다.

제7장 공사 관련 단체

제1절 정보통신공사협회

1. 일반현황

(1) 설립근거

「정보통신공사업법」 제41조(정보통신공사협회의 설립)에 의거 설립된 특수법인[64)]

※ **민법의 준용**

협회에 관하여 이 법에 규정된 사항을 제외하고는 「민법」 중 사단법인에 관한 규정을 준용한다.

(2) 설립일자

1971. 12. 3.

(3) 연 혁

① 1971.12.3. 한국전신전화공사협회 창립

- 1945.9.9 임의단체인 「대한전신전화기술자협회」 설립
- 1963.3.25. 「대한전신전화기술자협회」를 모태로 사단법인 「한국전신전화공

---

64) **법 률**

제41조(정보통신공사협회의 설립) ① 공사업자는 품위 유지, 기술 향상, 공사시공방법 개량, 그 밖에 공사업의 건전한 발전을 위하여 과학기술정보통신부장관의 인가를 받아 정보통신공사협회(이하 "협회"라 한다)를 설립할 수 있다.

② 협회는 법인으로 한다.

③ 협회의 설립 및 감독 등에 필요한 사항은 대통령령으로 정한다.

시 행 령

제41조(정보통신공사협회의 설립) 공사업자는 법 제41조에 따라 정보통신공사협회(이하 "협회"라 한다)를 설립하려는 경우에는 10명 이상이 발기하고, 공사업자 중 5분의 1 이상의 동의를 얻어 창립총회에서 정관을 작성한 후 과학기술정보통신부장관에게 인가를 신청하여야 한다.

제42조(협회의 감독) 과학기술정보통신부장관은 협회에 대하여 다음 각 호의 사항을 보고하게 할 수 있다.

1. 총회 또는 이사회에서 의결된 사항(위탁업무와 관련된 사항만 해당한다)
2. 공사업자의 시공실태 및 하도급실태 등의 실태 파악을 위한 사항
3. 그 밖에 공사업 및 협회에 관계되는 중요한 사항

사협회」 창립
- 1971.12.3. 사단법인 「한국전신전화공사협회」의 권리 · 의무를 승계하여 현 협회 창립
- 1976.5.4. 「한국전기통신공사협회」로 명칭 변경
- 1998.1.1. 「한국정보통신공사협회」로 명칭 변경

② 1978.11.6. 한국정보통신교육원 설립
- 2002.12.10. 한국정보통신기능대학 설립
- 2014.12.9. ICT폴리텍대학으로 교명 변경

③ 1986.8.21. 공제업무 개시
- 1988.3.22. 정보통신공제조합으로 법인 분리

④ 1995.5.15. 안전기술지도원 설치
- 2020. 4. 안전기술원 법인 분리

⑤ 1998.2.23 정보통신기술자 경력관리 업무를 정보통신부로부터 위탁받아 수행(감리원 자격증 발급업무는 2001년부터)

⑥ 1998.3.20. 정보통신공사부문 표준품셈 관리업무를 위탁받아 수행

⑦ 2009.3.24. 정보통신부문 표준시장단가 관리업무를 위탁받아 수행

⑧ 2011.4.1. (재)한국정보통신산업연구원 설립
- 2011.5.26. 표준시장단가 관리업무를 정보통신산업연구원으로 이관
- 2013.3.20. 표준품셈업무를 정보통신산업연구원으로 이관

⑨ 2021.6.23. 국토교통부로부터 「철도시설 안전진단 교육기관」으로 지정

(4) 설립목적 및 임무

① 회원의 품위유지 및 복리증진

② 공사 기술의 향상 및 공사 시공방법의 개선

③ 정보통신공사업의 건전한 발전에 기여

④ 공사의 적절한 시공과 공사업의 건전한 발전을 위한 공사업에 관한 사항의 대 정부 건의

(5) 조직 구성

① 총 회 : 대의원 210인으로 구성

② 이사회

ⓐ 회장 1인(총회에서 선출, 임기 3년)

ⓑ 부회장 5인(상임부회장 1인 포함)

ⓒ 당연직 이사로 한국정보통신공제조합 이사장 및 이사 23인 이내

③ 감 사 : 2인

④ 조 직 : 중앙회와 10개 시 · 도회 및 세종출장소가 있고, 직원은 약 90명

〈중앙회 및 시 · 도회 주소 및 전화번호〉

(2022.2 현재)

시 · 도회	주 소	대표전화
중앙회	(04334) 서울 용산구 한강대로 308, 7 ~ 11층(갈월동)	02-3488-6000
서울시회	(04334) 서울 용산구 한강대로 308, 4층(갈월동)	02-3487-0404
인천 · 경기도회	(16948) 경기 용인시 기흥구 흥덕4로 24(영덕동)	031-271-1500
인천시회※	(21556) 인천 남동구 미래로 32(구월동)	032-421-1501
부산 · 울산 · 경남도회	(48731) 부산 동구 중앙대로 262, 3층(초량동)	051-462-4800
대구 · 경북도회	(41218) 대구 동구 신암남로 167(신암4동)	053-742-2100
대전 · 세종 · 충남도회	(34176) 대전 유성구 유성대로 664(구암동)	042-824-0860
광주 · 전남도회	(61981) 광주 서구 대남대로 475(농성동)	062-653-0077
강원도회	(26383) 강원 원주시 만대로 15-1(무실동)	033-731-5000
전북도회	(54810) 전북 전주시 덕진구 온고을로 753(반월동)	063-225-0404
충북도회	(28494) 충북 청주시 청원구 충청대로 35, 3층(내덕동)	043-212-0404
제주도회	(63219) 제주 제주시 청사로1길 4(도남동)	064-752-4445
세종출장소	(30100) 세종특별자치시 보듬3로 158(6층)	044-867-6731

※ 인천시회는 인천·경기도회에서 2022. 7. 1.자로 분리 신설될 예정임.

2. 주요 사업

(1) 자체 사업

① 회원의 권익증진

② 공사업에 관한 제도개선 및 육성발전

③ 정보통신설비 기술기준 및 공법의 개선

④ 정보통신공사업역 확대 및 정보통신기술인력 양성

⑤ 정보통신공사 하도급분쟁 조정(「하도급거래 공정화에 관한 법률」 제24조[65])에 의한 협의회의 운영)

(2) 정보통신공사업법령에 따른 정부 위탁업무

① 공사업 등록 신청 접수

② 공사업 양도 또는 합병신고 접수

③ 공사업자 변경신고 접수

〈최근 5년간 공사업 신규등록 등 접수현황〉

(단위 : 건)

구분 \ 연도	2016	2017	2018	2019	2020	2021
신규등록	675	685	635	615	688	830
양도양수	0	1	2	0	2	0
분　할	2	4	3	1	2	5
법인전환	28	19	24	29	18	25
합　병	111	131	132	124	100	126

---

65) **제24조(하도급분쟁조정협의회의 설치 및 구성 등)** ①「독점규제 및 공정거래에 관한 법률」 제72조에 따른 한국공정거래조정원(이하 "조정원"이라 한다)은 하도급분쟁조정협의회(이하 "협의회"라 한다)를 설치하여야 한다.
② 사업자단체는 공정거래위원회의 승인을 받아 협의회를 설치할 수 있다.
③ 조정원에 설치하는 협의회는 위원장 1명을 포함하여 9명 이내의 위원으로 구성하되 공익을 대표하는 위원, 원사업자를 대표하는 위원과 수급사업자를 대표하는 위원이 각각 같은 수가 되도록 하고, 사업자단체에 설치하는 협의회의 위원의 수는 공정거래위원회의 승인을 받아 해당 협의회가 정한다.

상 속	0	0	0	0	1	0
합 계	816	840	796	769	811	986

④ 기술자 경력수첩 발급 및 관리

〈 최근 5년간 정보통신기술자경력수첩 신청 및 발급현황 〉

(단위 : 건)

구분	연도	2016	2017	2018	2019	2020	2021
신청	신규	7,139	7,251	7,680	8,303	9,233	10,932
	등급변경	3,568	3,251	4,572	4,510	4,381	4,559
	기재변경	3,073	3,030	3,643	4,020	4,565	4,868
	분실 · 훼손	1,144	1,128	1,034	1,171	1,175	1,233
	소계	14,924	14,660	16,929	18,004	19,354	21,592
발급	신규	6,883	7,078	7,158	7,757	8,708	11,091
	등급변경	3,544	3,229	3,695	5,061	4,333	4,596
	기재변경	3,061	3,016	3,633	4,021	4,540	4,865
	분실 · 훼손	1,142	1,125	1,033	1,170	1,175	1,233
	소계	14,630	14,448	15,519	18,009	18,756	21,785
합 계		29,554	29,108	32,448	36,013	38,110	43,377

⑤ 감리원 자격증의 교부 및 관리

〈최근 5년간 감리원자격증 신청 및 발급현황〉

(단위 : 건)

구분	연도	2016	2017	2018	2019	2020	2021
신청	신규	725	801	1,064	2,307	3,154	3,898
	등급변경	160	147	228	287	382	379
	기재변경	26	15	9	31	51	355
	분실 · 훼손	189	157	145	233	283	306
	소계	1,100	1,120	1,446	2,858	3,870	4,938
발급	신규	558	607	647	1,512	2,669	3,899

	등급변경	157	146	205	260	382	377
	기재변경	26	15	9	31	42	350
	분실 · 훼손	188	158	145	232	284	305
	소계	929	926	1,006	2,035	3,377	4,931
합 계		2,029	2,046	2,452	4,893	7,247	9,869

⑥ 공사업에 관한 제증명 발급

〈 최근 5년간 제증명 발급현황 〉

(단위 : 건)

구분 \ 연도	2016	2017	2018	2019	2020	2021
경영상태등의 확인서	28,153	32,698	31,658	29,779	24,179	20,031
부정당업자제재 처분확인서	7,205	8,038	7,870	8,517	8,290	7,115
공사업법령에의한 행정처분확인서(Ⅰ)	10,001	12,541	11,604	11,874	8,481	7,504
공사업법령에의한 행정처분확인서(Ⅱ)	–	–	–	17	1,946	2,265
정보통신기술자 보유확인서	33,403	38,616	39,433	42,769	35,756	32,001
정보통신기술자 등록확인서	7,352	7,723	7,089	6,893	1,978	1,942
정보통신공사 실적확인서(Ⅰ)	19,978	21,064	19,992	20,239	15,191	13,576
정보통신공사 실적확인서(Ⅱ)	27,776	25,816	26,109	37,592	24,872	9,945
정보통신공사 실적확인서(Ⅲ)	25	21	13	26	33	36
정보통신공사 실적확인서(Ⅳ)	68	48	15	21	16	28
정보통신공사실적 접수확인서(Ⅰ)	106	685	821	870	1,034	1087
정보통신공사실적 접수확인서(Ⅱ)	235	1,491	1,691	1,803	808	701
시공능력평가 확인서(Ⅰ)	28,960	30,236	27,275	26,174	16,954	15,422
시공능력평가 확인서(Ⅱ)	–	–	–	18	5,265	4,851
정보통신공사업 연혁(경력)확인서	1,730	1,760	1,650	1,756	1,363	1,368
정보통신공사업체 실태확인서	1,602	1,527	1,421	1,402	1,215	1,108
합 계	166,594	182,264	176,641	189,750	147,381	128,980

※ 공사업법령에 의한 행정처분확인서(Ⅱ), 시공능력평가 확인서(Ⅱ)는 2019년 이후 발급 실시

⑦ 공사 실적신고 서류 접수

⑧ 정보통신공사 시공능력평가 및 공시

〈 최근 5년간 실적신고 서류접수 및 시공능력평가 현황 〉

(단위 : 건)

구분 \ 연도	2016	2017	2018	2019	2020	2021
건 수	9,134	9,415	9,685	9,921	10,517	11,126

3. 회원 가입 및 탈퇴

(1) **자 격** : 정보통신공사업법에 따라 공사업의 등록을 한 자

① 회원가입은 강제가입이 아니라 임의가입이나 회원가입시 사업상 여러 가지 혜택이 있으므로 가입률이 높은 편이다.

② 2021년 말 현재 가입률은 약 92%이다. 전북 및 제주도는 가입률 100%를 보이고 있고 서울은 83.5%로 가입률이 제일 낮다.

〈 시 · 도회별 회원현황 〉

(2021.12말 현재)

시 · 도회별 \ 구분	등록업체 수	회원 수	회원 가입률
서울시회	2,775	2,318	83.5%
인천 · 경기도회	3,274	2,960	90.4%
부산 · 울산 · 경남도회	1,297	1,220	94.1%
대구 · 경북도회	938	915	97.6%
대전 · 세종 · 충남도회	936	881	94.1%
광주 · 전남도회	856	846	98.8%
강원도회	438	432	98.6%
전북도회	396	396	100.0%
충북도회	336	332	98.8%
제주도회	208	208	100.0%
계	11,454	10508	91.7%

(2) 가입절차

① 신청서의 제출

업체의 사업장 소재지가 위치한 협회 각 시 · 도회에 회원가입신청서를 제출하고, 입회비와 연회비를 납부하면 된다.

② 제출서류

ⓐ 회원가입신청서(신청서양식 및 회원가입안내문은 협회 홈페이지에서 다운로드 가능)

ⓑ 사업자등록증 사본 1부

(3) 회 비

① 가입회비

400만 원(공사업 등록일로부터 30일 이내에 가입 시 5%를 감면한다)

② 연 회 비

20만 원(2분기 이후 가입 시 분기별 5만원 감면하고, 가입 다음 해부터는 매년 20만원이며 2월 15일까지 납부하여야 한다)

③ 통상회비

ⓐ 연간 정보통신공사 수주액의 0.05%(1억 원의 경우 5만원)

ⓑ 신규 가입하는 경우에는 가입하는 해의 통상회비는 부과하지 않고 가입 다음 해부터 부과한다.

4. 회원의 혜택 및 권리[66)]

(1) 회원 수익성 향상 지원

① 주요발주기관 입찰자료 제출 대행 : 적격심사 시 발주처별로 제출하여야

66) **협회 정관 제9조 및 제10조(회원의 권리)** 회원의 권리는 다음 각 호와 같다.
1. 협회의 모든 권익을 고르게 누릴 권리
2. 선거권 및 피선거권

하는 경영상태 · 시공경험 등의 자료제출이 회원사의 경우에는 나라장터(G2B)와 협회 전산시스템이 연계되어 제출됨에 따라 입찰건마다 소요되는 인적 · 물적 비용의 획기적 절감

② 정보통신공사 입 · 낙찰정보 및 공동도급, 관심입찰 등 특화된 입찰정보 제공

③ 불법시공신고센터 등을 통한 무자격 불법시공업체 근절

④ 해외진출지원센터 등을 통해 해외진출지원 및 자료 제공

(2) 각종 신고 시 업무편의 제공

① 홈페이지를 통한 편리한 실적신고 및 결산서의 제출

ⓐ 수기로 작성되던 실적신고를 전산화하여 편리한 기능(자동계산, 불러오기 기능 등)으로 오입력 방지

ⓑ 협회 홈페이지를 통하여 홈텍스(국세청)와 연계된 세무자료를 전자로 제출함으로써 미제출로 인한 불이익을 사전에 방지

② 홈페이지를 통한 간편한 공사업 변경신고 및 제 증명 발급

ⓐ 대표자 · 소재지 · 기술자등 변경신고 업무를 협회를 방문하지 않아도 인터넷을 통해 간편하게 변경신고가 가능하여 지연신고 등을 사전에 방지

ⓑ 홈페이지를 통해 각종 제 증명을 손쉽게 발급

(3) 회원 경영활동 지원

① 정보통신신문사에서 발행하는 정보통신신문 무료 제공

② 공사업 경영에 필요한 주요정보 휴대폰 문자서비스(SMS) 제공

③ 회원명부, 표준품셈 등 필요한 책자 무료 제공

④ 소속 지역 업체 간의 간담회 등을 통한 정보교류 지원

⑤ ISO인증, 신용평가, 공인인증서발급, 입찰정보제공사 등과 제휴하여 회

---

3. 정관 및 이에 따른 규정이 정하는 회의에 참석하여 발언 및 의결하는 권리
4. 공사업 관련 제도 등의 개선에 관한 의견제출 또는 건의할 수 있는 권리

원사에 대하여 할인혜택 제공

(4) 회원의 기술경쟁력 향상

① 신기술에 대한 교육 및 설명회 개최 등 기술 관련 정보의 신속한 제공
② 공사업 영위에 필요한 교육(실적신고 등)을 통해 회원사가 업무를 쉽게 파악할 수 있도록 정보 제공
③ 입·낙찰 등의 교육을 통해 회원사가 업무수행 시 유용한 정보를 제공

(5) 기타 권익보호 및 애로사항 해소 지원

① 표준품셈의 제·개정, 노임단가의 현실화, 공사원가 작성방법의 개선, 공공 공사의 최저가낙찰제도 확대 저지
② 발주기관의 부당한 요구 개선 및 하도급분쟁조정위원회를 통한 하도급 관련애로 사항 해소
③ 발주기관의 과다한 입찰참가자격 제한사례 개선 및 분리발주제도 수호
④ 정보통신공사 관련 기술기준의 합리적인 개정
⑤ 회원사의 의견제출 및 건의를 통한 공사업 관련 법령 및 제도의 불합리한 사항 개선

5. 협회에 대한 감독

과학기술정보통신부장관은 협회에 대하여 다음의 사항을 보고하게 할 수 있다.

(1) 총회 또는 이사회에서 의결된 사항(위탁업무와 관련된 사항만 해당한다)
(2) 공사업자의 시공실태 및 하도급실태 등의 실태 파악을 위한 사항
(3) 그 밖에 공사업 및 협회에 관계되는 중요한 사항

제2절 정보통신공제조합

1. 일반현황

(1) 설립근거

법 제45조 및 시행령 제43조[67)]

(2) 설립일자 : 1988.3.31.

- 명칭변경(1998.1.1.) : 전기통신공제조합 → 정보통신공제조합

(3) 설립목적

① 공사업자 간의 협동조직을 통하여 자율적인 경제활동을 도모

② 공사업의 경영에 필요한 각종 보증과 자금 융자 등

(4) 조직 구성

① 총　회 : 170인 이내의 대의원으로 구성

② 이사회 : 이사장을 포함하여 22인 이내의 이사로 구성

③ 임　원 : 이사장을 포함한 비상근이사 18인 이내, 상근부이사장1인, 한국정보통신공사협회 중앙회장, 상근이사2인, 총회가 선임하는 감사2인

---

67) **법 률**

제45조(정보통신공제조합의 설립) ① 공사업자는 공사업자 간의 협동조직을 통하여 자율적인 경제활동을 도모하고, 공사업의 경영에 필요한 각종 보증과 자금융자 등을 하기 위하여 과학기술정보통신부장관의 인가를 받아 정보통신공제조합(이하 "조합"이라 한다)을 설립할 수 있다.

② 조합은 법인으로 한다.

③ 조합의 설립 및 감독 등에 필요한 사항은 대통령령으로 정한다.

시 행 령

제43조(정보통신공제조합의 설립) 공사업자는 법 제45조에 따라 정보통신공제조합(이하 "조합"이라 한다)을 설립하려는 경우에는 10명 이상이 발기하고, 공사업자 중 5분의 1 이상의 동의를 얻어 창립총회에서 정관을 작성한 후 과학기술정보통신부장관에게 인가를 신청하여야 한다.

④ 조직 및 직원 : 본점(3본부 9부) 및 11개 지점, 직원 약 70명

〈본점 및 지점의 주소 및 전화번호〉

(2021.12.31.현재)

본·지점	주 소	대표전화
본 점	(06633) 서울시 서초구 서초대로 314, 정보통신공제조합 회관	02-3470-7000
서울지점	(06633) 서울시 서초구 서초대로 314, 8층	02-3470-7100
경기지점	(16948) 경기 용인시 기흥구 흥덕4로 24(영덕동)	031-271-0900
부산지점	(48731) 부산 동구 중앙대로 262(초량동)	051-466-4900
경북지점	(41218) 대구 동구 신암남로 167(신암4동)	053-742-6601
충남지점	(34176) 대전 유성구 유성대로 664(구암동)	042-824-0314
전남지점	(61981) 광주 서구 대남대로 475(농성동)	062-653-1388
인천지점	(21556) 인천 남동구 미래로 32(구월동)	032-529-0231
강원지점	(26383) 강원 원주시 만대로 15-1(무실동)	033-735-1135
전북지점	(54810) 전북 전주시 덕진구 온고을로 753(반월동)	063-226-1898
충북지점	(28494) 충북 청주시 청원구 충청대로 35(내덕동)	043-214-0810
제주지점	(63219) 제주 제주시 청사로1길 4(도남동)	064-752-3031

(5) 조합원 수 및 출자[68]현황

① 최근 5년간 조합원 수 변동

구분 \ 연도	2017	2018	2019	2020	2021
등록업체	9,588	9,947	10,316	10,834	11,454

68) **법 률**

제15조(등록기준) 제14조제1항에 따른 등록의 신청을 받은 시·도지사는 다음에 해당하는 경우를 제외하고는 등록을 해주어야 한다.

2. 과학기술정보통신부장관이 지정하는 금융회사 등 또는 제45조에 따른 정보통신공제조합이 대통령령으로 정하는 금액 이상의 현금 예치 또는 출자를 받은 사실을 증명하여 발행하는 확인서를 제출하지 아니한 경우

시 행 령

제21조(등록기준) ② 법 제15조제2호에서 "대통령령으로 정하는 금액 이상"이란 별표 3에 따른 자본금 기준금액(1억 5,000만원)의 100분의 10 이상(1,500만원)을 말한다.

조합원 수 (가입율, %)	9,020 (94.08)	9,330 (93.80)	9,651 (93.55)	10,070 (92.96)	10,605 (92.58)

② **출자현황**(2022.12.31.현재)

ⓐ 출자좌수 : 143만 3,461좌

ⓑ 1좌당 평가액 : 약 41만 2,505원

ⓒ 1회원사 당 평균 출자좌수 : 약 135좌

2. 조합의 사업

(1) 보증업무

조합원의 입찰, 계약, 하도급 이행, 하자보수, 손해배상 등의 보증

① **보증의 종류**

ⓐ 일반보증

ⓑ 지급보증

ⓒ 기타보증

② **보증실적 현황**

(단위 : 건, 백만원)

구분 \ 연도	2017	2018	2019	2020	2021
발 급 건 수	100,653	100,194	108,896	112,597	112,989
보 증 금 액	1,399,513	1,463,889	1,453,665	1,848,012	1,886,952

(2) 융자업무

조합원에 대한 자금의 융자

① **융자의 종류**

ⓐ 일반융자 : 시공자금, 자재자금, 운영자금, 어음할인

ⓑ 특별융자 : 공사대금채권담보, 부동산담보

② 융자실적 현황

(단위 : 건, 백만원)

구분 \ 연도	2017	2018	2019	2020	2021
융 자 건 수	3,971	4,055	4,569	4,329	4,362
융 자 금 액	217,837	251,089	291,804	326,397	327,203

(3) 공제 사업

조합원 또는 조합원에 고용된 사람의 복지후생을 위한 공제 사업

① 공제의 종류

ⓐ 근로자재해공제

ⓑ 영업배상책임공제

ⓒ 상해공제

ⓓ 신원보증공제

② 공제실적 현황

(단위 : 백만원)

구분 \ 연도별	2017	2018	2019	2020	2021
금 액	2,980	3,144	3,313	3,846	3,970

(4) 그 밖의 업무

① 조합원이 공사대금 등으로 받은 어음의 할인

② 조합원의 공사용 기자재의 구매 알선 및 정보제공

③ 정보통신 관련 법인 또는 정보통신공사업 관련 교육·연구기관에 대한 출연

④ 조합의 목적 달성에 필요한 관련 사업에 대한 투자

⑤ 공사업자 간의 자율적인 경제활동을 도모하기 위한 사업
⑥ 조합재산의 임대 등 운영 · 관리
⑦ 위에 규정된 사업의 부대사업

3. 지분의 양도와 취득

(1) 조합원의 지분 양도

① 현재 조합원이거나 조합원이었던 자는 정관으로 정하는 바에 따라 그 지분을 다른 조합원이나 조합원이 되려는 자에게 양도할 수 있다.
② 제1항에 따라 지분을 양수한 자는 그 지분에 관한 양도인의 권리 · 의무를 승계한다.
③ 지분의 양도 및 질권 설정(조합에 대한 채무의 담보로 제공되는 경우만 해당한다)은 「상법」에 따른 주식의 양도 및 질권설정의 방법에 따른다.
④ 민사집행절차나 국세의 체납처분절차 등에 따른 지분의 가압류 또는 압류는 「민사집행법」에 따른 지시채권(指示債券)의 가압류 또는 압류 방법에 따른다.

(2) 조합의 지분 취득

① 지분취득의 사유

조합은 다음 각 호의 어느 하나에 해당하는 사유가 있으면 조합원이거나 조합원이었던 자의 지분을 취득할 수 있다. 다만, ⓐ 또는 ⓒ에 해당하는 경우에는 반드시 그 지분을 취득하여야 한다.

ⓐ 출자금을 감소하려는 경우
ⓑ 조합원에 대하여 가지는 담보권을 행사하기 위하여 필요한 경우
ⓒ 탈퇴하는 조합원이 자기 출자액을 회수하기 위하여 조합에 지분의 양수를 요구한 경우
ⓓ 조합원이 탈퇴한 후 2년이 지난 경우
ⓔ 준비금 출자전입(出資轉入) 시 단좌(端坐)가 발생한 경우

② 지분취득시의 조치

ⓐ 출자금의 감소 : 조합은 위 ①항의 ⓐ에 따라 지분을 취득하였을 때에는 지체 없이 출자금의 감소절차를 밟아야 한다.

ⓑ 지분의 처분 : 위 ①항의 ⓑⓒⓓⓔ의 어느 하나에 해당하는 이유로 지분을 취득하였을 때에는 지체 없이 지분을 처분하여야 한다.

③ 지급할 금액의 지급

조합은 위에 지분을 취득하면 현재 조합원이거나 조합원이었던 자에게 지급하여야 할 금액을 지체 없이 지급하여야 한다.

④ 청산금 청구권의 소멸시효

조합의 지분취득에 따라 조합원이거나 조합원이었던 자가 가지는 청산금 청구권은 그 지분을 취득한 날부터 5년간 행사하지 아니하면 시효(時效)로 소멸한다.

4. 조합의 책임

(1) 보증금의 지급

조합은 그가 보증한 사항에 관하여 법령이나 그 밖의 계약서 등으로 정하는 바에 따라 보증금을 지급할 사유가 발생하면 그 보증금을 보증채권자에게 지급하여야 한다.

(2) 보증금의 소멸시효

보증채권자가 조합에 대하여 가지는 보증금에 관한 권리는 보증기간 만료일부터 2년간 행사하지 아니하면 시효로 소멸한다.

※ 다른 법률의 준용

조합에 관하여 이 법에 규정된 것을 제외하고는 「민법」 중 사단법인에 관한 규정 및 「상법」 중 주식회사의 계산에 관한 규정을 준용한다.

5. 조합에 대한 감독

과학기술정보통신부장관은 조합에 대하여 다음의 사항을 보고하게 할 수 있다.

(1) 총회 또는 이사회에서 의결된 사항(위탁업무와 관련된 사항만 해당한다)

(2) 공사업자의 재정실태 등의 실태 파악을 위한 사항

(3) 그 밖에 공사업 및 조합에 관계되는 중요한 사항

제3절 ICT폴리텍대학

1. 설립근거 및 목적

(1) 설립근거

근로자직업능력개발법 제39조(기능대학의 설립)[69]

- 교육인적자원부 직업81411-411(2002.12.10.) "한국정보통신기능대학 설립인가 통보"

※ 기능대학이란 고등교육법 제2조제4호에 따른 전문대학으로, 학위과정인 다기능기술자과정을 운영하면서 직업훈련과정을 병설 운영하는 교육훈련기관이다.

(2) 설립목적

정보통신산업의 성장, 통신기술의 고도화에 따라 요구되는 양질의 정보통신기반인력을 체계적으로 양성 배출함으로써 21세기 국가 및 지식정보화사회 발전에 이바지

2. 연혁 및 실적

(1) 연　혁

① 1978.11.6 : 한국정보통신공사협회 부설 정보통신교육원 설립

---

69) **제39조(기능대학의 설립)** ① 국가, 지방자치단체 또는 「사립학교법」에 따른 학교 법인(이하 "학교법인"이라 한다)은 산업현장에서 필요한 인력을 양성하고 근로자의 직업능력개발을 지원하기 위하여 기능대학을 설립·경영할 수 있다.
② 국가가 기능대학을 설립·경영하려면 관계 중앙행정기관의 장은 교육부장관 및 고용노동부장관과 각각 협의하여야 하며, 지방자치단체가 기능대학을 설립·경영하려면 해당 지방자치단체의 장은 고용노동부장관과 협의를 한 후 교육부장관의 인가를 받아야 한다.
③ 학교법인이 기능대학을 설립·경영하려면 고용노동부장관의 추천을 거쳐 교육부장관의 인가를 받아야 한다.
④ 기능대학을 설립·경영하려는 자는 시설·설비 등 대통령령으로 정하는 설립기준을 갖추어야 한다.
⑤ 제2항 또는 제3항에 따라 교육부장관의 인가를 받은 기능대학은 직업능력개발훈련시설로 보며, 기능대학은 그 특성을 고려하여 다른 명칭을 사용할 수 있다.

② 1978.12.29. : 인정직업훈련소 인가(노동부)

③ 2002.12.10. : 한국정보통신기능대학 설립(교육인적자원부)

※ **한국정보통신공사협회의 출연**

한국정보통신공사협회가 토지, 건물, 예금, 공기구 등 총 141억 원 상당의 재산을 출연하여 재단을 설립하였다.

④ 2002.12.28. : 정보통신기술인력 양성기관 지정(정보통신부)

※ 정보통신공사업법 제38조에 따른 정보통신기술인력 양성 및 인정교육기관

⑤ 2014.12.9. : 대학교명 변경(교육부)

– 한국정보통신기능대학 → 아이씨티폴리텍(ICT Polytech)대학

(2) 교육실적

① 신규인력 양성으로 학사 1,921명, 직업훈련 6,677명을 교육하였고,

② 재직자 교육으로 통신기술자에 대한 보수인정교육 11만 3,815명, 신기술교육으로 1만 9,444명을 교육하였다.

③ 설립 후 42년간 총 14만 1,857명의 교육하여 연평균 실적은 약 3,400명이다.

구 분 / 설립전 · 후	신규인력 양성교육		재직자 직무능력향상교육		합 계
	산업학사 (2년제)	직업훈련	통신기술자 보수 · 인정교육	신기술교육	
대학설립 전 (79~02)	–	5,891명	56,136명	4,074명	66,101명
대학설립 후 (03~20)	1,921명	786명	57,679명	15,370명	75,756명
합 계	1,921명	6,677명	113,815명	19,444명	141,857명

3. 조직 및 시설

(1) 이 사 회

이사 11인으로 구성, 이사장은 이사회에서 호선(관례적으로 한국정보통신공사협회 중앙회장을 이사장으로 선임)

(2) 교육조직

① 1실 3처 1연구소

※ 경영지원실, 학사기획처, 산학협력처, 학사지원처, 산업기술연구소

② 5개 학과

ⓐ 정보통신학과
ⓑ 스마트통신학과
ⓒ 멀티미디어통신학과
ⓓ 이동통신학과
ⓔ 정보보안학과

③ 교직원 : 전임교원 16명 등 약 50명

(3) 시설현황

① 소 재 지 : 경기도 광주시 순암로 16-26
② 대학규모 : 대지 16,171.38㎡(4,892평), 연건평 15,020.6㎡(4,544평)
③ 주요건물 : 대학본부, 제1 · 2공학관, 산학협력관, 제1 · 2생활관, 학생회관

※ **주요시설 :** 강의실(12), 실습실(21), 학생기숙사(66실, 264명), 재직자 기숙사(24실, 48명), 식당(2), 동아리실(10), 강당(1), 체육관(1), 정보검색실(1) 등

4. 교육과정

(1) 정보통신 산업현장의 다기능 기술인력 양성(산업학사학위과정)

과 정		2022년도	
		교육인원	교육기간
산업학사 학위과정 (2년제)	정보통신학과	80명(1학년 40명 / 2학년 40명)	2년
	스마트통신학과	70명(1학년 30명 / 2학년 40명)	〃
	멀티미디어통신학과	70명(〃)	〃
	이동통신학과	70명(〃)	〃
	정보보안학과	30명(1학년 30명 / 2학년 0명)	〃
	소 계	320명(1학년 160명 / 2학년160명)	–

※ 2021학년도까지는 4개학과 각 40명이었으나 2022학년도부터는 정보보안학과 30명을 신설하고, 스마트통신학과, 멀티미디어통신학과, 이동통신학과를 각 30명으로 변경함.

(2) 실업자 등 취약계층의 직업능력개발훈련(기능사양성과정)

과 정		2021년도 기준	
		교육인원	교육기간
직업 훈련 과정	사물인터넷(IoT) 융합서비스기획과 인프라 구축	20명	7개월
	프론트엔드 UI/UX 개발자	20명	7개월
	정보보안 기반의 정보시스템 구축 과정	20명	7개월
	계	60명	–
일학습병행제	현장외훈련(Off-JT)	51명	1년
소 계		111명	–

(3) 정보통신산업체 재직자 직무능력향상교육(인정교육)

과 정				2021년도 기준	
				교육인원	교육기간
정보통신 기술인력	감리원	온라인 및 집합교육	중급 이하	850명(17회)	40시간(집합3일)
			고급 이상	990명(18회)	33시간(집합2일)

인정교육	정보통신 기술자	온라인 및 집합교육	학 · 경력자	660명(12회)	40시간(집합2일)
			경 력 자	1,265명(23회)	57시간(집합3일)
	기술자 · 감리원 등급향상	온라인 및 집합교육	중급 기술자	240명(8회)	22시간(집합1일)
		집합교육	중급 감리원	40명(1회)	3일(20시간)
	소 계			4,045명(79회)	–

(4) 정보통신산업체 재직자 직무능력향상교육(단기전문교육과정)

과 정			2021년도 기준	
			교육인원	교육기간
신기술 단기 전문 교육	ICT 융합 신기술 분야	알기 쉬운 블록체인 기술	40명(2회)	5일(35시간)
		알기 쉬운 블록체인 기술	30명(2회)	3일(20시간)
		행정부/공공기관 사물인터넷 도입 및 운영 [사물인터넷 도입 및 운영]	40명(2회)	5일(35시간)
		빅데이터 분석 기본과정	20명(2회)	3일(20시간)
		자율주행과 ICT 융복합기술 이해	50명(2회)	5일(35시간)
		자율주행과 ICT 융복합기술 이해	30명(2회)	3일(20시간)
		4차 산업혁명시대의 정보통신 핵심기술	20명(1회)	5일(35시간)
		4차 산업혁명시대의 정보통신 핵심기술	30명(2회)	3일(20시간)
		철도통신시설물 정밀진단 및 성능평가 실무	40명(2회)	5일(35시간)
	통신 재난 분야	재난방송/음향실무	40명(2회)	5일(35시간)
		통합 공공통신망구축운영 실무	40명(2회)	5일(35시간)
		통신재난 대응 Ⅰ	60명(3회)	1일(8시간)
		통신재난 대응 Ⅱ	40명(2회)	1일(8시간)
		통신재난 대응 Ⅲ	20명(1회)	1일(8시간)
	네트 워크 분야	유무선 네트워크인프라 기본 설계 및 구축	40명(2회)	5일(35시간)
		유무선 네트워크인프라 기본 설계 및 구축	60명(3회)	3일(20시간)
		네트워크 장비도입 운영관리 실무	40명(2회)	5일(35시간)
	정보	최신 정보통신 사용전검사 민원실무	75명(3회)	3일(20시간)

	통신 분야	정보통신공사 착공전 설계도 확인 및 민원 실무	75명(3회)	3일(20시간)
		정보통신감리 전문	105명(3회)	5일(40시간)
		정보통신공사 부실시공방지	40명(2회)	5일(35시간)
		CAD와 BIM을 활용한 정보통신 사업관리	15명(1회)	5일(35시간)
		정보통신엔지니어링 실무	50명(2회)	5일(35시간)
		행정정보통신망 운영관리	50명(2회)	3일(20시간)
		정보통신 설계전문	120명(4회)	3일(18시간)
	통신 · 전파 융합 분야	최신이동통신기술	20명(1회)	5일(35시간)
		정보통신기술 최고급 과정	20명(1회)	5일(35시간)
		5G이동통신 핵심기술 과정	40명(2회)	5일(35시간)
	CCTV 통합 관제 센터 분야	미래도시의 플랫폼 스마트시티 기술	40명(2회)	5일(35시간)
		미래도시의 플랫폼 스마트시티 기술	80명(4회)	3일(20시간)
		최신 CCTV통합관제센터 고도화 [AI기반의 지능형 CCTV영상관제]	40명(2회)	5일(35시간)
		최신 CCTV통합관제센터 고도화 [AI기반의 지능형 CCTV영상관제]	45명(3회)	3일(20시간)
	정보 보안 분야	최신정보보안 및 APT대응기술	20명(1회)	5일(35시간)
		기반시설정보보호담당자 실무과정	30명(2회)	3일(20시간)
		핵심정보보안 통제 이해	20명(1회)	5일(35시간)
		네트워크보안 운영	40명(2회)	5일(35시간)
		네트워크보안 운영	40명(1회)	3일(20시간)
	방송 음향	디지털 멀티미디어와 방송(무대)음향 운용 실무	20명(1회)	5일(35시간)
		통합 방송시스템 구축	50명(2회)	5일(35시간)
		통합 방송시스템 구축	45명(3일)	3일(20시간)
		방송음향시스템구축	50명(2회)	5일(35시간)
		방송음향시스템구축	45명(3회)	3일(20시간)
	소 계		1,825명(88회)	–
총 계			6,301명	–

제4절 한국정보통신산업연구원

1. 설립근거 및 목적

(1) 설립 근거

민법 제32조 및 과기부 법인설립 관련규칙에 따라 설립

※ 「민법」 제32조(비영리법인의 설립과 허가) : 학술, 종교, 자선, 기예 등 비영리 사단 또는 재단은 주무관청의 허가를 얻어 이를 법인으로 설립가능하다.

※ 「과학기술정보통신부, 비영리법인의 설립 및 감독에 관한 규칙 제4조」 : 주무관청은 비영리법인 설립허가 신청의 내용이 허가 기준에 맞는 경우에 그 설립을 허가 가능하다.

(2) 목 적

표준 품셈 등을 과기정통부로부터 수탁해 발주기관과 시공업체에 치우치지 않고 중립적으로 제 · 개정하고, 정보통신공사에 대한 연구를 위해 설립

2. 연혁 및 조직 등

(1) 연 혁

① 2011. 4 : (재)한국정보통신산업연구원 설립

② 2011. 5 : 방통위, 「실적공사비 적산제도 관리기관」으로 지정

③ 2012.11 : 통계청, 「공사비지수 통계작성기관」으로 지정

④ 2013. 3 : 방통위, 정보통신공사 표준품셈관리기관으로 지정

⑤ 2013.10 : 미래부, 정보통신공사업 관련 연구기관으로 지정

⑥ 2016. 7 : 미래부, 공사원가산정기준 및 공사업 실태 등 연구 · 조사 위탁기관으로 고시

⑦ 2019. 4 : 과기정통부, 정보통신공사 설계 · 시공기준 위탁기관으로 지정

(2) 위 치

경기도 수원시 장안구 하률로 12번길 80 (천천동)

(3) 조직 구성

① 이사회, 감사 및 연구조직으로 구성

② 이사회는 13인으로 구성하고 감사는 2인

※ 이사장은 한국정보통신공사협회 중앙회장과 정보통신공제조합 이사장이 공동 이사장임.

③ 연구조직은 5개실, 1센터로 구성

④ 정원은 자문역 포함 약 30명

3. 주요 업무

(1) 표준품셈 및 표준시장단가 제 · 개정

과기정통부로부터 수탁해 발주기관과 시공업체에 치우치지 않고 중립적으로 표준품셈 등을 제 · 개정

※ 표준품셈은 발주기관의 공사물량 독점 발주(공급독점)에 따른 공사비의 하락을 방지하여 공사품질을 확보하기 위한 제도(공사비를 시장가격에 근접하는 행정가격 결정기준)이다.

(2) 기존 업역 보호 및 시장확대 연구

① 정보통신공사업에 대한 법률 · 산업 · 기술 등의 정책 연구

② 스마트 팩토리, 스마트 시티, 원격의료 등 융합산업 영역과 방호설비에 대한 지속적인 연구수행 등을 통해 업역 확대

③ 6개 산업분야(교통, 농수산, 건설, 안전 · 국방, 의료 · 복지, 에너지)에 대한 설계기준 개발과 스마트융합설비 시장규모 및 전망 등 분석을 통해 미래 대비

(3) 기타 ICT 산업관련 연구

① 정보통신공사업계와 직간접적으로 연관 있는 산업 분야에 대한 선제적 대응

② 남북교류 협력 활성화 및 준비방안을 정보통신공사업 측면에서 마련하기 위한 연구 수행

(4) 통신재난관리업무

통신재난관리업무 위탁용역 수행 및 통신설비 안전관리센터 운영 등

4. 연구실적

2011년부터 2020년까지 총 222건의 연구과제 수행

(1) 표준품셈 및 표준시장단가 제 · 개정

① 표준품셈 201개 항 제정, 1,054개 항 개정

② 표준시장단가는 총 1,300개 제정 후 346개 발표

(2) 정보통신공사업 시장 확대 연구

정보통신공사업 중장기 발전전략, ICT 융합설비 업역 분석 등 공사업 확대 방안 연구

– 정보통신공사의 범위 확대 연구 수행, 스마트 융합설비 설계기준 연구, 4차 산업혁명에 대한 정보통신공사업계의 대응방안 연구 등

(3) 수급영역 확대 활동

정보통신 단체표준(TTA)으로 24개 공종의 표준공법 · 표준설계설명서 및 설계기준 제정 · 보급

– 주차관제설비 등 정보제어설비 표준설계설명서, 국사 · 전송로 · 가입자설비 등 인터넷 설비 표준공법, 구내통신 배관 · 배선 등 설계기준

제5절 한국정보통신공사협회 안전기술원

1. 개 요

「한국정보통신공사협회 안전기술원」은 한국정보통신공사협회가 전액 출자하여 설립한 기관으로 고용노동부로부터 지정받은 산업안전보건법 상의 건설재해예방전문지도기관이다.

2. 연혁 및 조직

(1) 연 혁

① 1995.5.15. 한국정보통신공사협회가 고용노동부로부터 건설재해예방전문지도기관으로 지정받아 하부조직으로 '안전기술원'을 설치하여 업무 시작(정보통신 및 전기공사 분야 제1호 지정기관)

② 1995.10.23. 서부사업소 개설

③ 1995.10.25. 동부사업소 개설

④ 2020.4.1. 「한국정보통신공사협회 안전기술원」으로 법인 분리

※ 수상 실적

- ○ 고용노동부 장관 표창 수상 : 2004.7.1.
- ○ 한국산업안전보건공단 건설재해예방 공로 단체상 수상 : 2009.1.21.
- ○ 한국산업안전보건공단 안전보건활동대회 단체상 수상 : 2012.7.4, 2014.7.9
- ○ 고용노동부 재해예방전문지도기관 업무수행 능력평가에서 15년간 A등급 평가
- ○ 한국산업안전보건공단 민간재해예방기관 평가 최우수기관 선정 : 2019.7.3.

(2) 조 직

① 본부 및 사업소

본부 및 사업소 2개로 전국을 3개 구역으로 나누어 관할하고 있다.

〈 사업소별 관할 지역 〉

구분 / 사업소별	관할 지역(관할 고용노동청)	직원 수
본 부 (서울 용산구)	서울 (서울지방노동청) 인천, 경기, 강원 (중부지방노동청)	15명
동부사업소 (부산시 동구)	부산, 울산, 경남 (부산지방노동청) 대구, 경북 (대구지방노동청)	7명
서부사업소 (광주시 서구)	광주, 전남, 전북, 제주 (광주지방노동청) 대전, 세종, 충남, 충북 (대전지방노동청)	8명

② **사업소별 지소 운영**

ⓐ 수원지소 : 본부의 관할 중 인천 · 경기 · 강원 지역을 담당(사무실은 수원의 협회 인천 · 경기도회 건물 안에 소재)

ⓑ 대구지소 : 동부사업소 관할 중 대구 · 경북지역을 담당(사무실은 대구의 협회 대구 · 경북도회 건물 안에 소재)

ⓒ 전주지소 : 서부사업소 관할 중 전북지역을 담당(사무실은 전주의 협회 전북도회 건물 안에 소재)

〈 지역별 재해예방기술지도 문의 〉

지 역	주 소	전화번호	FAX번호
서울 지역	서울 용산구 한강대로 308, 6층(갈월동)	02)3488-6100	02)3486-2600
인천 · 경기 지역	경기도 용인시 기흥구 흥덕4로 24(영덕동)	031)271-1500	031)271-0229
부산 · 울산 · 경남 지역	부산광역시 동구 중앙대로 262(초량동)	051)462-6710	051)462-6822
대구 · 경북 지역	대구광역시 동구 신암남로 167(신암동)	053)742-2100	053)742-2102
대전 · 충남 지역	대전광역시 유성구 유성대로 664(구암동)	042)824-0860	042)824-0863
세종 지역	세종시 보듬3로158, 603호	044)867-6731	044)863-6734
광주 · 전남 지역	광주광역시 서구 대남대로 475(농성동)	062)652-7273	062)652-2799
강원 지역	강원도 원주시 만대로 15-1(무실동)	033)731-5000	033)731-5002
전북 지역	전북 전주시 덕진구 온고을로 753(반월동)	063)225-0404	063)225-0400
충북 지역	충북 청주시 청원구 충청대로 35(내덕동)	043)212-0404	043)212-0405
제주 지역	제주도 제주시 청사로1길 4(도남동)	064)752-4445	064)752-2349

3. 기술지도 업무현황

(1) 업무 내용

산업안전보건법에 의한 건설재해예방 전문지도기관으로서 다음과 같은 정보통신 · 전기 · 소방시실 공사의 건설산업재해예방기술지도 업무를 수행하고 있다.

① 첨단 측정 장비에 의한 유해 위험 기계 · 기구의 안전성 체크 및 측정
② 기술지도 현장 내 근로자 및 관리감독자 교육 실시
③ 안전관리계획서 및 법적 안전 서식 지원
④ 추락 · 낙하 · 붕괴 · 감전 등의 재해예방에 관한 사항
⑤ 위험 기계 · 기구의 방호조치에 관한 사항
⑥ 건설기계에 의한 재해예방에 관한 사항
⑦ 개인보호구의 선택 · 취급 · 착용에 관한 사항
⑧ 산소결핍장소 작업 시의 작업환경 측정, 환기 · 배기시설의 적정성 검토
⑨ 사업장 안전보건 조직의 설치 및 운영과 직종간, 직업간 작업 동선 교차에 따른 위험분석 및 대책에 관한 사항
⑩ 산업안전보건관리비의 효율적인 집행에 관한 사항
⑪ 무재해 운동에 관한 사항
⑫ 기타 법령의 규정에 의하여 당해 사업장에서 이행하여야 할 사항

(2) 기술지도 실적

① 공사별 실적(2020년 기준)

정보통신공사 2,759건, 전기공사 272건, 계 3,031건

② 사업소별 실적

본부 1,422건, 동부사업소 751건, 서부사업소 858건 계 3,031건

〈 기술지도 계약실적 〉

(2020년도 기준)

공사 별 / 사업소 별	정보통신공사	전기공사	계
본부 안전지도팀	1,308	114	1,422
동부사업소	683	68	751
서부사업소	768	90	858
계	2,759	272	3,031

4. 계약체결 절차

(1) **기술지도 계약 필요서류 작성 및 송부**(공사업체 → 기술원)

착공 전날까지 다음 서류를 팩스 또는 우편으로 송부

① 공사도급계약서 1부

② 공사원가내역서 1부

③ 사업자등록증 1부

(2) **기술지도비 안내**(기술원 → 공사업체)

(3) **기술지도비 입금**(공사업체 → 기술원)

(4) **기술지도계약서 작성, 우편송부 및 기술지도 실시**(기술원 → 공사업자)

(5) **기술지도 계약서를 발주자에게 제출 · 비치**(공사업자 ↔ 발주자)

(6) **공사완료시 준공계 팩스 송부**(공사업체 → 기술원)

(7) **기술지도 완료증명 작성 및 팩스 송부**(기술원 → 공사업체)

(8) **기술지도 완료 확인**(발주자 ↔ 기술원)

〈붙임 1〉

■ 정보통신공사업법 시행령 [별표 9]

공사업등록 등의 수수료 (영 제57조제1항 관련)

신청내용	수수료
1. 공사업의 등록	3만 원
2. 등록증 및 등록수첩의 재교부	5천 원
3. 공사업 양도신고, 법인합병신고 또는 상속신고	5천 원
4. 공사의 사용전검사	
가. 500제곱미터 미만 건축물	2만 원
나. 500제곱미터 이상 1,000제곱미터 미만 건축물	3만 원
다. 1,000제곱미터 이상 3,300제곱미터 미만 건축물	4만 원
라. 3,300제곱미터 이상 건축물	6만 원
마. 재검사수수료(제36조제6항에 해당하는 경우는 제외한다)	가목부터 라목까지의 수수료액의 50%
5. 정보통신기술자 또는 감리원으로서의 등급 또는 경력의 인정	7만 원
6. 정보통신기술자 또는 감리원의 경력변경신고	5천 원
7. 정보통신기술자 또는 감리원의 경력관리	연 2만 원
8. 경력수첩 또는 감리원자격증의 발급 및 재발급	1만 원
9. 정보통신기술자 또는 감리원의 경력확인서 발급	부당 3천 원
10. 삭제	
11. 시공능력평가를 받으려는 자	10만 원

비고

1. 「국가기술자격법」에 따른 기술자격자가 경력인정 절차 없이 경력수첩 또는 감리원자격증의 발급을 신규로 신청하는 경우에는 제5호 및 제7호에 따른 수수료를 면제한다.
2. 감리원자격증의 재발급 및 경력수첩의 재발급의 경우에는 해당 수수료의 50%를 감면한다.
3. 제5호부터 제7호까지의 규정에 따른 수수료를 납부한 정보통신기술자가 감리원으로서 인정받으려는 경우에는 해당 수수료를 면제한다. 감리원이 정보통신기술자로서 인정받으려는 경우에도 또한 같다.

〈붙임 2〉

■ 정보통신공사업법 시행령 [별표 10]

과태료의 부과기준(영 제58조제1항 관련)

위반 행위	해당 법조문	과태료 금액
1. 법 제7조제2항을 위반하여 설계도서에 서명 또는 기명날인하지 않은 경우	법 제78조제1항제1호	100만원
1의2. 법 제8조제3항을 위반하여 감리원 배치현황을 신고하지 않은 경우	법 제78조제1항제1호의2	150만원
2. 거짓이나 그 밖의 부정한 방법으로 법 제8조제6항에 따른 감리원의 자격증을 발급받은 경우	법 제78조제1항제2호	150만원
3. 법 제11조에 따른 감리 결과의 통보를 하지 않은 경우	법 제78조제1항제3호	200만원
3의2. 법 제17조제1항제3호를 위반하여 공사업 상속의 신고를 하지 않고 공사업을 경영한 경우	법 제78조제1항제3호의2	300만원
4. 법 제22조제2항에 따른 통지를 하지 않은 경우	법 제78조제2항제1호	50만원
5. 법 제23조에 따른 신고 또는 폐업신고를 하지 않거나 거짓으로 신고한 경우	법 제78조제1항제4호	
가. 변경사유 또는 폐업사유가 발생한 날부터 31일 이후 3개월 이내에 신고한 경우		50만원
나. 변경사유 또는 폐업사유가 발생한 날부터 3개월을 경과한 후에 신고한 경우		100만원
다. 거짓으로 신고한 경우		150만원
6. 법 제27조제3항을 위반하여 공사실적, 자본금, 그 밖에 대통령령으로 정하는 사항에 관한 서류를 거짓으로 제출한 경우	법 제78조제1항제5호	300만원
7. 법 제33조제2항을 위반하여 정당한 사유 없이 그 공사의 현장을 이탈한 경우	법 제78조제1항제6호	150만원
8. 거짓이나 그 밖의 부정한 방법으로 법 제39조제3항에 따른 정보통신기술자의 경력수첩을 발급받은 경우	법 제78조제1항제7호	150만원
9. 법 제40조제1항을 위반하여 동시에 두 곳 이상의 공사업체에 종사한 경우	법 제78조제1항제8호	300만원
10. 법 제63조제1항에 따른 자료를 제출하지 않거나 보고를 하지 않은 경우	법 제78조제2항제2호	50만원
11. 법 제63조제1항에 따른 조사 또는 검사를 거부·방해 또는 기피하거나 자료 제출 또는 보고를 거짓으로 한 경우	법 제78조제1항제9호	150만원

〈붙임 3〉

■ 정보통신공사업법 시행규칙 [별지 제1호서식]

정보통신공사업 등록신청서

※ 색상이 어두운 난은 신청인이 적지 않습니다. (앞 쪽)

<table>
<tr><td>접수번호</td><td colspan="2">접수일</td><td>발급일</td><td colspan="2">처리기간 10 일</td></tr>
<tr><td rowspan="4">신청인</td><td>상 호</td><td></td><td>전화번호
(팩스번호)</td><td colspan="2">(　　　)</td></tr>
<tr><td>대표자</td><td>(한글)
(한자)</td><td>생년월일
(법인등록번호)
(외국인 등록번호)</td><td colspan="2"></td></tr>
<tr><td>영업소소재지</td><td colspan="4"></td></tr>
<tr><td>건축허가번호
(가설건축물만 해당함)</td><td colspan="4"></td></tr>
<tr><td>이미 취득한 사업</td><td>등록한 다른 시설공사업</td><td></td><td>다른 업종의 등록·신고번호</td><td colspan="2"></td></tr>
</table>

「정보통신공사업법」 제14조제1항 및 같은 법 시행령 제16조제1항에 따라 정보통신공사업의 등록을 신청합니다.

년 월 일

신청인 (서명 또는 인)

○○정보통신공사협회 귀중

<table>
<tr><td>신청인 제출서류</td><td>1. 신청인(법인인 경우에는 대표자를 포함한 임원을 말합니다)의 성명, 주민등록번호 및 주소 등의 인적사항이 적힌 서류(외국인인 경우에는 「출입국관리법」 제33조에 따라 발급받은 외국인등록증 사본을 말하며 외국인등록증 사본을 첨부할 수 없는 부득이한 사유가 인정되는 경우에는 고시로 정한 서류) 1부
2. 기업진단보고서 1부
3. 정보통신기술자의 명단(발급번호 포함) 1부
4. 정보통신기술자의 경력수첩사본 1부
5. 「정보통신공사업법」 제15조제2호에 따른 확인서 1부
6. 사무실 보유를 증명하는 다음 각 목의 서류
가. 임대차계약서 사본(임차한 경우에만 첨부합니다) 1부
나. 가설건축물축조신고필증(「건축법」 제20조제3항에 따른 신고 대상 가설건축물인 경우에만 첨부합니다) 1부</td><td rowspan="2">수수료

「정보통신공사업법 시행령」제57조에 따른 수수료</td></tr>
<tr><td>담당공무원 확인사항</td><td>1.「출입국관리법」 제88조제2항에 따른 외국인등록 사실증명(신청인이 외국인인 경우만 해당합니다)
2. 법인 등기사항증명서
3. 건물등기부등본 (소유하는 건물이거나 임차한 건물인 경우에는 건축물대장등본으로 대신할 수 있습니다)
4. 건축허가서(「건축법」 제20조제2항에 따른 허가 대상 가설건축물인 경우만 해당합니다)
5. 정보통신기술자의 국민연금가입자 가입증명 또는 건강보험 자격득실확인서</td></tr>
</table>

행정정보 공동이용 동의서

본인은 이 건 업무처리와 관련하여 담당 공무원이 「전자정부법」제36조제1항에 따른 행정정보의 공동이용을 통하여 위의 담당공무원 확인사항 중 제1호, 제4호 및 제5호를 확인하는 것에 동의합니다. (※ 동의하지 않는 경우에는 신청인이 직접 관련 서류를 제출하여야 합니다)

신청인 (서명 또는 인)

210㎜×297㎜[백상지(80g/㎡) 또는 중질지(80g/㎡)]

〈붙임 4〉
■ 정보통신공사업법 시행규칙 [별지 제2호서식]

(앞 쪽)

제　　　　호

정보통신공사업등록증

상　　호

대　표　자

생년월일(법인등록번호)

영업소 소재지

등록연월일　　년　　월　　일

「정보통신공사업법」 제14조에 따라 정보통신공사업을 등록하였음을 증명합니다.

년　　월　　일

시·도지사　　직인

210mm×297mm[백상지(150g/㎡)]

(뒤 쪽)

기재사항 변경			
변경연월일	변경항목	변경된 내용	확인

〈붙임 5〉

■ 정보통신공사업법 시행규칙 [별지 제3호서식]

(표 지)

정보통신공사업 등록수첩

○ ○ 시 · 도

145㎜×90㎜[백상지(150g/㎡)]

(제1쪽)

참 고 사 항

1. 이 수첩은 발주자는 물론 관계인의 요구가 있는 경우에는 제시하여야 합니다.
2. 이 수첩을 다른 사람에게 대여하거나 부당하게 사용한 때에는「정보통신공사업법」 제66조제1항제7호에 따라 정보통신공사업 등록이 취소되고 같은 법 제74조제4호에 따라 3년 이하의 징역 또는 2천만원 이하의 벌금에 처하게 됩니다.
3. 이 수첩의 기재사항에 변경이 있는 때에는 정보통신공사협회에 신고하여야 합니다.
4. 등록의 취소 또는 영업정지처분을 받은 경우에는 이 수첩을 관할 시·도지사에게 반납하여야 합니다.

145㎜×90㎜[백상지(150g/㎡)]

(제2쪽)

정보통신공사업 등록수첩			
상 호		등록번호	
대표자		생년월일(법인등록번호)	
등록연월일		자본금	(천원)
영업소 소재지			

「정보통신공사업법」 제14조에 따라 정보통신공사업을 등록하였음을 확인합니다.

년 월 일

시·도지사 직인

145㎜×90㎜[백상지(80g/㎡)]

▲시공능력 평가사항

(제3쪽)

평가일	평가금액 (천원)	평가액 적용기간	확인	평가일	평가금액 (천원)	평가액 적용기간	확인

145㎜×90㎜[백상지(80g/㎡)]

▲정보통신기술자 사항

(제4쪽 ~ 제11쪽)

성명	자격종목 및 등급 (등록번호 또는 경력수첩 번호)	자격유효기간 (유효기간이 있는 경우만 해당함)	교육이수 연월일	입사		퇴사	
				연월일	확인	연월일	확인

145mm×90mm[백상지(80g/㎡)]

▲변경사항

(제12쪽 ~ 제13쪽)

변경연월일	변경항목	변경된 내용	확인

145mm×90mm[백상지(80g/㎡)]

▲행정처분사항 (제14쪽)

연월일	내용	사유	확인

145㎜×90㎜[백상지(150g/㎡)]

〈붙임 6〉

■ 정보통신공사업법 시행에 관한 규정 [별지 제14호서식]

(앞 쪽)

정보통신공사업 [ ] 등 록 증 / [ ] 등록수첩 재교부신청서

※ [ ]에는 해당되는 곳에 √표를 하고, 색상이 어두운 란은 신청인이 적지 않습니다.

접수번호	접수일자	발급일자	처리기간 즉시

신청인				
신청인	상호		등록번호	
	대표자	(한글) (한자)	전화번호	
	영업소 소재지			

재교부신청사유	

「정보통신공사업법 시행령」제18조에 따라 위와 같이 신청합니다.

년 월 일

신청인 (서명 또는 인)

○○시장(도지사) 귀하

신청인 제출서류	훼손 또는 기재란의 부족의 경우에는 정보통신공사업 등록증 또는 등록수첩	수수료 「정보통신공사업법 시행령」 제57조에 따른 수수료

210㎜×297㎜[백상지(80g/㎡)]

〈붙임 7〉

■ 정보통신공사업법 시행규칙 [별지 제4호서식]

정보통신공사업 양도신고서

※ 색상이 어두운 난은 신고인이 적지 않습니다. (앞 쪽)

접수번호	접수일	발급일	처리기간 5 일

<table>
<tr><td rowspan="8">신고인</td><td rowspan="4">양도인</td><td>상 호</td><td></td><td>전화번호</td><td></td></tr>
<tr><td>대표자</td><td>(한글)
(한자)</td><td>생년월일(법인등록번호)
(외국인 등록번호)</td><td></td></tr>
<tr><td>등록번호</td><td></td><td>건축허가번호
(가설건축물만 해당함)</td><td></td></tr>
<tr><td>영업소 소재지</td><td colspan="3"></td></tr>
<tr><td rowspan="4">양수인</td><td>상 호</td><td></td><td>전화번호</td><td></td></tr>
<tr><td>대표자</td><td>(한글)
(한자)</td><td>생년월일(법인등록번호)
(외국인 등록번호)</td><td></td></tr>
<tr><td>등록번호</td><td></td><td>건축허가번호
(가설건축물만 해당함)</td><td></td></tr>
<tr><td>영업소 소재지</td><td colspan="3"></td></tr>
</table>

「정보통신공사업법」 제17조제1항 및 같은 법 시행령 제22조제2항에 따라 정보통신공사업의 양도를 신고합니다.

년 월 일

양도인 (서명 또는 인)

양수인 (서명 또는 인)

○○정보통신공사협회 귀중

첨부서류	뒤쪽 참조	수수료 「정보통신공사업법 시행령」제57조에 따른 수수료

210㎜×297㎜[백상지(80g/㎡) 또는 중질지(80g/㎡)]

(뒤 쪽)

구분	내용	수수료
신고인 제출서류	1. 양도계약서 사본 1부 2. 신고인(양수인을 말하며, 법인인 경우에는 대표자를 포함한 임원을 말합니다)의 성명, 주민등록번호 및 주소 등의 인적사항이 적힌 서류(외국인인 경우에는 「출입국관리법」 제33조에 따라 발급받은 외국인등록증 사본을 말하며 외국인등록증 사본을 첨부할 수 없는 부득이한 사유가 인정되는 경우에는 고시로 정한 서류) 1부 3. 기업진단보고서 1부 4. 정보통신기술자의 명단과 해당 정보통신기술자의 경력수첩사본 각 1부 5. 「정보통신공사업법」 제15조제2호에 따른 확인서 1부 6. 사무실 보유를 증명하는 서류: 임대차계약서 사본(임차한 경우에만 첨부합니다) 및 가설건축물축조신고필증(「건축법」 제20조제3항에 따른 신고 대상 가설건축물인 경우에만 첨부합니다) 각 1부 7. 정보통신공사업 등록증 및 등록수첩 각 1부 8. 발주자의 서면동의서 또는 해당 공사의 도급의 해지를 증명할 수 있는 서류(양도신고의 경우로서 시공 중인 공사가 있는 경우에만 해당합니다) 1부 9. 공사(하자담보책임기간이 지나지 아니한 공사만 해당합니다)의 현황(발주자·공사금액·공사기간·하자담보책임기간 그 밖의 공사현황을 말합니다) 1부 10. 하도급공사의 현황 및 하도급대금 중 미지급액 현황(하도급공사 및 하도급대금 미지급액이 있는 경우에만 해당합니다) 1부	수수료 「정보통신공사업법 시행령」제57조에 따른 수수료
담당공무원 확인사항	1. 「출입국관리법」 제88조제2항에 따른 외국인등록 사실증명(신고인이 외국인인 경우에만 해당합니다) 2. 법인 등기사항증명서 3. 건물등기부등본(소유하는 건물이거나 임차한 건물인 경우에는 건축물대장등본으로 대신할 수 있습니다) 4. 양도인의 국세납세증명서 및 지방세납세증명서(양도신고의 경우만 해당합니다) 5. 건축허가서(「건축법」제20조제2항에 따른 허가 대상 가설건축물의 경우에 한합니다) 6. 정보통신기술자의 국민연금가입자 가입증명 또는 건강보험 자격득실확인서	

행정정보 공동이용 동의서

본인은 이 건 업무처리와 관련하여 담당 공무원이 「전자정부법」제36조제1항에 따른 행정정보의 공동이용을 통하여 위의 담당 공무원 확인사항 중 제1호 및 제4호부터 제6호까지를 확인하는 것에 동의합니다. (※ 동의하지 않는 경우에는 신청인이 직접 관련 서류를 제출하여야 합니다)

신고인 (서명 또는 인)

처 리 절 차

이 신고서는 아래와 같이 처리됩니다.

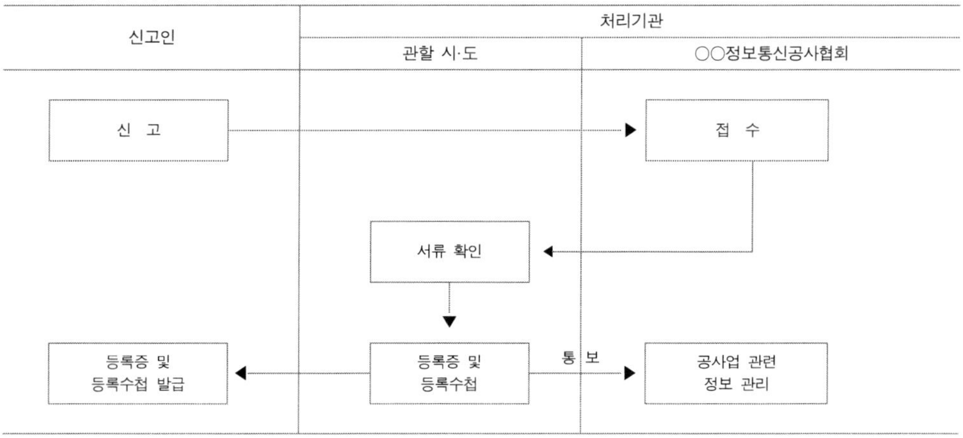

〈붙임 8〉

■ 정보통신공사업법 시행규칙 [별지 제4호의2서식]

정보통신공사업 상속신고서

※ 색상이 어두운 난은 신고인이 적지 않습니다. (앞 쪽)

접수번호	접수일	발급일	처리기간 5 일

피상속인	상 호		전화번호	
	성 명		생년월일(법인등록번호) (외국인 등록번호)	
	등록번호		사망일자	
	영업소 소재지			
상속인	상 호		전화번호	
	성 명		생년월일(법인등록번호) (외국인 등록번호)	
	등록번호			
	영업소 소재지			

「정보통신공사업법」 제17조제1항 및 같은 법 시행령 제22조의2제1항에 따라 정보통신공사업의 상속을 신고합니다.

년 월 일

신고인 (서명 또는 인)

○○정보통신공사협회 귀중

210㎜×297㎜[백상지(80g/㎡) 또는 중질지(80g/㎡)]

(뒤 쪽)

첨부 서류

신고인 제출서류	1. 상속인임을 증명하는 서류 1부 2. 공사업의 대표자 1명을 공동상속인 전원의 서명으로 선정하고 그 사실을 공증한 서류(공사업자의 상속인이 공동상속인인 경우에만 첨부합니다) 3. 신고인(상속인을 말하며, 법인인 경우에는 대표자를 포함한 임원을 말합니다)의 성명, 주민등록번호 및 주소 등의 인적사항이 적힌 서류(외국인인 경우에는 「출입국관리법」 제33조에 따라 발급받은 외국인등록증 사본을 말하며 외국인등록증 사본을 첨부할 수 없는 부득이한 사유가 인정되는 경우에는 고시로 정한 서류) 1부 4. 기업진단보고서 1부 5. 정보통신기술자의 명단과 해당 정보통신기술자의 경력수첩사본 각 1부 6. 「정보통신공사업법」 제15조제2호에 따른 확인서 1부 7. 사무실 보유를 증명하는 서류: 임대차계약서 사본(임차한 경우에만 첨부합니다) 및 가설건축물축조신고필증(「건축법」 제20조제3항에 따른 신고 대상 가설건축물인 경우에만 첨부합니다) 각 1부 8. 정보통신공사업 등록증 및 등록수첩 각 1부	수수료 「정보통신공사업법 시행령」제57조에 따른 수수료
담당공무원 확인사항	1. 「출입국관리법」 제88조제2항에 따른 외국인등록 사실증명(신고인이 외국인인 경우에만 해당합니다) 2. 법인 등기사항증명서 3. 건물등기부등본(소유하는 건물이거나 임차한 건물인 경우에는 건축물대장등본으로 대신할 수 있습니다) 4. 상속인의 국세납세증명서 및 지방세납세증명서 5. 건축허가서(「건축법」제20조제2항에 따른 허가 대상 가설건축물의 경우에 한합니다) 6. 정보통신기술자의 국민연금가입자 가입증명 또는 건강보험 자격득실확인서	

행정정보 공동이용 동의서

본인은 이 건 업무처리와 관련하여 담당 공무원이 「전자정부법」제36조제1항에 따른 행정정보의 공동이용을 통하여 위의 담당 공무원 확인사항 중 제1호 및 제4호부터 제6호까지를 확인하는 것에 동의합니다. (※ 동의하지 않는 경우에는 신청인이 직접 관련 서류를 제출하여야 합니다)

신고인 (서명 또는 인)

처 리 절 차

이 신고서는 아래와 같이 처리됩니다.

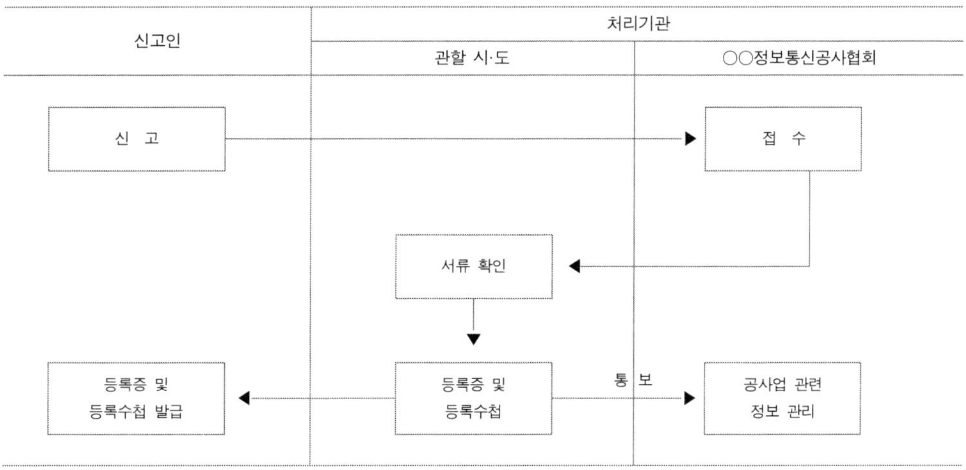

〈붙임 9〉

■ 정보통신공사업법 시행에 관한 규정 [별지 제19호서식]

(앞 쪽)

정보통신공사업 법인합병신고서

※ 색상이 어두운 란은 신고인이 적지 않습니다.

접수번호	접수일자	발급일자	처리기간 5 일

<table>
<tr><td rowspan="8">신고인</td><td rowspan="4">합병된 법인</td><td>상 호</td><td></td><td>전화번호</td><td></td></tr>
<tr><td>대표자</td><td>(한글)
(한자)</td><td>법인등록번호</td><td></td></tr>
<tr><td>등록번호</td><td></td><td>건축허가번호
(가설건축물에 한함)</td><td></td></tr>
<tr><td>영업소소재지</td><td colspan="3"></td></tr>
<tr><td rowspan="4">합병된 법인</td><td>상 호</td><td></td><td>전화번호</td><td></td></tr>
<tr><td>대표자</td><td>(한글)
(한자)</td><td>법인등록번호</td><td></td></tr>
<tr><td>등록번호</td><td></td><td>건축허가번호
(가설건축물에 한함)</td><td></td></tr>
<tr><td>영업소소재지</td><td colspan="3"></td></tr>
<tr><td colspan="2" rowspan="4">합병 후 존속 또는 설립된 법인</td><td>상 호</td><td></td><td>전화번호</td><td></td></tr>
<tr><td>대표자</td><td>(한글)
(한자)</td><td>법인등록번호</td><td></td></tr>
<tr><td>등록번호</td><td></td><td>건축허가번호
(가설건축물에 한함)</td><td></td></tr>
<tr><td>영업소소재지</td><td colspan="3"></td></tr>
</table>

「정보통신공사업법 시행령」제22조에 따라 정보통신공사업 합병을 신고합니다.

년 월 일

신고인 (서명 또는 인)

신고인 (서명 또는 인)

○○시장(도지사) 귀하

<table>
<tr><td>신고인
(대표자)
제출서류</td><td>1. 법인합병계약서 사본 1부.
2. 임원의 성명·주소·주민등록번호 및 주소 등의 인적사항이 적힌 서류
3. 기업진단보고서 및 「정보통신공사업법 시행령」제21조제2호에 따른 확인서 1부.
4. 정보통신기술자의 명단 1부.
5. 정보통신공사업 등록증 및 등록수첩 각 1부.
6. 사무실 보유를 증명하는 다음 각 목의 서류
가. 임대차계약서(임차한 경우에만 첨부합니다) 사본 1부.
나. 가설건축물축조신고필증(「건축법」제20조제2항에 따른 신고 대상 가설건축물인 경우에만 첨부합니다) 1부.
7. 공사(하자담보책임기간이 지나지 아니한 공사만 해당합니다)의 현황(발주자·공사금액·공사기간·하자담보책임기간, 그 밖의 공사현황을 말합니다) 1부.
8. 하도급공사의 현황 및 하도급대금 중 미지급액 현황(하도급공사 및 하도급 대금 미지급액이 있는 경우에만 해당합니다)
9. 합병당사자인 두 법인의 총회의 합병결의서 사본(주식회사 또는 유한회사만 해당합니다) 1부.</td><td rowspan="2">수수료

「정보통신공사업법 시행령」 제57조에 따른 수수료</td></tr>
<tr><td>담당공무원
(위탁기관)
확인사항</td><td>1. 「출입국관리법」제88조의2제1항에 따른 외국인등록사실증명(대표자 또는 임원이 외국인인 경우에만 해당합니다)
2. 등기사항증명서
3. 건물등기부등본(소유하는 건물이거나 임차한 건물인 경우에는 건축물대장등본으로 갈음할 수 있습니다)
4. 건축허가서(「건축법」제20조제1항에 따른 허가 대상 가설건축물의 경우에 한합니다)
5. 정보통신기술자 명단에 따른 해당 정보통신기술자의 경력수첩
6. 국민연금가입자가입증명(또는 건강보험자격득실확인서)</td></tr>
</table>

행정정보 공동이용 동의서

본인은 이 건 업무처리와 관련하여 담당 공무원(위탁기관)이 「전자정부법」제36조제1항에 따른 행정정보의 공동이용을 통하여 위의 담당 공무원(위탁기관) 확인사항 중 제1호, 제4호, 제5호 및 제6호를 확인하는 것에 동의합니다. (※ 동의하지 아니하는 경우에는 신청인이 직접 관련 서류를 제출하여야 합니다.)

신고인 주민등록번호(외국인등록번호) (서명 또는 인)

210㎜×297㎜[백상지(80g/㎡)]

〈붙임 10〉

■ 정보통신공사업법 시행규칙 [별지 제5호서식]

정보통신공사업 변경신고서

※ 색상이 어두운 난은 신고인이 적지 않습니다. (앞 쪽)

접수번호	접수일	발급일	처리기간 즉시

<table>
<tr><td rowspan="4">신고인</td><td>상 호</td><td></td><td>전화번호
(팩스번호)</td><td>(　　　　　　)</td></tr>
<tr><td>대표자</td><td></td><td>정보통신공사업
등록번호</td><td></td></tr>
<tr><td>영업소 소재지</td><td colspan="3"></td></tr>
<tr><td>건축허가번호
(가설건축물만
해당함)</td><td colspan="3"></td></tr>
</table>

<table>
<tr><td colspan="4">변경사항</td></tr>
<tr><td>변경연월일</td><td>변경항목</td><td>변경 전 내용</td><td>변경 후 내용</td></tr>
<tr><td></td><td></td><td></td><td></td></tr>
<tr><td></td><td></td><td></td><td></td></tr>
<tr><td></td><td></td><td></td><td></td></tr>
<tr><td></td><td></td><td></td><td></td></tr>
<tr><td></td><td></td><td></td><td></td></tr>
<tr><td></td><td></td><td></td><td></td></tr>
<tr><td></td><td></td><td></td><td></td></tr>
</table>

「정보통신공사업법」 제23조제1항 및 같은 법 시행령 제23조제2항에 따라 정보통신공사업의 변경사항을 신고합니다.

년 월 일

신고인 (서명 또는 인)

○○정보통신공사협회 귀중

첨부서류	뒤쪽 참조	수수료 없 음

210㎜×297㎜[백상지(80g/㎡) 또는 중질지(80g/㎡)]

(뒤 쪽)

신고인 제출서류	1. 임대차계약서 사본(영업소 소재지 변경의 경우만 해당합니다) 1부 2. 가설건축물축조신고필증(영업소 소재지 변경 시 「건축법」 제20조제3항에 따른 신고대상 가설건축물인 경우만 해당합니다) 1부 3. 변경되는 대표자의 성명, 주민등록번호 및 주소 등의 인적사항이 적힌 서류(대표자 변경의 경우만 해당합니다) 1부 4. 기업진단보고서(자본금 변동의 경우만 해당합니다) 1부 5. 정보통신기술자 경력수첩 사본(정보통신기술자 변경의 경우만 해당합니다) 1부 6. 정보통신공사업 등록증 및 등록수첩 각 1부	수수료 없 음
위탁기관 확인사항	1. 사업자등록증(상호 또는 명칭, 영업소 소재지, 대표자 변경의 경우만 해당합니다) 2. 법인 등기사항증명서(상호 또는 명칭, 영업소 소재지, 대표자 변경의 경우만 해당하며, 법인인 경우만 해당합니다) 3. 「출입국관리법」 제88조제2항에 따른 외국인등록 사실증명(외국인인 경우만 해당합니다) 4. 국민연금가입자 가입증명 또는 건강보험 자격득실확인서(정보통신기술자의 경우만 해당합니다) 5. 건축물관리대장 또는 건물등기부등본(영업소 소재지 변경의 경우만 해당합니다) 6. 건축허가서(「건축법」 제20조제2항에 따른 허가 대상 가설건축물인 경우만 해당합니다)	

행정정보 공동이용 동의서

본인은 이 건 업무처리와 관련하여 위탁기관이 「전자정부법」제36조제1항에 따른 행정정보의 공동이용을 통하여 위의 위탁기관 확인사항 중 제1호, 제3호, 제4호 및 제6호를 확인하는 것에 동의합니다. (※ 동의하지 않는 경우에는 신고인이 직접 관련 서류를 제출하여야 합니다)

신고인 (서명 또는 인)

처 리 절 차

이 신고서는 아래와 같이 처리됩니다.

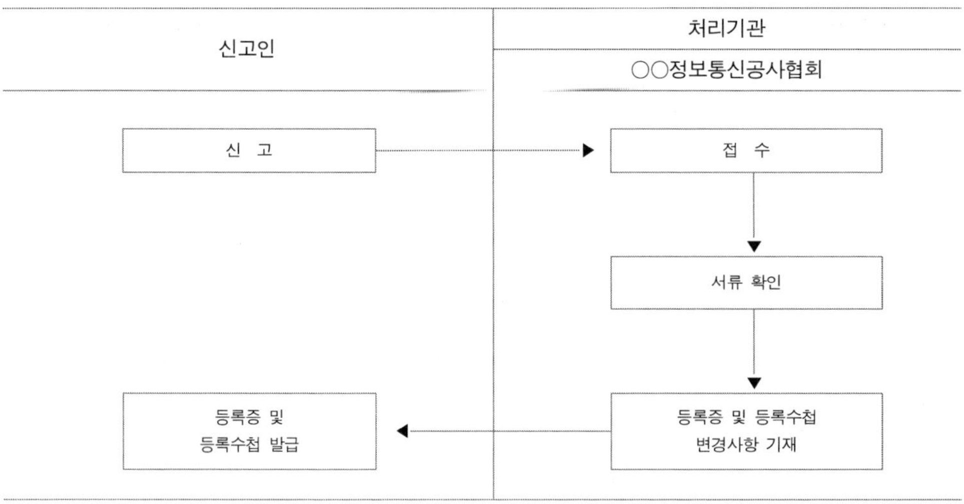

〈붙임 11〉

■ 정보통신공사업법 시행규칙 [별지 제6호서식]

정보통신공사업 폐업신고서

※ 색상이 어두운 난은 신고인이 적지 않습니다.

접수번호	접수일	발급일	처리기간 즉시

신고인	상 호		등록번호	
	대 표 자	(한글) (한자)	전화번호	
	영업소 소재지			

폐업연월일	

「정보통신공사업법」 제23조제2항 및 같은 법 시행령 제24조제1항에 따라 정보통신공사업 폐업을 신고합니다.

년 월 일

신고인 (서명 또는 인)

시·도지사 귀하

신고인 제출서류	정보통신공사업 등록증 및 등록수첩	수수료
담당공무원 확인사항	1. 「부가가치세법」에 따라 관할 세무서에 신고한 폐업사실증명 2. 사업자등록증	없 음

행정정보 공동이용 동의서

본인은 이 건 업무처리와 관련하여 담당 공무원이 「전자정부법」제36조제1항에 따른 행정정보의 공동이용을 통하여 위의 담당 공무원 확인사항을 확인하는 것에 동의합니다. (※ 동의하지 않는 경우에는 신청인이 직접 관련 서류를 제출하여야 합니다)

신고인 (서명 또는 인)

처 리 절 차

이 신고서는 아래와 같이 처리됩니다.

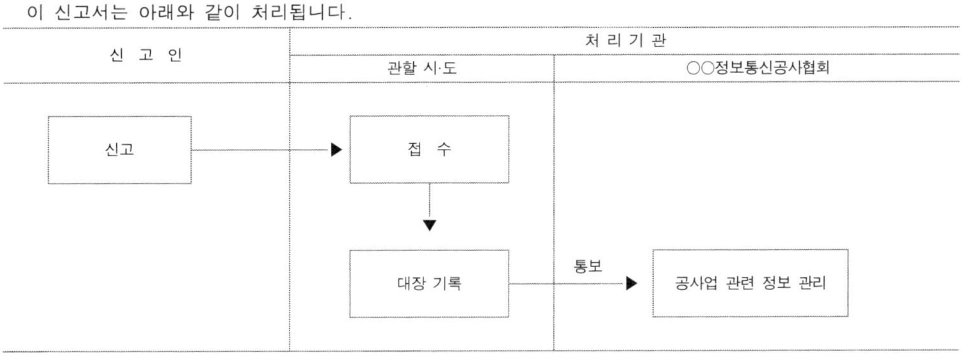

210㎜×297㎜[백상지(80g/㎡) 또는 중질지(80g/㎡)]

〈붙임 12〉

■ 정보통신공사업법 시행에 관한 규정 [별지 제1호서식] (제1쪽)

감리원 ([ ]인정 [ ]등급변경 [ ]경력인정)신청서

※ [ ]에는 해당되는 곳에 √표를 합니다. 뒤쪽의 신청 안내를 참고하시기 바라며, 색상이 어두운 란은 신청인이 적지 않습니다.

접수번호	접수일자	발급일자	처리기간 7일

사 진 (2.5×3㎝)	성 명	(한글)	연락처	자택전화	
		(한자)		이동전화	
		(영자)		회사전화	
	생년월일			이메일	
자택주소	( )				

① 근무처 사항	회사명		업 종	
	정보통신공사업 등록번호		사업자등록번호	
	소재지			
소지한 정보통신분야 국가기술자격 사항	종목 및 등급	등록번호	합격연월일	발급기관
② 학력사항 (국가기술자격자는 제외)	학교명	학과(전공)	수학기간	학 위
			~	
			~	
③ 교육사항	기 간	과 정	수료번호	교육기관명
④ 상훈·제재 사 항	연 월 일	종 류	상훈·제재기관	근 거
⑤ 통장계좌 번 호	은행명	계좌번호	예금주(본인명의)	인정교육 대상자에 한함

기 술 경 력 사 항

연번	⑥근무기간	근무처명	근무부서	직위 또는 직급	⑦담당업무	⑧참여사업명	발주자
1	~ . . .						
2	~ . . .						
3	~ . . .						
4	~ . . .						
5	~ . . .						

210㎜×297㎜ [백상지(80g/㎡)]

(제2쪽)

기술경력사항							
연번	⑥근무기간	근무처명	근무부서	직위 또는 직급	⑦담당업무	⑧참여사업명	발주자
6	~ : : :						
7	~ : : :						
8	~ : : :						
9	~ : : :						
10	~ : : :						

「정보통신공사업법 시행령」제9조에 따라 "감리원([ ]인정 [ ]등급변경 [ ]경력인정)신청서를 제출하며, 아래와 같이 동의 · 서약합니다.

◦ 첨부한 자격, 학력 및 경력확인서에 있는 경력사항 등 모든 신고내용은 사실 그대로 작성
◦ 정보통신공사업무 수행경력 이외의 경력으로 타 기관에 중복 신고 된 경력이 있는 경우 해당경력 삭 제
◦ 인정교육 대상자인 경우 신청일로부터 정당한 사유없이 1년이내에 교육을 이수하지 않는 경우 관리기관의 직권취소
◦ 향후 제출내용이 거짓으로 판명될 때에는 자격의 취소는 물론 민·형사상 처벌(공·사문서위조, 변조, 동행사 등) 감수
◦ 의심되는 경력에 대해서 추가서류 요구 및 본인의 개인정보에 대하여는 관계기관에 사실조회 등 경력관리업무에 활용

년 월 일

신청인(본인) 성 명 : (서명 또는 인)
대리신청인 성 명 : (서명 또는 인)
생 년 월 일 :

○○정보통신공사협회장 귀하

구분	서류	수수료
신청인 제출서류	1. 졸업증명서(해당자에 한함) 1부. 2. 사진(2.5㎝×3㎝) 2매(등급변경은 1매) 3. 별지 제2호서식의 경력확인서(재직사실을 증명하는 서류가 첨부된 경우에 한함) 1부. 4. 감리원 자격증(등급변경 및 경력인정에 한함) 5. 신분증 원본제시	수수료 「정보통신공사업법 시행령」 제57조에 따른 수수료
위탁기관 확인사항	1. 국가기술자격증(국가기술자격자에 한함) 2. 병적증명서(경력인정 대상자에 한함) 3. 「출입국관리법」제88조의2제1항에 따른 외국인등록사실증명(외국인인 경우에만 해당합니다.)	

행정정보 공동이용 동의서

본인은 이 건 업무처리와 관련하여 위탁기관이 「전자정부법」제36조제1항에 따른 행정정보의 공동이용을 통하여 위의 위탁기관 확인사항 제1호부터 제3호를 확인하는 것에 동의합니다. (※ 동의하지 아니하는 경우에는 신청인이 직접 관련 서류를 제출하여야 합니다.)

신청인 주민등록번호(외국인등록번호) (서명 또는 인)

작 성 방 법

1. 모든 기재는 한글로 기재하십시오(성명은 예외)
2. "①근무처사항"란에는 현재 소속되어 있는 회사명과 업종(정보통신공사업, 기간통신사업자, 정보통신용역업, 제조업 등)을 기재합니다.
3. "②학력사항"란에는 학 · 경력자 또는 경력자로서 인정받고자 하는 고등학교 졸업이상의 학력을 기재합니다.
4. "③"교육사항"란에는 과학기술정보통신부장관이 고시한 정보통신 기술인력 양성기관에 한하여 기재합니다.
5. "④상훈 · 제재사항"란에는 공사관련업무 수행으로 발주자(국가 및 지방계약법령의 적용을 받는 기관, 기간통신사업자)로부터 받은 상훈 또는 제재사항을 기재합니다.
6. "⑤통장계좌번호"란에는 인정교육대상자만 기재(2회이상 교육 미입교시 직권으로 교육을 취소하고 수수료를 환불할 은행계좌임)
7. "⑥근무기간"란에는 해당사업(공사)에 참여한 기간은 반드시 연월일까지 기재합니다.
8. "⑦담당업무"란에는 정보통신공사 참여시 담당한 업무(계획 · 설계 · 시공 · 시험 · 검사 · 공사감독 · 감리 · 유지관리 · 기술관리 · 시공관리 · 연구업무 등)를 기재합니다.
9. "⑧참여사업명"란에는 자신이 참여한 정보통신공사명 및 용역사업명 등을 구체적으로 기재합니다.

210㎜ × 297㎜[백상지(80g/㎡)]

〈붙임 13〉

■ 정보통신공사업법 시행에 관한 규정 [별지 제2호서식]

경 력 확 인 서

인적사항	성 명	(한글)	생년월일	
		(한자)		
	주 소	( )	(전 화 - -) (이동전화 - -)	

소속회사	회 사 명		사업자등록번호	
	소 재 지	( )	(전 화 - -)	
	근무기간	(년 월)		
	최 종 근무부서		담 당 업 무	

근 무 경 력

연번	근무기간	근무부서	직위 또는 직급	담당업무	참여사업명	발 주 자
1	~ . . .					
2	~ . . .					
3	~ . . .					
4	~ . . .					
5	~ . . .					
6	~ . . .					
7	~ . . .					
8	~ . . .					
9	~ . . .					
10	~ . . .					

「정보통신공사업법 시행령」제9조제3항 및 제39조제3항에 따라 근무경력확인을 신청합니다.

년 월 일

신청인(본인) 성 명 : (서명 또는 인)
대리신청인 성 명 : (서명 또는 인)
생 년 월 일 :

상기 감리원 및 기술자의 근무기간 및 경력사항이 위와 같음을 확인합니다.

년 월 일

등 록 번 호 :
소 재 지 :
회 사 명 :
대 표 자 : 직인

발급기관 연락처	
발급부서	
담당자성명	(서명 또는 인)
연 락 처	

○○정보통신공사협회장 귀하

210㎜ × 297㎜[백상지(80g/㎡)]

〈붙임 14〉

■ 정보통신공사업법 시행에 관한 규정 [별지 제3호서식]

감 리 원 자 격 증

과학기술정보통신부

○○정보통신공사협회

145mm × 90mm[보존용지(1종) 120g/㎡]

(제1쪽)

참 고 사 항

1. 감리원은 감리업무 수행 시 이 증을 항시 휴대하여야 하며, 발주자등 관계자의 요구가 있는 경우에는 제시하여야 합니다.

2. 감리원은 그 업무를 성실히 수행하고 공사의 품질향상에 노력하여야 하며, 감리원으로서 품위를 손상시키는 행위를 하여서는 아니 됩니다.

3. 감리원증의 재발급사유(훼손, 분실 등)가 발생한 경우에는 조속히 재발급 받아야 합니다.

4. 이 자격증을 다른 사람에게 대여할 경우「정보통신공사업법」제8조제6항 및 제75조에 따라 1년 이하의 징역 또는 1천만 원 이하의 벌금형과 함께 같은 법 제64조 및 같은 법 시행령 제49조에 따라 1년 이하의 업무정지의 처분을 받게 됩니다.

145mm × 90mm[보존용지(1종) 120g/㎡]

(제2쪽)

감 리 원 자 격 증

발급 번호 :
등 급 :
성 명 :
생년월일 :
주 소 :

사 진 (2.5cm×3cm)

「정보통신공사업법」제8조 및 같은 법 시행령 제9조에 따라 감리원 자격증을 교부합니다.

년 월 일

○○정보통신공사협회장 직인

145mm × 90mm[보존용지(1종) 120g/㎡]

▲ 자격사항

(제3쪽)

자격종목 및 등급	국가기술자격등록번호 또는 경력수첩발급번호	발급연월일

145mm × 90mm[보존용지(1종) 120g/㎡]

▲학력사항 (제4쪽)

학 교 명	학 과(전 공)	졸업연월일

▲ 상훈·제재사항

년 월 일	종 류	상훈·제재기관	제재기간	근 거

145mm × 90mm[보존용지(1종) 120g/㎡]

▲ 교육사항 (제5쪽)

기 간	교육과정명	수료번호	교육기관명

145mm × 90mm[보존용지(1종) 120g/㎡]

▲ 경력사항 (제6쪽~제8쪽)

근무처	경력기간	담당업무	환산경력	경력누계

145mm × 90mm[보존용지(1종) 120g/㎡]

▲ 변경사항 (제9쪽)

변경일	변경항목	변 경 내 용	확 인

145mm × 90mm[보존용지(1종) 120g/㎡]

〈붙임 15〉

■ 정보통신공사업법 시행에 관한 규정 [별지 제4호서식] (앞 쪽)

감리원자격증 재발급 신청서

※ 색상이 어두운 란은 신청인이 적지 않습니다.

접수번호	접수일자	발급일자	처리기간 7 일

신청인	성 명		생년월일	
	주 소	( )	(전 화 - -) (이동전화 - -)	
근무처	회사명			
	소재지	( )	(전 화 - -)	

사 유	분 실	훼 손	기타(성명, 생년월일 정정)
분실사유 (분실의 경우에 한함)	「정보통신공사업법」제8조에 따라 타인에게 자격증을 대여하지 아니할 것은 물론 분실사실을 거짓으로 기재하여 발생하는 문제에 대하여 본인이 어떠한 처벌도 감수하겠습니다		

「정보통신공사업법 시행령」제9조에 따라 감리원자격증 재발급을 신청합니다.

년 월 일

신청인(본인) : (서명 또는 인)

대 리 신 청 인 : (서명 또는 인)

생 년 월 일 :

○○정보통신공사협회장 귀하

신청인 제출서류 (제출된 서류는 반환하지 않습니다)	1. 사진(2.5㎝×3㎝) 1매 2. 감리원자격증 원본(헐어 못쓰게 된 경우에 한합니다)	수 수 료 「정보통신공사업법 시행령」 제57조에 따른 수수료

210㎜ × 297㎜[백상지(80g/㎡)]

〈붙임 16〉

■ 정보통신공사업법 시행에 관한 규정 [별지 제6호서식]

(제1쪽)

감리원 경력확인서

확인서 일련번호 : -

등 급		자격증 발급번호	
성 명		생년월일	
주 소	(전화 :)		

	종목 및 등급	등록(발급)번호	등록(발급)연월일
자격사항			

	학교명	학과(전공)	졸업연월일
학력사항			

	기간	종류	수료번호	교육기관
교육사항				

	연월일	종류	상훈·제재기관	제재기간	근거
상훈·제재사항					

「정보통신공사업법」제8조에 따라 신고한 위 감리원의 경력사항이 별지와 같음을 확인합니다.

년 월 일

○○정보통신공사협회장 직인

210㎜ × 297㎜[백상지(80g/㎡)]

(제2쪽)

경 력 사 항

성 명 : 등 급 : 자격증 발급번호 :

기 간	근무처명	직위 또는 직급	담당업무	참 여 사 업 명	발주자
. . ~ . . .					
. . ~ . . .					
. . ~ . . .					
. . ~ . . .					
. . ~ . . .					
. . ~ . . .					
. . ~ . . .					
. . ~ . . .					
. . ~ . . .					
. . ~ . . .					
. . ~ . . .					
. . ~ . . .					
. . ~ . . .					
. . ~ . . .					
. . ~ . . .					
. . ~ . . .					

〈붙임 17〉

■ 정보통신공사업법 시행에 관한 규정 [별지 제30호서식]

(제1쪽)

정보통신기술자 ([ ]인정 [ ]등급변경 [ ]경력인정)신청서

※ [ ]에는 해당되는 곳에 √표를 합니다. 뒤쪽의 신청 안내를 참고하시기 바라며, 색상이 어두운 란은 신청인이 적지 않습니다.

접수번호	접수일자	발급일자	처리기간 7 일

사 진 (2.5×3㎝)	성 명	(한글)	연락처	자택전화	
		(한자)		이동전화	
		(영자)		회사전화	
	생년월일			이 메 일	
자택주소	( )				

① 근 무 처 사 항	회 사 명		업 종	
	정보통신공사업등록번호		사업자등록번호	
	소 재 지			

소지한 정보통신분야 국가기술 자격사항	종목 및 등급	등록번호	합격연월일	발급기관

② 학력사항 (국가기술자 격자는 제외)	학교명	학과(전공)	수학기간	학 위
			~	
			~	

③ 교육사항	기 간	과 정	수료번호	교육기관명

④ 상훈·제재 사 항	연 월 일	종 류	상훈·제재기관	근 거

⑤통장계좌 번 호	은행명	계좌번호	예금주(본인명의)	인정교육 대상자에 한함

기 술 경 력 사 항

연번	⑥근무기간	근무처명	근무부서	직위 또는 직급	⑦담당업무	⑧참여사업명	발주자
1	~ . . .						
2	~ . . .						
3	~ . . .						
4	~ . . .						
5	~ . . .						

210㎜×297㎜[백상지(80g/㎡)]

(제2쪽)

기술경력사항							
연번	⑥근무기간	근무처명	근무부서	직위 또는 직급	⑦담당업무	⑧참여사업명	발주자
6	~ . . .						
7	~ . . .						
8	~ . . .						
9	~ . . .						
10	~ . . .						

「정보통신공사업법 시행령」제39조에 따라 "정보통신기술자([ ]인정 [ ]등급변경 [ ]경력인정)신청서를 제출하며, 아래와 같이 동의 · 서약합니다.

- 첨부한 자격, 학력 및 경력확인서에 있는 경력사항등 모든 신고내용은 사실 그대로 작성
- 정보통신공사업무 경력 이외의 경력으로 타기관에 중복 신고된 경력이 있는 경우 해당경력 삭제
- 인정교육 대상자인 경우 신청일로부터 정당한 사유없이 1년이내에 교육을 이수하지 않는 경우 관리기관의 직권취소
- 향후 제출내용이 거짓으로 판명될 때에는 자격의 취소는 물론 민·형사상 처벌(공·사문서위조, 변조, 동행사 등) 감수
- 의심되는 경력에 대해서 추가서류 요구 및 본인의 개인정보에 대하여는 관계기관에 사실조회 등 경력관리업무에 활용

년 월 일

신청인(본인) 성 명 : (서명 또는 인)

대리신청인 성 명 : (서명 또는 인)

생 년 월 일 :

○○정보통신공사협회장 귀하

신청인 제출서류	1. 졸업증명서(해당자에 한함) 1부. 2. 사진(2.5㎝×3㎝) 2매. (등급변경은 1매) 3. 별지 제2호서식의 경력확인서(재직사실을 증명하는 서류가 첨부된 경우에 한함) 1부. 4. 정보통신기술자 경력수첩(등급변경 및 경력인정에 한함) 5. 신분증 원본제시	수수료 「정보통신공사업법 시행령」제57조에 따른 수수료
위탁기관 확인사항	1. 국가기술자격증(국가기술자격자에 한함) 2. 병적증명서(경력인정 대상자에 한함) 3. 「출입국관리법」제88조의2제1항에 따른 외국인등록사실증명(외국인인 경우에만 해당합니다)	

행정정보 공동이용 동의서

본인은 이 건 업무처리와 관련하여 위탁기관이 「전자정부법」제36조제1항에 따른 행정정보의 공동이용을 통하여 위의 위탁기관 확인사항 제1호부터 제3호를 확인하는 것에 동의합니다.(※ 동의하지 아니하는 경우에는 신청인이 직접 관련 서류를 제출하여야 합니다.)

신청인 주민등록번호 (외국인등록번호) (서명 또는 인)

작성방법

1. 모든 기재는 한글로 기재하십시오(성명은 예외)
2. "①근무처사항"란에는 현재 소속되어 있는 회사명과 업종(정보통신공사업, 기간통신사업자, 정보통신용역업, 제조업 등)을 기재합니다.
3. "②학력사항"란에는 학·경력자 또는 경력자로서 인정받고자 하는 고등학교 졸업이상의 학력을 기재합니다.
4. "③"교육사항"란에는 과학기술정보통신부장관이 고시한 정보통신 기술인력 양성기관에 한하여 기재합니다.
5. "④상훈·제재사항"란에는 공사관련업무 수행으로 발주자(국가 및 지방계약법령의 적용을 받는 기관, 기간통신사업자)로부터 받은 상훈 또는 제재사항을 기재합니다.
6. "⑤통장계좌번호"란에는 교육대상자만 기재(2회이상 교육 미입교시 직권으로 교육을 취소하고 수수료를 환불할 은행 계좌임)
7. "⑥근무기간"란에는 해당사업(공사)에 참여한 기간을 반드시 연월일까지 기재합니다.
8. "⑦담당업무"란에는 정보통신공사 참여시 담당한 업무(계획·설계·시공·시험·검사·공사감독·감리·유지관리·기술관리·시공관리·연구업무등)를 구체적으로 기재합니다.
9. "⑧참여사업명"란에는 자신이 참여한 정보통신공사명을 구체적으로 기재합니다.

210㎜ × 297㎜[백상지(80g/㎡)]

〈붙임 18〉

■ 정보통신공사업법 시행에 관한 규정 [별지 제34호서식]

(제1면)

정보통신기술자 경력확인서

확인서 일련번호 : -

등 급		수첩발급번호	
성 명		생년월일	
주 소	(전 화: - -)		

자격 사항	종목 및 등급	등록(발급)번호	등록(발급)연월일

학력 사항	학 교 명	학과(전공)	졸업연월일

교육 사항	기 간	종 류	수료번호	교육기관

상훈·제재사항	년 월 일	종 류	상훈·제재기관	제재기간	근 거

「정보통신공사업법」제39조에 따라 신고한 위 정보통신기술자의 경력사항이 별지와 같음을 확인합니다.

년 월 일

○○정보통신공사협회장 직인

210㎜×297㎜[백상지(80g/㎡)]

(제2면)

경 력 사 항

성 명 : 등 급 : 수첩발급번호 :

기 간	근무처명	직위 또는 직급	담당업무	참 여 사 업 명	발주자
. . ~ . .					
. . ~ . .					
. . ~ . .					
. . ~ . .					
. . ~ . .					
. . ~ . .					
. . ~ . .					
. . ~ . .					
. . ~ . .					
. . ~ . .					
. . ~ . .					
. . ~ . .					
. . ~ . .					

〈붙임 19〉

■ 정보통신공사업법 시행에 관한 규정 [별지 제31호서식]

(표지)

정보통신기술자경력수첩

과학기술정보통신부

○○정보통신공사협회

145mm × 90mm[보존용지(1종) 120g/㎡]

(제1쪽)

참 고 사 항

1. 정보통신기술자경력수첩은 항시 휴대하여야 하고, 발주자 등 관계인의 요구가 있을 경우에는 이를 제시하여야 합니다.
2. 정보통신기술자경력수첩의 재발급사유(훼손, 분실, 등급변경 등)가 발생한 경우에는 「정보통신공사업법 시행령」제39조에 따라 조속히 재발급받아야 합니다.
3. 정보통신기술자경력수첩을 타인에게 대여한 경우 「정보통신공사업법」제40조 및 제75조에 따라 1년 이하의 징역 또는 1천만원 이하의 벌금형, 2 이상의 공사업체에 종사할 경우 「정보통신공사업법」제40조 및 제78조에 따라 300만원 과태료 함께 같은 법 제68조 및 같은 법 시행령 제49조에 따라 1년 이하의 업무정지의 처분을 받게 됩니다.

145mm × 90mm[보존용지(1종) 120g/㎡]

(제2쪽)

정보통신기술자경력수첩

발급번호 :
등　　급 :
성　　명 :
생년월일 :
주　　소 :

사　진
(2.5cm×3cm)

「정보통신공사업법 시행령」제39조에 따라 정보통신기술자경력수첩을 교부합니다.

년　　월　　일

○○정보통신공사협회장 직인

145mm × 90mm[보존용지(1종) 120g/㎡]

▲ 자격사항

(제3쪽)

종목 및 등급	등록번호	합격연월일

145mm × 90mm[보존용지(1종) 120g/㎡]

▲학력사항 (제12쪽 ~ 제14쪽)

학교명	학과(전공)	졸업연월일

▲ 상훈·제재사항

연월일	종 류	상훈·제재기관	제재기간	근 거

145mm × 90mm[보존용지(1종) 120g/㎡]

▲ 교육사항 (제5쪽)

기 간	교육과정명	수료번호	교육기관명

145mm × 90mm[보존용지(1종) 120g/㎡]

▲ 경력사항 (제6쪽~제11쪽)

근무처	경력기간	담당업무	환산경력	경력누계

145mm × 90mm[보존용지(1종) 120g/㎡]

▲ 변경사항 (12쪽~제14쪽)

변경일	변경항목	변경후 사항	확인

145mm × 90mm[보존용지(1종) 120g/㎡]

〈붙임 20〉

■ 정보통신공사업법 시행에 관한 규정 [별지 제32호서식]

(앞 쪽)

정보통신기술자경력수첩 재발급 신청서

※ 색상이 어두운 란은 신청인이 적지 않습니다.

접수번호	접수일자	발급일자	처리기간 7 일

신청인	성 명		생년월일	
	주 소	( )	(전 화: - -) (이동전화: - -)	
근무처	회사명			
	소재지	( ) (전 화: - -)		

사 유	분실	훼손	기타(성명, 생년월일 정정)

분실사유 (분실의 경우에 한함)	
	「정보통신공사업법」제40조에 따라 타인에게 자격증을 대여하지 아니할 것은 물론 분실사실을 허위로 기재하여 발생하는 문제에 대하여 본인이 어떠한 처벌도 감수하겠습니다.

「정보통신공사업법 시행령」제39조에 따라 정보통신기술자경력수첩 재발급을 신청합니다.

년 월 일

신청인(본인) 성명 : (서명 또는 인)

대리신청인 성명 : (서명 또는 인)

생 년 월 일 :

○○정보통신공사협회장 귀하

신청인 제출서류 (제출된 서류는 반환하지 않습니다)	1. 사진(2.5㎝×3㎝) 1매. 2. 정보통신기술자경력수첩 원본(헐어 못쓰게 된 경우에 한합니다)	수수료 「정보통신공사업법시행령」 제57조에 따른 수수료

297㎜×210㎜[백상지(80g/㎡)]

〈붙임 21〉

■ 정보통신공사업법 시행에 관한 규정 [별지 제6호의2서식]

감리원 배치현황 [ ]신고서 [ ]변경신고서

([ ]용역업자 [ ]자체감리)

※ 색상이 어두운 난은 신청인이 적지 않습니다. (앞 쪽)

접수번호	접수일자	처리일자	처리기간 7 일

발주자	성명(기관 또는 법인명)		대 표 자	
			전화번호	
	주 소			
신고인 (용역업자)	상 호		신고(등록)번호	제 호
	대 표 자		전 화 번 호	
	영업소소재지			
공사업자 (시공자)	상 호		정보통신공사업 등 록 번 호	제 호
	대 표 자		전 화 번 호	
	영업소소재지			

용역명 및 현장주소			
공사의 종류		연면적/규모(층)	제곱미터/지하 층, 지상 층
건축허가번호		건축허가일자	. . .
착공예정일자	. . .	준공예정일자	. . .
총공사금액		공사기간	~

구분	직무	등급	성명	감리원 자격증	배치기간(일수)
감리원 배치현황 (또는 변경 전)					
배치변경					
	변경사유 :				

구분	직무	등급	성명	감리원 자격증	용역명 (총공사금액)	배치기간(일수)
2이상의 공사 감리						

「정보통신공사업법」제8조제3항 및 같은 법 시행령 제8조의4제1항에 따라 위와 같이 감리원 [ ]배치현황신고 [ ]배치현황 변경신고를 합니다.

년 월 일

신 고 인 (서명 또는 인)

확 인 자 (서명 또는 인)
(발 주 자)

○○시장(도지사) 귀하

210㎜×297㎜[백상지(80g/㎡)]

〈붙임 22〉

■ 정보통신공사업법 시행에 관한 규정 [별지 제6호의3서식]

감리원 배치확인서
([ ]용역업자 [ ]자체감리)

※ 색상이 어두운 난은 신청인이 적지 않습니다. (앞 쪽)

접수번호	접수일자	처리일자	처리기간 3 일

발주자	성명(기관 또는 법인명)		대 표 자	
			전화번호	
	주 소			
신고인 (용역업자)	상 호		신고(등록)번호	제 호
	대 표 자		전 화 번 호	
	영업소소재지			
공사업자 (시공자)	상 호		정보통신공사업 등 록 번 호	제 호
	대 표 자		전 화 번 호	
	영업소소재지			

항목	내용	항목	내용
용역명 및 현장주소			
공사의 종류		연면적/규모(층)	제곱미터/지하_층, 지상_층
건축허가번호		건축허가일자	. . .
착공예정일자	. . .	준공예정일자	. . .
총공사금액		공사기간	~

구분	직무	등급	성명	감리원 자격증	배치기간(일수)
감리원 배치현황 (또는 변경 전)					
배치변경					
	변경사유 :				

구분	직무	등급	성명	감리원 자격증	용역명 (총공사금액)	배치기간(일수)
2이상의 공사 감리						

「정보통신공사업법」 시행령 제8조의4제3항에 따라 위와 같이 감리원 배치현황을 신고(변경신고) 하였음을 확인합니다.

년 월 일

○○시장(도지사) [직인]

210㎜×297㎜[백상지(80g/㎡)]

〈붙임 23〉

■ 정보통신공사업법 시행에 관한 규정 [별지 제7호서식]

정보통신공사 감리결과 보고서

감리자	상 호		활동주체 신고번호 (기술사사무소 등록번호)	제 호
	감 리 원	(서명 또는 인)	전 화 번 호 (이동전화번호)	
	주 소			

시공사	상 호		정보통신공사업 등 록 번 호	제 호
	대 표 자		전 화 번 호	
	주 소			

감리현장 명칭			
감리현장 주소			
공사의 종류			
구조 및 용도			
건 축 면 적	제곱미터	연면적/규모(층)	제곱미터/지상__층, 지하__층
착 공 일	. . .	완 공 일	. . .

「정보통신공사업법」제11조 및 같은 법 시행령 제14조에 따라 정보통신공사 감리결과를 보고합니다.

년 월 일

상 호 :

대 표 자 : (서명 또는 인)

(발주자) 귀하

제출서류	1. 시공상태의 평가결과서 1부. 2. 사용자재의 규격 및 적합성 평가결과서 1부. 3. 정보통신기술자배치의 적정성 평가결과서 1부. 4. 정보통신공사 도급 및 (재)하도급 계약서 사본 1부. 5. 감리원 자격증

210㎜×297㎜[백상지(80g/㎡)]

〈붙임 24〉

■ 정보통신공사업법 시행에 관한 규정 [별지 제8호서식]

시공상태의 평가결과서

착 공 일		. .	완 공 일	. .
감리자	상 호		활 동 주 체 신 고 번 호 (기술사무소등록번호)	제 호
	감 리 원	(서명 또는 인)	전 화 번 호 (이동전화번호)	

검 사 항 목 및 내 용(해당공사만 기재)	검사결과	검 사 자
1. 구내통신선로설비공사에 대한 검사		
1) 전기통신기자재의 형식승인제품 사용여부		
2) 국선수용 및 구내회선의 충분한 예비회선수 확보여부		
3) 구내통신실 위치 및 면적 확보의 적정여부		
4) 국선 인입관로 적정여부		
5) 국선 예비 인입배관 확보 및 굵기의 적합여부		
6) 국내 건물간선계, 수평배선계 및 옥내배관의 적정여부		
7) 국선/중간/세대 등 통신단자함 설치 및 요건 충족여부		
8) 구내 배선방식(성형배선)의 적정여부		
9) 예비전원 설비 확보 및 접지설비 적정여부		
2. 방송공동수신설비(지상파TV, 위성방송, FM라디오, 종합유선방송)공사에 대한 검사		
가. 공통사항		
1) 배관, 배선, 증폭기, 분배기의 외부 교체 용이성 여부		
2) 옥내배관 및 배선의 적정여부		
3) 장치함 설치장소 및 공간확보의 적정여부		
나. 지상파TV, 위성방송, FM라디오방송설비		
1) 전기통신기자재의 형식승인 또는 해당 성능기준 제품사용여부		
2) 수신안테나 설치방법의 적정성여부		
3) 수신안테나의 레벨조정 및 출력레벨의 적정성 사용여부		
다. 종합유선방송설비		
1) 전기통신기자재의 형식승인 제품사용여부		
2) 인입설비(지하/가공/맨홀/핸드홀/인입배관)의 적정여부		
3) 지상파TV 및 종합유선방송설비 분리 설치방식의 적정여부		
4) 신호분배 및 신호레벨의 적정여부		
3. 이동통신구내선로설비공사에 대한 검사		
1) 급전선 인입표준도 등에 의한 적정 설치 여부		
2) 옥외안테나와 중계장치 간 배관 또는 닥트의 적정 설치 여부		
3) 접속함의 적정 설치 여부		
4) 전원단자 및 접지설비의 적정 설치 여부		
5) 중계장치, 송수신용 안테나 설치장소 개소 수 및 설치면적의 확보 여부		
6) 중계장치 설치장소의 적정 수용 여부		
4. 지능형 홈네트워크 설비 등 기타 정보통신공사에 대한 검사		
:		
:		

210㎜×297㎜[백상지(80g/㎡)]

〈붙임 25〉

■ 정보통신공사업법 시행에 관한 규정 [별지 제9호서식]

사용자재의 규격 및 적합성 평가결과서

착 공 일		. . .	완 공 일	. . .
감리자	상 호		활동주체 신고번호 (기술사무소 등록번호)	제 호
	감 리 원	(서명 또는 인)	전 화 번 호 (이동전화번호)	

연번	품 명	규 격	단 위	설계량	반입량	반입일	합격량	불 합 격		검수자
								불합격량	사 유	
1										
2										
3										
4										
5										
6										
7										
8										
9										
10										
11										
12										
13										
14										
15										
16										
17										
18										
19										
20										

210㎜×297㎜[백상지(80g/㎡)]

〈붙임 26〉

■ 정보통신공사업법 시행에 관한 규정 [별지 제10호서식]

정보통신기술자 배치의 적정성 평가결과서

시공사	상 호		전 화 번 호	
	대 표 자		정보통신공사업 등 록 번 호	제 호
	주 소			

성 명	자 격 등 급	자격발급번호	업 무 배 치 구 분

상기 정보통신기술자는 통신공사 현장에 「정보통신공사업법」제33조 및 같은 법 시행령 제34조에 따라 적절하게 배치되었으며, 공사전반에 걸쳐 설계도, 시방서 및 기타 도급계약 등 관계법령에 따라 그 업무를 성실히 수행하였음을 확인합니다.

년 월 일

상 호 명 :

감 리 원 : (서명 또는 인)

(발주자) 귀하

210㎜×297㎜[백상지(80g/㎡)]

〈붙임 27〉

■ 국가를 당사자로 하는 계약에 관한 법률 시행규칙 [별지 제7호서식]

<table>
<tr><td colspan="2" rowspan="2">공사도급표준계약서</td><td>계약번호 제 호</td></tr>
<tr><td>공고번호 제 호</td></tr>
<tr><td rowspan="2">계약자</td><td>발 주 처</td><td>○○부(처, 청)중앙관서의 장 또는 계약담당공무원 성명</td></tr>
<tr><td>계 약 상 대 자</td><td>·상호 또는 법인명칭 ·법인등록번호
·주 소 ·전화번호
·대표자</td></tr>
<tr><td rowspan="11">계약내용</td><td>공 사 명</td><td></td></tr>
<tr><td>계 약 금 액</td><td>금 원정(₩)</td></tr>
<tr><td>총공사부기금액</td><td>금 원정(₩)</td></tr>
<tr><td>계 약 보 증 금</td><td>금 원정(₩)</td></tr>
<tr><td>현 장</td><td></td></tr>
<tr><td>지 체 상 금 률</td><td>%</td></tr>
<tr><td>물가변동계약금액조정방법</td><td></td></tr>
<tr><td>착 공 연 월 일</td><td>. . .</td></tr>
<tr><td>준 공 연 월 일</td><td>. . .</td></tr>
<tr><td>기 타 사 항</td><td></td></tr>
</table>

하자담보책임(복합공종의 경우 공종별 구분 기재)

공 종	공종별 계약 금액	하자보수보증금율(%) 및 금액	하자담보책임기간
		( )% 금 원정	
		( )% 금 원정	
		( )% 금 원정	

중앙관서의 장(계약담당공무원)과 계약상대자는 상호 대등한 입장에서 붙임의 계약문서에 의하여 위의 공사에 대한 도급계약을 체결하고 신이에 따라 성실히 계약상의 의무를 이행할 것을 확약하며, 이 계약의 증거로서 계약서를 작성하여 당사자가 기명날인한 후 각각 1통씩 보관한다.

붙임서류 : 1. 공사입찰유의서 1부
2. 공사계약일반조건 1부
3. 공사계약특수조건 1부
4. 설계서 1부
5. 산출내역서 1부

중앙관서의 장 또는
계약담당공무원 (인)

계약상대자 (인)

22221-20711보
95.6.30 승인

210mm × 297mm
(백상지 80g/㎡)

〈붙임 28〉

(제1쪽)

정보통신공사업종 표준하도급계약서

(개정 : 2018. 12. 28.)

공정거래위원회

이 표준하도급계약서는 『하도급거래 공정화에 관한 법률』(이하 '하도급법'이라 한다.) 제3조의2에 따라 공정거래위원회가 사용 및 보급을 권장하고 있는 표준하도급계약서입니다.

이 표준하도급계약서에서는 정보통신공사업종 하도급계약에서 표준이 될 계약의 기본적 공통사항만을 제시하였으므로 실제 하도급계약을 체결하려는 계약당사자는 이 표준하도급계약서의 기본 틀과 내용을 유지하는 범위에서 이 표준하도급계약서보다 더 상세한 사항을 개별계약서에 규정할 수 있습니다.

또한 이 표준하도급계약서의 일부 내용은 현행 하도급법 및 그 시행령, 「정보통신공사업법」 및 그 시행령, 「국가를 당사자로 하는 계약에 관한 법률」 및 그 시행령 등의 일부 적용 또는 준용을 한 것이므로 계약당사자는 이들 법령이 개정되는 경우에는 개정내용에 부합되도록 기존의 계약을 수정 또는 변경할 수 있으며 특히 개정법령에 강행규정이 추가되는 경우에는 반드시 그 개정규정에 따라 계약내용을 수정하여야 합니다.

(제2쪽)

정보통신공사업종 표준하도급계약서 [전문]

1. 발　주　자 :

2. 원도급 공사명 :

3. 하도급 공사명 :

4. 공 사 장 소 :

5. 공 사 기 간 : 착공　　년　　월　　일
　　　　　　　　준공　　년　　월　　일

6. 계 약 금 액 : 일금　　　　　　원정 (₩　　　　　)
　◦공 급 가 액 : 일금　　　　　　원정 (₩　　　　　)
　[노 무 비 : 일금　　　　　　원정 (₩　　　　　)
　◦부가가치세 : 일금　　　　　　원정 (₩　　　　　)
　※ 변경 전 계약금액 : 일금　　　　　　원정 (₩　　　　　)

7. 대금의 지급

가. 선급금

◦계약체결 후 (　　)일 이내에 일금　　　　　　원정(₩　　　　　)

※ 발주자로부터 선급금을 지급받은 날 또는 계약일로부터 15일 이내 그 내용과 비율에 따름

나. 기성부분금

(1) 월 (　　)회

(2) 원사업자가 발주자로부터 기성금을 받은 날로부터 15일 또는 목적물 인수일로부터 (　　)일 이내

(3) 지급방법 : 현금　　%, 어음　　%, 어음대체　　결제수단　　%

※ 발주자로부터 지급받은 현금비율 이상 지급. 지급받은 어음 등의 지급기간을 초과하지 않는 어음 등을 교부

다. 설계변경, 경제상황변동 등에 따른 대금조정 및 지급

(1) 원사업자가 발주자로부터 조정받은 경우 조정받은 날로부터 30일 이내 그 내용과 비율에 따라 조정하고, 발주자로부터 지급받은 날로부터 15일 이내 지급

(2) 원사업자가 계약금액을 조정한 경우는 가. 또는 나. 의 기준에 따라 지급

(제3쪽)

8. 지급자재의 품목 및 수량 : 별도 첨부

9. 계약이행보증금율 :
◦ 계약금액의 (　　　)% 일금　　　　　　　　　원정(₩　　　　　　　　　)

10. 하도급대금 지급보증금 :
◦ 계약금액의 (　　　)% 일금　　　　　　　　　원정(₩　　　　　　　　　)

11. 하자담보 책임
가. 하자보수보증금율 : 계약금액의 (　　　)%
나. 하자보수보증금 : 일금　　　　　　　　　원정(₩　　　　　　　　　)
다. 하자담보 책임기간 : 하도급공사 완공일로부터 (　　　)년

12. 지체상금률 : 지연된 매일 당 계약금액의 (　　　)%

13. 비밀유지기간 :　　　년　　　월　　　일부터　　　년　　　월　　　일까지

당사자는 위 내용과 별첨 정보통신공사 표준하도급 계약서(본문), 설계도 (　　)장, 시방서(　　)책에 의하여 이 정보통신공사하도급 계약을 체결하고 계약서 2통을 작성하여 기명날인 후 각각 1통씩 가진다.

20　　　년　　　월　　　일

원사업자	수급사업자
상호 또는 명칭 :	상호 또는 명칭 :
전화번호 :	전화번호 :
주　　소 :	주　　소 :
대표자 성명 :　　　　　　(인)	대표자 성명 :　　　　　　(인)
사업자(법인)번호 :	사업자(법인)번호 :

붙임 : 정보통신공사업종 표준하도급계약서 본문(생략)

〈붙임 29〉

정보통신공사 표준도급계약서(안)

1. **공 사 명** :
2. **공사 장소** :
3. **착공년월일** : 년 월 일
4. **완공(예정)일** : 년 월 일
5. **계약금액** : 일금 원정(₩)
   가. 공급가액 : 일금 원정(₩)
   나. 부가가치세: 일금 원정(₩)
   다. 노 무 비 : 일금 원정(₩)
6. **대금지급방법**
   가. 선 급 금 : 계약체결 후 ( )일 이내에 일금 원정(₩)
   나. 기성부분금 : ( )월 1회
   다. 준 공 금 : 완공 후 ( )일 이내에 일금 원정(₩)
7. **계약이행보증금** : 일금 원정(₩), 계약금액의 ( )%
8. **하자보수보증금** : 일금 원정(₩), 계약금액의 ( )%
9. **하자보수 보증기간** : 완공일로부터 ( )년
10. **지체상금율** : 매 지체일수마다 계약금액의 (%)
11. **지급자재의 품목 및 수량** : 별도 첨부
12. **대금지급 지연이자율** : (%)
13. **기타 특약사항** :

도급인과 수급인은 합의에 따라 붙임의 계약문서에 의하여 계약을 체결하고, 신의에 따라 성실히 계약상의 의무를 이행할 것을 확약하며, 이 계약의 증기로서 계약문서를 2통 작성하여 각각 1통씩 보관한다.

붙임서류 : 1. 정보통신공사 표준도급계약 일반조건 1부.
2. 공사계약특수조건 1부.
3. 설계서 및 산출내역서 1부.

20 년 월 일

도급인		**수급인**	
상 호 :		상 호 :	
주 소 :		주 소 :	
대표자 :	(서명 또는 인)	대표자 :	(서명 또는 인)

정보통신공사 표준도급계약 일반조건[70)]

제1조(총칙) 이 계약은 「정보통신공사업법」(이하 "법"이라 한다) 제29조에 따라 발주자가 법 제14조에 따른 정보통신공사업을 등록한 자(이하 "수급인"이라 한다)에게 도급한 정보통신공사 업무수행에 필요한 상호간의 권리와 의무 등을 정함을 목적으로 한다.

제2조(정의) 도급인 등의 정의는 다음 각호와 같다.

1. "도급인"이라 함은 정보통신공사를 정보통신공사업자에게 도급하는 자를 말한다.
2. "도급"이라 함은 당사자 일방이 정보통신공사를 완성할 것으로 약정하고, 상대방이 그 일의 결과에 대하여 대가를 지급할 것을 약정하는 계약을 말한다.
3. "수급인"이라 함은 도급인으로부터 정보통신공사를 도급받는 정보통신업자를 말한다.
4. "하도급"이라 함은 도급받은 정보통신공사의 일부를 다시 도급하기 위하여 수급인이 제3자와 체결하는 계약을 말한다.
5. "하수급인"이라 함은 수급인으로부터 정보통신공사를 하도급받은 자를 말한다.
6. "설계서"라 함은 공사시방서, 설계도면, 현장설명서 및 물량내역서를 말한다.
7. "물량내역서"라 함은 공종별 목적물을 구성하는 품목 또는 비목과 동 품목 또는 비목의 규격 · 수량 · 단위 등이 표시된 내역서를 말한다.
8. "산출내역서"라 함은 물량내역서에 수급인이 단가를 기재하여 도급인에게 제출한 내역서를 말한다

제3조(법령의 준수) "도급인"과 "수급인"은 이 공사의 시공 및 계약의 이행에 있어서 정보통신공사법 등 관계법령의 제규정을 준수하여야 한다.

제4조(계약문서) ① 계약문서는 정보통신공사 도급계약서, 정보통신공사 도급계약 일반조건, 공사계약특수조건, 설계서 및 산출내역서로 구성되며, 상호 보완의 효력을 가진다.

② 이 조건이 정하는 바에 의하여 계약당사자간에 행한 통지문서 등은 계약문서로서의 효력을 가진다.

③ 이 계약조건 외에 당사자 일방에게 현저하게 불공정한 경우로서 다음 각 호의 어느 하나에 해당하는 특약은 그 부분에 한하여 무효로 한다.

1. 계약체결 이후 설계변경, 경제상황의 변동에 따라 발생하는 계약금액의 변경을 상당한 이유 없이 인정하지 아니하거나 그 부담을 상대방에게 전가하는 특약
2. 계약체결 이후 공사내용의 변경에 따른 계약기간의 변경을 상당한 이유 없이 인정하지 아니하거나 그 부담을 상대방에게 전가하는 특약
3. 본 계약의 형태와 공사내용 등 제반사정에 비추어 계약체결 당시 예상하기 어려운 내용

---

70) 「정보통신공사 표준도급계약서(안)」과 이에 첨부되는 「정보통신공사 표준도급계약 일반조건」은 협회가 관련 기관과 협의하여 마련한 바 있는 초안임.

에 대하여 상대방에게 책임을 전가하는 특약

4. 계약내용에 대하여 구체적인 정함이 없거나 당사자 간 이견이 있을 경우 그 처리방법 등을 일방의 의사에 따르도록 함으로써 상대방의 정당한 이익을 침해하는 특약
5. 계약불이행에 따른 당사자의 손해배상책임을 과도하게 경감하거나 가중하여 정함으로써 상대방의 정당한 이익을 침해하는 특약
6. 「민법」 등 관계 법령에서 인정하고 있는 상대방의 권리를 상당한 이유 없이 배제하거나 제한하는 특약

제5조(계약보증금) ① "수급인"은 계약상의 의무이행을 보증하기 위해 계약서에서 정한 계약보증금을 계약체결전까지 "도급인"에게 현금 등으로 납부하여야 한다. 다만, "도급인"과 "수급인"이 합의에 의하여 계약보증금을 납부하지 아니하기로 약정한 경우에는 그러하지 아니하다.

② 제1항의 계약보증금은 다음 각 호의 기관이 발행한 보증서로 납부할 수 있다.

1. 정보통신공사업법 제45조 제1항의 규정에 의한 각 공제조합 발행 보증서
2. 보증보험회사, 신용보증기금 등 이와 동등한 기관이 발행하는 보증서
3. 금융기관의 지급보증서 또는 예금증서

③ "수급인"은 제23조부터 제25조의 규정에 의하여 계약금액이 증액된 경우에는 이에 상응하는 금액의 보증금을 제1항 및 제2항의 규정에 따라 추가 납부하여야 하며, 계약금액이 감액된 경우에는 "도급인"은 이에 상응하는 금액의 계약보증금을 "수급인"에게 반환하여야 한다.

④ 제3항에 따라 "수급인"이 계약의 이행을 보증하는 때에는 "도급인"에게 공사대금 지급의 보증 또는 담보를 요구할 수 있으며, "도급인"이 "수급인"의 요구에 따르지 아니한 때에는 "수급인"은 15일 이내 "도급인"에게 그 이행을 최고하고 공사의 시공을 중지할 수 있다.

제6조 (계약보증금의 처리) ① 제36조제1항 각 호의 사유로 계약이 해제 또는 해지된 경우 제5조(계약보증금)의 규정에 의하여 납부된 계약보증금은 "도급인"에게 귀속한다. 이 경우 계약의 해제 또는 해지에 따른 손해배상액이 계약보증금을 초과한 경우에는 그 초과분에 대한 손해배상을 청구할 수 있다.

② "도급인"은 제37조제1항 각 호의 사유로 계약이 해제 또는 해지되거나 계약의 이행이 완료된 때에는 제4조의 규정에 의하여 납부된 계약보증금을 지체없이 "수급인"에게 반환하여야 한다.

제7조(공사감독원) ① "도급인"은 계약의 적정한 이행을 확보하기 위하여 스스로 이를 감독하거나 자신을 대리하여 다음 각 호의 사항을 행하는 자(이하 '공사감독원'이라 한다)를 선임할 수 있다.

1. 시공일반에 대하여 감독하고 입회하는 일
2. 계약이행에 있어서 "수급인"에 대한 지시 · 승낙 또는 협의하는 일
3. 공사의 재료와 시공에 대한 검사 또는 시험에 입회하는 일
4. 공사의 기성부분 검사, 준공검사 또는 공사목적물의 인도에 입회하는 일

5. 기타 공사감독에 관하여 "도급인"이 위임하는 일

② "도급인"은 제1항의 규정에 의하여 공사감독원을 선임한 때에는 그 사실을 즉시 "수급인"에게 통지하여야 한다.

③ "수급인"은 공사감독원의 감독 또는 지시사항이 공사수행에 현저히 부당하다고 인정할 때에는 "도급인"에게 그 사유를 명시하여 필요한 조치를 요구할 수 있다.

④ 제1항에 의한 공사감독원은 관계 법령에 의한 정보통신기술자 등 공사감독에 필요한 자격을 갖춘 자로 한다.

제8조(현장대리인의 배치) ① "수급인"은 착공전에 정보통신공사업법령에서 정한 바에 따라 당해공사의 주된 공종에 상응하는 정보통신기술자를 현장에 배치하고, 현장대리인으로 선임한 후 "도급인"에게 통지하여야 한다.

② 제1항의 현장대리인은 법령의 규정 또는 "도급인"이 동의한 경우를 제외하고는 현장에 상주하여 시공에 관한 일체의 사항에 대하여 "수급인"을 대리하며, 도급받은 공사의 시공관리 기타 기술상의 관리를 담당한다.

제9조(공사현장 근로자) ① "수급인"은 해당 공사의 시공 또는 관리에 필요한 기술과 인력을 가진 근로자를 채용하여야 하며 근로자의 행위에 대하여 사용자로서의 모든 책임을 진다.

② "수급인"이 채용한 근로자에 대하여 "도급인"이 해당 계약의 시공 또는 관리상 현저히 부적당하다고 인정하여 교체를 요구한 때에는 정당한 사유가 없는 한 즉시 교체하여야 한다.

③ "수급인"은 제2항에 의하여 교체된 근로자를 "도급인"의 동의 없이 해당 공사를 위해 다시 채용할 수 없다.

제10조(착공신고 및 공정보고) ① "수급인"은 계약서에서 정한 바에 따라 착공하여야 하며, 착공 시에는 다음 각 호의 서류가 포함된 착공신고서를 "도급인"에게 제출하여야 한다.

1. 정보통신공사법령에 의하여 배치하는 정보통신기술자 지정서
2. 공사예정공정표
3. 공사비 산출내역서 (단, 계약체결시 산출내역서를 제출하고 계약금액을 정한 경우를 제외한다)
4. 공정별 인력 및 장비 투입 계획서
5. 기타 "도급인"이 지정한 사항

② "수급인"은 계약의 이행중에 제1항의 규정에 의하여 제출한 서류의 변경이 필요한 때에는 관련서류를 변경하여 제출하여야 한다.

③ "도급인"은 제1항 및 제2항의 규정에 의하여 제출된 서류의 내용을 조정할 필요가 있다고 인정하는 때에는 "수급인"에게 이의 조정을 요구할 수 있다.

④ "도급인"은 "수급인"이 월별로 수행한 공사에 대하여 공정률 및 수행공사금액, 계약사항의 변경 및 계약금액의 조정내용을 명백히 하여 익월 14일까지 제출하도록 요청할 수 있으며, "수급인"은 이에 응하여야 한다.

제11조(공사기간) ① 공사착공일과 준공일은 계약서에 명시된 일자로 한다.

② "수급인"의 귀책사유 없이 공사착공일에 착공할 수 없는 경우에는 "수급인"의 현장인수

일자를 착공일로 하며, 이 경우 "수급인"은 공사기간의 연장을 요구할 수 있다.
③ 준공일은 '수급인'이 정보통신공사를 완성하고 '도급인'에게 서면으로 준공검사를 요청한 날을 말한다. 다만, 제29조(준공검사)의 규정에 의하여 준공검사에 합격한 경우에 한한다.

제12조(선급금) ① "도급인"은 계약서에서 정한 바에 따라 "수급인"에게 선급금을 지급하여야 하며, "도급인"이 선금 지급시 보증서 제출을 요구하는 경우 "수급인"은 제4조 제2항 각 호의 보증기관이 발행한 보증서를 제출하여야 한다.
② 제1항에 의한 선급금지급은 "수급인"의 청구를 받은 날부터 14일이내에 지급하여야 한다. 다만, 자금사정등 불가피한 사유로 인하여 지급이 불가능한 경우 그 사유 및 지급시기를 "수급인"에게 서면으로 통지한 때에는 그러하지 아니하다.
③ "수급인"은 선금을 계약목적달성을 위한 용도이외의 타 목적에 사용할 수 없으며, 노임지급 및 자재확보에 우선 사용하여야 한다.
④ 선급금은 기성부분에 대한 대가를 지급할 때마다 다음 방식에 의하여 산출한 금액을 정산한다.

제13조(자재의 검사 등) ① 공사에 사용할 재료는 신품이어야 하며, 품질 · 품명 등은 설계도서와 일치하여야 한다. 다만, 설계도서에 품질 · 품명 등이 명확히 규정되지 아니한 것은 표준품셈 또는 표준품셈에 상당하는 재료로서 계약의 목적을 달성하는데 가장 적합한 것이어야 한다.
② 공사에 사용할 자재중에서 "도급인"이 품목을 지정하여 검사를 요구하는 경우에는 "수급인"은 사용전에 "도급인"의 검사를 받아야 하며, 설계도서와 상이하거나 품질이 현저히 저하되어 불합격된 자재는 즉시 대체하여 다시 검사를 받아야 한다.
③ 제2항의 검사에 이의가 있을 경우 "수급인"은 "도급인"에게 재검사를 요구할 수 있으며, 재검사가 필요하다고 인정되는 경우 "도급인"은 지체없이 재검사하도록 조치하여야 한다.
④ "수급인"은 자재의 검사에 소요되는 비용을 부담하여야 하며, 검사 또는 재검사 등을 이유로 계약기간의 연장을 요구할 수 없다. 다만, 제3항의 규정에 의하여 재검사 결과 적합한 자재인 것으로 판명될 경우에는 재검사에 소요된 기간에 대하여는 계약기간을 연장할 수 있다.
⑤ 공사에 사용하는 자재중 조립 또는 시험을 요하는 것은 "도급인"의 입회하에 그 조립 또는 시험을 하여야 한다.
⑥ 수중 또는 지하에서 행하여지는 공사나 준공후 외부에서 확인할 수 없는 공사는 "도급인"의 참여없이 시행할 수 없다. 다만, 사전에 "도급인"의 서면승인을 받고 사진, 비디오 등으로 시공방법을 확인할 수 있는 경우에는 시행할 수 있다.
⑦ "수급인"은 공사수행과 관련하여 필요한 경우 "도급인"에게 입회를 요구할 수 있으며, "도급인"은 이에 응하여야 한다.

제14조(지급자재와 대여품) ① 계약에 의하여 "도급인"이 지급하는 자재와 대여품은 공사예정공정표에 의한 공사일정에 지장이 없도록 적기에 인도되어야 하며, 그 인도장소는 시방서

등에 따로 정한 바가 없으면 공사현장으로 한다.

② 제1항의 규정에 의하여 지급된 자재의 소유권은 "도급인"에게 있으며, "수급인"은 "도급인"의 서면승낙없이 현장 외부로 반출하여서는 아니된다.

③ 제1항의 규정에 의하여 인도된 지급자재와 대여품에 대한 관리상의 책임은 "수급인"에게 있으며, "수급인"이 이를 멸실 또는 훼손하였을 경우에는 "도급인"에게 변상하여야 한다.

④ "수급인"은 지급자재 및 대여품의 품질 또는 규격이 시공에 적당하지 아니하다고 인정할 때에는 즉시 "도급인"에게 이를 통지하고 그 대체를 요구할 수 있다.

⑤ 자재 등의 지급지연으로 공사가 지연될 우려가 있을 때에는 "수급인"은 "도급인"의 서면승낙을 얻어 자기가 보유한 자재를 대체 사용할 수 있다. 이 경우 "도급인"은 대체 사용한 자재 등을 "수급인"과 합의된 일시 및 장소에서 현품으로 반환하거나 대체사용당시의 가격을 지체없이 "수급인"에게 지급하여야 한다.

⑥ "수급인"은 “도급인”이 지급한 자재와 기계 · 기구 등 대여품을 선량한 관리자의 주의로 관리하여야 하며, 계약의 목적을 수행하는 데에만 사용하여야 한다.

⑦ "수급인"은 공사내용의 변경으로 인하여 필요없게 된 지급자재 또는 사용완료된 대여품을 지체없이 "도급인"에게 반환하여야 한다.

제15조(산업안전보건관리비) ① 수급인은 산업재해를 예방하기 위하여 안전시설의 설치 및 보험의 가입 등 적정한 조치를 하여야 하며, 이를 위해 도급인은 계약금액에 산업안전보건법 및 산업재해보상보험법에 따라 안전보건관리비 및 산업재해보상보험료 상당액을 계상하여야 한다.

② 공사 현장에서 발생한 산업재해에 대한 책임은 수급인에게 있다. 다만, 설계상의 하자 또는 발주자의 요구에 의한 작업으로 재해가 발생한 경우에는 도급인에 대하여 구상권을 행사할 수 있다.

제16조(근로자의 보호) ① "수급인"은 도급받은 공사가 정보통신공사법, 임금채권보장법, 고용보험법, 국민연금법, 국민건강보험법 및 노인장기요양보험법에 의하여 의무가입대상인 경우에는 퇴직공제, 임금채권보장제도, 고용보험, 국민연금, 건강보험 및 노인장기요양보험에 가입하여야 한다. 다만, "수급인"이 도급받은 공사를 하도급한 경우로서 하수급인이 고용한 근로자에 대하여 고용보험, 국민연금, 건강보험 및 노인장기요양보험에 가입한 경우에는 그러하지 아니하다.

② "도급인"은 제1항의 근로자퇴직공제부금, 임금채권보장제도에 따른 사업주부담금, 고용보험료, 국민연금보험료, 국민건강보험료 및 노인장기요양보험료를 도급내역을 기초로 보험가입에 필요한 금액을 포함하여 계약금액에 계상하여야 한다.

제17조(응급조치) ① "수급인"은 재해방지를 위하여 특히 필요하다고 인정될 때에는 미리 긴급조치를 취하고 즉시 이를 "도급인"에게 통지하여야 한다.

② "도급인"은 재해방지 기타 정보통신공사의 시공상 부득이하다고 인정할 때에는 "수급인"에게 긴급조치를 요구할 수 있다. 이 경우 "수급인"은 즉시 이에 응하여야 하며, "수급인"

이 "도급인"의 요구에 응하지 않는 경우 "도급인"은 제3자로 하여금 필요한 조치를 하게 할 수 있다.

③ 제1항 및 제2항의 안전조치에 소요된 경비는 실비를 기준으로 "도급인"과 "수급인"이 협의하여 부담한다.

제18조(공사기간의 연장) ① "도급인"의 책임있는 사유 또는 태풍 · 홍수 · 악천후 · 전쟁 · 사변 · 지진 · 전염병 · 폭동 등 불가항력(이하 "불가항력"이라고 한다.)의 사태, 원자재 수급불균형 등으로 현저히 계약이행이 어려운 경우 등 "수급인"의 책임이 아닌 사유로 정보통신공사수행이 지연되는 경우 "수급인"은 서면으로 공사기간의 연장을 "도급인"에게 요구할 수 있다.

② "도급인"은 제1항의 규정에 의한 계약기간 연장의 요구가 있는 경우 즉시 그 사실을 조사 · 확인하고 공사가 적절히 이행될 수 있도록 계약기간의 연장 등 필요한 조치를 하여야 한다.

③ 제1항의 규정에 의거 공사기간이 연장되는 경우 이에 따르는 현장관리비 등 추가경비는 제25조의 규정을 적용하여 조정한다.

④ "도급인"은 제1항의 계약기간의 연장을 승인하였을 경우 동 연장기간에 대하여는 지체상금을 부과하여서는 아니된다.

제19조(부적합한 공사) ① "도급인"은 "수급인"이 시공한 공사중 설계서에 적합하지 아니한 부분이 있을 때에는 이의 시정을 요구할 수 있으며, "수급인"은 지체없이 이에 응하여야 한다. 이 경우 "수급인"은 계약금액의 증액 또는 공기의 연장을 요청할 수 없다.

② 제1항의 경우 설계서에 적합하지 아니한 공사가 "도급인", "도급인"을 대리하는 공사감독원 또는 감리자의 요구 · 지시에 의하거나 기타 "수급인"의 책임으로 돌릴 수 없는 사유로 인한 때에는 "수급인"은 그 책임을 지지 아니한다.

제20조(불가항력에 의한 손해) ① "수급인"은 검사를 마친 기성부분 또는 지급자재와 대여품에 대하여 불가항력에 의한 손해가 발생한 때에는 즉시 그 사실을 "도급인"에게 통지하여야 한다.

② "도급인"은 제1항의 통지를 받은 경우 즉시 그 사실을 조사 · 확인하고 그 손해의 부담에 있어서 기성검사를 필한 부분 및 검사를 필하지 아니한 부분 중 객관적인 자료(감독일지, 사진 또는 동영상 등)에 의하여 이미 수행되었음이 판명된 부분은 "도급인"이 부담하고, 기타 부분은 "도급인"과 "수급인"이 협의하여 결정한다.

③ 제2항의 협의가 성립되지 않은 때에는 제42조의 규정에 의한다.

제22조(공사의 변경 · 중지) ① "도급인"이 설계변경 등에 의하여 공사내용을 변경 · 추가하거나 공사의 전부 또는 일부에 대한 시공을 일시 중지할 경우에는 변경계약서 등을 사전에 "수급인"에게 교부하여야 한다.

② "도급인"이 제1항에 따른 공사내용의 변경 · 추가 관련 서류를 교부하지 아니한 때에는 "수급인"은 "도급인"에게 도급받은 공사 내용의 변경 · 추가에 관한 사항을 서면으로 통지하여 확인을 요청할 수 있다. 이 경우 "수급인"의 요청에 대하여 "도급인"은 15일 이내에

그 내용에 대한 인정 또는 부인의 의사를 서면으로 회신하여야 하며, 이 기간내에 회신하지 아니한 경우에는 원래 "수급인"이 통지한 내용대로 공사내용의 변경·추가된 것으로 본다. 다만, 불가항력으로 인하여 회신이 불가능한 경우에는 제외한다.

③ "도급인"의 지시에 의하여 "수급인"이 추가로 시공한 공사물량에 대하여서는 공사비를 증액하여 지급하여야 한다.

④ "수급인"은 동 계약서에 규정된 계약금액의 조정사유 이외의 계약체결 후 계약조건의 미숙지, 덤핑수주 등을 이유로 계약금액의 변경을 요구하거나 시공을 거부할 수 없다.

제23조(설계변경으로 인한 계약금액의 조정) ① 설계서의 내용이 공사현장의 상태와 일치하지 않거나 불분명, 누락, 오류가 있을 때 또는 시공에 관하여 예기하지 못한 상태가 발생되거나 사업계획의 변경 등으로 인하여 추가 시설물의 설치가 필요한 때에는 "도급인"은 설계를 변경하여야 한다.

② 제1항의 설계변경으로 인하여 공사량의 증감이 발생한 때에는 다음 각 호의 기준에 의하여 계약금액을 조정하며, 필요한 경우 공사기간을 연장하거나 단축한다.

1. 증감된 공사의 단가는 제10조의 규정에 의한 산출내역서상의 단가를 기준으로 상호 협의하여 결정한다.
2. 산출내역서에 포함되어 있지 아니한 신규비목의 단가는 설계변경 당시를 기준으로 산정한 단가로 한다.
3. 증감된 공사에 대한 일반관리비 및 이윤 등은 산출내역서상의 율을 적용한다.

제24조(물가변동으로 인한 계약금액의 조정) ① 계약체결후 90일 이상 경과한 경우에 잔여공사에 대하여 산출내역서에 포함되어 있는 품목 또는 비목의 가격 등의 변동으로 인한 등락액이 잔여공사에 해당하는 계약금액의 100분의3 이상인 때에는 계약금액을 조정한다. 다만, 제18조제1항의 규정에 의한 사유로 계약이행이 곤란하다고 인정되는 경우에는 계약체결일(계약체결후 계약금액을 조정한 경우 그 조정일)부터 90일이내에도 계약금액을 조정할 수 있다.

② 제1항의 규정에 불구하고 계약금액에서 차지하는 비중이 100분의 1을 초과하는 자재의 가격이 계약체결일(계약체결후 계약금액을 조정한 경우 그 조정일)부터 90일이내에 100분의 15 이상 증감된 경우에는 '도급인'과 '수급인'이 합의하여 계약금액을 조정할 수 있다.

③ 제1항 및 제2항의 규정에 의한 계약금액의 조정에 있어서 그 조정금액은 계약금액 중 물가변동기준일 이후에 이행되는 부분의 대가에 적용하되, 물가변동이 있는 날 이전에 이미 계약이행이 완료되어야 할 부분에 대하여는 적용하지 아니한다. 다만, 제18조제1항의 규정에 의한 사유로 계약이행이 지연된 경우에는 그러하지 아니하다.

④ 제1항의 규정에 의하여 조정된 계약금액은 직전의 물가변동으로 인하여 계약금액 조정기준일(조정 사유가 발생한 날을 말한다)부터 60일 이내에는 이를 다시 조정할 수 없다.

⑤ 제1항의 규정에 의하여 계약금액 조정을 청구하는 경우에는 조정내역서를 첨부하여야 하며, 청구를 받은 날부터 30일 이내에 계약금액을 조정하여야 한다.

⑥ 제5항의 규정에 의한 계약금액조정 청구내용이 부당함을 발견한 때에는 지체없이 필요한 보완요구 등의 조치를 하여야 한다. 이 경우 보완요구 등의 조치를 통보받은 날부터 그

보완을 완료한 사실을 상대방에게 통지한 날까지의 기간은 제4항의 규정에 의한 기간에 산입하지 아니한다.

제25조(기타 계약내용의 변동으로 인한 계약금액의 조정) ① 제23조 및 제24조에 의한 경우 이외에 계약내용의 변경으로 계약금액을 조정하여야 할 필요가 있는 경우에는 그 변경된 내용에 따라 계약금액을 조정하며, 이 경우 증감된 공사에 대한 일반관리비 및 이윤 등은 산출내역서상의 율을 적용한다.

② 제1항과 관련하여 "수급인"은 제23조 및 제24조에 규정된 계약금액 조정사유 이외에 계약체결후 계약조건의 미숙지 등을 이유로 계약금액의 변경을 요구하거나 시공을 거부할 수 없다.

제26조(기성부분금) ① 계약서에 기성부분금에 관하여 명시한 때에는 "수급인"은 이에 따라 기성부분에 대한 검사를 요청할 수 있으며, 이때 "도급인"은 지체없이 검사를 하고 그 결과를 "수급인"에게 통지하여야 하며, 14일이내에 통지가 없는 경우에는 검사에 합격한 것으로 본다.

② 기성부분은 제2조 제8호의 산출내역서의 단가에 의하여 산정한다. 다만, 산출내역서가 없는 경우에는 공사진척율에 따라 "도급인"과 "수급인"이 합의하여 산정한다.

③ "도급인"은 검사완료일로부터 14일이내에 검사된 내용에 따라 기성부분금을 "수급인"에게 지급하여야 한다.

④ "도급인"이 제3항의 규정에 의한 기성부분금의 지급을 지연하는 경우에는 제30조제3항의 규정을 준용한다.

제27조(손해의 부담) "도급인"·"수급인" 쌍방의 책임 없는 사유로 공사의 목적물이나 제3자에게 손해가 생긴 경우 다음 각 호의 자가 손해를 부담한다.

1. 목적물이 도급인에게 인도되기 전에 발생된 손해 : 수급인
2. 목적물이 도급인에게 인도된 후에 발생된 손해 : 도급인
3. 목적물에 대한 도급인의 인수지연 중 발생된 손해 : 도급인
4. 목적물 검사기간 중 발생된 손해 : 도급인·수급인이 협의하여 결정

제28조(부분사용) ① "도급인"은 공사목적물의 인도전이라 하더라도 "수급인"의 동의를 얻어 공사목적물의 전부 또는 일부를 사용할 수 있다.

② 제1항의 경우 "도급인"은 그 사용부분에 대하여 선량한 관리자의 주의 의무를 다하여야 한다.

③ "도급인"은 제1항에 의한 사용으로 "수급인"에게 손해를 끼치거나 "수급인"의 비용을 증가하게 한 때는 그 손해를 배상하거나 증가된 비용을 부담한다.

제29조(준공검사) ① "수급인"은 공사를 완성한 때에는 "도급인"에게 통지하여야 하며 "도급인"은 통지를 받은 후 지체없이 "수급인"의 입회하에 검사를 하여야 하며, "도급인"이 "수급인"의 통지를 받은 후 14일 이내에 검사결과를 통지하지 아니한 경우에는 14일이 경과한 날에 검사에 합격한 것으로 본다. 다만, 불가항력으로 인하여 검사를 완료하지 못한 경우

에는 당해 사유가 존속되는 기간과 당해 사유가 소멸된 날로부터 3일까지는 이를 연장할 수 있다.

② "수급인"은 제1항의 검사에 합격하지 못한 때에는 지체없이 이를 보수 또는 개조하여 다시 준공검사를 받아야 한다.

③ "수급인"은 검사의 결과에 이의가 있을 때에는 재검사를 요구할 수 있으며, "도급인"은 이에 응하여야 한다.

④ "도급인"은 제1항의 규정에 의한 검사에 합격한 후 "수급인"이 공사목적물의 인수를 요청하면 인수증명서를 발급하고 공사목적물을 인수하여야 한다.

제30조(대금지급) ① "수급인"은 "도급인"의 준공검사에 합격한 후 즉시 잉여자재, 폐기물, 가설물 등을 철거, 반출하는 등 공사현장을 정리하고 공사대금의 지급을 "도급인"에게 청구할 수 있다.

② "도급인"은 특약이 없는 한 계약의 목적물을 인도 받음과 동시에 "수급인"에게 공사 대금을 지급하여야 한다.

③ "도급인"이 공사대금을 지급기한내에 지급하지 못하는 경우에는 그 미지급금액에 대하여 지급기한의 다음날부터 지급하는 날까지의 일수에 계약서 상에서 정한 대가지급 지연이자율(시중은행의 일반대출시 적용되는 연체이자율 수준을 감안 하여 상향 적용할 수 있다)을 적용하여 산출한 이자를 가산하여 지급하여야 한다.

제31조(폐기물의 처리 등) "수급인"은 공사현장에서 발생한 폐기물을 관계법령에 의거 처리하여야 하며, "도급인"은 폐기물처리에 소요되는 비용을 계약금액에 반영하여야 한다.

제32조(지체상금) ① "수급인"은 준공기한내에 공사를 완성하지 아니한 때에는 매 지체일수마다 계약서상의 지체상금율을 계약금액에 곱하여 산출한 금액(이하 '지체상금'이라 한다)을 "도급인"에게 납부하여야 한다. 다만, "도급인"의 귀책사유로 준공검사가 지체된 경우와 다음 각 호의 1에 해당하는 사유로 공사가 지체된 경우에는 그 해당일수에 상당하는 지체상금을 지급하지 아니하여도 된다.

1. 불가항력의 사유에 의한 경우
2. "수급인"이 대체하여 사용할 수 없는 중요한 자재의 공급이 "도급인"의 책임있는 사유로 인해 지연되어 공사진행이 불가능하게 된 경우
3. "도급인"의 귀책사유로 착공이 지연되거나 시공이 중단된 경우
4. 기타 "수급인"의 책임에 속하지 아니하는 사유로 공사가 지체된 경우

② 제1항을 적용함에 있어 제26조의 규정에 의하여 "도급인"이 공사목적물의 전부 또는 일부를 사용한 경우에는 그 부분에 상당하는 금액을 계약금액에서 공제한다. 이 경우 "도급인"이 인허가기관으로부터 공사목적물의 전부 또는 일부에 대하여 사용승인을 받은 경우에는 사용승인을 받은 공사목적물의 해당부분은 사용한 것으로 본다.

제33조(하자담보) ① "수급인"은 공사의 하자보수를 보증하기 위하여 계약서에 정한 하자보수보증금율을 계약금액에 곱하여 산출한 금액(이하 '하자보수보증금'이라 한다)을 준공검사후 그 공사의 대가를 지급할 때까지 현금 또는 제4조 제2항 각 호의 보증기관이 발행한 보증

서로서 "도급인"에게 납부하여야 한다.

② "수급인"은 "도급인"이 전체목적물을 인수한 날과 준공검사를 완료한 날 중에서 먼저 도래한 날부터 계약서에 정한 하자담보 책임기간중 당해공사에 발생하는 하자를 보수하여야 한다. 다만, 다음 각 호의 사유로 발생한 하자에 대해서는 그러하지 아니하다.

1. 공사목적물의 인도 후에 천재지변 등 불가항력이나 "수급인"의 책임이 아닌 사유로 인한 경우
2. "도급인"이 제공한 재료의 품질이나 규격 등의 기준미달로 인한 경우
3. "도급인"의 지시에 따라 시공한 경우

③ "수급인"이 "도급인"으로 부터 제2항의 규정에 의한 하자보수의 요구를 받고 이에 응하지 아니하는 경우 제1항의 규정에 의한 하자보수보증금은 "도급인"에게 귀속한다.

④ "도급인"은 하자담보책임기간이 종료한 때에는 제1항의 규정에 의한 하자보수 보증금을 "수급인"의 청구에 의하여 반환하여야 한다. 다만, 하자담보책임기간이 서로 다른 공종이 복합된 공사에 있어서는 공종별 하자담보 책임기간이 만료된 공종의 하자보수보증금은 "수급인"의 청구가 있는 경우 즉시 반환하여야 한다.

제34조(공사의 하도급 등) ① "수급인"이 도급받은 공사를 제3자에게 하도급하고자 하는 경우에는 정보통신공사업법에서 정한 바에 따라 하도급하여야 하며, 하수급인의 선정, 하도급 계약의 체결 및 이행, 하도급 대가의 지급에 있어 관계법령의 제규정을 준수하여야 한다.

② "도급인"은 정보통신공사의 시공에 있어 현저히 부적당하다고 인정하는 하수급인이 있는 경우에는 하도급의 통보를 받은 날 또는 그 사유가 있음을 안 날부터 30일이내에 서면으로 그 사유를 명시하여 하수급인의 변경 또는 하도급 계약내용의 변경을 요구할 수 있다. 이 경우 "수급인"은 정당한 사유가 없는 한 이에 응하여야 한다.

③ "도급인"은 제2항의 규정에 의하여 정보통신공사의 시공에 있어 현저히 부적당한 하수급인이 있는지 여부를 판단하기 위하여 하수급인의 시공능력, 하도급 계약 금액의 적정성 등을 심사할 수 있다.

제35조(하도급대금의 직접 지급) ① "도급인"은 "수급인"이 제34조의 규정에 의하여 체결한 하도급계약중 정보통신공사업법에서 정한 바에 따라 하도급대금의 직접 지급사유가 발생하는 경우에는 그 법에 따라 하수급인이 시공한 부분에 해당하는 하도급대금을 하수급인에게 지급한다.

② "도급인"이 제1항의 규정에 의하여 하도급대금을 직접 지급한 경우에는 "도급인"의 "수급인"에 대한 대금지급채무는 하수급인에게 지급한 한도안에서 소멸한 것으로 본다.

제36조("도급인"의 계약해제 등) ① "도급인"은 다음 각 호의 1에 해당하는 경우에는 계약의 전부 또는 일부를 해제 또는 해지할 수 있다.

1. "수급인"이 정당한 이유없이 약정한 착공기일을 경과하고도 공사에 착수하지 아니한 경우
2. "수급인"의 책임있는 사유로 인하여 준공기일내에 공사를 완성할 가능성이 없음이 명백한 경우

3. 제32조제1항의 규정에 의한 지체상금이 계약보증금 상당액에 도달한 경우로서 계약기간을 연장하여도 공사를 완공할 가능성이 없다고 판단되는 경우
4. 기타 "수급인"의 계약조건 위반으로 인하여 계약의 목적을 달성할 수 없다고 인정되는 경우

② 제1항의 규정에 의한 계약의 해제 또는 해지는 "도급인"이 "수급인"에게 서면으로 계약의 이행기한을 정하여 통보한 후 기한내에 이행되지 아니한 때 계약의 해제 또는 해지를 "수급인"에게 통지함으로써 효력이 발생한다.

③ "수급인"은 제2항의 규정에 의한 계약의 해제 또는 해지 통지를 받은 때에는 다음 각 호의 사항을 이행하여야 한다.

1. 당해 공사를 지체없이 중지하고 모든 공사용 설비장비 등을 공사현장으로 부터 철거하여야 한다.
2. 제14조의 규정에 의한 지급재료의 잔여분과 대여품은 "도급인"에게 반환하여야 한다.

제37조("수급인"의 계약해제 등) ① "수급인"은 다음 각 호의 어느 하나에 해당하는 경우에는 계약의 전부 또는 일부를 해제 또는 해지할 수 있다.

1. 공사내용을 변경함으로써 계약금액이 100분의 40이상 감소된 때
2. "도급인"의 책임있는 사유에 의한 공사의 정지기간이 계약서상의 공사기간의 100분의 50을 초과한 때
3. "도급인"이 정당한 이유없이 계약내용을 이행하지 아니함으로써 공사의 적정이행이 불가능하다고 명백히 인정되는 때
4. 제4조제4항에 따른 기간 내에 공사대금 지급의 보증 또는 담보 제공을 이행하지 아니한 때

② 제1항의 규정에 의하여 계약을 해제 또는 해지하는 경우에는 제36조제2항 및 제3항의 규정을 준용한다.

제38조(계약해지시의 처리) ① 제36조 및 제37조의 규정에 의하여 계약이 해지된 때에는 "도급인"과 "수급인"은 지체없이 기성부분의 공사금액을 정산하여야 한다.

② 제36조 및 제37조의 규정에 의한 계약의 해제 또는 해지로 인하여 손해가 발생한 때에는 상대방에게 그에 대한 배상을 청구할 수 있다. 단, 제37조제1항제4호의 해지에 따라 발생한 손해는 그 배상을 청구하지 못한다.

제39조(수급인의 동시이행 항변권) ① "도급인"이 계약조건에 의한 선금과 기성부분금의 지급을 지연할 경우 "수급인"이 상당한 기한을 정하여 그 지급을 독촉하였음에도 불구하고 "도급인"이 이를 지급치 않을 때에는 "수급인"은 공사중지기간을 정하여 도급인에게 통보하고 공사의 일부 또는 전부를 일시 중지할 수 있다.

② 제1항의 공사중지에 따른 기간은 지체상금 산정시 공사기간에서 제외된다.

③ "도급인"은 제1항의 공사중지에 따른 비용을 "수급인"에게 지급하여야 하며, 공사중지에 따라 발생하는 손해에 대해 "수급인"에게 청구하지 못한다.

제40조(채권양도) ① "수급인"은 이 공사의 이행을 위한 목적이외에는 이 계약에 의하여 발생

한 채권(공사대금 청구권)을 제3자에게 양도하지 못한다.
② "수급인"이 채권양도를 하고자 하는 경우에는 미리 보증기관(연대보증인이 있는 경우 연대보증인을 포함한다)의 동의를 얻어 "도급인"의 서면승인을 받아야 한다.
③ "도급인"은 제2항의 규정에 의한 "수급인"의 채권양도 승인요청에 대하여 승인 여부를 서면으로 "수급인"과 그 채권을 양수하고자 하는 자에게 통지하여야 한다.

제41조(손해배상책임) ① "수급인"이 고의 또는 과실로 인하여 도급받은 건설공사의 시공관리를 조잡하게 하여 타인에게 손해를 가한 때에는 그 손해를 배상할 책임이 있다.
② "수급인"은 제1항의 규정에 의한 손해가 "도급인"의 고의 또는 과실에 의하여 발생한 것인 때에는 "도급인"에 대하여 구상권을 행사할 수 있다.
③ "수급인"은 하수급인이 고의 또는 과실로 인하여 하도급 받은 공사를 조잡하게 하여 타인에게 손해를 가한 때는 하수급인과 연대하여 그 손해를 배상할 책임이 있다.

제42조(분쟁의 해결) ① 계약에 별도로 규정된 것을 제외하고는 계약에서 발생하는 문제에 관한 분쟁은 계약당사자가 쌍방의 합의에 의하여 해결한다.
② 제1항의 합의가 성립되지 못할 때에는 중재법에 따른 상사중재기관 또는 다른 법령에 의하여 설치된 중재기관에 중재를 신청할 수 있다.

제43조(특약사항) 기타 이 계약에서 정하지 아니한 사항에 대하여는 "도급인"과 "수급인"이 합의하여 별도의 특약을 정할 수 있다.

〈붙임 30〉

■ 정보통신공사업법 시행에 관한 규정 [별지 제22호서식]

〈붙임 30〉의 왼편

사업자등록번호	본사 소재지	정보통신공사업 등록번호

(　　)년도 정보통신공사 실적신고서

※「정보통신공사업법 시행령」제28조제2항 관련 증빙서류 첨부

(1) 일련번호	(2) 공사명	(3) 공사분야 (뒷면 부호 기입)	(4) 공종세분류 (뒷면 부호 기입)	(5) 공사지역 (뒷면 부호 기입)	(6) 발주자명 / (7) 원수급업체명 (등록번호) ※ 하도급업체에서 기재하며, 재하도급업체에서는 하도급업체명을 기입	(8) 발주자 분류 (뒷면 부호 기입)	(9) 하도급업체명 ※ 원수급인이 기입하며 재하도급일 경우에는 하도급업체에서 기재하되 재하도급업체명을 기입 — 등록번호	상호	(10) 계약방법 1.일반경쟁 2.제한 3.지명 4.수의	(11) 계약종류 1.원도급 2.하도급 3.자기공사	(12) 계약년월 (년/월)	(13) 착공년월 (년/월)	(14) 준공년월 (년/월)
					( )								
					( )								
					( )								
					( )								
					( )								
					( )								
					( )								
					( )								
					( )								
					( )								
888	소계												
999	합계												

〈붙임 30〉의 오른편 (앞면)

매 수		상 호	
총 매 수	순 번	대표자	㊞
		TEL	( )

(15) 전년도 미기성액 (이월공사금액) / (16) 당년도 계약액								(17) 당년도 기성액 (공 사 실 적) {(15)+(16)}-{(18)+(19)}								(18) 하도급금액 ※ 원수급인이 기입하며 재하도급일 경우에는 하도급업체에서 기재하되 재하도급금액을 기입								(19) 당년도 미기성액								(20) 발주 공고 구분 1. 분리 발주 2. 통합 발주
백억	십억	억	천만	백만	십만	만	천원	백억	십억	억	천만	백만	십만	만	천원	백억	십억	억	천만	백만	십만	만	천원	백억	십억	억	천만	백만	십만	만	천원	

〈붙임 31〉

■ 정보통신공사업법 시행에 관한 규정 [별지 제23호서식]

정보통신공사 실적증명서

※ 색상이 어두운 란은 신청인이 적지 않습니다.

접수번호	접수일자	발급일자	처리기간 즉시

신청인	상호		등록번호	
	대표자		전화번호	
	영업소소재지			

일련번호	공사명	계약 연월	착공 연월	준공 연월	전년도 이월공사액 (천원)	당년도 계약액 (천원)	당년도 기성 (천원)	하도급 금액 (천원)	당년도 미기성액 (천원)

위와 같이 정보통신공사를 시공한 실적이 있음을 증명하여 주시기 바랍니다.

년 월 일

신 청 인 (서명 또는 인)

귀 하

위 사실을 증명합니다.

수수료
없 음

년 월 일

발 주 자
등록번호 :
상 호 :
대 표 자 : (인)

작 성 방 법

1. 원수급자의 경우 하도급한 공사금액은 당년도기성액에서 제외하며, 하도급금액란에 기재함
2. 하수급자의 경우 하도급계약액은 당년도계약액란에 기재하고, 하도급공사실적은 당년도 기성액란에 기재함
3. 하도급공사인 경우 발주자는 원수급자(재하도급인 경우 하도급자)로 하며, 등록번호는 하도급(재하도급) 계약인 경우만 기재함
4. 복합공종공사의 경우 "정보통신공사" 부문의 금액만 기재함

10㎜×297㎜[백상지(80g/㎡)]

〈붙임 32〉

■ 정보통신공사업법 시행에 관한 규정 [별지 제24호서식]

정보통신공사 [ ] 하도급 / [ ] 재하도급 계약승낙신청(승낙)서

※ [ ]에는 해당되는 곳에 √표를 합니다.

수급인	상호		전화번호	
	대표자		생년월일	
	등록번호		영업소소재지	

하수급인	상호		전화번호	
	대표자		생년월일	
	등록번호		영업소소재지	

재하수급인	상호		전화번호	
	대표자		생년월일	
	등록번호		영업소소재지	

도급내용	공사명			도급액		
	계약일		착공(예정)일		준공(예정)일	

하도급 내용	공종			하도급액		
	계약(예정일)		착공(예정)일		준공(예정)일	
	하도급사유					

재하도급 내용	공종			재하도급액		
	계약(예정일)		착공(예정)일		준공(예정)일	
	재하도급사유					

「정보통신공사업법」제31조제3항에 따라 신청합니다.

년 월 일

신 청 인 (서명 또는 인)

귀하

제출서류 1. 하도급(재하도급) 계약서안 사본 1부.
2. 하수급(재하수급)인 등록수첩의 사본 1부.

위와 같이 승낙합니다.

년 월 일

발주자 (인)

210㎜×297㎜[백상지(80g/㎡)]

〈붙임 33〉

■ 정보통신공사업법 시행에 관한 규정 [별지 제24조의2호서식] (앞 쪽)

정보통신공사 착공전 설계도 확인 신청서

※ 색상이 어두운 란은 신청인이 적지 않습니다.

접수번호	접수일자	처리일자	처리기간 14 일

발주자 (건축주)	성명(기관 또는 법인명)		대 표 자	
			전화번호	
	주 소			
공사현장 명칭				
공사현장 주소				
공사의종류				
구조및용도				
건축면적		제곱미터	연면적/규모(층)	제곱미터/지하_층, 지상_층
건축허가번호			건축허가일자	
착공예정일자			준공예정일자	
설계자	상 호		정보통신 관련 분야 엔지니어링업 신고번호 (기술사사무소 등록번호)	
	대 표 자	(서명 또는 인)	전 화 번 호	
	영업소소재지			
	도급계약일자			
시공자	상 호		정보통신공사업 등록 번호	
	대 표 자	(서명 또는 인)	전 화 번 호	
	영업소소재지			
	도급계약일자			
감리자	상 호		정보통신 관련 분야 엔지니어링업 신고번호 (기술사사무소 등록번호)	
	대 표 자	(서명 또는 인)	전 화 번 호	
	영업소소재지			
	도급계약일자			

「정보통신공사업법」제36조 및 같은 법 시행령 제35조의2에 따라 착공전 설계도 확인을 신청합니다.

년 월 일

신 청 인 (서명 또는 인)

특별자치시장·특별자치도지사·시장· 군수· 구청장 귀하

신청인 제출서류	공사의 설계도 사본 1부.	수수료 없 음
담당공무원 확인사항	설계자 등록(신고)증	

작 성 방 법

◦ 연면적 및 규모 : 건축허가서상의 연면적 및 규모(지하/지상 층수) 기재
◦ 감리자는 「정보통신공사업법 시행령」 제8조에 따른 감리대상 공사만 작성합니다.

행정정보 공동이용 동의서

본인은 이 건 업무처리와 관련하여 「전자정부법」제36조제1항에 따른 행정정보의 공동이용을 통하여 위의 담당 공무원 확인사항을 확인하는 것에 동의합니다. (※ 동의하지 아니하는 경우에는 신청인이 직접 관련 서류를 제출하여야 합니다.)

설계자 주민등록번호 (외국인등록번호) (서명 또는 인)

210㎜×297㎜[백상지(80g/㎡)]

〈붙임 34〉

■ 정보통신공사업법 시행규칙 [별지 제7호서식]

정보통신공사 착공전 설계도 확인결과 통보서

발급번호 :

발주자 (건축주)		전화번호	
주 소			

용역업체		설계자 (연락처)	
주 소			

건축허가 번호		건축현장명 (소재지)	
검토의견			
보완사항			
관련 근거 (기술기준 등)			

확인자	소속		성명	(서명 또는 인)	연락처	

[ ] 「정보통신공사업법」 제36조 및 같은 법 시행령 제35조의2제3항에 따라 정보통신공사 착공전 설계도 확인 결과를 통보 합니다.

[ ] 「정보통신공사업법」 제8조 및 같은 법 시행령 제8조에 따른 감리 대상 공사임을 통보합니다.

※ 기술기준에 적합하지 않은 설계 또는 감리수행 시「정보통신공사업법」 제76조에 따라 500만원 이하의 벌금에 처해질 수 있으며, 정보통신공사 사용전검사 시 기술기준에 부적합한 사항을 보완하지 않으면 재시공 등의 불이익이 있으니 반드시 보완 후 착공하기 바랍니다.

년 월 일

특별자치시장 · 특별자치도지사 ·
시장 · 군수 · 구청장

직인

210㎜×297㎜[백상지(80g/㎡)]

〈붙임 35〉

■ 정보통신공사업법 시행규칙 [별지 제9호서식]

정보통신공사 사용전검사신청서

※ 색상이 어두운 난은 신청인이 적지 않습니다. (앞쪽)

접수번호	접수일	발급일	처리기간 14 일

신청인	성명(기관 또는 법인명)		대 표 자	
			전화번호	
	주 소			
시공자	상 호		정보통신공사업 등 록 번 호	
	대 표 자	(서명 또는 인)	전 화 번 호	
	영업소 소재지			

검사현장 명칭			
검사현장 주소			
공사의 종류	□ 구내통신선로설비 □ 이동통신구내선로설비 □ 방송공동수신설비(□ 지상파TV □ 위성방송 □ FM라디오방송 □ 종합유선방송)		
구조 및 용도			
건축면적	제곱미터	연면적/규모(층수)	제곱미터/지하_층, 지상_층
착공일	. . .	완공일	. . .
검사희망 연월일	. . .		
사용전검사필증 수령방법	□ 방문수령 □ 온라인발급[민원24아이디(ID):] ※ 아이디(ID): 컴퓨터시스템이나 통신망의 정당한 이용자임을 알아보기 위한 이용자 식별부호를 말합니다.		

「정보통신공사업법」 제36조 및 같은 법 시행령 제36조제1항에 따라 정보통신공사 사용전검사를 신청합니다.

년 월 일

신 청 인 (서명 또는 인)

특별자치시장 · 특별자치도지사 · 시장 · 군수 · 구청장 귀하

신청인 제출서류	공사의 준공설계도면 사본 1부	수수료 「정보통신공사업법 시행령」 제57조에 따른 수수료
담당 공무원 확인사항	정보통신공사업 등록증	

작 성 방 법

※ 연면적: 건축허가서상의 연면적 기재

행정정보 공동이용 동의서

본인은 이 건 업무처리와 관련하여 담당 공무원이 「전자정부법」 제36조제1항에 따른 행정정보의 공동이용을 통하여 위의 담당 공무원 확인사항을 확인하는 것에 동의합니다. (※ 동의하지 않는 경우에는 신청인이 직접 관련 서류를 제출하여야 합니다)

신청인 (서명 또는 인)

210㎜×297㎜[백상지(80g/㎡) 또는 중질지(80g/㎡)]

〈붙임 36〉

■ 정보통신공사업법 시행에 관한 규정 [별지 제28호서식]

정보통신공사 사용전검사필증

<table>
<tr><td rowspan="3">신
청
인</td><td rowspan="2">성명(기관
또는 법인명)</td><td rowspan="2"></td><td>대 표 자</td><td></td></tr>
<tr><td>전화번호</td><td></td></tr>
<tr><td>주 소</td><td colspan="3"></td></tr>
</table>

<table>
<tr><td rowspan="3">시
공
자</td><td>상 호</td><td></td><td>정보통신공사업
등 록 번 호</td><td></td></tr>
<tr><td>대 표 자</td><td></td><td>전 화 번 호</td><td></td></tr>
<tr><td>영업소소재지</td><td colspan="3"></td></tr>
</table>

<table>
<tr><td rowspan="5">검
사
결
과</td><td>검사현장명칭 및 주소</td><td colspan="4"></td></tr>
<tr><td>검사 정보통신설비</td><td colspan="4"></td></tr>
<tr><td>검사 연월일</td><td colspan="4"></td></tr>
<tr><td>검 사 자</td><td>소속</td><td></td><td>성명</td><td>(서명 또는 인)</td></tr>
<tr><td>판 정</td><td colspan="4"></td></tr>
</table>

「정보통신공사업법」제36조 및 같은 법 시행령 제36조에 따라 정보통신공사 사용전검사필증을 교부합니다.

년 월 일

시장·군수·구청장 직인

210㎜×297㎜[보존용지(1종) 120g/㎡]

〈붙임 37〉 표준품셈의 실제(2022년 적용 표준품셈의 일부)

제1장 공통사항

1-1 적용기준

1-1-1 목 적

정보통신공사업법의 적용을 받는 공사의 질적인 향상과 공사비의 적정산정 및 시공 현대화를 위하여 각종사업의 설계에 대한 일반적인 방침을 제공하는데 있다.

1-1-2 적용범위

국가, 지방자치단체 및 공공기관, 전기통신사업자(기간통신사업자, 부가통신사업자), 방송법에 의한 사업자(종합유선방송사업자, 전송망사업자, 중계유선방송사업자 등) 및 위 기관의 감독과 승인을 요하는 기관을 포함하여 발주처에서는 정보통신공사(유지보수 포함)에 본 표준품셈을 적용한다.

1-1-3 적용방법

가. 정보통신공사의 예정가격 산정은 기획재정부 계약예규 "예정가격작성기준" 제2조 및 제6조, 제34조와 행정안전부 예규 "지방자치단체 입찰 및 계약 집행기준"의 제5절 원가계산에 따른 예정가격 결정에 따라 본 표준품셈을 적용한다.

나. 본 표준품셈에서 제시된 품셈은 일일 작업시간 8시간을 기준한 것이다.

다. 본 표준품셈은 정보통신공사업법의 적용을 받는 정보통신공사중 가장 대표적이고 보편적인 공종, 공법을 기준하였으며 지역이나 기후의 특성 및 기타조건에 따라 조정 적용하되, 예정가격작성기준 제2조에 의거 부당하게 감액하거나 과잉 계상되지 않도록 한다.

라. 표준품셈 및 이 기준에 명시되지 않은 각종 사항은 각종사업을 발주하는 각 국가기관, 지방자치단체, 정부투자기관, 전기통신사업자(기간통신사업자, 부가통신사업자), 방송법에 의한 사업자(종합유선방송사업자, 전송망사업자, 중계유선방송사업자 등)를 포함하여 발주처장의 책임하에 표준품셈 및 이 기준의 목적에 부합되도록 적의 결정하여 적용한다.

마. 공사비 산정시 공사규모, 내용, 공기 및 현장조건 등을 감안하여 기계화 시공과 인력시공을 비교하여 가장 경제적이고 합리적인 공법을 채택 · 적정 산정한다. 단, 소규모공사에서 기계화시공시 기계경비가 실제 설비와 차이가 발생하는 경우는 인력시공을 우선 적용할 수 있다.

바. 본 품셈에 명시되지 않은 사항은 타부문 표준품셈(토목, 건축, 기계, 전기)을 적용하고 타부문과 유사한 공정의 품은 본 품셈을 우선하여 적용한다.

사. 방송통신발전기본법, 전기통신기본법, 전기통신사업법, 정보통신공사업법, 전기사업법, 전기공사업법, 소방법, 소방시설공사업법, 총포 · 도검 · 화약류단속법, 산업재해보상보험법, 산업안전보건법, 건설기술관리법, 대기환경보전법, 소음 · 진동관리법, 고용보험

법, 국민건강보험법, 국민연금법 등 관계법령이나 계약조건에 따라 소요되는 비용은 별도로 계상한다.

아. 본 표준품셈에 따르지 아니하고 별도로 특수품셈을 결정하여 적용할 때에는 품셈의 보완을 위하여 그 자료를 "표준품셈 관리기관"에 제출한다.

자. 장비 및 기자재의 생산단종 또는 규격변경 등으로 조사되어 일부 품셈을 삭제하였으나, 어떠한 사유로 재적용이 필요한 경우에는 삭제될 당시 표준품셈의 해당 항목을 적용하고, 시중노임은 최근 발표한 시중노임을 적용한다.

차. 제13장 정보통신설비 유지보수 및 관련공사는 1회 점검 품셈을 말한다.

카. 폐기물 처리비용은 관련 법령에 따라 별도 정산한다.

1-1-4 특정기계사용

공사를 시행하는데 있어 특정한 기계사용이 사전에 확인되었을 때는 본 기준에 의하지 않고 개별적으로 그 특성에 의한 작업능력과 제경비를 산정하여 적용할 수 있다.

1-1-5 수량의 계산

가. 수량은 M.K.S 단위를 사용한다.

나. 수량의 단위 및 소수위는 표준품셈 단위표준에 의한다.

다. 수량의 계산은 지정 소수위 이하 1위까지 구하고, 끝 수는 4사5입 한다.

라. 계산에 쓰이는 분도(分度)는 분까지, 원둘레율(圓周率), 삼각함수(三角函數) 및 호도(弧度)의 유효숫자는 3자리(3位)로 한다.

마. 곱하거나 나눗셈에 있어서는 기재된 순서에 의하여 계산하고, 분수는 약분법을 쓰지 않으며 각 분수마다 그의 값을 구한 다음 전부의 계산을 한다.
단, 계산은 1회 곱하거나 나눌 때마다 소수 3째자리에서 4사5입하여 소수 2째자리 까지로 한다. 〈예1) 0.014→0.01 / 예2) 0.015→0.02〉

바. 면적의 계산은 보통 수학공식에 의하는 외에 좌표면적계산법 · 삼사법(三斜法) · 구적기(Planimeter) 또는 전자면적계산 등에 의한다. 다만, 구적기(Planimeter)를 사용할 경우에는 3회 이상 측정하여 평균값으로 한다.

사. 체적계산은 의사공식(擬似公式)에 의함을 원칙으로 하나 토사입적은 양단면적을 평균한 값에 그 단면간의 거리를 곱하여 산출하는 것을 원칙으로 한다. 단, 거리평균법으로 고쳐서 산출할 수도 있다.

1-1-6 재료의 할증률 및 철거손실률

공사용 재료의 할증률 및 철거용 재료의 손실률은 일반적으로 다음 표의 값 이내로 한다.

○ 정보통신재

종 류	할증률(%)	철거손실률(%)
케이블랙(트레이), 덕트(Duct), 레이스웨이	5	-
구내선 및 케이블	7.5	-
외 선 케 이 블(옥외선등)	3	2.5

합성수지전선관 및 금속관(구내)	10	-
PVC, PE 또는 합성수지파형전선관(파상형 경질 폴리에틸렌)	3	-
합 성 수 지 관 소 켓	10	-
점 퍼 선	5	2.5
열수축관	5	-
25 회 선 접 속 자(커넥터 포함)	2	-
조 가 선 · 지선	4	
가 공 선 로 철 물 류 100개 미만	3	6
100개 이상	2.5	5
200개 이상	2	4
500개 이상	1.5	3
1,000개 이상	1	2
케 이 블(지하관로, 직매)	3	1.5

[해 설]

① 철거손실률이란 통신시설공사에서 철거작업시 발생하는 폐자재를 환입할 때 재료의 파손, 손실, 망실 및 일부 부식등에 의한 손실률을 말함.

② 피스표에 의한 케이블 잔량(불용)은 포함하지 않는다.

1-1-7 가설공사

가설공사비는 그 성질에 따라 계상할 수 있다.

○ 콘테이너형 가설건축물

구분	3m		6m		9m		12m	
	비계공	특별인부	비계공	특별인부	비계공	특별인부	비계공	특별인부
폭 2.4m	0.17	0.08	0.28	0.15	0.35	0.11	0.36	0.18
3.0m	0.20	0.09	0.29	0.17	0.39	0.19	0.38	0.20
3.5m	0.20	0.13	0.31	0.17	0.42	0.21	0.50	0.25
4.8m	0.25	0.13	0.38	0.19	0.47	0.24	0.70	0.35
6.0m	0.28	0.14	0.40	0.20	0.51	0.26	0.75	0.38

[해 설]

① 본 품셈은 설치 또는 해체시 각각 적용.

② 10톤 트럭탑재형크레인을 기준하였으며, 기계경비 및 콘테이너형 가설건축물의 운반비는 별도 계상.

③ 트럭탑재형크레인 사용시간은 1개 설치당 60분 기준.

④ 콘테이너형 가설건축물의 손율

구 분	3개월	6개월	12개월	24개월	36개월	48개월	60개월
손율(%)	12	16	25	38	53	70	100

⑤ 지정 및 하부구조등은 별도 계상.
⑥ 복층으로 설치할 경우 계단, 난간, 캐노피 등은 별도 계상.
⑦ 통신, 전기, 위생설비 등은 설계에 따라 별도 계상.
⑧ 특수구조의 콘테이너형 가설건축이 필요한 때에는 설계에 따라 별도 계상.

1-1-8 주요자재

가. 공사에 대한 주요자재의 관급은 「국가를 당사자로 하는 계약에 관한 법률 시행규칙」 및 기획재정부 계약예규 등 관계규정이나 계약조건에 따른다.

나. 자재구입은 필요에 따라 시방서를 작성하고 그 물건의 기능, 특징, 용량, 제작방법, 성능, 시험방법, 부속품 등에 관하여 명시하여야 한다.

다. 국내에서 생산되는 자재를 우선적으로 사용함을 원칙으로 하고 그 중에서도 과학기술정보통신부의 적합성평가제품 · KS표시품 또는 국제공인제품(ISO, UL등) 및 해당성능기준 규격에 적합한 제품을 우선한다.

라. 과학기술정보통신부의 적합성평가제품 · KS표시품 또는 국제공인제품(ISO, UL등) 및 해당성능기준 규격에 없는 제품 사용 시 공사조건에 맞는 관련 규격 및 시방(외국 규격 등) 등을 검토하여 사용하도록 한다.

1-1-9 재료시험의 결과이용

설계는 재료시험에 의하여 제원을 결정함을 원칙으로 한다.

1-1-10 공구손료

공구손료는 일반공구, 통신공사용 특수공구 및 특수시험 검사용 기구류의 손료로서 공사 중 항상 일반적으로 사용하는 것을 말하며, 직접노무비(노임할증과 작업시간 증가에 의하지 않은 품할증 제외)의 3% 계상한다.

1-1-11 경장비손료

가. 중장비에 속하지 않는 동력장치에 의해 구동되는 장비류와 각종 통신용 측정기류의 손료를 말하며 별도 계상한다.

나. 경장비의 시간당 손료에 대하여는 기계경비 산정표에 명시된 가장 유사한 장비의 제수치(내용시간, 연간표준가동시간, 상각비율, 정비비율, 연간 관리비율 등)를 참조하여 계상한다.

다. 측정기 및 시험기

구분	내 용 시 간	연간표준 가동시간	상각 비율 (%)	정비 비율 (%)	연간관리 비 율 (%)	시 간 당(10-7)			
						상각비 계 수	정 비 계 수	관리비 계 수	합 계
일반형	12,600	2,100	0.9	0.3	0.14	714	238	416	1,368
거치형	43,200	7,200	0.9	0.3	0.14	208	69	121	398

[해 설]

① 외자구입기기는 CIF(Cost, Insurance and Freight : 운임, 보험료 포함 조건) 가격을 기준으로 한다.

② 거치형 측정기 및 시험기는 동일 측정개소에서 24시간 계속 자동 측정하는 기기를 말한다.

1-1-12 잡재료 및 소모재료

잡재료 및 소모재료는 설계내역에 표시하여 계상한다.

단, 계상이 어렵고 금액이 근소한 공사의 소모품에 대해서는 직접재료비(전선, 케이블 및 배관자재)의 2 ~ 5%까지 계상한다.

① 잡재료

재료비의 산출에는 필요한 재료를 가능한 한 품목별로 계상하는 것을 원칙으로 하고 있으나 소량이나 소금액의 재료는 명세서 작성이 곤란하므로 잡재료로 일괄 계상한다. (Bolt류, Nut류, Plug류, 잡나사류, 단자류, 못 등)

② 소모재료

작업중에 소모되어 없어지거나 작업이 끝난 후에 모양이나 형태가 변하여 남아있는 재료(땜납, 토치램프용 휘발유, 테이프류, Oil, 용접봉, 산소가스 등)

1-1-13 공드럼과 발생재의 처리

재활용이 가능한 공드럼은 재활용을 원칙으로 하되, 이에 필요한 운송비, 상·하차비 등과 재활용이 불가능한 공드럼 및 산업폐기물 처리비용은「폐기물관리법」 제14조에 따라 계상한다.

※ 재활용 여부에 대한 상태판정은 공사현장에서 공사감독이 판정.

1-1-14 노 임

노임은 통계법 제17조에 의한 지정통계(승인번호 제36504호)의 시중노임을 적용한다.

1-1-15 산재보험료

산재보험료는 산업재해보상 보험법에 의거하여 적용한다.

1-1-16 제경비

공사원가에 대한 경비계상은 기획재정부 계약예규인 예정가격작성기준에 따른다.

1-1-17 소운반의 운반거리

품에 포함된 소운반거리는 20m이내의 거리이며, 소운반 거리가 20m를 초과할 경우에는 초과분에 대하여 이를 별도 계상하되 경사면의 소운반 거리는 직고 1m를 수평거리 6m의 비율로 본다.

1-1-18 운반기계의 유류산정

가. 트럭 또는 기타 운반기계로 기자재를 운반할 경우 적사에 소요되는 시간이 10분을 초과할 때에는 주행거리에 해당하는 유류만을 계상한다.

나. 손료산정에서 동력이 포함되어 있지 않는 경우에는 해당되는 디젤, 가솔린 엔진 또는 모터의 손료 및 운전경비를 적용한다.

다. 유류가격은 "석유 및 석유대체연료 사업법 · 시행령 · 시행규칙"에 따라 관계부처에서 고시하는 공개가격으로 한다.

※ 주유소 종합정보 제공시스템(http://www.opinet.co.kr/)

1-1-19 운반 및 수송

가. 운반차량의 구분

(1) 공사용 자재의 운반차량은 운반재료의 종류와 물량에 따라 결정한다. 다만, 전봇대 등 장척물의 경우는 자동차의 길이가 적재하고자 하는 장척물 길이의 10/11이상인 차종으로 한다.

(2) 화물자동차의 운반비는 화물자동차의 차량손료 방식으로 운반비를 산출한다. 다만, 가격조사기관에서 발행하는 물가정보지 가격이 있는 경우에는「전세차량비에 의한 운반비 방식」으로 산출한다.

[산정공식]

가) 전세차량비에 의한 운반비 산출

차량운반비(원) = (계산차량대수 × 전세차량비) + 총 상 · 하차임

계산차량대수 = (1/480) [T1 + T2]

T1(총 주행소요시간 : 분)

$= [(L/V1)(1 + \alpha) + L/V2] \times 60 \times N$

L : 운반거리(편도) ㎞

V1 : 적재시 평균속도 ㎞/hr

V2 : 공차시 평균속도 ㎞/hr

N(대수) : 총 운반할 자재중량 톤/사용차량의 적재능력 톤

T2 : 적상 · 하시간(분)

α : 품목별 할증률 및 할인율

① 전세차량비는 구역화물, 차종별, 전세운임 적용

② 총중량 0.5톤 미만의 운송비는 용달운임을 적용

나) 운반도로와 평균 주행속도 (㎞/hr)

도로상태	평균속도 (㎞/hr)	
	적 재	공 차
1차선의 교차가 힘든 산간지 도로	10	15
2차선 이상의 산간지 도로 및 비포장 도로	15	20
2차선 이상의 교통량 및 교통대기가 많은 시가지	20	25
포장도로(7,000대/일 이상)	25	30
2차선 이상의 교외 포장도로(2,000대/일 이상)	30	35
2차선 이상의 포장도로(2,000대/일 미만)	35	35
2차선 고속도로	50	55
4차선 고속도로 (편도 교통량 1일 40,000대 미만)	60	60

다) 운반과정에서 물량형편으로 화물자동차 1대분에 미달하여 단수가 생길 때에는 1대분으로 계상한다.

(3) 화물자동차 차량손료 방식 운반비 산출

(가) 차량운반비 = 자재운반비 + 대기료 + 총 상하차임

① 자재운반비 = 차종별 운행시간당 손료 × 총 주행시간(H1)

○ 차종별 운행시간당 손료 = 시간당 차량손료 + 시간당 유류비 + 시간당 운전사노임

- 시간당 차량손료 = 차량가격(공장도 가격) × (상각비계수 + 정비비계수 + 관리비계수) × 10 − 7

- 시간당 유류비 = 시간당 주연료소모량 × 유류단가 × (1 + θ)
  단, θ : 잡품률

- 시간당 운전사노임 = 운전사 노임 × $(\frac{1}{8}$ × 휴지계수 × 상여율, 퇴직급여충당금)

○ H1(총주행시간 : hr) = $(\frac{L}{V1} + \frac{L}{V2}) \times N$

L : 운반거리(편도) km

V1 : 적재시 평균속도 km/hr

V2 : 공차시 평균속도 km/hr

N(대수) : $\frac{\text{총운반할자재중량(톤)}}{\text{사용차량의 적재능력(톤)}}$

② 대기료 = 차종별 대기 시간당손료 × 적상하 시간(H2)

○ 차종별 대기 시간당 손료 = 시간당 차량손료 + 시간당 운전사노임

※ 대기시간 : 자재를 적상하 하는 동안 차량이 대기하고 있는 시간
(원활한 자재 적상하를 위해 차량위치 이동 주정차 시간 포함)

○ H2 : 적상하 시간(hr)

③ 총 상하차임 = 인력 상 · 하차 가능여부 적용

구분	품셈적용	비 고
인력 상 · 하차 가능	품셈적용(1-1-21) 품종별 적상하 기준적용	
인력 상 · 하차 불가	장비사용료 + 보통인부(2인) 적용	

[해 설]

㉮ 일정한 평지에서 20m내 소운반 작업이 포함되어 있음

㉯ 작업에는 적상 · 적하시의 정리작업이 포함되어 있음

(나) 화물자동차 차량손료 및 운전경비 산정 : "제10장 기계경비 산정"품셈 적용
※ 토공사(터파기, 되메우기 및 잔토처리 등)공정은 덤프트럭 기계경비 적용

나. 수 송 비

건설용 기계의 공사 현장까지의 왕복 수송비는 건설공사장에서 가장 가까운 도청소재지(특별시, 광역시 포함)로부터 공사현장까지의 수송에 필요한 경비(공인된 수송비, 인건비 등 포함)를 계상한다.

다. 운전사의 구분

구분	해당 기계
건설기계 운전사	건설기계관리법 시행령 제2조에 규정한 기계로서 다음과 같은 기종을 말한다. 불도저, 굴삭기, 로더, 지게차, 스크레이퍼, 덤프트럭(12톤 이상), 기중기(차륜 및 무한궤도), 모터 그레이더, 롤러, 노상안전기, 콘크리트뱃싱플랜트, 콘크리트피니셔, 콘크리트살포기, 콘크리트믹서트(혼합장치를 가진 자주식인 것), 콘크리트펌프(5㎥이상), 아스팔트믹싱플랜드, 아스팔트피니셔, 아스팔트살포기, 골재살포기, 쇄석기, 공기압축기(2.83㎥/min이상)천공기, 항타 및 항발기(0.5톤 이상), 사리채취기, 준설선, 특수건설기계, 타워크레인, 크레인, 오가, 기타 이와 유사한 구조 및 기능을 가진 기계류로서 국토교통부장관이 따로 정하는 것.
화물차운전사	자동차관리법시행규칙 제2조에 규정한 차량류로서 12톤미만의 덤프트럭, 화물트럭, 살수차, 트랙터, 제설차, 노면청소차, 트럭탑재형크레인, 화물자동차, 레카, 고속작업트럭, 맨홀 및 수공 크리닝차량, 터널용 고소작업차, 기타공업용 소형트럭 등을 말한다.
일반기계운전사	건설기계관리법 및 자동차관리법에 규정되어 있지 아니한 기계류로서, 소형의 공기압축, 양수기, 소형믹서, 윈치, 소형항타기, 소형그라우트 펌프, 벨트콘베이어, 발전기, 램머, 콤팩터, 콘크리트파쇄기, 광코어공압포설기, 엔진, 드론, 코어드릴, 기타 소형기계 등을 말한다.

라. 운전사 노임

운전사[건설기계운전사, 화물차운전사, 일반기계운전사, 건설기계조장 및 보통인부 포함]의 노임은 상시 고용일 경우 월정액을 지급함을 원칙으로 하며, 원가계산에 의한 예정가격 작성기준(기획재정부 계약예규)에 의거 계상한다.

1-1-20 분해 조립비

분해 및 조립을 필요로 하는 기계는 이에 소요되는 경비를 계상한다.

1-1-21 인력운반 및 적상 · 하 기준

가. 인부(지게) 운반과 장대물, 중량물 등 인력 운반비 산출공식

(1) 기본공식

운반비 = A/T × M × {(60 × 2 × L/V) + t}

A : 인력운반공의 노임{인부(지게) 운반일 경우 보통인부의 노임}

T : 1일 실작업시간(분)

장대물, 중량물등 인력운반 : 360분, 인부(지게)운반 : 430분

M : 필요한 인원수 {M = 총 운반량(㎏)/1인당 1회 운반량(㎏)}

L : 운반거리(㎞)

V : 왕복평균속도(㎞/hr)

t : 준비작업시간(2분) - 1회 운반량은 40㎏/인

(2) 왕복평균속도

구 분	장애물, 중량물등 인력운반, 왕복평균속도	인부(지게)운반 왕복평균속도
도로상태 양호	2㎞/hr	3㎞/hr
도로상태 보통	1.5㎞/hr	2.5㎞/hr
도로상태 불량	1㎞/hr	2㎞/hr
물논, 도로가 없는 산림지 및 숲이 우거진 지역	0.5㎞/hr	1.5㎞/hr

[도로상태 구분]

양호 : 운반로가 평탄하며 보행이 자유롭고 운반상 장애물이 없는 경우

보통 : 운반로가 평탄하지만 다소 운반에 지장이 있는 경우

불량 : 보행에 지장이 있는 운반로의 경우 습지, 모래길, 자갈길, 암반 등 지장이 있는 운반로의 경우

(3) 경사지 운반 환산계수(α)

경사도	%	10	20	30	40	50	60	70	80	90	100
	각도	6	11	17	22	27	31	35	39	42	45
환산계수(α)		2	3	4	5	6	7	8	9	10	11

㈜ 경사지 환산거리 : $\alpha \times L$

나. 품종별 적상 · 하 기준

종류	단위	직종	적상	적하
콘 크 리 트 전 봇 대	기	보통인부	0.38	0.25
애 자 류	톤	〃	0.21	0.15
철 재 류	〃	〃	0.15	0.12
전 선 류	〃	〃	0.47	0.31
시 멘 트	〃	〃	0.18	0.13

[해 설]

① 장비를 사용할 때에는 별도계상.

② 7m, 8m 및 9m 콘크리트 전봇대도 이에 적용하며, 특수전봇대(640㎏이상)는 이 품의 100% 가산.

1-1-22 경운기 운반 및 적상 · 하 시간 기준

가. 경운기 운반비 산출공식

(1) 기본공식

운반비 = A × M[(L/V1 + L/V2 + T + T1)/60] 여기에서

A : 경운기 기계경비(시간당)-토목품셈 제11장 기계경비 산정편 적용 (운전원, 적상하시 보통인부 및 연료비는 별도 계상)

M : 필요한 경운기 대수 [M = 총운반량(kg)/ 1대당 1회 운반량(kg)]

L : 운반거리(m)

V1 : 적재시 속도(m/분)

V2 : 공차시 속도(m/분)

T : 적상적하시간(분)

T1 : 준비 작업시간(3분/1회)

(1회 운반량은 1,000㎏/대당)

(2) 적재 · 공차시 속도

구분 / 종류	평균 주행 속도(m/분)									
	적재(V1)					공차(V2)				
	양호	보통	불량	매우 불량	극히 불량	양호	보통	불량	매우 불량	극히 불량
토사류 · 석재류	83	57	35	15	5	117	83	57	17	5
애 자 류	69	52	31	15	5	117	83	57	17	5
철재류 · 금구류	77	54	32	15	5	117	83	57	17	5
시 멘 트 류	76	55	31	15	5	117	83	57	17	5

[도로상태 구분]

양　　호 : 운반로가 경사 또는 기울기가 없고 평탄할 경우
보　　통 : 운반로가 약간 요철이 있는 경우
불　　량 : 운반로가 습지, 모래질, 자갈질, 암반 등 운반에 지장이 있을 경우
매우불량 : 운반로가 임야지로 진입로 개설 개소로서 경사도 7~15%일 경우
극히불량 : 운반로가 임야지로 진입로 개설 개소로서 경사도 15%초과일 경우

(3) 경사지 운반 환산 계수(α) : 1-25 인력운반 및 적상 · 하 기준 가.(3)항 적용

나. 품종별 적상 · 하 기준

품종	단위	편성 인원	시간(분)		보통인부
			적상	적하	
토 사 류	톤	2인	12	10	0.092
석 재 류	톤	2인	15	11	0.108
애 자 류	톤	6인	13	9	0.31
철재 및 금구류	톤	6인	12	8	0.25
시 멘 트 류	톤	6인	15	10	0.31

[해 설]

① 삽 작업이 가능한 토석재를 기준한다.
② 절취는 별도 계상한다.

1-1-23 시공직종

가. 기 술 자

(1) 통신기술자(통신관련기사, 통신관련산업기사)의 품은 표준품셈에 명시된 바에 따라

계상한다.

(2) 직접 작업에 종사하지 않으나 공사현장에서 보조작업에 종사하는 감독, 공사 관리자, 현장사무소 직원 등 간접인력에 대한 품은 계약예규의 간접 노무비율 범위내에서 계상한다.

(3) 통신관련기사 및 통신관련산업기사의 적용구분은 관계법령 또는 규정에 따라 계상한다.

(4) 통신관련기사 및 통신관련산업기사의 직종구분과 자격에 대하여는 국가기술자격법에 준한다.

○ 통신관련기사 : 정보통신공사업법상의 통신기술자격자(기사)로서 전기통신설비의 시험·측정·조정·유지보수 등에서 종사하는 사람. (광단말장치 및 광중계장치 제외)

○ 통신관련산업기사 : 정보통신공사업법상의 통신기술자격자(산업기사)로서 전기통신설비의 시험·측정·조정·유지보수 등에서 종사하는 사람. (광단말장치 및 광중계장치 제외)

나. 기 능 공

직종	내 용
통신관련기능사	정보통신공사업법상의 통신기술 자격자(기능사)로서 정보통신 설비의 유지보수 및 엔지니어링 업무보조자로 종사하는 사람
통신외선공	전봇대, PE내관(전선관)포설, 조가선, 나선로 등의 시공 및 보수업무에 종사하는 사람
통신내선공	구내통신 배관 및 배선, 박스, 단자함 등을 시공 또는 유지보수 등의 업무에 종사하는 사람
통신설비공	무선기기 및 반송기기, 영상·음향·정보·제어설비 등의 시공 및 유지보수 업무에 종사하는 사람
통신케이블공	각종 동선케이블의 가설, 포설, 접속, 연공, 시험 및 유지보수 등의 업무에 종사하는 사람
무선안테나공	무선통신설비의 철탑, 안테나, 급전선의 설치와 짐김, 보수, 도색 등 유지보수 업무에 종사하는 사람

다. 특수기술자

직종	내 용
H/W시험사	전자교환기, 기지국, 컴퓨터시스템의 기계설비(하드웨어 포함)의 설치, 시험, 분석, 운영, 시공지도, 유지보수 등의 업무에 종사하는 사람
S/W시험사	전자교환기, 기지국, 컴퓨터시스템(CPU 등 포함)의 소프트웨어 및 프로그램 설계, 작성, 입력, 시험, 분석, 설치, 유지보수 등의 업무에 종사하는 사람
광케이블설치사	광케이블의 포설, 접속, 성단, 시험 및 광전송장치(단말장치, 중계기 포함)의 설치, 각종시험, 교정 및 유지보수 등의 업무에 종사하는 사람

1-1-24 자재보관 및 관리품

통신공사에 소요되는 자재보관 및 관리품은 필요에 따라 별도 가산한다.

1-1-25 공장가공 간접비

가. 철물, 철재, 강재 등을 공장에서 가공시의 공장간접비는 소재관급시는 직접 노무비의 75%까지, 소재업자 부담시는 직접 공사비의 17%까지 계상할 수 있다.

나. 공장간접비 = 간접재료비 + 간접노무비 + 간접경비 + 시험비 + 도면비 등

다. 직접공사비 = 직접재료비 + 직접노무비

1-1-26 종합시운전 및 조정비

공사 완료 후 각 기기의 단독 시운전이 끝난 다음에 장치나 시스템 전체의 종합적인 시운전 및 조정을 위하여 필요한 품셈은 별도 계상한다.

1-1-27 교통안전시설

공정	단위	보통인부
교통콘(라바콘)	100m	0.15
표지판	개소	0.05
경광등	〃	0.15
안전유도로봇	〃	0.15
신호수	“	0.50

[해 설]

① 교통안전시설 설치는 단방향 차단의 경우로 철거를 포함하며, 양방향 차단으로 교대통행을 하는 경우에는 본 품셈의 200% 적용.

② 표지판은 도로공사중 공사 및 주의표지판 등을 의미함.

③ 교통콘(라바콘) 설치 개수는「도로 공사장 교통관리지침」에 따름.

④ 안전유도로봇 및 경광등 설치는 조립 및 설치, 전원케이블 결선 품셈을 포함.

⑤ 경광등 설치는 거치형 기준으로 차량탑재형은 기계경비 별도 계상.

1-1-28 용어의 정의

용 어	설 명
가산(加算)	더하여 셈함
계상(計上)	계산하여 올림
추가(追加)	나중에 더 보탬

제 2 장 관로 · 전봇대 공사

2-1 관 로

2-1-1 PVC관

(단위 : 본(6m))

규격	통신외선공	보통인부
ø 30㎜ 이하	0.06	0.17
ø 50㎜ 〃	0.07	0.18
ø 80㎜ 〃	0.08	0.22
ø 100㎜ 〃	0.10	0.26
ø 150㎜ 〃	0.12	0.32
ø 200㎜ 이하	0.14	0.38
ø 250㎜ 〃	0.19	0.51
ø 300㎜ 〃	0.21	0.56

[해 설]

① 콘크리트 트로프(Trough) 설치, 흄관 및 강관 부설도 본 해설을 적용하며 터파기, 되메우기 및 잔토처리(현장 밖으로 처리할 경우 운반비 및 적상, 적하비용은 별도 계상)는 별도 계상.

② 2열동시 180%, 3열 260%, 4열 340%, 4열 초과하는 경우 초과 1열당 80% 가산.

③ 접착제에 의한 접합 또는 콘크리트 타설에 의한 수평조정등은 본 품셈에 포함되었으며(콘크리트 타설품은 별도), 나사이음식접합은 본 품셈의 130% 적용.

④ 교량첨가 및 지하작업의 위험할증률 적용은 별도 계상.

⑤ 관 들어올리기나 내리기는 본 품셈을 각각 적용하고, 관 보호용 반원흄관 설치는 "2-1-4-2 반원흄관 및 강관" 적용.

⑥ 관 들어올리기나 내리기 시 인력 터파기, 되메우기, 다지기 공정 등은 2-1-8-1 인력 터파기 및 2-1-9 다지기 품셈을 적용하고, 포크레인, 덤프트럭 및 화물자동차 등을 사용하는 경우 기계경비는 "1-4 기계경비 산정기준" 품셈 적용.

※ 관 들어올리기 : 다른 시설 공사 등으로 인해 기설 선로설비의 위치이동이 불가피한 경우 관의 해체, 분리 등의 작업 없이 관을 지상으로 드러내어 임시로 위치를 이동시키는 것.(관 내리기는 기존 매입되어 있던 대로 원상 복구하는 공정을 말함)

⑦ 철거.(불용 50%, 재사용 80%)

2-1-2 PVC관 절개 및 절단

규격	단위	통신외선공	보통인부
100㎜	m	0.17	0.20
80㎜	〃	0.13	0.16
50㎜	〃	0.08	0.10

[해 설]

① 본 품셈은 인·수공 확대시 케이블이 수용된 PVC관을 절개하여 절단하는 품셈임.

② 케이블이 수용되지 않은 PVC관은 본 품셈의 15% 적용.

2-1-3 합성수지관(파형관 포함)

(단위 : 10m)

규 격	통신외선공	보통인부
16㎜ 이하	0.05	0.12
30㎜ 〃	0.07	0.14
50㎜ 〃	0.12	0.29
80㎜ 〃	0.15	0.35
100㎜ 〃	0.18	0.57
125㎜ 〃	0.25	0.77
150㎜ 〃	0.30	0.97
175㎜ 〃	0.36	1.17
200㎜ 〃	0.41	1.29

[해 설]

① 본 품셈은 롤(Roll)식으로 감겨있는 합성수지관(파형관 포함)을 지중포설하는 것을 기준한 것으로 터파기, 되메우기 및 잔토처리 품셈은 별도 계상.

② 내관이 있는 경우 내관이음은 개소당 통신케이블공, 통신외선공, 보통인부 각각 0.12인 적용.

③ 나사이음식 접합 또는 볼트너트 이음식 접합은 개소당 통신외선공 0.12, 보통인부 0.12 적용.

④ 2열동시 180%, 3열 260%, 4열 340%, 4열 초과하는 경우 초과 1열당 80% 가산.

⑤ 내관이 있는 합성수지관(파형관, 마이크로덕트 포함)도 본 품셈 적용.

⑥ 철거(불용 50%, 재사용 80%).

2-1-4 흄관 및 강관

2-1-4-1 흄 관

(단위 : 10m)

규 격(외경)	통신외선공	보통인부
76.3㎜ 이하	0.29	0.59
114.3㎜ 〃	0.41	0.81
165.2㎜ 〃	0.46	0.92
216.3㎜ 〃	0.57	1.13
267.4㎜ 〃	0.76	1.53
318.5㎜ 〃	1.00	1.99
406.4㎜ 〃	1.25	2.49

[해 설]

① 철거(불용 50%, 재사용 80%).

2-1-4-2 반원흄관 및 강관

(단위 : 10m)

규 격(외경)	통신외선공	보통인부
76.3㎜ 이하 114.3㎜ 이하	0.43 0.51	0.87 1.01
165.2㎜ 이하 216.3㎜ 이하	0.63 0.74	1.25 1.48
267.4㎜ 이하 318.5㎜ 이하	1.00 1.10	1.99 2.20

[해 설]

① 나사이음식과 용접식 접합시는 본 품셈의 150% 적용.

② 그 외는 "2-1-1 PVC관" 해설항 적용.

2-1-5 도관전선관

(단위 : 10m)

규 격	통신외선공	보통인부
76㎜ 이하	0.43	0.43
115㎜ 이하	0.50	0.50

[해 설]

① 본 품셈은 철도주변에 도관전선관을 조립하여 설치하는 품셈이며, 방음벽 등에 고정할 경우에는 본 품셈의 130% 적용.

② 운전빈도별 및 교량, 터널 작업의 위험할증 등 품의 할증 적용은 별도 계상.

③ 그 외는 "2-1-1 PVC관" 해설항 적용.

④ 해체 및 재접속하는 경우에는 본 품셈의 80% 적용.

⑤ 철거(불용 50%, 재사용 80%).

2-1-6 경고표시 테이프 및 매설표지판

공 정	단 위	보통인부
경고표시 테이프	100m	0.13
케이블 매설표지판	개	0.08

[해 설]

① 경고표시 테이프 단위길이는 경고테이프 길이임.

② 철거 30% 적용.

2-1-7 통신용 관로 등 청소

공정	단위	통신외선공	보통인부
통신용 관로청소 인·수공 청 소 토로프 청소	100m 기 10m²	0.44 0.17 -	0.60 0.17 0.08

[해 설]

① 통신용 관로란 콘크리트관, 합성수지관, 철관, 흄관 등을 말함.

② 트로프 청소시 뚜껑 여닫이는 별도 계상.

2-1-8 터파기

2-1-8-1 인력 터파기

(단위 : m³)

공정	직종	깊이 1m 미만	1m 이상 ~ 2m 미만	2m 이상 ~ 3m 미만
보통토사	보통인부	0.20	0.27	0.34
경질토사	보통인부	0.26	0.35	0.44
고사점토 및 자갈섞인 토사	보통인부	0.32	0.43	0.54
호박돌 섞인토사	보통인부	0.57	0.77	0.97
연암 및 풍화암	특별인부	1.60	1.80	2.00
	보통인부	0.80	0.90	1.00
보통암	특별인부	2.40	2.60	2.80
	보통인부	1.20	1.30	1.40
경 암	특별인부	4.40	6.10	7.80
	보통인부	1.80	2.50	3.20

[해 설]

① 본 품셈은 소운반이 수반되지 아니하는 구조물의 터파기 또는 이에 준하는 굴착에 한하며, 소운반이 필요할 때는 별도 계상.

② 본 품셈에는 흙막기 및 물푸기는 별도 계상.

③ 협소한 장소와 용수가 있는 곳은 본 품셈의 50% 가산하고, 수중의 터파기는 200% 적용.

④ 주위에 장애물(가시설물, 인접건물 및 기타시설물)이 있을 때와 협소한 독립기초파기 때에는 본 품의 50% 가산.

⑤ 깊이 3m 이상의 터파기는 본 품셈의 터파기 깊이에 비례하여 적용.

⑥ 화강암 풍화토에 대하여는 현지 실정에 맞게 별도 계상.
⑦ 되메우기는 m³당 보통인부 0.1인 별도 계상.
⑧ 현장 내에서는 소운반하여 깔고 고르는 잔토처리는 m³당 보통인부 0.2인 별도 계상.

2-1-8-2 기계사용 터파기

(단위 : m³)

공 정	특별인부	보통인부	공기압축기 (시간)	소형브레이커 (시간)	비 고
풍화암	0.33	0.16	0.30	1.26	공기압축기 7.1m³/min 페이브멘트브레이커 25kg급 4대 기준
연 암	0.41	0.21	0.48	1.68	
보통암	0.58	0.29	0.60	2.40	
경 암	0.94	0.48	0.96	3.90	

[해 설]
① 버럭적재 및 운반은 별도 계상.
② 잡재료는 인력품의 1%까지 적용.
③ 소형브레이커 등 기계장비 사용 시 기계경비는 "1-4 기계경비 산정기준" 품셈 적용.

2-1-9 다지기

공정	단 위	성토두께(㎝)	보통인부
토 사	m³	15	0.14
	〃	30	0.11
점 토	m³	15	0.25
	〃	30	0.19

[해 설]
① 본 품셈은 인력 흙 다지기 기준으로 흐트러진 상태의 흙의 두께를 깔아서 토량을 기준으로 한 것임.
② 흙 고르기를 포함.
③ 물 뿌리기 품셈은 물의 운반거리에 따라 별도 계상.
④ 기계 병용 시(유압식 전동 콤펙터 등) 본 품의 80% 적용.

〈붙임 38〉 표준시장단가의 실제(2022년 적용을 발표한 426개 공종의 일부)

대분류 C 통 신 배 관 공 사

■ BA******1 관로

공종코드	공종명칭	규 격	단위	적용단가	노무비율
BA3030001	ELP전선관	50㎜	m	5,479	85.75%
BA5030001	COD관	28-5공	m	56,264	74.88%

【단가정의】

① 이 단가는 구내통신(공동주택)분야에 적용하며, 지중포설시 적용한다.
② 터파기, 되메우기 및 잔토처리는 별도 계상한다.
③ 이 단가는 재료비를 포함한다.

■ CA******1 구내통신배관

공종코드	공종명칭	규 격	단위	적용단가	노무비율
CA1120001	경질비닐전선관	HI-PVC 16㎜, 콘크리트 매입	m	9,302	94.45%
CA1130001	경질비닐전선관	HI-PVC 22㎜, 콘크리트 매입	m	11,388	94.64%
CA1140001	경질비닐전선관	HI-PVC 28㎜, 콘크리트 매입	m	14,849	93.01%
CA1150001	경질비닐전선관	HI-PVC 36㎜, 콘크리트 매입	m	19,021	92.60%
CA1160001	경질비닐전선관	HI-PVC 42㎜, 콘크리트 매입	m	24,098	92.79%
CA1170001	경질비닐전선관	HI-PVC 54㎜, 콘크리트 매입	m	35,739	92.80%
CA1370001	경질비닐전선관	HI-PVC 54㎜, 지중매설	m	26,811	90.63%
CA2320001	합성수지제 가요전선관	CD-P 16㎜, 지중매설	m	6,430	94.21%
CA2330001	합성수지제 가요전선관	CD-P 22㎜, 지중매설	m	6,685	92.54%
CA2340001	합성수지제 가요전선관	CD-P 28㎜, 지중매설	m	8,294	91.55%
CA2350001	합성수지제 가요전선관	CD-P 36㎜, 지중매설	m	10,054	91.22%
CA2360001	합성수지제 가요전선관	CD-P 42㎜, 지중매설	m	10,698	90.92%
CA3121001	합성수지제 가요전선관	CD 16㎜, 콘크리트 매입, 난연	m	5,953	94.47%
CA3131001	합성수지제 가요전선관	CD 22㎜, 콘크리트 매입, 난연	m	7,219	93.69%

CA3141001	합성수지제 가요전선관	CD 28㎜, 콘크리트 매입, 난연	m	10,757	94.04%
CA3221001	합성수지제 가요전선관	CD 16㎜ 콘트리트 노출, 난연	m	6,377	95.02%
CA3231001	합성수지제 가요전선관	CD 22㎜ 콘트리트 노출, 난연	m	8,135	94.57%
CA4220001	강제전선관	16㎜, 콘크리트 노출	m	15,707	86.12%
CA4230001	강제전선관	22㎜, 콘크리트 노출	m	21,626	86.94%
CA4240001	강제전선관	28㎜, 콘크리트 노출	m	27,911	86.74%
CA4250001	강제전선관	36㎜, 콘크리트 노출	m	38,992	88.02%
CA4260001	강제전선관	42㎜, 콘크리트 노출	m	48,461	88.72%
CA4270001	강제전선관	54㎜, 콘크리트 노출	m	66,076	88.14%
CA5220201	금속제 가요전선관	16㎜, 콘크리트 노출, 일반비방수	m	8,104	93.25%
CA5230201	금속제 가요전선관	22㎜, 콘크리트 노출, 일반비방수	m	10,245	92.32%
CA5240201	금속제 가요전선관	28㎜, 콘크리트 노출, 일반비방수	m	12,632	92.73%
CA8000001	배관결로방지제	누화방지포함	개	1,954	97.00%

【단가정의】

① 이 단가는 구내통신(공동주택)분야에 적용하며 관의 절단, 나사내기, 구부리기, 나사조임, 관내청소, 점검 작업을 포함한다.

② 커플링, 부싱, 커넥터, 로크너트 등 부속자재를 포함한다.

③ 노말밴드는 실소요량을 별도 계상한다.

④ 지중매설의 경우 굴착, 되메우기, 잔토처리는 별도 계상한다.

⑤ 이 단가는 재료비를 포함하며, 배관결로방지제는 재료비를 제외한다.

■ CB******1 박스

공종코드	공종명칭	규 격	단위	적용단가	노무비율
CB2311011	스위치박스	PVC, 1개용, 44㎜	개	28,001	94.84%
CB2322011	스위치박스	PVC, 2개용, 54㎜	개	28,548	93.61%
CB3010011	감지기박스	2방출, 매입	개	7,799	94.47%
CB3010021	감지기박스	2방출, 노출	개	8,767	94.77%
CB6100001	박스지지용 보강재 및 보양재	함체크기 300mm 이하	개	3,548	77.21%
CB6200001	박스지지용 보강재 및 보양재	함체크기 300mm 초과	개	7,323	76.50%

【단가정의】

① 이 단가는 구내통신(공동주택)분야에 적용한다.

② 이 단가는 재료비를 포함한다.

■ CC******1 풀박스

공종코드	공종명칭	규 격	단위	적용단가	노무비율
CC1112301	풀박스	STEEL, 70㎜x150㎜x100㎜, 매입	개	38,338	92.07%
CC1121201	풀박스	STEEL, 100㎜x100㎜x75㎜, 매입	개	38,216	93.16%
CC1121301	풀박스	STEEL, 100㎜x100㎜x100㎜, 매입	개	38,197	90.99%
CC1132301	풀박스	STEEL, 150㎜x150㎜x100㎜, 매입	개	41,051	88.31%
CC1143301	풀박스	STEEL, 200㎜x200㎜x100㎜, 매입	개	42,020	84.19%
CC1143401	풀박스	STEEL, 200㎜x200㎜x150㎜, 매입	개	43,268	82.20%
CC1165301	풀박스	STEEL, 300㎜x300㎜x100㎜, 매입	개	66,953	82.05%
CC1165501	풀박스	STEEL, 300㎜x300㎜x200㎜, 매입	개	88,589	81.97%
CC1165731	풀박스	STEEL, 300㎜x300㎜x300㎜, 도어/연결형,매입	개	107,846	70.28%
CC11A5501	풀박스	STEEL, 500㎜x300㎜x200㎜, 매입	개	116,458	79.07%
CC11A9701	풀박스	STEEL, 500㎜x500㎜x300㎜, 매입	개	176,317	78.04%
CC11M7901	풀박스	STEEL, 1,200㎜x400㎜x400㎜, 매입	개	451,233	69.41%
CC2187911	풀박스	STEEL, 400㎜x400㎜x400㎜, 도어형, 노출	개	191,419	71.46%
CC21A7911	풀박스	STEEL, 500㎜x400㎜x400㎜, 도어형, 노출	개	200,146	69.05%
CC21G7911	풀박스	STEEL, 800㎜x400㎜x400㎜, 도어형, 노출	개	228,198	75.33%

【단가정의】

① 이 단가는 구내통신(공동주택)분야에 적용한다.

② 이 단가는 재료비를 포함한다.

〈붙임 39〉 중대재해법에 의한 사업주의 점검사항(안)

1. 일일 점검사항

점 검 사 항
작업 전 공종별 근로자(종사자 포함) TBM(안전미팅) 실시·확인 ※ TBM : Tool Box Meeting 소수의 작업자가 작업개시 전에 감독자를 중심으로작업현장 근처에서 하는 안전에 대한 대화
작업 전(후) 관리감독자의 안전·보건 점검표 작성 - 일별 확인을 권장하나 사업장별 주별로 가능
작업 후 관리감독자의 안전일지 작성
작업 후 근로자 또는 작업 담당자의 업무일지 작성 - 작업경과, 익일작업계획, 전파사항, 근무현황 등
사전조사 및 작업계획서 작성 확인 - 작업장의 상태 등의 사전조사 확인 및 그에 따른 작업계획서 작성
안전작업 허가제에 따른 허가 신고·보고 확인 - 유해·위험요인에 따른 상부부서로의 작업허가 신고
안전보건 전문인력 배치 사업장의 경우, 전문인력의 안전일지 작성
도급사업의 경우, 사업장별 작업장 점검 - 일별 확인을 권장하나 사업장별 2일 1회 가능

2. 월별 점검사항

점 검 사 항
사업장별 유해·위험요인 파악 및 대장 작성 - 작업 시작 전 파악·확인 권장

- 작업방법(절차) 변경 시 파악·확인 필요
사업장별 안전·보건 관련 권장 장비 관련 대장 작성 - 보유 장비 목록화 및 주기적 점검 확인
사업장별 안전관리비 집행서류 관리 확인
재해 발생 대비 비상연락망 작성·갱신 - 변동 발생 시 갱신 필요

도급사업	안전보건협의체 구성 및 개최 - 도급인 및 수급인 참석 필요
	작업장 합동 안전·보건 점검 - 사업장별 도급인 및 수급인 합동 점검 - 월별 점검 권장하나 사업장별 2월 1회 가능

3. 분기별 점검사항

점 검 사 항	
안전·보건 목표와 경영방침의 점검 - 목표 달성률, 경영방침 적합성, 게시 여부 등	
유해·위험요인 파악·제거 관련 점검	
안전·보건 확보를 위한 예산 편성 및 집행	
안전보건관리책임자등의 업무 수행 충실성 평가	
도급사업	산업안전보건위원회 구성 시 회의 개최 ※ 노사협의체의 경우 2개월 마다 개최
	종사자의 의견 청취 관련 평가 - 종사자 의견 청취절차 마련 및 결과 게시 등

재해 재발 방지조치 계획 수립 및 평가 - 재해발생 대응 매뉴얼, 위험대비 조치계획 및 시나리오(훈련 포함) 점검
도급, 용역, 위탁 시 안전·보건 확보의무 점검 - 계약 체결을 위한 평가표 작성·확인

4. 기타 점검사항

점 검 사 항
사업장 개시신고 확인 - 공사금액과 관계없이 모든 현장 대상 - 14일 이내 신고
공사안전보건대장 작성 - 2020. 1. 16. 이후 총공사금액 50억 원 이상의 건설공사 - 최초 공사 수급인만 작성 - 3개월마다 발주처에 1회 이상 확인
산업재해예방지도 계약 확인 - 총공사금액 : 1억 원 이상 80억 원 미만 사업장 ※ 2022.7.1.이후 착공한 공사 : 총 공사금액 1억 원 이상 60억 원 미만의 공사의 사업장(예정) ※ 2023.7.1.이후 착공한 공사 : 총 공사금액 1억 원 이상 50억 원 미만인 공사의 사업장(예정) - 총공사기간 : 1개월 이상 공사
안전관리자 선임 확인(선임사유 발생일로부터 14일 이내) - 전담 인원 배치 : 120억 원 이상 현장 ※ 50억 원 이상 120억 원 미만 현장의 경우 겸임 가능

〈붙임 40〉 중대재해법에 의한 반기별 점검보고서(안)

사업장별
안전 · 보건 확보의무 반기별 점검보고서(안)

(사업장명 : 000000지역 구내통신공사)
(기 간 : 0000. 00. 00. ~ 0000. 00. 00.)

20 . . .

보고자 : 안전관리담당자(00과장 : 홍길동)

결재			사업주

회사명 : ○○ 통신(주)

목 차

<table>
<tr><th colspan="4">회 사 현 황</th></tr>
<tr><td>회 사 명</td><td></td><td>사업자 등록번호</td><td></td></tr>
<tr><td>사 업 주</td><td colspan="3"></td></tr>
<tr><td rowspan="4">총 근로자 수
( )명</td><td>본 사</td><td colspan="2">사무직 ( ) 명 + 일용직 ( ) 명</td></tr>
<tr><td>사업장 1</td><td colspan="2">관리직 ( ) 명 + 기술직 ( ) 명 + 일용직 ( ) 명</td></tr>
<tr><td>사업장 2</td><td colspan="2">관리직 ( ) 명 + 기술직 ( ) 명 + 일용직 ( ) 명</td></tr>
<tr><td>사업장 3</td><td colspan="2">관리직 ( ) 명 + 기술직 ( ) 명 + 일용직 ( ) 명</td></tr>
<tr><td rowspan="2">안전보건조직
구성여부</td><td>□ 구 성
□ 미 구 성
□ 해당 없음</td><td colspan="2">※ 미해당사유
▪ 안전보건 전문인력 3명 미만
▪ 상시근로자 수 500명 미만 또는 시공능력평가 200위 이외(토목·건축공사업)</td></tr>
<tr><td colspan="3">※ 전담조직책임자
(성명) (직위) (연락처)</td></tr>
<tr><td>안전보건관리
규정 작성
여부</td><td>□ 작 성
□ 미 작 성
□ 해당 없음</td><td colspan="2">※ 미해당사유 : 상시 근로자 100명 미만</td></tr>
</table>

<table>
<tr><th colspan="7">사 업 장 현 황</th></tr>
<tr><td>사업장명</td><td colspan="6"></td></tr>
<tr><td>공사금액</td><td colspan="6"></td></tr>
<tr><td>현장 주소</td><td colspan="6"></td></tr>
<tr><td>공사기간</td><td colspan="6"></td></tr>
<tr><td>근로자 수</td><td colspan="2">관리직 명</td><td colspan="2">기술직 명</td><td colspan="2">일용직 명</td></tr>
<tr><td rowspan="6">전문인력
구성현황</td><td colspan="2">관리감독자</td><td colspan="2">안전보건관리책임자</td><td colspan="2">안전보건총괄책임자</td></tr>
<tr><td colspan="2">(성명)
(연락처)</td><td colspan="2">(성명)
(연락처)</td><td colspan="2">(성명)
(연락처)</td></tr>
<tr><td colspan="2">모든 사업장</td><td colspan="2">공사금액 20억 원 이상</td><td colspan="2">총공사금액 20억 원 이상
또는 상시 근로자 100명 이상</td></tr>
<tr><td colspan="3">안전관리자</td><td colspan="3">보건관리자</td></tr>
<tr><td colspan="3">(성명)
(연락처)</td><td colspan="3">(성명)
(연락처)</td></tr>
<tr><td colspan="3">공사금액 80억 원 이상</td><td colspan="3">공사금액 800억 원 이상
또는 상시근로자 600명 이상</td></tr>
</table>

1. 안전 · 보건 관리 체계의 구축 및 이행에 관한 조치

1) 안전 · 보건 목표와 경영방침의 설정

(1) 안전 · 보건 목표와 경영방침

목　　표

○ 산업재해 발생 제로(zero)화 실현
- 지속적인 안전보건개선 활동 실시
- 작업장 안전보건관리 철저

경 영 방 침

회사는 기업 경영활동 전반에 전직원 및 종사자의 안전과 보건을 최우선 가치로 인식하고, 법규 및 기준을 준수하는 안전보건관리체계를 구축하여 전 직원이 안전하고 쾌적한 환경에서 근무할 수 있도록 최선을 다한다. 이를 위하여, 다음과 같은 안전보건활동을 통하여 지속적으로 안전보건환경을 개선한다.

1. '근로자의 생명 보호'와 '안전한 작업환경 조성'을 기업경영활동의 최우선의 목표로 삼는다.
2. 안전보건관리체계를 구축·운영하고 사업장의 위험요인 제거·통제를 위하여 충분한 인적·물석 자원을 제공한다.
3. 안전보건 관계 법령 및 관련 규정을 준수하는 내부규정을 수립하여 충실히 이해한다.
4. 모든 구성원이 자신의 직무와 관련된 유해·위험요인을 인지하도록 하고, 유해·위험요인 제거 및 대응에 관한 교육·훈련을 실시한다.
5. 모든 구성원이 안전보건활동에 대한 책임과 의무를 성실히 준수하도록 한다.

회사명 : ________________　　　사업주 : ___________ (서명)

(2) 안전 · 보건활동 세부 추진계획서(사업주가 필요하다고 판단하는 경우에 작성)

안전보건활동 세부 추진계획서

목표	세부 추진계획		추진일정				성과지표	담당 부서	예산 (만원)	달성률 (%)	실적 / 부진사유
			1분기	2분기	3분기	4분기					

(3) 안전 · 보건 목표 및 경영방침 게시

안전·보건 목표 및 경영방침 게시대장		
구 분	게시·안내방법(장소 등)	게시·안내 일자
1		
2		
3		
4		
5		

(4) 안전 · 보건 목표 및 경영방침의 주기적 관리

안전·보건 목표 및 경영방침 관리대장				
구 분	일 시	검 토 사 항	조 치 사 항	확인(서명)
1				
2				
3				
4				
5				

2) 안전 · 보건 전담조직 구성 · 운영

(1) 안전 · 보건 전담조직 구성 · 운영 여부

구 분	해 당	미 해 당
안전보건 전담조직 구성·운영여부		
※ 미해당시의 사유	□ 안전보건 **전문인력 3명** 미만 □ 상시 근로자 수 **500명 미만** 또는 시공능력평가 순위 **200위 이외**(토목·건축 공사업)	

(2) 안전 · 보건 전담조직 구성 · 운영

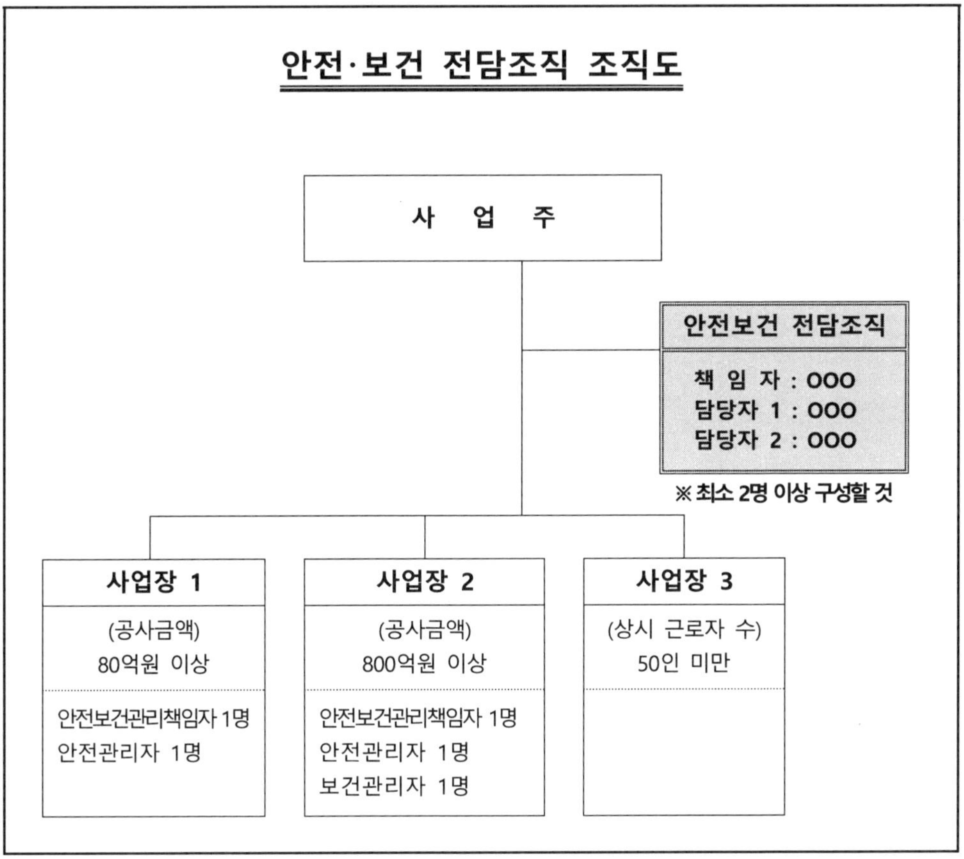

3) 유해 · 위험요인 확인 개선 절차 마련, 점검 및 필요한 조치

(1) 사업장별 유해 · 위험요인 확인

유해·위험요인의 확인

사업장 :

점검일 : 년 월 일 점검자 : (서명)

유해·위험 작업				질병
작업내용	장소	위험정도(상중하)	사고유형	질병유형

< 사고 유형 >

①추락·떨어짐, ②끼임, ③깔림, ④부딪힘, ⑤낙하·맞음, ⑥붕괴·무너짐, ⑦넘어짐, ⑧절단, ⑨베임, ⑩찔림, ⑪감전, ⑫화재·폭발, ⑬전도, ⑭무리한 동작, ⑮교통사고, ⑯누출·접촉, ⑰질식, ⑱기타

< 질병 유형 >

①진폐, ②중독, ③난청, ④요통, ⑤기타

(2) 사업장별 유해 · 위험요인 개선방안 수립

유해·위험요인의 확인·점검에 따른 개선방안

사업장 :

점검일 : 년 월 일 점검자 : (서명)

<table>
<tr><td colspan="2" rowspan="3">현황 및 문제점</td><td colspan="2"></td></tr>
<tr><td colspan="2">사 진</td></tr>
<tr><td></td><td></td></tr>
<tr><td rowspan="2">개선방안</td><td>점검자 의견</td><td><단 기></td><td><장 기></td></tr>
<tr><td>근로자 의견</td><td></td><td></td></tr>
<tr><td colspan="2">유의사항</td><td colspan="2">※ 작성 시 유해·위험요인 구체적으로 기재
※ 개선방안 작성 시 단기 및 장기 계획으로 구분하여 구체적으로 기재</td></tr>
</table>

(3) 사업장별 유해 · 위험요인 개선 이행

<table>
<tr><td colspan="4"><u>유해·위험요인의 개선 요구사항 확인 및 조치</u>
사업장 :
점검일 : 년 월 일 점검자 : (서명)</td></tr>
<tr><td colspan="2">유해·위험 요인</td><td colspan="2"></td></tr>
<tr><td rowspan="2">개선요구사항</td><td>점검자 의 견</td><td><단 기></td><td><장 기></td></tr>
<tr><td>근로자 의 견</td><td></td><td></td></tr>
<tr><td colspan="2" rowspan="3">조치결과</td><td colspan="2"></td></tr>
<tr><td colspan="2">사 진</td></tr>
<tr><td></td><td></td></tr>
<tr><td colspan="2">유의사항</td><td colspan="2">※ 제거→대체→통제→보호구 착용 순으로 개선 필요(왼쪽이 가장 효율적)
※ 개선조치 시 점검자 및 근로자의 의견이 반영되어 조치 필요
※ 유해·위험요인 관리를 위한 담당자 필수 지정</td></tr>
</table>

(4) 사업장별 유해 · 위험요인 파악 확인 점검

유해·위험요인 파악 관련 점검표

사업장 :
점검일 : 년 월 일 점검자 : (서명)

점 검 사 항	이 행	미이행	개선사항
안전보건관리책임자, 현장 작업자의 참여를 바탕으로 유해·위험요인을 주기적 파악 여부			
근로자뿐 아니라 도급, 위탁, 용역 등 모든 구성원이 유해·위험요인을 신고·제보할 수 있는 절차 또는 제도 운영 여부			
산업재해 및 아차사고 조사를 통해 유해·위험요인 파악 여부			
동종업체 산업재해를 조사·참고하여 유해·위험요인 파악 여부			
보유하고 있는 위험기계·기구·설비 또는 유해·위험요인 현황을 관리대장 등을 통한 관리 여부			
새로운 기계·기구·설비 또는 유해·위험요인 도입 시 사전에 유해·위험요인을 파악하는 절차 수립 여부			
위험장소에 안전보건표지를 부착하고, 출입 및 작업 시 별도 관리 여부			
작업방법을 고려한 위험·요인 파악 여부			
새로운 작업의 경우 작업 위험성평가, 교육 등의 실시 여부			

※ 반기 1회 이상 점검 및 보고

(5) 사업장별 유해 · 위험요인 이행조치 확인 점검

유해·위험요인 제거·대체·통제 관련 점검표

사업장 :

점검일 : 년 월 일 점검자 : (서명)

점 검 사 항	이 행	미이행	개선사항
각각의 위험요소에 대하여 사고발생 가능성(빈도)과 중대성(강도)을 예측하여 위험의 정도 평가 여부			
위험요인 우선순위를 정하고, 감소대책 수립 여부			
위험요인별 개선방안 마련 시 현장작업자가 참여하고, 사업주의 검토 여부			
위험요인별 개선방안 마련 시 제거→대체→통제→보호구 순으로 검토 여부			
위험요인 별 개선방안 마련 시 가능한 공학적 통제방안 이상으로 복수의 방안 마련 여부			
위험요인별 개선방안이 결정되면 개선시기, 예산 배정방안, 담당자 지정을 포함한 종합적인 대책 마련 여부			
위험요인 제거·대체·통제를 위한 종합적인 대책을 모든 구성원에게 공유·교육 이행 및 점검 여부			
보유하고 있는 기계·기구·설비 등에 대한 점검 및 정비절차 마련 여부			
새로운 기계·기구·설비를 도입하거나 작업 변경 시 사전에 교육 등의 안전을 고려하는 절차 마련 여부			
위험작업에 대한 작업 절차서 작성 여부			
모든 종사자에게 안전보건관리체계 전반에 대한 주기적인 교육 실시 여부			

※ 반기 1회 이상 점검 및 보고

4) 재해예방에 필요한 안전 · 보건에 관한 인력 · 시설 장비 구비와 유해 · 위험요인 개선에 필요한 예산 편성 및 집행

(1) 안전보건관련 예산 편성

안전·보건 관련 예산 내역서

(단위: 백만원)

예산 항목		2021년	2022년

(2) 안전보건관련 집행내역 관리대장

안전보건관련 집행내역 관리대장(사본)				
구분	집행일	집행금액	집 행 내 역	확인일
1				
2				
3				
4				
5				
6				
7				
8				
9				
10				

5) 안전보건관리책임자등의 충실한 업무수행 지원

(1) 안전보건관리책임자등의 선임 관리대장(사본 첨부)

<table>
<tr><th colspan="5">안전보건관리책임자 등의 선임 관리대장</th></tr>
<tr><th colspan="2">구 분</th><th>안전보건관리책임자</th><th>관리감독자</th><th>안전보건총괄책임자</th></tr>
<tr><td rowspan="3">1</td><td>성 명</td><td></td><td></td><td></td></tr>
<tr><td>직 책</td><td></td><td></td><td></td></tr>
<tr><td>선 임 일</td><td></td><td></td><td></td></tr>
<tr><td rowspan="3">2</td><td>성 명</td><td></td><td></td><td></td></tr>
<tr><td>직 책</td><td></td><td></td><td></td></tr>
<tr><td>선 임 일</td><td></td><td></td><td></td></tr>
<tr><td rowspan="3">3</td><td>성 명</td><td></td><td></td><td></td></tr>
<tr><td>직 책</td><td></td><td></td><td></td></tr>
<tr><td>선 임 일</td><td></td><td></td><td></td></tr>
<tr><td rowspan="3">4</td><td>성 명</td><td></td><td></td><td></td></tr>
<tr><td>직 책</td><td></td><td></td><td></td></tr>
<tr><td>선 임 일</td><td></td><td></td><td></td></tr>
<tr><td rowspan="3">5</td><td>성 명</td><td></td><td></td><td></td></tr>
<tr><td>직 책</td><td></td><td></td><td></td></tr>
<tr><td>선 임 일</td><td></td><td></td><td></td></tr>
<tr><td colspan="2">·
·
·</td><td></td><td></td><td></td></tr>
<tr><td colspan="2">※ 적용 사업장</td><td>공사금액 20억원 이상</td><td>모든 사업장</td><td>도급인이면서 총공사금액 20억원 또는 관계수급인 포함 상시근로자 100명 이상</td></tr>
</table>

(2) 안전보건관리책임자 등의 담당업무(배치표)

안전보건관리책임자 등의 담당업무(배치표)		
직 책	**성 명**	**담당 업무**
안전보건 관리책임자		1. 사업장의 산업재해 예방계획의 수립에 관한 사항 2. 안전보건관리규정의 작성 및 변경에 관한 사항 3. 안전보건교육에 관한 사항 4. 작업환경측정 등 작업환경의 점검 및 개선에 관한 사항 5. 근로자의 건강진단 등 건강관리에 관한 사항 6. 산업재해의 원인 조사 및 재발 방지대책 수립에 관한 사항 7. 산업재해에 관한 통계의 기록 및 유지에 관한 사항 8. 안전장치 및 보호구 구입 시 적격품 여부 확인에 관한 사항 9. 그 밖에 근로자의 유해·위험 방지조치에 관한 사항으로서 고용노동부령으로 정하는 사항
관리감독자		1. 사업장 내 관리감독자가 지휘·감독하는 작업과 관련된 기계·기구 또는 설비의 안전·보건 점검 및 이상 유무의 확인 2. 관리감독자에게 소속된 근로자의 작업복·보호구 및 방호장치의 점검과 그 착용·사용에 관한 교육·지도 3. 해당작업에서 발생한 산업재해에 관한 보고 및 이에 대한 응급조치 4. 해당작업의 작업장 정리·정돈 및 통로 확보에 대한 확인·감독 5. 안전관리자, 보건관리자, 안전보건관리담당자, 산업보건의의 지도·조언에 대한 협조 6. 위험싱평가 관련 유해·위험요인의 파악 및 개선조치 시행 참여 7. 그 밖에 해당작업의 안전 및 보건에 관한 사항으로서 고용노동부령으로 정하는 사항
안전보건총괄 책임자		1. 위험성평가의 실시에 관한 사항 2. 산업재해 발생 우려 및 중대재해 발생 시 작업의 중지 3. 도급 시 산업재해 예방조치 4. 산업안전보건관리비의 관계수급인 간의 사용에 관한 협의·조정 및 그 집행의 감독 5. 안전인증대상기계등과 자율안전확인대상기계등의 사용 여부 확인

(3) 안전보건관리책임자 등의 업무 평가

안전보건관리책임자 업무평가표

안전보건관리책임자 성명 :
점검일 : 년 월 일 평가자 : (서명)

평 가 항 목	평 가 (O, △, X)	개선사항
사업장의 산업재해 예방계획의 수립		
안전보건관리규정의 작성 및 변경		
안전보건교육 실시		
작업환경측정 등 작업환경의 점검 및 개선		
근로자의 건강진단 등 건강관리		
산업재해의 원인 조사 및 재발 방지대책 수립		
산업재해에 관한 통계의 기록 및 유지		
안전장치 및 보호구 구입 시 적격품 여부 확인		
위험성평가 실시		
종사자의 위험, 건강장해 방지		

문제점 및 개선방안

※ 공사금액 20억 원 이상인 경우 작성
※ 이행되지 않았을 시 추가 조치
※ 반기 1회 이상 점검

관리감독자 업무평가표

관리감독자 성명 :

평가일 :　　　년　　월　　일,　　　　평가자 :　　　　　　(서명)

평 가 항 목	평 가 (O, △, X)	개선사항
사업장 내 관리감독자가 지휘·감독하는 작업과 관련된 기계·기구 또는 설비의 안전보건 점검 및 이상 유무의 확인		
관리감독자에게 소속된 근로자의 작업복·보호구 및 방호장치의 점검과 그 착용·사용에 관한 교육지도		
해당 작업에서 발생한 산업재해에 관한 보고 및 이에 대한 응급조치		
해당 작업의 작업장 정리·정돈 및 통로 확보에 대한 확인·감독		
안전관리자, 보건관리자, 안전보건관리담당자, 산업보건의 지도·조언에 대한 협조		
위험성평가 관련 유해·위험요인 파악 및 개선조치 시행에 대한 참여		
작업시작 전 작동점검 등 안전점검 실시 상태의 점검		

문제점 및 개선방안

※ 모든 사업장 작성
※ 이행되지 않았을 시 추가 조치
※ 반기 1회 이상 점검

안전보건총괄책임자 업무평가표

안전보건총괄책임자 성명 :

평가일 :　　　년　　월　　일,　　　평가자 :　　　　　　(서명)

평 가 항 목	평 가 (O, △, X)	개선사항
위험성평가 실시 확인		
작업의 중지와 대피에 대한 운영(필요시)		
도급 시 산업재해 예방조치(협의체 운영 등)		
관계수급인 간 산업안전보건관리비 사용에 관한 협의·조정 및 집행·감독		
안전인증대상기계 등과 자율안전확인대상기계 등의 사용 여부 확인		

문제점 및 개선방안

※ 공사금액 20억 원 이상 또는 상시 근로자 100명 이상 해당
※ 이행되지 않았을 시 추가 조치
※ 반기 1회 이상 점검

6) 「산업안전보건법」상 안전 · 보건 전문인력 배치 및 업무 수행시간 보장

(1) 안전 · 보건 전문인력 선임 관리대장(사본 첨부)

안전·보건 전문인력 선임 관리대장

구 분		안전관리자	보건관리자	산업보건의
1	성 명			
	직 책			
	선 임 일			
2	성 명			
	직 책			
	선 임 일			
3	성 명			
	직 책			
	선 임 일			
4	성 명			
	직 책			
	선 임 일			
5	성 명			
	직 책			
	선 임 일			
⋮				
※ 적용 사업장		공사금액 **80억원** 이상	공사금액 **800억원** 또는 상시근로자 **600명** 이상	공사금액 **800억원** 이상이면서 상시근로자 **50명** 이상

(2) 안전 · 보건 전문인력 업무수행 관리대장

안전관리자(겸직) 업무수행 관리대장		
사업장명 :		성명 :
구분	수행일시	업무내용
1		
2		
3		
4		
5		
6		
7		
8		
9		
10		

보건관리자(겸직) 업무수행 관리대장

사업장명 : 성명 :

구분	수행일시	업무내용
1		
2		
3		
4		
5		
6		
7		
8		
9		
10		

산업보건의(겸직) 업무수행 관리대장

사업장명 :		성명 :
구분	수행일시	업무내용
1		
2		
3		
4		
5		
6		
7		
8		
9		
10		

7) 종사자 의견청취 절차, 청취 및 개선방안 마련 · 이행 여부 점검

(1) 종사자 의견청취 방법

구 분	산업안전보건위원회	노사협의체	기 타 (게시판, 건의함 등)
인원수			
구성일			
※ 적용대상	공사금액 **120억원** 이상		

(2) 안전보건관리규정 작성

구 분	해 당	미 해 당
안전보건관리 규정 작성 여부		
※ 작성 사업장 : 상시 근로자 **100명** 이상		

(3) 종사자 의견청취 결과

○ 산업안전보건위원회 등의 회의 개최

산업안전보건위원회 회의개최 관리대장(사본)				
구분	일 시	장 소	참석인원	주 요 내 용
1				
2				
3				
4				

○ 기타(게시판, 건의함 등)

게시판·건의함 등 관리대장(사본)		
구분	일 시	게시 또는 건의 내용
1		
2		
3		
4		
5		
6		
7		
8		

(4) 종사자 의견청취 절차 관련 점검

종사자 의견청취 절차 관련 점검표

점검일 : 년 월 일 점검자 : (서명)

점 검 사 항	이 행	미이행	개선사항
안전·보건 경영방침과 목표, 산업안전보건법령의 주요내용, 안전보건관리규정, 산업안전보건위원회 의결사항 등을 홈페이지, 게시판 등에 게시 여부			
종사자에게 사업장 내 유해·위험관련 기계·기구·설비·물질, 위험장소 등의 안내 여부			
종사자에게 산업재해 및 아차사고 발생 현황 등의 공개 여부			
안전·보건 확보와 관련 사업장 내 구성원들이 참여할 수 있는 공식적인 절차 적극적 안내 여부			
산업안전보건위원회, 안전보건협의체 또는 관련회의 등을 통해 종사자의 의견 적극적 수렴 여부			
안전제안활동, 신고함 등 법적 절차 외 종사자의 의견 수렴절차 운영 여부			
위험요인 파악 및 제거·대체·통제방안 마련 시 해당 작업 관련 종사자 참여 여부			
위험요인별 재해 발생 시나리오 및 조치계획 수립 시 해당 작업 관련 종사자 참여 여부			
위험요인 신고·제안자에게 불이익이 없도록 하며 자유롭게 의견을 제시 가능한 환경 조성 여부			
신고 및 제안에 대한 조치결과 주기적 공개 여부			

※ 이행되지 않았을 시 추가 조치
※ 반기 1회 이상 점검

8) 중대산업재해 발생 시 조치 매뉴얼 마련 및 조치 여부 점검

(1) 중대산업재해 발생 시 조치 매뉴얼(예시)

조치 매뉴얼

단계	조치 내용	담당
중대산업재해 발생	▪ 발생 즉시 해당 작업 중지 ▪ 최초 발견자는 재해발생 장소 및 환자상태를 관리감독자에 즉시 연락 ※ 비상연락망 갱신·공유 및 숙지 후 신속 연락 ▪ 인명피해, 화재 등의 발생시 119 또는 112 등에 즉시 신고	최초 발견자
⇩		
응급조치	▪ 지혈장비 또는 구급키트를 이용하여 환자의 상태에 따라 응급조치 실시 ▪ 중할 경우 119 지시에 따른 응급조치 실시	현장근로자, 관리감독자
⇩		
이 송	▪ 재해자 발견 즉시 인근 병원으로 이송 ▪ 119 또는 112에 따른 지시업무 수행	현장근로자, 관리감독자
⇩		
사고현장 처리	▪ 조사가 이루어지기 전까지 그대로 현장 보존 ▪ 2차재해 등의 발생우려에 따른 작업 중지 및 작업자 대피 ▪ 관계자외 현장 출입통제	관리감독자
⇩		
사후관리	▪ 보고대상인 경우 관계기관으로의 사고발생 보고 (고용노동부, 국토교통부 등) ▪ 재해발생원인 조사 및 재발방지 대책 수립 ▪ 해당사항 전직원 공유를 통한 경각심 강조 ▪ 사고원인 및 보완사항에 대한 안전교육 사전실시 ▪ 교육을 통한 훈련 또는 시뮬레이션 실시 ▪ 작업자 안전보건장비 현행화	관리감독자, 대표이사

(2) 재해 발생 시 비상 연락망

○○○사업장 비상연락망

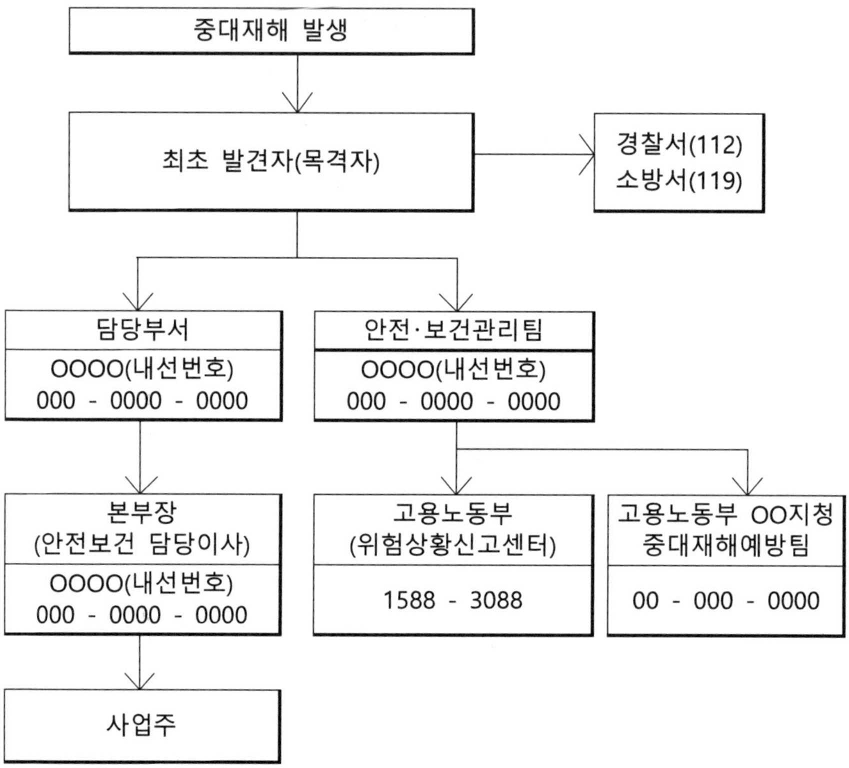

○ **연락처**

구 분	부서(기관) 명	전화번호
사 내	경비실	00 - 000 - 0000 (내선 0000)
	안전·보건 담당부서	00 - 000 - 0000 (내선 0000)
	본부장실	00 - 000 - 0000 (내선 0000)
사 외	OO구청 재해담당과	00 - 000 - 0000
	OO고용노동부지청	00 - 000 - 0000
	OO지구대	00 - 000 - 0000
	OO119안전센터	00 - 000 - 0000

(3) 중대재해 발생 보고서 작성

중대산업재해 발생 보고서

문서번호 : 일 자 : . . .
수 신 : 발 신 :

1. 사업장개요

사업장명	원청	(대표:)	공사금액	백만원
	하청	(대표:)	공사기간	
현장명	(소재지:)		근로자수	
			발 주 처	

2. 재해자 인적사항

성 명	주민등록번호	직 종	입 사 일	동종경력	재 해 정 도
					□ 사망 □ 부상 (치료예정기간 개월)

3. 재해발생내용

일시		장소	○ ○ 회 사 ○ ○ 작업장	발생형태		기인물	

4. 사고경위(육하원칙)

5. 조치 및 전망

6. 기타 중요 사항

7. 중대산업재해 원인 분석표

1) 재해발생의 경위(6하원칙에 의거 작성)

2) 재해발생원인

(1) 사고당시 안전시설 설치여부 :

(2) 피해자의 보호구 착용여부 :

(3) 안전작업 미숙여부 :

(4) 담당기사(감독자)의 감독 불충분 여부 :

(5) 타인의 안전작업 미숙여부 :

3) 피해자에 대한 조치사항

4) 상기 사고에 대한 예방책

5) 상기사고에 대한 책임

(1) 1차 책임자 : 피해자 및 가해자 본인 (인)

(2) 2차 책임자 : 담당기사 차상위자 (인)

(3) 3차 책임자 : 현장소장 (인)

(4) 중대재해 재발방지 계획서 작성

<table>
<tr><td colspan="4">재해 재발방지 계획서</td></tr>
<tr><td colspan="4">재 해 개 요</td></tr>
<tr><td>소 속</td><td></td><td>성 명</td><td></td></tr>
<tr><td>근로형태</td><td colspan="3"></td></tr>
<tr><td>발생일시</td><td></td><td>발생장소</td><td></td></tr>
<tr><td>산업재해조사표제출일</td><td></td><td>재해유형</td><td></td></tr>
<tr><td colspan="4">재해발생 내용</td></tr>
<tr><td colspan="4"></td></tr>
<tr><td colspan="4">사 진</td></tr>
<tr><td colspan="2"></td><td colspan="2"></td></tr>
<tr><td colspan="4">발생원인</td></tr>
<tr><td colspan="4"></td></tr>
<tr><td colspan="4">재발방지 계획</td></tr>
<tr><td colspan="2"><단기계획></td><td colspan="2"><장기계획></td></tr>
<tr><td colspan="4">※ 재해발생 내용은 발생상황을 충분히 파악하여 육하원칙에 의거 작성
※ 발생원인과 방지 계획은 상호대응이 되도록 작성
※ 재발방지 계획은 사업장에서 즉시 개선이 가능한 것은 단기계획으로, 많은 비용이 소요되거나 개선기간이 필요한 사항은 장기계획으로 제시</td></tr>
</table>

(5) 비상대비 훈련 시나리오 작성(추락사고 경우의 예시)

(추락사고) 대비 훈련 시나리오

시간 및 상황	조치사항	담 당

(6) 비상대피 훈련 일지 작성

<table>
<tr><td colspan="6"><u>비상대비 훈련 일지</u></td></tr>
<tr><th>시간</th><th>진행자</th><th>훈련
상황</th><th>상황설명</th><th>행동요령</th><th>준비물</th></tr>
<tr><td></td><td></td><td></td><td></td><td></td><td></td></tr>
<tr><td></td><td></td><td></td><td></td><td></td><td></td></tr>
<tr><td></td><td></td><td></td><td></td><td></td><td></td></tr>
<tr><td colspan="2">사 진</td><td colspan="2"></td><td colspan="2"></td></tr>
</table>

(7) 중대재해 대비 대응조치 매뉴얼 점검(추락사고 경우의 예시)

(추락사고) 대비·대응조치 점검표

점검일 : 년 월 일 점검자 : (서명)

구 분	단 계	점 검 내 용	확 인
대비 단계	사전활동	추락방지 조치 여부 1순위 : 작업발판 설치 2순위 : 추락방호망 설치 3순위 : 안전대 착용 및 걸기	
	준비활동	조명 설치 및 유지 여부	
		비계작업발판 설치기준 점검 여부	
		안전난간 설치기준 점검 여부	
		추락방호망 설치기준 점검 여부	
		개구부 방호조치 점검 여부	
	작업활동	응급조치 장비 준비상태 점검 여부	
대응 단계	비상상황	비상상황임을 인식할 수 있는 지 여부 * 작업자 추락 * 작업자가 고소에서 추락 중 안전대에 매달려 있거나 추락방호망에 걸친 상태	
	작업중지	근로자의 작업중지 가능 여부	
	상황전파	위험상황에 대한 타근로자 전파 가능 여부	
	추가피해 방지	추가피해 방지를 위한 조치계획 수립 여부 (추가추락 또는 추락방지시설의 붕괴 우려 시 보완조치)	
	구조	구조장비(이동식 크레인, 고소작업대 등) 투입 가능 여부	
	응급조치	재해자 상태에 따른 응급조치 계획 수립 여부	
	인계	119, 112로 재해자 인계 및 발생상황 설명 여부	
	현장보존	작업장 통제, 사진, CCTV 확보 등의 현장보존 계획수립 여부	
	조사	내부조사 계획수립 및 외부기관 조사협조 가능 여부	

(8) 중대재해 발생 시 대응 매뉴얼 점검

중대산업재해 발생 시 대응 점검표

점검일 :　　　년　　월　　일　　　점검자 :　　　　　　(서명)

점 검 사 항	이 행	미이행	개선사항
중대산업재해 발생 즉시 관리감독자(담당자) 보고 및 모든 근로자에게 전파하도록 절차 규정 여부			
중대산업재해 발생 시 작업중지 및 현장보존 계획이 구체적인지 여부			
관할 고용노동청 및 119 등 관련 기관에 중대산업재해 발생을 신고 규정 여부			
중대산업재해 발생 시 사업주를 비롯한 관리감독자 및 근로자 포함 작업중지 절차화 여부			
중대산업재해 발생 현장에 관계자외 현장의 출입통제 절차 규정 여부			
중대산업재해 발생 시 재해자 및 그 가족의 관리를 위한 구체적 절차 규정 여부			
중대산업재해 발생에 대비한 비상연락망 작성 및 갱신 여부			
중대산업재해 발생 원인을 분석하여 그에 맞는 재발방지 계획서를 작성하도록 규정 여부			
중대산업재해 재발을 예방코자 작업환경을 개선하기 위한 계획이 구체적인지 여부			
중대산업재해 발생을 대비하여 대피 훈련 등의 사전대응 훈련 진행 여부			

※ 이행되지 않았을 시 추가 조치
※ 반기 1회 이상 점검

9) 도급, 용역, 위탁 시 산재예방 조치 능력 및 기술에 관한 평가기준 · 절차 및 관리비용, 업무수행기관 관련 기준 마련 · 이행 여부 점검

(1) 수급인 선정 평가기준(예시)

수급인 선정 기준표(사본)

수 급 업 체 명			평 가 일 : 00. 00. 00. 1차 평가자(담당) : 000 (인) 2차 확인자(대표이사) : 000 (인)				
구 분	평가항목	평 가 내 용	배점	평 가 기 준			평가 점수
				우수	보통	미흡	
안전보건관리체 계(20)	일반원칙	도급·수급인의 안전보건방침 적정여부	5	5	3	1	
	계획수립	산재예방활동에 대한 수급인의 이행계획 적정여부	10	10	5	1	
	역할 및 책임	이행계획 추진을 위한 구성원의 역할 분담	5	5	3	1	
실행수준(40)	위험성 평가	위험성평가 결과에 대한 이해수준 및 자체·유해·위험요인 평가수준	5	5	3	1	
	안전점검	안전점검 및 모니터링(보호구 착용 확인 포함)	10	10	5	1	
	이행확인	안전조치 이행여부 확인(도급업체 지도조언에 대한 이행 포함)	10	10	5	1	
	교육 및 기록	안전보건교육 계획 및 기록관리	5	5	3	1	
	안전작업허가	유해·위험작업에 대한 안전작업허가 이행수준	10	10	5	1	
운영관리(20)	연락체계	업체간 신호체계, 연락체계의 구축	5	5	3	1	
	위험설비	유해·위험 기구·기계·설비 안정성 확인	10	10	5	1	
	비상대책	비상시 대피 및 피해최소화대책	5	5	3	1	
재해발생(20)	산업재해	최근 3년간 산업재해 발생현황	20	20	10	5	
총 점			100				
등급 판단							

◇ **평가등급 분류기준**

S등급 : 90점 이상, A등급 : 80 - 89점, B등급 : 70 - 79점, C등급 : 60 - 69점, D등급 : 60점 미만

※ 평가항목 4개 분류 중 하나라도 50% 미만 시 D등급 판정

◇ **등급별 관리기준 (A등급 평가 이상 업체와의 계약만 가능)**

구 분	S 등급	A 등급	B 등급	C 등급	D 등급
판단결과	적합	적합	부적합	부적합	부적합

(2) 계약체결 수급업체 관리대장

도급, 용역, 위탁업체 관리대장(사본)

구분	계약기간(체결일자)	계약 업체명	용 역 내 역	확인 (서명)
1				
2				
3				
4				
5				
6				
7				
8				
9				
10				

(3) 작업장 순회점검 관리대장 작성(2일 1회 이상)

작업장 순회점검 관리대장(사본)

구분	점검일	점검내용	조치내용	조치 일자	보고 일자	확인 (서명)
1						
2						
3						
4						
5						
6						
7						
8						
9						
10						

(4) 도급인 · 수급인 합동점검 관리대장 작성(2개월 1회 이상)

도급인·수급인 합동점검 관리대장(사본)

구분	점검일	점검내용	조치내용	조치 일자	보고 일자	확인(서명)
1						도급인 : 소속근로자 : 수급인 : 소속근로자 :
2						도급인 : 소속근로자 : 수급인 : 소속근로자 :
3						
4						
5						
6						
7						
8						

(5) 도급, 용역, 위탁 시 안전 · 보건 확보 점검

도급·용역·위탁 시 안전·보건 확보 점검표

점검일 : 년 월 일 점검자 : (서명)

점 검 사 항	양호	미비	개선사항
도급, 용역, 위탁 시 안전보건 수준을 평가하는 절차 수립 여부			
도급, 용역, 위탁 시 안전보건 수준 평가 기준이 적절하여, 그 결과 안전보건 능력을 갖춘 자 선정 여부			
도급, 용역, 위탁 시 도급, 용역, 위탁 등을 받는 자의 안전·보건을 위한 관리비용, 공사기간 등에 대한 검토기준 수립 여부			
도급, 용역, 위탁 시 도급, 용역, 위탁 등을 받는 자의 산재예방 능력 평가 기준에 따라 평가·선정이 이루어지는지를 주기적 점검 여부(반기 1회 이상)			
도급, 용역, 위탁 시 도급, 용역, 위탁 등을 받는 자의 적정 안전·보건 관리비용 검토 후 비용이 지급되는지를 주기적 점검 여부(반기 1회 이상)			
도급, 용역, 위탁 시 도급, 용역, 위탁 등을 받는 자의 적정 사업기간 검토 후 해당 사업이 이루어지는지를 주기적 점검 여부(반기 1회 이상)			
도급, 용역, 위탁 시 사전에 유해·위험물질의 유해성·위험성, 유해·위험작업에 대한 주의사항 등 안전보건에 관한 정보 제공 여부			
도급, 용역, 위탁받은 자가 안전보건에 관한 의견을 전달하는 절차가 있고, 그에 대한 검토 및 처리결과를 종사자에게 공유 여부			
도급, 용역, 위탁 업무 시 유해·위험한 작업의 경우 안전작업허가제를 통해 관리하고, 점검반을 구성하여 수시로 안전보건 점검 실시 여부			
도급, 용역, 위탁받은 자가 실시하는 위험성평가, 안전보건교육 등 안전보건활동의 적정성 검토·확인 여부			
도급, 용역, 위탁 업무 완료 시 안전보건 업무 평가 결과 활용 여부			

※ 이행되지 않았을 시 추가 조치
※ 반기 1회 이상 점검

2. 재해 재발방지 대책의 수립 및 이행에 관한 조치

1) 재해 재발방지 대책 계획서

<table>
<tr><td colspan="4"><u>재해 재발방지 대책 계획서</u></td></tr>
<tr><th colspan="3">구 분</th><th>주 요 내 용</th></tr>
<tr><td colspan="3">사업장 개요</td><td>□ 사업장명 : □ 대표 연락처 :
□ 대 표 자 : □ 근 로 자 수 :
□ 소 재 지 :</td></tr>
<tr><td colspan="3">재해자
인적사항</td><td>□ 성 명 : □ 생년월일 :
□ 소 속 : □ 직 종 :
□ 재해정도 : 사망( ), 부상( ), (치료예상기간 일)</td></tr>
<tr><td colspan="3">재해발생 내용</td><td>□ 일 시 : □ 장 소 :
□ 발생형태 : □ 상해부위(종류) :
□ 사건개요 :</td></tr>
<tr><td rowspan="5">재해
재발
방지
대책
계획</td><td colspan="2">사건
발생
원인</td><td></td></tr>
<tr><td rowspan="3">방
지
대
책</td><td>기
술</td><td></td></tr>
<tr><td>교
육</td><td></td></tr>
<tr><td>관
리</td><td></td></tr>
<tr><td colspan="2">안전
관리
방안</td><td></td></tr>
</table>

2) 재해 재발방지 대책 계획서 점검

재해 재발방지 대책 계획서 점검표

점검일 : 년 월 일 점검자 : (서명)

점 검 사 항	이 행	미이행	개선사항
위험요인별로 어떤 재해가 발생할 수 있는지를 검토하여 중대재해로 이어질 수 있는 재해요인 파악 여부			
발생 가능한 사고의 유형 및 형태, 사고 발생 시 초래될 결과 등을 확인·예측 가능 여부			
본사·지점별 위험성이 높은 위험요인에 대해 재해 발생 시나리오 작성 여부			
재해 발생 시나리오별 조치계획을 작성하여 관계 부서, 공정, 유해·위험물질, 재해유형, 원인, 피해범위 등의 갱신·관리 여부			
비상조치계획에는 필요한 인력 및 시설·장비(인적·물적) 포함 여부			
비상조치계획에 작업중지·근로자 대피·위험요인 제거 등 대응조치, 재해자 구호조치, 추가피해 방지를 위한 조치 포함 여부			
비상조치계획에 상황보고 및 전파체계, 조치별 대응조직 및 담당자의 역할 구분 여부			
비상 시 즉각 탈출할 수 있는 비상구가 충분히 마련되었고, 즉각 알아볼 수 있는 형태 표시 여부			
비상상황에 대비한 병원, 소방서 등 유관기관과의 협조체계가 마련 여부			
비상조치계획에 따라 주기적으로 훈련하고 적정성을 검토 여부(반기 1회 이상)			
훈련과정에서 발견된 문제점을 검토하여 조치계획 개선 여부			

※ 반기 1회 이상 점검 및 보고

3. 중앙행정기관 등이 개선 · 시정 등을 명한 사항 이행에 관한 조치

1) 개선 · 시정 명령 등 지시사항 관리대장 작성

개선·시정명령 등 지시사항 관리대장(사본)

구분	점검일	행정 기관명	시정내용	시정 지시일	조치내용	조치 일자	보고 일자	확인 (서명)
1								
2								
3								
4								
5								
6								
7								
8								
9								
10								

4. 안전 · 보건 관계법령 상 의무이행에 필요한 관리상의 조치

1) 안전 · 보건 관계법령 의무이행 점검

안전·보건 관계법령 의무이행 점검표

점검일 :　　　　년　　월　　일　　　점검자 :　　　　　　(서명)

의 무 내 용	이 행	미이행	개선사항

※ 이행되지 않았을 시 추가 조치

※ 반기 1회 이상 점검

2) 안전보건교육 계획서 작성

안전보건교육 계획서

구 분		교육 내용	교육방법	교육일자	시간	장소	대상
정기 교육	1월						
	2월						
	3월						
	4월						
	5월						
	6월						
	7월						
	8월						
	9월						
	10월						
	11월						
	12월						
채용시 교육							
작업내용 변경 시 교육							
직무교육							

3) 안전보건교육 실시여부 점검

안전보건교육 실시여부 점검표

점검일 : 년 월 일 점검자 : (서명)

점 검 사 항	이 행	미이행	개선사항
안전보건교육 계획 수립 여부 (대상자 선정, 요구도 파악, 방법 등)			
안전보건관리책임자 교육 실시 여부 (신규 연 6시간 이상, 보수 연 6시간 이상)			
관리감독자 교육 실시 여부 (연 16시간 이상)			
정기교육 실시 여부			
채용 시 교육 실시 여부			
작업내용 변경 시 교육 실시 여부			
특별교육 실시 여부			
그 외 안전·보건관계법령에 따른 교육 실시 여부			
안전보건교육 평가 실시 여부(만족도 등)			

※ 반기 1회 이상 점검

5. 제3자에게 도급, 용역, 위탁 시 수급업체의 안전 및 보건 확보의무 이행에 대한 조치

수급업체의 의무이행 여부 점검표

점검일 : 년 월 일 점검자 : (서명)

수급업체 명		
수급업체의 의무 내용	**이행**	**미이행**
1) 안전·보건 목표와 경영방침의 설정		
2) 안전·보건 업무를 총괄·관리하는 전담조직 구성·운영		
3) 유해·위험요인 확인 개선 절차 마련, 점검 및 필요한 조치(반기 1회 이상)		
4) 재해예방에 필요한 안전·보건에 관한 인력·시설·장비 구비와 유해·위험요인 개선에 필요한 예산 편성 및 집행		
5) 안전보건관리책임자등의 충실한 업무수행 지원(권한/예산 부여, 평가기준 마련 및 평가) (반기 1회 이상)		
6) 「산업안전보건법」상 안전·보건 전문인력 배치 및 업무 수행시간 보장(겸직하는 경우)		
7) 종사자 의견청취 절차, 청취 및 개선방안 마련·이행 여부 점검(반기 1회 이상)		
8) 중대산업재해 발생, 발생할 급박한 위험 대비 조치 매뉴얼 마련 및 조치 여부 점검(반기 1회 이상)		

6. 조치 등에 관한 서면 보관의무 조치(5년간 보관)

이행·조치사항 보관서류 관리대장(사본)

서 류 내 용	보존 기간
안전·보건에 관한 목표와 경영방침 설정 (시행령 제4조제1호)	0000. 00. 00 ~ 0000. 00. 00
안전·보건 업무 총괄·관리하는 전담조직 구성 관련 (시행령 제4조제2호)	0000. 00. 00 ~ 0000. 00. 00
유해·위험요인 파악을 위한 점검 내용 (시행령 제4조제3호)	0000. 00. 00 ~ 0000. 00. 00
유해·위험요인 제거·대체·통제를 위한 점검 내용 (시행령 제4조제3호)	0000. 00. 00 ~ 0000. 00. 00
예산 편성 및 집행 관련 (시행령 제4조제4호)	0000. 00. 00 ~ 0000. 00. 00
안전보건관리책임자의 업무 수행 충실성 점검 내용 (시행령 제4조제5호)	0000. 00. 00 ~ 0000. 00. 00
관리감독자의 업무 수행 충실성 점검 내용 (시행령 제4조제5호)	0000. 00. 00 ~ 0000. 00. 00
안전보건총괄책임자의 업무 수행 충실성 점검 내용 (시행령 제4조제5호)	0000. 00. 00 ~ 0000. 00. 00
안전관리자, 보건관리자, 안전보건관리담당자 및 산업보건의 배치 관련 (시행령 제4조 제6호)	0000. 00. 00 ~ 0000. 00. 00
종사자 의견 청취 관련 평가 내용 (시행령 제4조제7호)	0000. 00. 00 ~ 0000. 00. 00
비상조치계획 수립 점검 내용 (시행령 제4조제8호)	0000. 00. 00 ~ 0000. 00. 00
도급, 용역, 위탁 시 안전보건 확보 점검 내용 (시행령 제4조제9호)	0000. 00. 00 ~ 0000. 00. 00
안전·보건 관계 법령에 따른 의무 이행 점검 내용 (시행령 제5조제2항제1호)	0000. 00. 00 ~ 0000. 00. 00
안전·보건 관계 법령에 따른 의무 미이행 시 조치 내용 (시행령 제5조제2항제2호)	0000. 00. 00 ~ 0000. 00. 00
안전·보건 교육 실시 점검 내용 (시행령 제5조제2항제3호)	0000. 00. 00 ~ 0000. 00. 00
안전·보건 교육 미이행 시 조치 내용 (시행령 제5조제2항제4호)	0000. 00. 00 ~ 0000. 00. 00

부록_ 정보통신공사업의 해외진출 정보

Ⅰ. 해외진출 개요

1. 개 황

(1) 실 적

지난 50여 년간 정보통신공사업계는 국내 정보통신 인프라를 구축하고, 정보통신 산업의 발전을 선도하여 우리나라가 세계최고의 ICT 강국을 건설하는데 이바지해왔다.

그러나 최근 국내 건설시장 전반이 침체국면에 접어들면서 정보통신공사업 역시 포화상태에 이르렀고, 새로운 먹거리를 창출하기 위해 신시장을 찾아 해외로 눈을 돌리는 업체들이 늘어나고 있다.

2020년 기준 정보통신공사업체의 해외진출 매출액은 총 2,282억 원으로 전년대비 22.1% 증가하였고, 최근 5년('16 ~ '20)실적은 감소세에 있다.

2020년 해외시장 진출 건수는 전년대비 11.4% 감소한 668건이며, 진출 업체 수는 118개 사로 전년대비 34% 감소를 보였다.

〈 정보통신공사업 해외진출 실적 〉

구 분	'14년	'15년	'16년	'17년	'18년	'19년	'20년
매출액 (억 원)	2,577	2,362	2,562	3,170	2,240	1,868	2,282
	–	–8.3%	8.4%	23.7%	–29.3%	–16.6%	22.1%
진출 건 수 (건)	1,059	1,013	908	858	913	754	668
	–	–4.3%	–10.3%	–5.5%	6.4%	–17.4%	–11.4%
진출 업체 수 (개 사)	203	174	173	182	191	179	118
	–	–14.2%	–0.5%	5.2%	4.9%	–6.2%	–34%

해외 권역별 진출 실적을 보면, 2020년 기준 아시아 지역이 497건으로 가장 높게 나타났으며 유럽 52건, 중동 46건, 아메리카 40건으로 집계되었다.

아시아 지역은 권역별 해외진출 전체 건수 중 절반을 훨씬 넘는 74.4%의 비중을 차지하고 있으며, 최근 5년('16 ~ '20) 평균도 70.4%로 높은 비중을 차지하고 있다.

〈 권역별 진출 실적 〉

(단위 : 건)

구 분	'14년	'15년	'16년	'17년	'18년	'19년	'20년
아시아	694	696	680	623	545	533	497
	(65.5%)	(68.7%)	(74.9%)	(72.6%)	(59.6%)	(70.6%)	(74.4%)
아메리카	79	79	73	50	195	51	40
	(7.5%)	(7.8%)	(8%)	(5.8%)	(21.3%)	(6.7%)	(5.9%)
유 럽	72	58	42	57	57	66	52
	(6.8%)	(5.7%)	(4.6%)	(6.6%)	(6.2%)	(8.7%)	(7.7%)
중 동	118	97	61	56	45	59	46
	(11.1%)	(9.6%)	(6.7%)	(6.5%)	(4.9%)	(7.8%)	(6.8%)
아프리카	60	49	46	63	59	38	33
	(5.7%)	(4.8%)	(5.1%)	(7.3%)	(6.4%)	(5%)	(4.9%)
기 타	36	34	6	9	12	7	–
	(3.4%)	(3.4%)	(0.7%)	(1%)	(1.3%)	(1%)	–
합 계	1,059	1,013	908	858	913	754	668

(2) 실 태

정보통신공사업체들의 해외공사는 동남아 국가 등 개발도상국들의 통신 인프라 구축사업, CCTV, 네트워크, 보안설비 등 정보통신 시스템 구축사업들이 많은 비중을 차지하고 있으며, 공사수주방법은 해외공사를 수주한 통신사업자와 대기업의 협력업체로 참여하는 경우가 대부분이다.

따라서, 이제는 이를 바탕으로 정보통신공사업체들이 독립적으로 해외에 진출할 수 있는 자생력을 길러 개발도상국들이 직접 발주하는 해외건설공사에 대한 진출을 확대해 나갈 필요가 있고, 정부차원에서도 동남아 국가 등 개발도상국의 빈곤퇴치 및 경제 · 사회 발전을 지원하기 위한 전자정부 및 ICT건립센터 설립 지원 사업이나 경제 · 사회 인프라 건설을 지원하기 위한 공적개발원조(ODA) 지원사업을 확대하는 등 중소 정보통신공사업체가 해외에 진출할 수 있는 기반조성을 강화할 필요가 있다.

2. 해외건설업 신고[71)]

(1) 신고의무

우리나라 정보통신공사업체가 해외공사를 수행하려면 해외건설업자가 되어야 한다. 「해외 건설 촉진법」 제6조에 따르면 해외건설업자가 되기 위해서는 국토교통부장관에게 신고하여야 한다. 다만, 현재 해외건설업 신고의 접수 업무는 해외건설협회에서 위탁받아 수행하고 있다.

(2) 제출서류

① 해외건설업신고서,

② 사업자등록증 사본,

③ 해당 국내건설관련 면허증 사본,

④ 등록면허세 납세영수증

(3) 접 수 처

해외건설e정보시스템(http://yes.icak.or.kr) → 해외건설업신고

(4) 처리기한

신고접수일로부터 3일 이내에 수리 후 "해외건설업 신고확인증"을 신고인에게 온라인으로 교부한다.

3. 현지법인 설립

(1) 필 요 성

① 이 유

해외에서 공사를 수행하며 건설업을 영위하기 위해서는 해당 진출 국가별로 차이는 있으나 통상 법인 설립을 필요로 하는데 그 이유는 다음과

71) 이하는 「정보통신공사 해외진출 매뉴얼」(2017, 한국정보통신공사협회)을 압축하여 정리한 것임.

같이 크게 두 가지로 나눌 수 있다.

ⓐ 현지 발주처나 정보통신공사를 하도급 주는 건설사 또는 시공사가 현지법인 설립을 요구하는 경우

ⓑ 외국 업체의 입찰을 인정하기는 하나 현지법인을 통한 입찰을 요구하는 경우

② 지사 또는 대표사무소의 설립

현지법인 설립 이외에도 지사 또는 대표사무소 등의 형태로도 진출이 가능하므로 특정 국가에 대하여는 개별적 조건을 검토하여 업체에 적합한 진출 형태를 선택해야 한다.

③ 추 세

세제혜택, 부동산 투자를 통한 추가수익 등의 다양한 이유로 현지법인 형태를 통한 해외사업 진출이 늘어나고 있는 추세이다.

(2) 현지법인 설립 절차

현지 법인 설립을 위한 절차는 국가별로 매우 상이하기 때문에, 공통적인 법인 설립 프로세스는 존재하지 않는다. 그래서 정보통신공사업체가 가장 활발하게 진출하고 있는 베트남의 현지법인 및 대표사무소의 설립절차를 소개한다.

① 현지법인 설립

ⓐ 외국인 투자 형태

현행 베트남 기업법에 설립 가능한 회사는 여러 가지가 있지만 주로 외국인 투자자들이 이용하고 있는 회사의 종류는 다음과 같다.

㉠ 1인 유한 책임회사(Sole member Limited Liability Company)

❶ 투자자가 1인인 경우로 회사설립 및 운영에 있어 각종 서류작업 및 운영방식이 간단하다.

❷ 특히, 내부의사결정기관과 절차를 투자자 뜻대로 정하여 정관에 기입할 수 있다.

㉡ 2인 유한책임회사(Limited liability company with more than one member)

❶ 투자자가 2인에서 50인인 경우 설립가능한 회사로, 법률적으로는 주로 소규모 합작회사나 지인들끼리 공동사업을 영위하고자 할 때 유용한 형태이다.

❷ 즉, 내부운영규칙이나 의사결정기관을 임의대로 정할 수 있다(다만 최고 의결기관은 항상 투자자의 모임인 사원총회가 되어야 하며 그 의결정족수는 총 사원지분의 65%를 기준으로 결정한다).

㉢ 3. 주식회사(Share holding company)

❶ 3인 이상의 발기인(초기 투자자)을 필요로 하며 투자자의 수는 제한이 없다. 기본적으로 대규모 회사를 전제로 하며 따라서 이사회를 필수기관으로 하고 있고 주식양도가 자유롭다.

❷ 추후 상장을 기본원칙으로 하고 있으므로 운영과 관련(특히 재무)한 사안들이 정확히 기재되고 공시되도록 하는 규정들이 많다.

ⓑ 법인 설립 시 필요 서류

㉠ 베트남에서의 법인 설립은 투자허가 신청과 함께 진행되며, 투자허가서가 법인 설립증서의 역할을 대신한다.

㉡ 투자허가서 신청 시 정부에 제출하여야 하는 서류는 프로젝트 별로 약간씩 차이는 있으나 기본적으로 아래와 같은 서류들이 제출되어야 한다.

• 기업 정관	• 당국에 의한 법정 자본 투자 확인
• 창립 사원 명단	• 자격 증명서
• 창립 주주 명단	• 은행 잔고 증명서 (개인투자인 경우)
• 합작 계약서	• 재무제표 (법인투자인 경우)
• 경영협력계약	• 투자자의 설립 허가서 사본
• 재정능력 확약서 (별도양식)	• 법적 대표인의 여권 사본
• 사업 예비 조사	• 모든 주주들의 여권 사본
• 임대 계약서 (가계약)	• 위임장

㉢ 또한 서류는 아래와 같은 공증 단계를 거친 후 제출하여야 하며, 공

증에는 약 2~3주의 시간이 소요된다.

ⓒ 법인 설립 담당기관

㉠ 베트남에서 외국인 투자허가와 법인 설립은 하나의 절차로 동시에 진행된다.

㉡ 시 또는 성급 지방정부의 계획투자국(Department of Planning and Investment) 또는 공단관리위원회(Management Board of Industrial Zone)에서 담당

ⓓ 법인 설립 소요기간 및 비용

㉠ 법령 상 소요 기간이 규정되어 있기는 하나 실무적으로 잘 지켜지지 않으며 지연되는 경우가 많다.

㉡ 각종 접수비 등의 공식 비용은 200달러 미만이 소요되나, 각종 공증비, 번역비, 설립대행료 등에 상당한 금액이 소요된다.

② 베트남의 대표사무소 설립

ⓐ 신청서의 제출

베트남에서 대표사무소를 설립하고자 하는 외국기업은 신청서를 해당 지역 인민 위원회 산업무역부(Department of Industry and Trade)에 제출해야 한다.

ⓑ 제출 서류

㉠ 신청서: 본사 대표이사의 서명

㉡ 본사 설립인가관청에서 발행한 본사 설립서류(사업자등록증)

㉢ 직전 회계연도 본사의 회계감사자료

(회계감사 자료가 없는 경우, 재무제표(감사인 확인)도 가능)

㉣ 본사 정관

㉤ 대표사무소장 될 분의 여권사본(베트남인이 소장일 경우 ID Card)

㉥ 대표사무소 주소가 될 사무실 임대계약서 사본

ⓒ 대표사무소 등록 조건

㉠ 본사의 사업허가 기간이 1년 이상 남아 있어야 하고,

㉡ 본사가 설립일로부터 최소한 1년간 운영하고 있어야 하며,

ⓒ 베트남에서의 대표사무소 존속기간은 5년이 원칙이고, 5년이 지나면 연장신청이 가능하다.

(3) 현지 법인 설립 대행

① 대행 이유

ⓐ 현지 법인을 설립하게 될 경우, 이에 대한 처리를 자사에서 직접 처리해도 무방하나 대행업체를 선정하여 처리하는 것이 바람직하다.

ⓑ 현지에서의 공증이나 법적인 문서 처리, 당해 국가의 대사관이나 영사관을 통한 법인설립용 신청 서류의 처리가 반드시 필요하므로 서류가 누락되거나 잘못 처리될 경우 법인 설립이 지연되거나 무산될 수 있기 때문이다.

② 대행업체 종류

다음은 대행업체의 종류와 특성을 정리한 것으로 모든 대안들을 비교하여 자사에 적합한 대행업체를 선택하는 것이 좋다.

대행업체 종류	장 점	단 점	비 고
현지 거주 한국인	상대적으로 저렴	이중 비용 및 추가 비용 발생 우려	
현지/국내 컨설팅업체 (한국인 운영)			
현지 로컬 업체	안전함	상대적으로 비쌈	법인 설립 절차의 복잡성 여부에 따라 대행비용이 높지 않은 경우도 있음
현지 진출 국내 로펌			

4. 해외공사 상황 보고

수주활동 및 시공 상황에 관한 보고접수 역시 해외건설협회에서 담당하고 있으며, 보고 사항 및 시기는 다음과 같다.

보고 사항		보고 시기
수주활동 보 고	수주활동	도급 공사 : 입찰 예정일 10일전까지 이외 공사 : 공사 시행 개시일 20일전까지

	계약체결결과	계약체결 후 15일 이내
	해외공사실적	매년 12월말 기준 작성 다음 연도 2월 15일까지
시공상황 보 고	시공상황	매 반기 종료 후 30일 이내
	준공	준공 후 15일 이내
	공사내용변경	변경 후 15일 이내
	해외공사에 따른 제반사고	사고 발생 후 15일 이내

(1) 해외공사 수행 관련 보고의 범위

① 해외건설공사를 할 경우 해외건설촉진법에 의한 제반 보고제도를 준수해야 하며, 동법 상 보고제도로는 수주활동 상황보고, 계약체결 결과 보고, 시공 상황 보고, 공사내용 변경 보고, 준공 보고 등이 있다.

② 가장 중요시해야하는 것은 수주활동 상황보고로, 이 보고는 도급형 공사의 경우 입찰 예정일 10일전까지, 개발형 공사의 경우 공사시행 개시일 20일전까지 제출해야 한다.

ⓐ 국내외 건설공사의 하도급 형태의 수주활동도 마찬가지로, 현행법상 이 기일을 준수하지 않을 경우 해외건설촉진법에 의거 국토교통부는 과태료(최대 450만원)를 부과하게 되어있다.

ⓑ 보고를 생략하는 경우 추후 동 공사에 대한 실적을 인정받을 수 없게 된다.

③ 해외공사 상황보고를 위한 업무처리 경로
해외건설e정보시스템(http://yes.icak.or.kr) 접속 → 해외공사 상황보고

(2) 해외공사 수행 중의 신고

해외공사 수행 시 단계마다 신고해야하는 사항과 내용은 다음과 같다.

① 공사정보 입수 및 수주활동	• 도급공사 : 입찰예정일 10일전까지 • 개발형공사 : 공사 시행개시일 20일전까지 • 허위 보고 또는 미보고 시 과태료 : 300만원 이하

	• 근거규정 : 법 제13조, 시행령 제17조, 시행규칙 제11조

⇩

② 계약체결	• 사유발생한 날로부터 15일 이내 • 허위 보고 또는 미보고 시 과태료 : 300만원 이하 • 근거규정 : 법 제13조, 시행령 제17조, 시행규칙 제13조

⇩

③ 착공 및 시공	• 매반기 종료 후 30일 이내 • 허위 보고 또는 미보고 시 과태료 : 300만원 이하 • 근거규정 : 법 제13조, 시행령 제17조, 시행규칙 제15조

⇩

④ 공사내용 변경 및 제반사고 보고	• 사유가 발생한날부터 15일 이내 • 허위 보고 또는 미보고 시 과태료 : 300만원 이하 • 근거규정 : 법 제13조, 시행령 제17조, 시행규칙 제18조 • 제반 사고 보고 : 공문, 보고서 • (일시, 장소, 관련자, 사고내용(피해상황 및 사고발생원인 포함))

⇩

⑤ 준공	• 사유발생한 날로부터 15일 이내 • 허위 보고 또는 미보고 시 과태료 : 300만원 이하 • 근거규정 : 법 제13조, 시행령 제 17조, 시행규칙 제17조

* 법 : 해외건설촉진법, 시행령 : 해외건설촉진법 시행령, 시행규칙 : 해외건설촉진법 시행규칙

Ⅱ. 해외입찰 정보

1. 한국국제협력단(KOICA)

(1) 개 요

정부차원의 대외무상원조 전담기관으로 개발도상국의 빈곤퇴치 및 경제·사회 발전을 지원. 전자정부 및 ICT건립센터 설립 등의 국제 ODA입찰의 기회를 제공(KOICA : Korea International Cooperation Agency)

(2) 홈페이지(전자조달시스템) : http://nebid.koica.go.kr

(3) 입찰 참여방법

① 조달협력업체 등록절차 [조달시스템 접속 → 회원가입]
조달협력업체 등록은 조달청 나라장터 정보와 연동이 되므로 KOICA 전자조달시스템 가입 전 조달청 나라장터 업체등록 필수

② 발주계획 및 신규입찰공고 확인 방법

ⓐ KOICA 전자조달시스템 [고객센터 → 일반공지]에서 확인

ⓑ 조달협력업체 등록 회사 메일로 입찰정보 정기 안내

③ 입찰 진행 절차

KOICA	발주계획 수립 및 공개 → 사업별 조달집행계획 수립 → 입찰공고(사전공고 포함) → 낙찰자결정(기술평가) → 계약체결(협상 포함)
참여사	입찰 설명회 참석 → 입찰참가신청 → 입찰서제출 → 계약체결 → 이행 → 대금수령 → 계약완료

ⓐ 입찰참가 신청 : 전자조달시스템 로그인 → [원조조달입찰] 메뉴에서 참가신청서 작성 후 기한 내 입찰참가 신청

ⓑ 입찰서 제출 : 전자조달시스템 가격입찰서 온라인 입력
(기술제안서 제출 시 KOICA 기업지원센터 방문 제출)

④ 입찰 참가 자격

ⓐ KOICA 전자조달시스템 조달협력업체 등록 필수

ⓑ 입찰별 참가 자격은 사업별 상이

2. 대외경제협력기금(EDCF)

(1) 개　요

개도국의 경제 · 사회 인프라 건설을 지원하며, 공적개발원조(ODA) 중 원리금을 상환 받는 양허성 차관(Concessional Loan)을 주로 지원. 국내 자금으로 지원되는 사업에는 대부분 우리나라 업체가 참여하고 있어 개발도상국의 해외건설공사에 진출하고자 하는 국내기업이 활용 가능(EDCF : Economic Development Cooperation Fund)

(2) 홈페이지 : http://www.edcfkorea.go.kr

(3) 사업안내

① 개　요

사　업	발주처	입 찰 기 관	비　고
사업 타당성조사 등	EDCF	국내조달시스템	
컨설턴트 및 공급자 선정	개도국	수원국 조달시스템	개도국이 모든 책임을 전적으로 부담

② 사업 타당성조사

ⓐ EDCF는 차관사업의 준비, 실시 및 사후관리 과정에서 발생하는 애로사항에 대해 수원국이 자금과 노하우 부족으로 적절히 대응하지 못하는 경우를 대비하여, 차관지원비로 컨설턴트를 선정하여 지원

ⓑ 진행 절차 : 사업 준비(사업타당성조사 작성 및 보완, 환경영향평가) → 사업실시(구매 및 입찰서류 작성, 구매 관련 문제해결) → 사후관리(유지보수 및 관리 등 문제해결)

③ 컨설턴트 선정

ⓐ EDCF는 개발사업의 준비, 실시 및 운영을 효과적으로 수행하기 위해

컨설턴트 고용을 원칙으로 함

ⓑ [홈페이지-사업정보-해외원조시장 입찰정보-컨설턴트 신청/관리]에서 자격 확인 및 등록 신청 가능

ⓒ 고용 절차

㉠ 개도국의 컨설턴트 고용계획 작성 및 제출

㉡ 개도국의 과업명세서, 후보자명단 및 입찰초청서 작성

㉢ 서류에 대한 EDCF 동의

㉣ 입찰실시

㉤ EDCF의 입찰평가결과 승인

㉥ 낙찰자 결정, 고용계약 체결 및 EDCF 동의

④ 공급자 선정

ⓐ EDCF 차관사업에 소요되는 재화와 용역의 제공을 위한 공급자 선정은 개도국 정부의 책임 하에 수원국 조달시스템을 통해 이루어짐

ⓑ EDCF 차관사업 입찰 절차

㉠ 사업 실시기관의 입찰서류 작성 및 입찰서류 승인 신청

㉡ EDCF 입찰서류 승인

㉢ 사업 실시기관의 입찰 공고

㉣ 입찰참가 기업에 대한 사전 적격심사(필요시)

㉤ 입찰실시

㉥ 입찰평가 및 평가결과 승인신청

※ 대형 사업이거나 기술적으로 복잡한 사업의 경우 EDCF는 기술적, 재무적 능력을 보유한 적격 업체들만이 참여하도록 유도하기 위해 사전 적격심사를 실시할 것을 권고함

※ 사전 적격심사의 주요 검토항목은 유사사업 시행경험 및 실적, 인력, 장비 관련 능력, 재무상황 및 과거 법적소송 제기현황 등

※ 입찰 서류는 영문으로 준비되어야 하며, 다른 언어를 사용하는 경우 전문에 대한 영문 번역과 함께 제출되며 영문 입찰서류가 우선함

3. 국제 ODA 입찰공고(DEVEX)

(1) 개 요

한국국제협력단(KOICA)과 국제원조조달시장 정보제공업체인 미국 DEVEX 社와의 계약 체결을 통해 국제입찰정보 및 세계원조시장 동향에 관한 정보를 홈페이지 또는 이메일을 통해 제공

(2) 홈페이지 : www.devex.com

(3) 정보제공 서비스 이용방법

① KOICA 기관회원 신청 후 승인된 ID로 로그인

ⓐ 한 개의 업체당 한 개의 ID만 발급 가능하므로 발급 이후 내부 공유 필요

ⓑ **KOICA 기관회원 신청 및 등록절차**

㉠ 대상자: KOICA 전자조달시스템에서 원조조달협력업체로 등록이 완료된 기관

㉡ 기본절차

❶ KOICA 원조조달협력업체 등록 여부 확인

❷ KOICA 기관회원신청(소속기관명, 희망ID, 비밀번호 기입 후 procurement @koica.go.kr로 송부)

❸ DEVEX 홈페이지 로그인, 정보검색

② DEVEX社 홈페이지를 통해 개별적으로 온라인 회원 가입 후, 로그인(개별적으로 가입하는 경우 DEVEX社의 규정에 따라 일부 제한된 서비스만 제공)

4. 세계은행(World Bank : WB)

(1) 개 요

세계은행은 중소득 개발도상국에 중장기 개발자금을 지원하는 국제부흥개발은행(International Bank for Reconstruction and Development : IBRD)과 저소

등 개발도상국에 대한 양허성 자금을 지원하는 국제개발협회(International Development Association)로 구성되어 있음

(2) 홈페이지 : http://www.worldbank.org

(3) 주요내용

① 차관의 종류

세계은행의 차관은 '투자차관'과 '개발정책차관'으로 구분되며 국내 기업의 비즈니스 기회는 '투자차관'에서 더 많이 찾아볼 수 있음

구 분	주 요 내 용
투자차관	• 공사, 재화, 컨설팅 • 기 확정된 구체적인 프로젝트 • 장기 프로젝트(5년 ~ 10년) • 확정된 조달(Procurement)과 이행(Implementation) 일정
개발정책차관	• 국가 정책과 경제 전반적인 분야의 제도적 개혁 지원 • 단기 프로젝트(1년 ~ 3년) • 단기 자금 제도

② 프로젝트 수행 절차

프로젝트 발굴(Identification) → 프로젝트 준비(Preparation) → 프로젝트 심의(Appraisal) → 협상 및 이사회 승인(Negotiation and Board Approval) → 집행 및 감독(Implementation and Supervision) → 사후 평가(Evaluation)

③ 프로젝트 조달 방식

ⓐ WB는 프로젝트 수원국 정부에게 일정 규모 이상 프로젝트에 대해서는 모든 기업들이 균등 조건에서 입찰에 참여할 수 있도록 국제경쟁입찰(ICB) 방식 채택을 기본원칙으로 하고 있음.

ⓑ ICB 방법이 가장 경제적으로 효율적인 조달방식이 아닌 경우 아래와 같은 입찰방식을 채택할 수 있음

㉠ 제한국제입찰(Limited International Bidding : LIB)

㉡ 국내경쟁입찰(National Competitive Bidding : NCB)

㉢ 쇼핑(Shopping)

㉣ 직접계약(Direct Contracting)

㉤ 직영방식(Force Account)

㉥ UN 에이전트에 의한 조달(Procurement from United Nations Agencies) 등

④ 입찰 진행 절차

WB의 기본인 ICB 방식의 개략적인 진행절차는 다음과 같다.

ⓐ 입찰 초청장(IFB : Invitation for Bid) 확인

ⓑ 입찰 서류(Bidding Document) 구매

ⓒ 입찰 서류 작성 및 제출(입찰보증금)

ⓓ 입찰서 공개(Bid Opening)

ⓔ 입찰 평가 및 계약자 선정(Contract Award)

5. 아시아개발은행(Asian Development Bank : ADB)

(1) 개 요

아시아개발은행(ADB)은 아시아태평양 지역의 경제성장과 ADB 회원국가 간 협력을 도모하고 개발도상국 회원국의 경제발전을 촉진하고자 설립

(2) 홈페이지 : http://www.adb.org

(3) 주요 내용

① 차관의 종류

ⓐ 차관(Loan) 제공, 무상공여(Grant), 지분투자(Equity Investment), 기술지원(Technical Assistance) 등의 형태로 구성

ⓑ 차관 제공, 기술지원을 통한 프로젝트 수행은 해당 프로젝트 소요 자금의 성격, 상환조건, 규모에 따라 자금원을 달리하므로 ADB 프로젝트 수주를 희망하는 기업은 해당 프로젝트의 자금원과 자금원에 따른

프로젝트 수행 및 조달절차, 관련 주요 인사를 파악하는 노력이 필요

구 분	자 금 원	비 고
Ordinary Capital Resource (일반자금)	국제 금융시장 조달 및 다양한 프로젝트를 통한 이익금	상대적으로 상환 능력이 있는 회원국 및 민간 기관이 동 자금을 활용하는 것이 일반적임
ADF (아시아개발기금)	회원국들의 기부금	최빈회원국들에게 아주 낮은 이자율로 제공
Equity Investment (지분투자)	국제 금융시장 조달 및 다양한 프로젝트를 통한 이익금	주로 PSOD(민간사업부)에서 수행되는 민간 프로젝트에 대한 투자
Grant(공여)	공여성 지원	
Technical Assistance Grant	TASF(Technical Assistance Special Fud)	프로젝트 계획수립을 위한 기술지원(PPTA), 자문운영 기술 지원(AOTA)
Other Bilateral Funds (기타특별기금)	특정 국가 및 기관이 ADB를 기금관리자로 지정하여, 특별공여자금(Bilateral Funds)형식으로 제공	

② 프로젝트 수행절차

수행단계	소요기간	수행주체
① 프로젝트 발굴	1–3년	발주기관, ADB
② 프로젝트 계획 수립	1–2년	발주기관, ADB
③ 검토	9–12개월	ADB
④ 심사 및 승인	1–3년	ADB
⑤ 이행	대략 6년	발주기관
⑥ 평가	6개월	발주기관, ADB

③ 프로젝트 입찰 방식(컨설팅 서비스 이외 부문)

ⓐ ADB가 지원하는 프로젝트의 투명하고 공정한 조달행위를 위해 ADB 조달지침서(ADB Procurement Guidelines, April 2015) 및 컨설턴트 고용지침(Guidelines on the use of Consultants, March 2013)을 작성, 적용함

ⓑ ADB는 프로젝트 수원국 정부에게 일정규모 이상 프로젝트에 대해서는 ADB 회원 국내 모든 기업들이 균등한 조건에서 입찰에 참여할 수

있도록 국제경쟁입찰(ICB) 방식 채택을 의무화

ⓒ 중대형 프로젝트로서 다수의 장비구매, 용역서비스가 결합되어야 하는 프로젝트의 경우 일반적으로 각각의 계약 건에 대해 분리 입찰이 실시됨

④ 입찰 절차 및 방법

구 분	내 용
가격+기술 동시 심사방식	응찰자가 한 봉투에 가격제안서와 기술제안서를 동봉하여 참여
가격+기술 분리 심사방식	기술제안서와 가격제안서를 각각의 봉투에 넣어 동시에 제출받는 방식기술제안서를 먼저 개봉하여 평가한 후 가격제안서를 별도로 평가
2단계 방식	1차로 기술제안서만 제출, 이후 가격을 검토하는 방식
2단계, 가격+기술 분리 심사방식	기술 및 가격제안서를 각각 봉투에 넣어 함께 제출, 후에 기술제안서를 먼저 개봉하여 평가한 후 가격제안서를 별도로 평가하는 방식

6. 아시아인프라투자은행(Asian Infrastructure Investment Bank : AIIB)

(1) 개 요

① AIIB는 아시아 지역의 부족한 인프라 투자를 지원함으로써 아시아 경제 · 사회 발전을 촉진하고 부를 창출하는 것을 목적으로 설립

② WB, ADB 등이 세계 빈곤퇴치를 목표로 하는데 비해, AIIB는 인프라 투자를 통한 경제성장을 목표로 함

(2) 홈페이지 : http://www.aiib.org

(3) 주요 내용

① 프로젝트 수행절차

프로젝트 발굴(Identification) → 프로젝트 계획수립(Preparation) → 프로젝트 검토(Examination) → 프로젝트 심사 및 승인(Appraisal/Approval) → 프로젝트 실행

(Implementation) → 사후평가(Evaluation)

※ AIIB 주요 융자 분야(정보 인프라 부문)

- 광대역 인터넷, 광섬유 케이블, 국경 간 해상 케이블, 무선센서 네트워크, 위성서비스 시설, 차세대 모바일 네트워크 및 인터넷 시설, 사물인터넷 시설, 클라우드 컴퓨팅 및 빅데이터 플랫폼 시설

② **프로젝트 조달 절차**(컨설팅 서비스 이외 부문)

ⓐ WB, ADB와 마찬가지로 국제경쟁입찰이 가장 선호되며, AIIB 조달 방침에 부합하는 다른 방식도 가능하나 이를 위해서는 AIIB의 사전 승인 필요

ⓑ 입찰서류 공지 → 입찰평가 및 사업자 선정 → 입찰자 선정* → 낙찰 의향통지(서면)

※ 입찰자 선정 시 가장 경제적으로 이익이 되는 입찰자를 선정함. 현저히 낮은 가격을 제시한 입찰자에게는 가격분석을 요구하고, 입찰 평가 항목을 고려하여 가장 경제적인 제안서를 선택함

7. 중소기업수출지원센터 해외조달시장정보

(1) 개 요

체계적인 중소기업 해외조날시장 진출을 위해 국별 · 기관별 입찰동향 뿐만 아니라 온라인 강의 및 상담, 자가진단 서비스 등 중소기업 맞춤형 지원서비스를 제공

(2) 홈페이지 : http://b2g.exportcenter.go.kr

(3) 주요 서비스

국내외 조달시장의 정보와 현황, 진출가이드 및 재외공관에서 제공하는 입찰정보 조회가능

메 뉴	주 요 내 용
북미조달시장정보	미국/캐나다/멕시코 입찰 및 낙찰 정보, 미국 유력 조달 바이어 발굴, 시장정보 및 동향, 주 계약업체 정보, 벤더 정보, 조달 구매현황 분석, 미국연방조달규정 제공
국제기구 조달시장정보	UN/UN산하기구/MDB 등 입찰정보, 시장정보 및 동향, 주 계약업체 정보, 프로젝트 정보, 조달 구매현황 분석 제공
EU조달시장정보	EU국가 입찰정보, 시장정보 및 동향, 주 계약업체 정보, 벤더 정보, 현지 에이전트 정보 제공
아시아 및 기타시장정보	아시아/기타 입찰 및 낙찰 정보, 시장정보 및 동향, 주 계약업체 정보, 벤더 정보, 현지 에이전트 정보 제공
정보 광장	단계별 진출가이드, 해외조달 진출 가이드, 현지 입찰 정보(재외공관 제공), 해외조달 성공사례, 조달 관련서식 제공
고객지원	고객지원, 해외조달정보 관련문의, 해외조달 강좌, 해외조달 온라인 설명회, 해외조달진출 자가진단 제공

8. 유엔조달공고(UN Global Marketplace : UNGM)

(1) 개 요

40개의 UN산하기구에서 제공하는 모든 입찰정보를 제공하는 조달관련 통합포털로, 공정하고 투명한 입찰절차와 낮은 진입장벽으로 중소 · 중견기업의 진출이 용이

(2) 홈페이지 : http://www.ungm.org

(3) 주요 내용

① 조달업체 등록(Vendor registration) **절차**

ⓐ 조달업체 등록은 유엔 조달시장 참여시 필수 요건

ⓑ 홈페이지에서 무료로 등록 가능

ⓒ 등록 시 계약금액에 따른 레벨이 있어 업체의 규모나 재정적 상황에 따라 적합한 단계의 조달업체 등록을 하는 것이 중요

구 분	내 용
BASIC LEVEL	추정 계약체결(estimated contract award) 금액이 4만 달러 이하일 때
LEVEL ONE	추정 계약체결 금액이 50만 달러 이하일 때
LEVEL TWO	추정 계약체결 금액이 50만 달러 이상일 때

ⓓ 등록 신청이 완료되면 심사를 거쳐 6-10주 후 최종 등록 여부 결정 회신

ⓔ 조달업체 등록이 확정되면 UNGM을 통해 입찰 절차진행 및 낙찰 여부 확인 가능

② 조달 관련 정보 제공

ⓐ 유엔 조달품목 관련 정보(입찰기한, 조달기관명, 품목, 대상지역 등) 제공

ⓑ 입찰알림서비스(Tender Alert Service) : 유료

Ⅲ. 금융 및 보험 지원 정보

1. 해외인프라 수주·투자 지원센터(KOCC)

(1) 개 요

한국수출입은행, 한국무역보험공사, KDB 산업은행, 건설공제조합, 해외건설협회, 한국플랜트산업협회, 한국조선해양플랜트협회, 서울보증보험 8개 기관이 협약을 체결하여 설립(KOCC : Korea Consulting Center for Overseas Infra & Plant Projects)

(2) 홈페이지 : http://www.koccenter.or.kr

(3) 지원 내용

① **이행성 보증 등 금융지원** : 보증서 발급 지원서비스

해외사업의 원활한 입찰, 수주 및 사업진행을 위해 필요한 입찰보증(Bid Bond), 선수금환급보증(AP-Bond), 계약이행보증(P-Bond) 등 해외사업진행에 필요한 각종 보증서 발급상담을 종합적으로 진행

해외인프라 수주 · 투자 지원센터		협력기관
방문상담 → 협약기관 검토요청 → 협약기관 검토/회보 → 보증지원 기관 안내 → 사업성 검토 지원	⇨	기관별 발급심사 → 보증서 발급

② **공동보증 제도**

ⓐ 개 요

금융기관들이 사업성평가에 기반 하여 리스크를 분담, 공동으로 중소 · 중견기업에 보증을 제공하는 제도

ⓑ 지원 대상

해외건설협회의 사업성 평가가 양호(A ~ D등급 중 B등급 이상)한 사업에 참여하는중소 · 중견기업

지원대상 요건(모두 충족)
① 해외건설·플랜트 중소·중견기업의 이해성보증 발급 프로젝트
② 신용도 부족 등의 사유로 공동보증이 필요한 프로젝트
③ 해외건설협의 사업성 평가 결과, B등급 이상으로 사업성이 양호한 프로젝트
④ 지원 가능 여부 약식 검토시 거래안정성 평가표상 일정 점수 이상인 프로젝트

ⓒ 이용절차 및 신청서류

① 공동보증 상담	② 공동보증 신청	③ 공동보증 승인	④ 보증서 발급

- 상담기업, 상담신청 (유선 또는 센터 방문)
- 센터, 기관별 승인신청 서류 일괄 접수
- 센터, 기관별 채권서류 일괄 접수

[홈페이지 → 업무안내 → 이행성보증 등 금융지원 → 공동보증제도]에서 자세한 내용 확인 및 서식 다운로드 가능

2. 한국수출입은행

(1) 개 요

한국수출입은행은 수출입, 해외투자 및 해외자원개발 등 대외경제 협력에 필요한 금융을 제공함으로써 국민 경제의 건전한 발전을 촉진

(2) 홈페이지

① 한국수출입은행 : http://www.koreaexim.go.kr

② 대외경제협력기금(EDCF) : http://edcfkorea.go.kr

(3) 지원 내용

① 해외건설 사업 금융지원

ⓐ 개 요

해외 주요 발주처, 국제금융기구, 국제상업은행, 원조기관 등과의 전방위적 네트워크를 활용하여 우리 기업이 중동, 중남미, 동남아 등 신

흥시장에 적극 진출할 수 있는 토대를 제공

ⓑ 지원 대상

공항, 고속도로, 교량, 터널, 발전 등 산업 및 교통 인프라

ⓒ 국내 건설사 금융지원

지원제도	개 요	관련금융상품
해외건설 제작자금지원	국내 건설사의 해외건설 계약이행에 필요한 제작자금을 지원	수출이행자금대출
이행성보증 지원	해외 발주처가 시공사의 계약이행을 보증하기 위해 요구하는 각종 은행 보증서를 국내 건설사 앞 발급	입찰보증, 계약이행보증 선수금환급보증 하자보수보증

ⓓ 기타 금융지원제도

㉠ 해외사업자금대출, 수출성장자금대출, 수출팩토링, 현지법인 사업자금대출, 수출기반자금대출(수입결제자금) 등 다양한 지원제도

㉡ 자세한 내용은 [홈페이지 - 해외진출정보 - 기관별 지원제도 - 한국수출입은행] 접속 후 자료 다운로드

② 대외경제협력기금(EDCF) 중소기업지원제도

ⓐ 개 요

차관조건 우대 및 신규차관제도 도입 등을 통해 중소·중견기업의 해외진출을 다각적으로 지원

ⓑ 주요 내용

주요제도	내 용
차관조건 우대	중소 · 중견기업 참여사업에 대한 차관조건 우대 대기업-중소 · 중견기업 컨소시엄 우대
소액차관	미화 5백만불 이하의 사업으로, 사업참여자를 우리나라 중소기업으로 제한
민간협력차관	공적개발원조(ODA) 적격사업을 추진하는 외국법인 앞 시설자금 및 운영자금 지원
민간협력 전대차관	민간협력차관의 지원대상자인 외국법인[대한민국국민(대기업 제외) 출자 법인 포함]에게 시설자금 · 운영자금을 전대하는 개도국 금융기관을 지원
섹터개발차관	특정 부문(Sector) 개발을 위해 추진하는 다수 사업에 자금 지원

※ 주요제도의 자세한 내용 및 지원 사례는 홈페이지에서 확인

3. SGI서울보증

(1) 개　요

높은 수익성과 재무건전성을 바탕으로 세계적인 평가기관에서 AA-수준의 높은 등급을 받는 국내 최대 종합보증회사로, 해외대표사무소를 통해 세계 각지의 보증시장에 진출

(2) 홈페이지 : http://www.sgic.co.kr

(3) 프론팅(Fronting) 서비스

① 개　요

ⓐ 가입대상 : 발주자가 해외현지 보험사의 보증서(Surety)를 요구하는 경우

ⓑ 고객이 해외에서 각종 계약과 관련하여 해외 보증서(보험회사 발행)를 필요로 하는 경우 SGI서울보증이 보증서 발급을 대행하는 서비스(전세계 21개국 65개 보험사의 프론팅 네트워크 보유)

② 상품구조

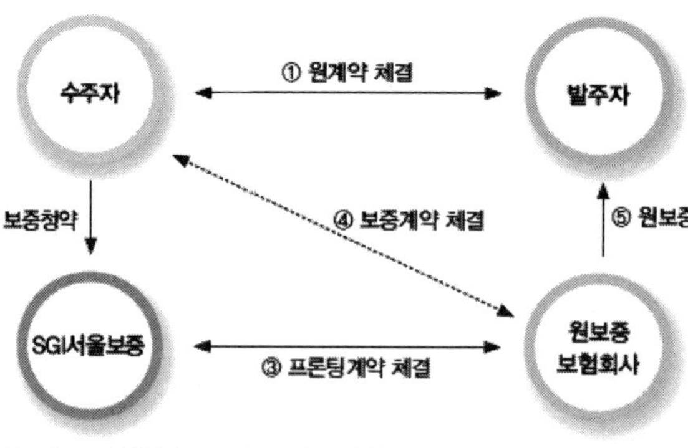

※ SGI서울보증이 보증위험의 100%를 인수하고, 실제 현지 보험회사는 보증서 발급만 대행하여 주는 형태

③ 보험가입대상 계약

ⓐ 해외 공사계약

ⓑ 해외 물품공급 · 용역제공계약

ⓒ 기타 해외계약

ⓓ 상기 계약의 하도급계약

ⓔ 기타 당사자 간 필요에 의해 회사상품이 요구되는 계약

④ 상담 및 신청방법

가까운 SGI서울보증 지점방문 후, 상담 및 신청

4. 정보통신공제조합

(1) 개　요

정보통신공사업에 필요한 각종 보증 및 자금융자와 정보통신공사업체의 안정된 경영환경 제공을 위해 공제업무를 수행하는 등 통신업계의 전문 금융기관

(2) 홈페이지 : http://www.icfc.or.kr

(3) 지원 내용(해외 복보증 상품)

① 개　요

ⓐ 기업이 수주한 계약상의 채무(이행)를 지급보증(원보증)하는 한국수출입은행을 피보험자로 하여 발급하는 상품

ⓑ 입찰보증, 선수금환급, 계약이행보증, 하자보증증권에 대한 보증증권을 발급

② 상품의 종류

지급보증의 보증(단일상품)

③ 상담 및 신청방법

가까운 정보통신공제조합 지점방문 후, 상담 및 신청

〈 지점안내 〉

지점명	주 소	전화번호
서울지점	서울특별시 서초구 서초대로 314(서초동 1674-1) 정보통신공제조합회관 8층	02-3470-7100
경기지점	경기도 용인시 기흥구 흥덕4로 24(영덕동 1120-2) 2층	031-271-0900
부산지점	부산광역시 동구 중앙대로 262(초량동 1169-13) 2층	051-466-4900
경북지점	대구광역시 동구 신암남로 167(신암4동 337-1) 1층	053-742-6601
전남지점	광주광역시 서구 대남대로 475(농성동 648-4) 3층	062-653-1388
충남지점	대전광역시 유성구 유성대로 664(구암동 602-11) 2층	042-824-0314
인천지점	인천광역시 남동구 미래로 32(구월1동 1142) 인천회관 10층	032-529-0231
전북지점	전라북도 전주시 덕진구 온고을로 753(반월동 762-7) 2층	063-226-1898
강원지점	강원도 원주시 만대로 15-1(무실동 1724-13) 4층	033-735-1135
충북지점	충북 청주시 청원구 충청대로 35(내덕동 402-22) 2층	043-214-0810
제주지점	제주도 제주시 청사로 1길 4(도남동 568-4) 1층	064-752-3031

5. 해외건설협회 중소기업수주지원센터

(1) 개 요

중소기업의 해외건설 진출을 위해 전문가 자문, 교육훈련, 지원제도 등을 제공

(2) 홈페이지 : http://smc.icak.or.kr

(3) 해외건설 신시장 개척 자금지원

① 개 요

해외건설시장 진출을 활성화 하고 리스크 부담이 큰 시장개척 활동(현지 조사 출장 및 발주처 인사초청, 타당성 조사) 비용의 일부를 지원

② **지원내용**

ⓐ 국외활동비 및 발주처 초청비

ⓑ 현지조사 및 외주 비용 등

③ **지원금액 :** 수주활동 지원 최대 1억 원, 기타 지원사업 최대 3억 원

중 소 기 업	총 소요비용의 80%(지원금액 이내)
중 견 기 업	총 소요비용의 60%(지원금액 이내)
대기업 및 공기업	소요비용의 50%(지원금액 이내)

④ **지원국가**

ⓐ 우리기업 미진출 국가

ⓑ 최근 5년간 우리기업의 총 수주액이 4억불 미만인 국가

ⓒ 토목, 건축, 용역 분야에서 최근 5년간 총 수주액이 2억불 미만이거나 수주공사가 10건 미만인 국가

ⓓ 토목 내 도로, 상수도, 하수도, 댐, 항만, 공항, 운동장, 조경, 철도공사, 단지조성, 기타토목 세부공종별로 각각 최근 5년간 수주실적 1억불 미만 또는 5건 미만인 국가

ⓔ 기타 국토교통부장관이 전략적 참여가 필요하다고 인정하는 국가

⑤ **지원항목**

국외 항공료, 체재비, 현지교통비 등

⑥ **지원신청서류**

신청서, 사업요약서, 사업제안서 13부(아래한글 작성, 전자파일 별도제출), 법인등록증 또는 사업자등록증, 최근년도 대차대조표 및 손익계산서, 국세 및 지방세 완납증명서, 중소/중견기업 기업규모 확인서

⑦ **평가절차**

ⓐ 신청서 접수 및 평가

ⓑ 지원사업 선정 및 협약체결

ⓒ 사업시행(중간보고 및 정산)

ⓓ 사업종료 및 최종정산

ⓔ 종료평가 및 사후관리

Ⅳ. 법률 및 노무 지원 정보

1. 법무부 중소기업법률지원단

(1) 개 요

국제 분쟁 등 종합적 법률자문을 위해 변호사, 변리사, 외국법자문사, 교수로 구성된 '해외진출 중소기업 법률자문단'을 설립하여 해외 진출 중소기업에 법률 상담 · 자문 서비스를 제공

(2) 홈페이지 : http://www.9988law.com

(3) 해외진출 중소기업 법률자문

① 지원대상

중소기업기본법 제2조 및 동법 시행령 제3조에 의한 "중소기업"

② 자문범위

ⓐ 계약서, 협약서 등 각종 서류 검토 및 법률자문

ⓑ 회사 설립에 필요한 정관 검토 및 법률자문

ⓒ 지식재산권 분쟁 대응방안 등 법률자문

ⓓ 현지 법령 · 사법제도 해석 및 적용에 관한 자문 등

2. 재외공관 법률자문서비스

(1) 개 요

25개국 재외공관에서 기업이 해외진출 초기와 운영과정에서 겪는 법적 애로사항에 대한 법률자문 서비스를 제공

(2) 홈페이지(외교부) : http://mofa.go.kr

(3) 주요 내용

① 신청대상

해외 진출에 법적 어려움을 겪는 기업 및 개인

② 지원내용

개별 자문 신청 건에 대하여 자문변호사가 서비스를 제공

(예산 상황에 따라 서비스가 제한될 수 있음)

법령 세미나 개최	조세, 노동, 환경, 법, 제도 등 주요국 법규에 대한 설명
법률정보 제공	정기 또는 수시로 정보 제공 및 책자 발간

③ 신청창구

아래 법률자문서비스 시행 재외공관의 경제담당관

(재외공관 홈페이지 참고)

중국(베이징, 광저우, 상하이, 선양, 청두, 칭다오, 우한), 나이지리아, 남아공, 러시아, 루마니아, 멕시코, 몽골, 미얀마, 방글라데시, 베트남(하노이, 호치민), 브라질, 스리랑카, 슬로바키아, 우즈베키스탄, 이란, 인도, 인도네시아, 카타르, 캄보디아, 태국, 터키, 파나마, 페루, 폴란드, 필리핀

④ 절 차

면담 · 전화 · 인터넷 등을 통해 법률지문 신청 → 재외공관이 1차적 사실관계 파악 → 자문변호사의 법률자문 결과 재외공관 전달

3. 법제처 세계법제정보센터

(1) 개 요

세계법제정보센터는 세계 각국의 기본법, 경제법, 일반법을 포함한 주요 법령과 연구보고서, 최신동향 등을 함께 제공함으로써 기업의 해외활동을 지원

(2) 홈페이지 : http://world.moleg.go.kr

(3) 해외법령 정보 서비스

구 분	내 용
세계법제정보	EU, UN 등 국제기구를 비롯하여 세계 주요국의 법률정보, 중점관리 대상법령, 최신동향, 법령체계도, 관련 사이트를 국가별로 취합하여 제공
법령체계도	각 국가의 법령 및 규칙을 쉽게 검색할 수 있도록 주제 및 부서별 하위 카테고리로 이어지는 Tree형식으로 제공
세계법제뉴스	최신 세계법제 동향을 소개하는 뉴스레터 및 해외출장보고서 제공
맞춤형 법령 정보 서비스	이용자가 원하는 해외 법령정보를 온라인으로 신청하면 5일 이내에 제공
관련 사이트	주요 국가의 법령을 검색할 수 있는 검색사이트를 비롯하여 국가기관, 정부부처 등의 링크 제공

4. 대한상사중재원

(1) 개 요

국내외 상거래에서 발생하는 분쟁을 사전에 예방하고, 발생된 분쟁을 중재, 조정, 알선을 통하여 신속하고 공정하게 해결하는 상설 법정 중재기관

(2) 홈페이지 : http://www.kcab.or.kr

(3) 지원 내용

① 무료 분쟁 상담

ⓐ 개 요

대한상사중재원 분쟁종합지원센터에서는 관련 지식과 경험이 풍부한 전문위원들의 법률상담, 계약서 작성지도, 분쟁해결방법안내 등 분쟁해결에 관한 종합적인 서비스를 제공

ⓑ 상담 신청 방법

㉠ 방문, 전화, 홈페이지를 통한 상담 모두 가능

㉡ 인터넷신청 상담도 가능

② 알 선

ⓐ 개 요

㉠ 분쟁 발생 시, 중재원의 직원이 개입하여 공정한 입장에서 분쟁 당사자들이 원만한 합의에 도달할 수 있도록 도와주는 절차

㉡ 일방당사자의 신청만으로 진행이 가능하며 모든 경비는 무료

ⓑ 국제알선 유형

㉠ 대내알선 : 외국 당사자가 국내 당사자를 상대로 제기한 분쟁으로 무료로 해결을 지원

㉡ 대외알선 : 국내당사자가 외국당사자를 상대로 제기한 분쟁으로 무료로 해결을 지원

ⓒ 신청방법

인터넷신청 또는 서류신청(홈페이지에서 신청서를 다운받아 신청서를 작성하여 관련서류와 함께 팩스, 이메일 또는 우편으로 송부)

ⓓ 알선절차

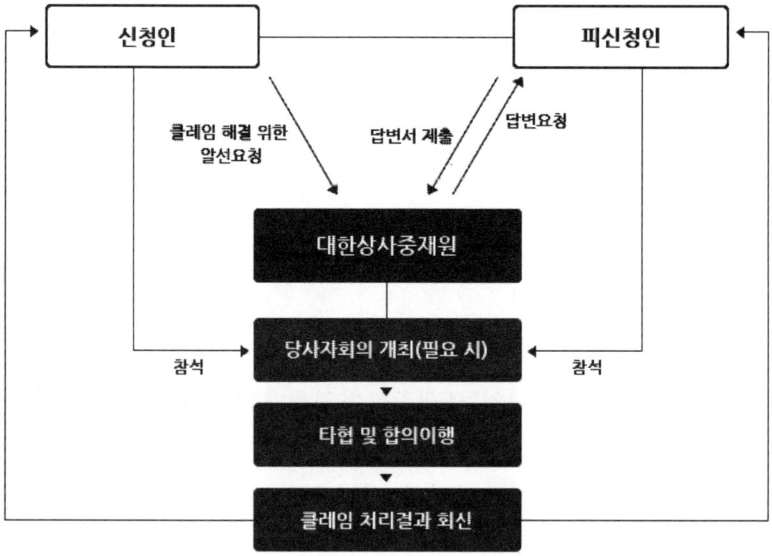

5. 국세청 국제조세 정보

(1) 개 요

해외진출 우리기업이 외국에서 겪는 세무상 애로사항을 해결하기 위해 국제조세 상담과 진출국의 세정 및 최신 세법 개정사항 안내

(2) 홈페이지(국세청) : https://www.nts.go.kr

(3) 국제조세 상담안내(국세청 국세상담센터)

구 분	내 용
전화 상담	전국어디서나 '국번 없이 126'을 눌러 상담원과 통화 ※ 처음 안내 시 2(세법상담)를 누른 후, 필요한 정보에 따라 번호를 눌러 상담
인터넷 상담	[국세청 홈택스(http://www.hometax.go.kr) → 상담, 제보] 로그인 후 개별적으로 상담
서면 상담	우편, FAX로 신청(14일 이내에 회신)
방문 상담	전화 예약 후 내방 – 전화: 064-780-6000 – 주소: (우)63568 제주특별자치도 서귀포시 서호북로 36

V. 해외진출 종합정보 서비스

1. 한국정보통신공사협회 해외진출종합정보시스템

(1) 개 요

정보통신공사업의 해외진출 역량 강화를 위해 해외동향, 해외 입찰정보 및 4차 산업 관련 해외 신기술 동향 등 해외진출에 필요한 다양한 정보를 제공

(2) 홈페이지 : https://ictis.kica.or.kr/bbs/40/list

(3) 주요서비스

해외시장정보, 해외진출 관련 지원 자료, 해외신기술동향, 유관기관 정보 등 정보통신공사업의 해외진출에 필요한 정보를 원스톱으로 제공

메 뉴	주 요 내 용
행사안내	협회 및 유관기관에서 주최하는 해외진출 및 4차 산업 관련 세미나 · 컨퍼런스 등 행사 안내
해외진출지원자료	해외진출 시 꼭 알아야 할 정보, 진출 가이드라인, 성공 사례집 등
국가별정보	권역별(아시아, 중동, 아프리카, 유럽, 북미/중남미/오세아니아)로 분류한 국가 일반 정보 및 정보통신현황
북한정보통신 자료	통일을 대비한 북한의 ICT 동향, 연구자료 및 관련법률 정보 제공

2. 해외건설종합정보서비스

(1) 개 요

해외건설 진출 및 공사수행에 필요한 각국의 종합적인 건설정보를 다양한 채널을 통해 입수하여, 수집된 정보의 가치, 신뢰성, 사업성 등을 종합적으로 분석하고 철저한 검증을 거쳐 해외건설 전문 DB로 축적하여 정보를 제공

(2) **홈페이지 : www.icak.or.kr**

(3) **주요 서비스**

분야별 전문가에 의해 엄선된 정보와 현지 대사관 주재 국토교통관이 조사한 입찰정보, 해외건설분야 진출 관련 제도 및 해외건설업 신고절차 제공

구 분	주 요 내 용
국별환경	해외건설 진출 유망국 건설시장 진출환경 조사정보
시장동향	국가별 전문가에 의해 160개국 18,000여 건의 엄선된 해외 건설시장 최근 동향
건설통계	1966년부터 현재까지의 우리업체 수주활동, 계약보고, 시공 상황 등 준공자료
프로젝트	세계 각국의 발주예정 공사정보와 국제금융기관이 제공하는 차관공사 사전 입찰정보
대외기관	해외건설협회가 운영 중인 7개 해외지부의 프로젝트 정보, 시장동향 정보 등
해외진출	해외건설 진출기업을 대상으로 해외진출 관련제도, 해외건설업 신고안내, 해외 사업 수행절차에 대한 상세한 안내와 정부차원의 각종 지원 사항 세부정보

3. 해외건설엔지니어링 정보시스템(OVICE)

(1) **개 요**

국내 건설엔지니어링 업체의 해외진출 및 경쟁력 강화에 기여할 수 있도록 정보시스템을 거점 국가별(현재는 베트남, 인도네시아 등 2개의 거점국가를 중심으로 1차 서비스 중)구축하여 필요한 서비스를 제공(OVICE : Overseas Information System for Construction Engineering)

(2) **홈페이지 : www.ovice.or.kr**

(3) **주요 서비스**

정보수집에 어려움을 겪고 있는 국내 중소 · 중견 건설엔지니어링 기업의 해외진출 지원을 위해, 거점국가 중심으로 법 · 제도를 비롯하여 입찰, 계약, 설계, 사업관리(자재, 장비, 노무, 재무, 세금, 품질, 환경, 클레임 등) 등의 기술정보와 실제 사례정보 제공

구 분	주 요 내 용
주제별정보 서비스	해외초기 진출 및 진출 후 사업수행에 필요한 정보들로, 주제에 따라 5개 분야(①영업 · 기획, ②입찰 · 계약, ③조사 · 설계, ④사업관리, ⑤공통일반) 및 29개 항목으로 체계화
정보공유 및 연계서비스	해외건설종합서비스('17.4), KOTRA 글로벌윈도우('18.4) 등 연계 및 통합검색 제공예정
맞춤형 정보 서비스	해외사업 각 업무단계별로 필요한 서식과 문서, 체크리스트, 관련 각종정보를 제공
해외진출 가이드북	해외진출 구상단계에서 프로젝트 유형별 핵심 법령과 체크리스트, 세금, 비자, 은행보증, 계좌개설, 과실송금 등의 정보를 실무자가 쉽게 활용할 수 있도록 거점국가별로 제공

4. 조달청 해외조달정보센터

(1) 개 요

한국 우수조달기업의 해외진출을 위해 개설된 홈페이지로, 해외 조달 시장 진출에 있어서 필요한 정보를 한눈에 볼 수 있는 정보 제공의 창구

(2) 홈페이지 : http://www.pps.go.kr/gpass

(3) 주요 서비스

① 해외조달정보 제공

해외입찰정보, 국제공공입찰예정정보(로그인 필수), 해외조달동향, 국가별 조달관련 정보 및 해외입찰사이트 등 제공

② 국가별 상담 지원

해외 조달시장 진출 관련 지원제도, 진출 방법, 관련 규정, 해당 국가 인증 등 관심 국가별 전문상담 가능

5. KOTRA 해외시장뉴스

(1) 개　요

우리 기업의 해외 진출 지원을 위해 전 세계 해외무역관에서 수집한 해외 시장뉴스, 국가정보, 심층정보 등 제공

(2) 홈페이지 : http://news.kotra.or.kr

(3) 주요 내용

① 이용방법

ⓐ 상기 홈페이지 접속 후 필요한 정보 확인

ⓑ 매주 해외시장정보 이메일 뉴스레터 제공
(열린마당 → 뉴스레터 → 신청)

② 이 용 료

무료. 다만, 일부 정보는 로그인 회원에게만 공개(무료), 웹사이트에서 투자실무가이드 등 유료 판매 간행물 구매 가능

③ 제공정보

구　분	주 요 내 용
뉴　스	전 세계 KOTRA 해외무역관에서 생산하는 산업상품, 경제 · 무역, 통상규제, 투자진출, 현장인터뷰, 칼럼기고, 북한정보, 한-이란 교역 · 투자협력지원센터 소식 등 해외시장뉴스
국가정보	세계 97개국 비즈니스 기초 국가정보 및 국별 출장자료 · 경제지표 정보 제공
분석보고서	이슈현안에 대한 심층 보고서, 지역 · 국별 진출전략 등 제공
비즈니스정보	상품DB, 산업DB, 기업성공사례, 무역사기사례, 해외인증제도, 인증대행컨설팅사, 해외전문조사기관, 해외기업검색사이트 정보 등 제공
무역자료실	KOTRA 본사에 위치한 무역자료실 서비스 안내, 관세율 · 무역통계 Fax 서비스 신청정보 제공
포토 · 동영상	포토뉴스, 온라인 설명회 서비스, 국가별 강좌, 동영상 국가정보 제공

참고자료

정보통신공사업법, 시행령 및 시행규칙

건설업 산업재해 현황분석 (인터넷, 안전한 세상을 꿈꾸는 안전몽)

분리발주제도의 필요성 및 당위성에 관한 연구 (2017, 한국정보통신산업연구원)

시설공사 분리발주제도 실증연구 (2021, 한국생산성본부)

정보통신공사 앗차 사고사례 예방기법 (2016, 한국정보통신공사협회)

정보통신공사업 분리발주제도 발전방안 (2009, 한국생산성본부)

정보통신공사 해외진출 매뉴얼 (2017, 한국정보통신공사협회)

중대재해처벌법 대응을 위한 중소기업 안전관리진단 매뉴얼 (2021, 중소기업중앙회)

중대재해처벌법의 중대산업재해 해설서 (2021, 고용노동부)

한국정보통신공사 50년사 (2021, 한국정보통신공사협회)

2019 정보통신 기업연감 (한국정보통신신문사)

2022년 정보통신공사 표준품셈 (한국정보통신산업연구원)

2022년도 상반기 정보통신공사 표준시장단가 (한국정보통신산업연구원)

사항색인

[ㅇ]

[ㅈ]

[ㅊ]

[ㅋ]

[ㅌ]

[ㅍ]

[ㅎ]

저자 소개

- 홍 만 표 (洪萬杓)

경북대학교 경제학과를 졸업(경제학사)하고 동 대학 행정대학원에서 이론행정을 전공(행정학 석사)하였으며, 1986년 제30회 행정고등고시에 합격하였다. 법제처에서 공직생활을 시작, 정보통신부 정보통신정책실, 기획관리실에서 일했으며, 특허청 국제지식재산연수원장과 우정사업본부 우편사업단장, 경북지방우정청장, 경인지방우정청장 등을 역임하고, 지금은 한국정보통신공사협회 상임부회장으로 일하고 있다.

알기 쉬운 정보통신공사업과 법

저　자　홍 만 표
발행인　양 진 수
발행처　진 원 사

2022년 6월 10일 인쇄
2022년 6월 30일 발행

서울시 송파구 법원로 9길 26, C동 1107호 (문정동, H비즈니스파크)
전화 : 02) 916-1850 / 팩스 : 02) 916-3442
신고번호 제 2018 - 000026호
http://www.jinwonsa.co.kr
http://www.lawbookstore.co.kr
e-mail : hhansin@hanmail.net

저자와의 합의하에 인지생략

ISBN : 978-89-6346-615-6　93360　정가 50,000원